KB134389

사회과학의 철학

| 사회사상의 철학적 기초 |

테드 벤턴 · 이언 크레이브 지음 | 이기홍 옮김

한울
아카데미

Philosophy of Social Science

The Philosophical Foundations of Social Thought

2nd Edition

Ted Benton
and
Ian Craib

Palgrave
Macmillan

Philosophy of Social Science 2nd ed.
by Ted Benton and Ian Craib

Copyright ⓒ 2010 Palgrave Macmillan
Korean Translation Copyright © 2014 by Hanul Publishing Group

All rights reserved.
First published in English by Palgrave Macmillan, a division of Macmillan Publishers Limited under the title Philosophy of Social Science by Ted Benton and Ian Craib. This edition has been translated and published under licence from Palgrave Macmillan. The authors have asserted their right to be identified as the authors of this Work

이 책의 한국어판 저작권은 Palgrave Macmillan과의 독점계약으로 도서출판 한울에 있습니다. 저작권법에 의해 보호를 받는 저작물이므로 무단전재 및 복제를 금합니다.

제2판 서문

이 책의 공저자 이언 크레이브Ian Craib가 2002년 12월 22일에 별세함으로써 제2판을 준비하는 일은 비통하고도 어느 정도는 두려운 일이 되었다. 우리 두 사람에게는 상당히 뜻밖의 일이었지만, 우리는 책을 함께 쓰면서 거의 또는 전혀 불편함을 느끼지 않았다. 그러나 우리 두 사람의 철학적 입장에는 대단히 큰 차이가 있었다(원래는 초판의 제11장으로 포함하려고 우리가 썼던 글인 보론 1을 볼 것). 그러므로 나는 이언이 쓴 장들을 정정할 수 없었으며, 그에 따라 내가 쓴 장들도 그렇게 하게 되었다. 그렇지만 우리가 이 책의 각 부분들을 나눠 쓴 후 10여 년 동안 사회과학철학 분야의 문헌들이 늘어났다. 철학 및 그 하위분과에서는 변화의 속도가 매우 느리기(심지어 '지지부진하기glacial') 때문에, 우리가 다룬 것과 같은 주제들이 짧은 시간에 변화할 일은 없을 것이다. 새로운 발전에 따라 우리가 초판에서 전개한 논의를 명료화하거나, 더 발전시켜야 할 필요가 있거나 아니면 우리의 논의에 의문이 제기되었다고 생각되는 경우 나는 관련된 장에 간략한 후기를 덧붙였다. 대부분의 경우, 더 자세한 검토는 제2판을 위해 새로 쓴 '근래의 발전에 대한 논평'에 담았다. 또한 초판의 발행 이후에 등장한 문헌들도 참고문헌에 첨가했다. 제2판에서 다루는 새로운 논의들은 이언과 함께 작업을 수행했더라면 당연히 달랐을 것이다. 거의 틀림없이, 새로운 중요한 견해를 제시했을 것이지만, 모든 내용을 책 한 권에 담을 수는 없었을 것이다. 부분적으로 이것은 내용의 완결을 불가능하게 할 정도로 얇은 책을 추구하는 학술서적 출판계의 실정 때문이기도 하다.

그러나 근래에 일어난 발전의 일부는 우리 두 사람 사이의 분업에서 이언이 맡았던 주제들 및 사상적 전통들과 관련된 것이다. 이 주제들에 대해 이언만큼 친숙하지 못하기 때문에 나는 이 쟁점들에 대해 어느 정도는 다르게 '처리'했다. 그러므로 이런 문헌의 일부에 대해 (특히 제6장과 관련하여) 논의하면서, 나는 그것을 이언의 견해와 차이를 보이는 나 자신의 생각을 포함하는 기회로 삼았다. 사실상 이것은 이 책을 쓸 때 우리의 원래 의도의 일부였다. 이언과 나는 우리가 함께 근무한 사반세기에 걸쳐 오랜 시간 토론을 했으며 때로는 다른 동료와 학생도 그 토론에 참여했다. 우리의 처음 생각은 이 책에서 우리의 차이점들을 실질적으로 강조하고 지상(紙上)에서 논쟁을 계속하는 것이었다. 결국 우리는 의도한 것보다는 전통적인 교과서에 더 가까운 형태의 책을 만들었다. 이런 측면에서 이 제2판이 우리의 원래의 의도로 조금은 되돌아간다면, 유일한 슬픔은 이언이 더 이상 특유의 함축적이고 통찰력 있는 답변을 제시할 수 없다는 점이다. 아직도 내 머릿속에는 이언에 대한 기억이 생생한데, 그는 웃어가면서 재치 있게 나를 무너뜨렸을 것이다.

또한 나는 초판의 논평자 중 한 사람에게 실례를 무릅쓰고 응답을 했다. 포터(Potter, 2002)는 매우 관대한 논평에서 상당히 다른 형태의 교육론을 옹호했다. 우리가 토론한 여러 입장들을 공정하게 다루고자 하면서 이언과 나는 지나치게 신중했다고 할 수 있다. 논증을 더 설득력 있게 제시해야 한다고 생각하는 곳에서 내 입장을 더 분명히 밝혔어야 했을까? 우리 자신의 (비록 잠정적인 것이지만) 지적 입장을 더 많이 '공표'했어야 했을까? 당연히, 내가 이언을 대신하여 발언할 수는 없지만('보론 1'에 그의 글이 포함되어 있다는 점을 밝혀야 하지만) 새로 쓴 '근래의 발전에 대한 논평'에서는 내 의견을 더 분명하게 드러내고자 했다. 그러나 그 논의들의 더 '분명한 입장'을 드러내긴 했지만 거기서도 나는 초판의 특징이었던(그러하기를 내가 희망하는), 대안적인 관점을 자세하게 그리고 존중해서 다루고자 하는 태도를 유지하려 했다.

새로운 '논평' 부분은 부분적으로는 더 분명히 밝혔기 때문에 독자들에게 벅차다는 느낌을 줄 수 있을 것이다. 새로운 독자들에게는 새로운 내용에 들어가기 전에 책의 앞부분에서 관련된 부분을 읽을 것을 권하겠다.

요컨대, 이 제2판에서는 대부분의 장에서 다루는 주제들과 관련한 논쟁의 상태를 간략하게 갱신했다. 이러한 갱신은 관련 장들의 후기로 추가했다. 이언과 내가 이 책을 쓴 이후의 문헌들에서 중요한 추가사항으로 보이는 것들에 관해서는 더 자세하게 검토하고 비판적으로 논평했다. 새로 쓴 '근래의 발전에 대한 논평'에는 피터 윈치Peter Winch의 저작을 고집스럽게 옹호하는 근래의 서적에 대한 견해도 포함했는데, 나는 그 기회를 빌려 제6장에서 이언이 윈치의 저작을 논의한 것보다 더 자세하게 다루었다. 또한 논평에는 여러 가지 '탈post-' 가운데 탈마르크스주의 담론이론의 형태로 나타난 근래의 중요한 발전에 대한 토론도 포함했다. 그리고 근래 크게 증가한 비판적 실재론의 전통에 속하는 연구들도 개관했다.

내가 학술지 《급진철학Radical Philosophy》에 게재하기 위하여 쓴 이언에 대한 추모사도 조금 수정하여 이 책에 실었다. 또한 원래 초판을 위해 준비했지만 싣지 않았던 장을 수록했다. 이언과 나는 우리가 우리의 개인적인 지적 (그리고 정치적) 행로를 고백한다면 이 책에서 다룬 주제와 주장을 독자들이 이해하는 데 도움이 될 것이라고 생각했었다. 당시에는 그것을 책에 포함하지 말라는 독자들의 충고를 따랐지만, 우리가 그것을 쓴 이후 시간의 흐름은 제2판에 그것을 싣는 것이 적절하다고 생각하게 만들었다. 이언이 그의 지적 전기에 담아 넣은 통찰력은 특히 흥미로울 것이다.

끝으로 다수의 새로운 문헌을 참고문헌에 추가했다.

테드 벤턴

차례

제2판 서문   5

1. 서론: 사회과학의 철학 -- 12
   철학과 사회과학   12
   철학의 도구상자   16
   정치와 정치철학   23
   이 책의 주장   24
   이 책을 읽는 방법   28

2. 과학에서 경험주의와 실증주의 --------------------------------------- 31
   들어가며   31
   경험주의와 지식이론   31
   실증주의와 사회학   46
   더 읽을 거리   54

3. 경험주의와 실증주의의 몇 가지 문제 ------------------------------ 56
   들어가며: 실증주의 비판의 두 방식   56
   경험주의의 몇 가지 문제   58
   실증주의의 그 밖의 문제들   82
   더 읽을 거리   88

4. 과학, 자연, 사회: 경험주의에 대한 몇 가지 대안들 ------------------ 90
   마르크스주의와 과학   91
   베버, 머튼 그리고 과학사회학   96
   역사적 인식론과 구조적 마르크스주의   99
   혁명과 상대주의: 쿤에서 '스트롱 프로그램'까지   104
   성차와 과학: 여성주의의 견해   111

성찰적 전환: 자연과 사회의 '구성'   118
결론   128
더 읽을 거리   130
후기   130

5. 해석적 접근 1: 도구적 합리성 --- 132
사회과학의 대상에 대한 베버의 논의   133
베버의 방법론: 이해와 이념형   138
베버의 객관성과 가치자유   142
현상학: 도구적 이성의 철학적 기초   144
도구적 변이 I: 합리적 선택이론   148
도구적 변이 II: 실용주의와 상징적 상호작용론   151
이유와 원인   153
개인주의 전체론 그리고 기능적 설명   156
결론   158
더 읽을 거리   159
후기   160

6. 해석적 접근 2: 규칙 준수로서 합리성 - 문화와 전통과 해석학 ------------- 162
서론   162
피터 윈치: 철학과 사회과학   163
언어, 게임 그리고 규칙   165
다른 사회들을 이해하기   169
윈치를 통해 무엇을 할 수 있는가?   174
매킨타이어: 서사와 공동체   177
해석학: 가다머   179
결론   184
더 읽을 거리   184
후기   185

7. 해석적 접근 3: 비판적 합리성 -- 186
　　서론: 헤겔, 마르크스, 변증법　　　　　　　　　186
　　계몽의 변증법　　　　　　　　　　　　　　　190
　　이데올로기　　　　　　　　　　　　　　　　192
　　하버마스: 해방적 과학의 가능성　　　　　　　196
　　비판이론과 언어적 전환　　　　　　　　　　　199
　　결론　　　　　　　　　　　　　　　　　　　202
　　더 읽을 거리　　　　　　　　　　　　　　　204
　　후기　　　　　　　　　　　　　　　　　　　204

8. 비판적 실재론과 사회과학 -- 206
　　서론　　　　　　　　　　　　　　　　　　　206
　　실재론과 자연과학　　　　　　　　　　　　　210
　　실험, 법칙, 기제　　　　　　　　　　　　　　213
　　실재의 층화　　　　　　　　　　　　　　　　215
　　층화, 발현, 환원　　　　　　　　　　　　　　217
　　실재의 분화: 폐쇄체계와 개방체계　　　　　　221
　　실재론과 사회과학　　　　　　　　　　　　　224
　　비판적 실재론과 인간 해방　　　　　　　　　233
　　더 읽을 거리　　　　　　　　　　　　　　　239
　　후기　　　　　　　　　　　　　　　　　　　240

9. 여성주의, 지식, 사회 -- 241
　　서론: 객관성과 문화적 다양성　　　　　　　　241
　　여성주의 정치와 사회적 지식　　　　　　　　246
　　여성주의와 인식론　　　　　　　　　　　　　250
　　여성주의 관점 논쟁　　　　　　　　　　　　261
　　탈근대적 여성주의　　　　　　　　　　　　　270
　　더 읽을 거리　　　　　　　　　　　　　　　272
　　후기　　　　　　　　　　　　　　　　　　　272

10. 탈구조주의와 탈근대주의 -- 274
　　서론　　　　　　　　　　　　　　　　　　　　274
　　탈구조주의: 기표로 가는 운동　　　　　　　279
　　푸코: 주체의 구성　　　　　　　　　　　　281
　　데리다와 해체　　　　　　　　　　　　　　284
　　탈근대주의: 철학의 상실　　　　　　　　　287
　　탈구조주의와 탈근대주의의 정치학　　　　290
　　우리는 '탈'을 가지고 무엇을 하는가?　　　292
　　더 읽을 거리　　　　　　　　　　　　　　294
　　후기　　　　　　　　　　　　　　　　　　295

11. 결론: 철학을 옹호하며 ---296

12. 근래의 발전에 대한 논평 --- 305
　　윈치와 해석학　　　　　　　　　　　　　　307
　　의미, 행위 그리고 설명　　　　　　　　　308
　　다른 문화를 이해하고 자기 문화를 비판하기　　316
　　'구획 짓는 관념들', 인간의 본성 그리고 사회과학 자연주의　　322
　　탈마르크스주의와 탈구조주의　　　　　　326
　　비판적 실재론과 사회과학　　　　　　　　337

보론 1: 개인적 결론　　　　　　　　　　　　　364
보론 2: 이언 크레이브 교수(1945~2002) 추모사　　381

용어해설　　　　　　　　　　　　　　　　　　386
참고문헌　　　　　　　　　　　　　　　　　　398
옮긴이 후기　　　　　　　　　　　　　　　　418
찾아보기　　　　　　　　　　　　　　　　　　425

1
서론
사회과학의 철학

철학과 사회과학

혼히 철학과 사회과학을 분리된 분야로 생각한다. 그렇다면 사회과학도는 왜 철학에 관심을 가져야 하는가? 우리는 이 책을 다 읽고 나면 독자들이 이 질문에 대한 답을 스스로 얻게 되기를 기대한다. 그러나 우리는 곧장 이 문제에서 시작할 수도 있다. 16~17세기 근대 과학이 등장할 때 철학과 과학 사이의 경계를 어디에 설정했어야 할 것인가를 말하기는 무척 어렵다. 그 이후에서야 이 두 분야를 구분하는 것이 매우 통상적인 일이 되었다. 이러한 분리가 일어날 때 그것들의 관계에 대해서는 두 가지 모형이 있었다. 한 견해에 따르면, 철학은 합리적 논증에 의해 확실한 지식에 도달할 수 있다. 우리가 살고 있는 세계의 성질과 우리 자신에 관한 가장 기초적인 진리는, 그러한 지식에 도달하기 위한 규칙과 마찬가지로, 철학자들이 확립할 수 있다. 이런 식으로 철학은 특정 과학이 전문성 속에서 수행하는 연구의 '기초foundations'를 제공한다. 이 견해는 종종 철학에 관한 '설계자masterbuilder' 또는 '과학지휘자master-scientist' 견해로 불리며, '형이상학'이라고 불리는 철학에 대한 접근과 결합된다. 형이상학에서 철학자들은 우주와 세계와 그 속에 있는 모든 것에 대해 해명하고자 시도한다. 오늘날 철학자들은 조금 더 온건한 경향을 보인다.

철학과 과학 사이의 관계에 대한 대안적인 견해는 종종 '조수underlabourer' 견해라고 불린다. 이 견해에 따르면, 세계의 성질에 관한 안락의자 속의 사변은 우리에게 확실하거나 믿을 만한 지식을 제공할 수 없다. 지식은 오직 실천적인 경험과 관찰과 체계적인 실험에서 생겨날 수 있다. 그러므로 개별 과학들은 철학자가 자신에게 기초를 제공하거나 자신에게 무엇을 생각해야 하는가를 이야기하기를 기다릴 필요가 없다. 조수 견해에 따르면, 철학은 과학자들이 자연이 어떻게 작동하는가를 발견하는 임무를 수행할 때 거기에 있으면서 과학자들의 작업을 돕고 뒷받침해야 한다. 그렇지만 철학자들이 어떤 종류의 도움을 제공할 수 있는가?

이에 관해서는 여러 견해가 있다. 한 가지 견해는 우리의 상식적 사유 속에는 과학의 진보에 장애가 되는 편견과 미신과 검토하지 않은 가정들이 있다는 것이다. 철학은 아마도 이런 것들을 폭로하고 비판하는 데, 그러므로 과학을 자유롭게 하는 데 일정한 역할을 할 수 있을 것이다. 이것은 기차가 계속 달릴 수 있게 철로에 있는 쓰레기를 치우는 일과 비슷하다. 또 다른 종류의 도움은 현존하는 과학적 지식의 유형에 대한 지도를 제공하는 일일 것이며, 이것에 의해 과학의 전문가들은 자신들이 광범한 지식의 장 가운데 어디에 있는가에 관해 일정한 개념을 얻을 수 있을 것이다. 셋째 가능성은, 과학자들이 사용하는 탐구의 방법을 다듬는 과정에서 철학자들이 가진 논리와 논증의 전문성을 사용할 수 있다는 것이다.

이 책에서는 철학을 이런 모든 방식으로 사용할 것이지만, 중요하게 지적할 것은 조수로서의 철학을 기존의 방식과는 다른 방식으로 사용할 것이라는 점이다. 이런 종류의 도움이 어떤 것일지 알기 위해서 우리는 철학이 강단의 학문분과에 그치는 것이 아님을 상기할 수 있다. 일상의 삶에서 사람들이 사용하는 단어는 강단의 맥락에서 사용하는 것과는 상당히 다른 것을 의미한다. 우리는 종종 실업이나 사별 등과 같은 매우 침통한 상황에 처하게 되는 사람은 그런 일에 관해 '철학적'이게 된다고 말한다. 확실히 대부분의 경우 우리는 삶의 의미나 우리의 가치와 태도의 궁극적인 기초에 관해 많은 시간을 바쳐서 진지하게 고민하지 않는다. 그렇지만 누구나 살아가면서 심각한 도덕적 곤경에 처하거나, 일자리나 사랑하는 사람을 잃거나, 중병을 선고받는 등 치명적인 사건에 직면한다. 바로 이런 때 우리는 우리 삶의 근본적 의미와 가치에 관한 질문을 숙고하게 된다. 바로 이런 의미에서, 이탈리아 마르크스주의자 그람시(Gramsci, 1971)가 이야기했듯, '누구나 철학자이다'. 그렇지만 우리가 그런 위기의 순간에 철학자라고 한다면, 우리가 일상의 삶에서 다른 사람들과 상호작용하는 방식에서, 우리의 자유로운 시간을 보내기 위해 선택하는 방식에서, 우리가 선택하는(운 좋게도 그러한 선택을 할 수 있다면) 직업에서 우리는 여전히 **암묵적으로** 철학자라는 것도 또한 참이다. 우리의 삶은 세계에 대한 철학적 지향을, 우리가 그것에 관해 일반적으로 자각하고 있는가 여부와 관계없이, 드러내거나 보여준다.

그렇다면 이것은 우리가 처음에 제기한 질문(즉, 철학과 사회과학 사이의 관계)과 어떻게 연결되는가? 지도의 비유를 다시 사용한다면, 대체로 사람들은 자신이 어디로 가고 있는지 그리고 어떻게 가야 하는지를 이미 알고 있다고 확신하면 지도를 보지 않는다. 일상의 삶에서, 일이 순조롭게 진행되고 별 문제가 없다면 우리는 우리의 기본적인 태도와 우선순위에 대해 의문을 품지 않을 것이다. 그러나 사회과학에서는 일이 순조롭게 진행되지 않는다(뒤에서 볼 것처럼, 자연과학에서도 마찬가지로 일이 순조롭게 진행되지 않지만, 대체로 이런 사실은 잘 드러나지 않는다). 유명 인사들과 대중매체들은 종종 사회과학을 조롱하며, 사회과학자들은 그들 자신의 성과에 대해 자연과학자들과 달리 큰 자신감을 갖지 못하고 있다. 예컨대 사회과학자들은 새롭고 인상적인 기술을 개발함으로써 자신의 성공을 입증할 수 없다. 더욱이 사회과학자들은 그들의 학문분과의 성질이 무엇인가를 놓고 다투고 있다. 예컨대, 자신들의 작업은 자연과학이 과학적이라고 할 때와 동일한 의미에서 과학적이라는 주장에 동의하지 않는 사회과학자들도 많다. 과학이 무엇인가에 관해 서로 다른 의견을 가진 사회과학자들도 자주 볼 수 있다. 이런 이유로 사회과학자들, 특히 사회학자들은 자연과학자들이 그러한 것보다 그들 자신의 주제에 관해 훨씬 성찰적인 경향을 보인다. 즉, 그들은 사회학(또는 정치학이나 인류학이나 그 밖의 학문분야들)이 어떤 종류의 활동인가, 어떤 종류의 방법을 사용해야 하는가, 연구주제와 어떤 종류의 관계를 맺어야 하는가 등등에 관해 생각하는 데 훨씬 더 많은 시간을 보낸다. 우리가 이런 식으로 우리 자신의 학문분과에 관해 성찰할 때 제기하는 이런 종류의 질문은 철학적 질문이다. 그 질문들은 '설계자' 견해가 제시하는 것처럼 외부에서 우리에게 부과한 것이 아니라, 우리의 학문분과 안에서 우리가 찾아내는 특수한 어려움들과 심층적인 의견 차이의 결과로 제기되는 것이다. 그러므로 이 책에서 우리가 수행할 조수역할의 주된 임무는, '우리가 사람의 사회적 삶을 체계적인 방식으로 연구하고자 할 때 우리는 무엇을 하고 있는가?' 하는 문제를 다루고자 하는 시도일 것이다. 이 질문에 어떻게 답하는가에 따라 또 다른 질문, 즉 '사회과정에 대한 적절한 탐구 방법은 무엇인가?', '도덕적이고 정치적인 가치는 우리의 작업에서 어떤 역할을 하는가?', '기초적인 것에 관하여 사회과학자들이 지속적으로 의견 차이를 보인다는 사실을 우리는 어떻게 보아야 하는가?', '이것은 사회과학의 미성숙의 표시인가 아니면 삶의 영속적 사실로 인정하고 심지어 환영해야 할 일인가?' 등의 질문이 제기된다.

철학의 도구상자

우리의 성찰적 탐구를 더 체계적으로 수행하도록 돕기 위하여, 우리는 철학이라는 강단학문 분과의 도움을 요청할 수 있다. 사회과학자이고자 하는 우리가 직면하는 어려움들이 제기하는 질문에 답하기 위해, 우리가 항상 이용할 수 있는 매우 귀중한 몇 가지 생각과 논증이 있다. 과학과 관련된 철학의 하위 분야 또는 영역은 일반적으로 네 가지로 나눌 수 있다.

지식이론

이 분야를 가리키는 전문 용어는 '인식론'이다. 철학과 과학에 관한 17세기의 논쟁에서는 두 가지 주요한 대안적 견해가 대립했다. 일반적으로 설계자 견해는 지식의 성질에 대해 '합리주의적' 견해를 가졌다. 이 견해는 형식적 추론에 의해 절대적으로 확실한 결론에 도달하는 듯 보이는 수학에 깊은 감명을 받았다. 17세기 프랑스 철학자 데카르트(Descartes, 1641, 1931)는 아마도 가장 유명한 합리주의자일 것이다. 의심할 수 있는 모든 것을 체계적으로 의심하는 방법에 의해 그가 의심할 때에도 최소한 그 자신이 사유하고 있어야 한다는 결론에 도달했다. 그러므로 사유하는 존재로서 그 자신이 존재하고 있다는 것은 의심할 수 없었다. 그는 이것을 지식의 전체적인 체계를 재구성하는 과제를 시작할 수 있는 (적어도 그 자신은 만족할 수 있는!) 확실한 기초로 삼았다.

합리주의와 경쟁하는 지식이론은 '경험주의'였는데, 이는 일반적으로 조수 견해와 결합된 것이었다. 경험주의 철학자들에 따르면(Honderich, 1999를 볼 것), 우리의 감각 증거만이 세계에 관한 지식을 얻는 유일한 근원이다. 태어날 때에는 인간의 정신은 말하자면 백지이며, 그 이후에 경험 속에 되풀이되는 유형을 배움으로써 인간이 지식을 획득한다고 그들은 주장했다. 경험

속의 이러한 유형과 이 유형에서 추론할 수 있는 것에 관한 진술만이 (단순한 믿음이나 편견과 구별되는) 진정한 지식이다. 합리주의자들을 크게 감동시킨 수학과 논리적 논증의 결론들은, 그것들이 정의에 의한 참이기 때문에 확실한 것으로 인정받는다. 그러므로 '모든 총각은 남성이다'나 '2+2=4'와 같은 진술의 확실성은 우리가 세계에 관하여 이미 알고 있는 것이 아닌 어떤 것을 말해주지 않는다. 그것은 어떤 단어를 정의하는 방식에 담겨 있거나 수학적 연산을 명백하게 만드는 진술일 뿐이다.

뒤에서 볼 것처럼, 대부분의 자연과학자들과 사회과학자들은 그들 자신이 진정한 또는 권위 있는 지식을 제공한다고 주장할 때 지식에 대한 경험주의 견해에 의지했다. 또한 이 견해는 '보는 것이 믿는 것이다'나 '내 눈으로 똑똑히 보았다'는 대부분의 사람들의 상식적인 직관에 가장 가까운 지식관이기도 하다.

존재론

이것은 철학의 전문 용어이며, 불행하게도 철학적 사유의 상이한 전통들에서는 이 용어를 아주 상이한 방식으로 사용한다. 이 책에서 우리는 '존재론'이라는 용어를, '세계에 어떤 종류의 대상이 존재하는가?'의 질문에 대한 답이라는 의미로 사용한다. 철학의 역사에서 이 질문에 답하는 방식은 여러 가지였는데, 느슨하게 네 가지 주요한 전통으로 구분할 수 있다. '물질론자들materialists'은 세계는 완전히 물질matter 또는 '운동하는 물질matter in motion'로 구성되며, 물질적 대상, 생명체, 인간, 사회 등은 원칙적으로 물질 조직의 복합성의 징도에 입각해서 설명할 수 있다고 주장했다. 이와 대조적으로 '관념론자들idealists'은 궁극적인 실재는 정신적인 것 또는 영적인 것이라고 주장했다. 이것은 아마 그들이 데카르트René Descartes처럼 가장 확신할 수 있는 것은 그들 자신의 내적 삶, 즉 의식적 삶의 경험이기 때문일 것이다. 만약 우리가 관념론의 입장에서 시작한다면, 물질적 객체들과 그 밖에 우리가 만나는 실체들은 우리 자신의 내적 사유과정의 구성물이라고 생각하는 것이 합리적이라고 볼 수 있다. 뒤에 볼 것처럼, 외부세계에 대한 '구성주의적constructivist' 견해 - 데카르트의 철학에 역사적 뿌리가 있는 - 는 사회학 및 관련 학문분과들에서 유행하게 되었다.

그러나 관념론자들은 아무런 어려움 없이 완전히 확실하게 외부세계의 독립적인 물질성을 부인하지는 못했다. 마찬가지로 물질론자들도 주관적 경험의 독특한 특징을 완전히 확실하게 해명하는 데에는 어려움을 겪었다. 이 때문에 철학의 역사에서는 제3의 선택지가 크게 유행하곤 했다. 이것은 흔히 '이원론dualism'으로 불린다. 또다시 데카르트는 편리하고 유명한 사례이다. 사유하는 주체로서 자신의 존재를 확신함으로써 그는 자신이 신체를 가진 물질적 존재로 존재하는가 여부에 관한 또 다른 질문을 제기할 것이다. 결국 그는 그 과정에서 정신과 육체를 완전히 다른 종류의 것, 또는 다른 종류의 '실체substance'로 보는 것을 확신할 수 있었다. 그러므로 데카르트는 인간 개인들을 기계적인 육체와 영적인 정신, 또는 혼의 매우 신비롭고 우발적인 조합이라고 보았다(Ryle, 1976을 볼 것).

특히 우리는 데카르트가 인식론 또는 지식이론과 존재론을 밀접하게 연결하고 있다는 것을 알 수 있다. 어떤 것에 대한 우리의 **지식**에 관해 우리가 확신할 수 있어야 그것이 **존재한다**고 인정할 수 있다는 것이다. 일부 철학자들은, 우리 자신의 의식적인 경험의 한계 너머에 있는 것의 성질에 관해 우리가 확신하기는 분명히 어렵다는 점을 근거로 '불가지론agnosticism'으로 나아갔다. 이것은 철학자들의 여론조사 선택지에서 '모르겠다'는 답 이상의 의미를 갖는다. 그것은 세계가 우리의 주관적 경험과 무관하게 존재하기 때문에 우리는 그 세계의 성질을 알 수 없다는 적극적 교의이다.

철학자들을 물질론자, 관념론자, 이원론자, 불가지론자로 나누는 것은 상당히 조악한 분류이긴 하지만, 사회과학의 논쟁에서도 이들 네 부류의 철학자들 사이의 논쟁이 여러 가지로 되풀이되는 것을 볼 수 있다. 그렇지만 사회과학의 논쟁은 더 제한적인 성격을 갖는 경향이 있다. 이 논쟁은 대체로 철학적 존재론과 관계되는 것이 아니라 우리가 국지적 또는 개별적 존재론이라고 부를 수 있는 것과 관계된다. 그러므로 '세계에 어떤 종류의 대상이 존재하는가?'를 묻는 대신, 예컨대 우리는 생물학자로서 '생물유기체는 어떤 종류의 것들로 이루어지며, 그것들은 어떻게 결합하는가?'를 물을 것이다. 화학자로서 우리는 '얼마나 많은 원소들이 있으며, 그것들의 속성은 어떠하고 어떻게 상호작용하는가?' 등을 물을 것이다. 각 학문분과는 그 자체의 국지적 존재론, 즉 그 분과가 다루는 사물이나 관계나 과정 등의 범위를 열거하고 서술하며 분류하는 독자적인 방식을 가지고 있다. 각 학문분과는 이 범위의 것들에 대한 지식을 우리에게 제공한다고 주장한다.

사회과학의 경우, 무엇이 사회세계의 구성요소인가에 관해 심각한 논쟁을 지속하고 있다. 가장 기초적인 한 가지 논쟁은 사회가 그 자체로 독립적인 실재(뒤르켐이 표현하듯, '독자적 실재reality sui generis')인가 하는 것이다. 이른바 방법론적 개인주의자들은 이것에 반대하는 주장을 제시한다. 그들은 사회가 그것을 구성하는 개인들의 집합을 넘어서서 그것 위에 있는 것이 아니라고 주장한다. 또 다른 존재론 논쟁은 사회학자가 사회적 행위자들이 가진 상징적이거나 문화적인 의미와 무관하게 존재하는 사회적·경제적 구조들을 언급하는 것이 정당한가의 여부에 관한 것이다. 예를 들면, 개별 사회적 행위자들은 자신이 사회계급에 속한다는 개념을 가지고 있지 않은 지역에서 사회학자들이 사회계급과 계급이해에 관해 사회학적으로 이야기하는 것이 정당한가의 문제를 제기할 수 있다.

논리학

지금까지 우리는 철학자들과 사회과학자들 사이에서 벌어지는 논쟁, 의견차이, 논증 등을 자주 언급했다. 이러한 논쟁을 벌이는 문헌들을 검토해보면, 상대의 견해를 정형화하고 희화화하며, 공공연하게 왜곡하고, 정치적 동기를 문제 삼아 편견이라고 몰아붙이는 것을 자주 볼 수 있다. 이러한 책략은 상당히 수사학적이고 설득적인 힘을 가질 수 있지만, 이것을 훌륭한 논증이라고 할 수는 없다. 논리학이라는 분과는 좋은 논증과 나쁜 논증을 구별하는 체계적인 방식을 제시하고자 한다. 논증을 구성할 때 우리는 통상적으로, 왜 특정 진술(우리의 '결론')을 참이라고 받아들여야 하는가를 입증하고자 한다. 이것을 수행하기 위하여 우리는 적절한 증거에 대한 해명을 제시하는 다른 진술들이나, 결론이 참이라는 것을 믿을 수 있도록 근거를 제공하는 다른 고찰들을 결합한다. 이러한 진술들은 논증의 '전제들'이다. '타당한 논증'은 전제들로부터 결론이 도출되는 논증을 가리킨다. 즉, 누구나 전제들을 인정한다면 결론을 받아들일 **수밖에 없는** 논증이다. 이것은 결론 자체가 참이어야 한다는 이야기가 아니라, 단지 그 결론을 이끌어내는 전제들과 같이 결론이 신뢰할 만하다거나 확인된 것이라는 이야기이다. 예를 들어보자.

만약 아일랜드에 평화가 정착한다면, 이 정부는 적어도 한 가지 위대한 공적은 이루는 것이다.

아일랜드에 평화가 정착한다.

_____

그러므로 이 정부는 적어도 한 가지 위대한 공적을 이룬다.

이 논증은, 결론이 전제들로부터 도출되기 때문에 타당한 논증이다.
하지만 결론은 여전히 거짓일 수 있다. 왜냐하면, 아일랜드에 평화가 정착하지 않은 것으로 밝혀질 수도 있고, 평화가 정착한다고 하더라도 그것이 이 정부의 공적이 아닐 수도 있기 때문이다. 한편 흥미롭게도, 전제들이 거짓이라고 판명되더라도 결론은 참일 수 있다. 왜냐하면, 예컨대 이 정부가 아일랜드 문제의 해결에는 실패했지만 그 대신 실업문제에 대한 영속적인 해결책을 찾아낼 수도 있기 때문이다. 논증이 타당하다면, 전제가 모두 참일 때 결론이 거짓일 가능성은 **배제된다.**

그렇지만 이 책은 형식논리학 교과서가 아니다. 그리고 대부분의 경우 우리는 그것이 타당한 논증인가의 여부를 우리의 직관적 감각에 의존해야 할 것이다. 염두에 두어야 하는 중요한 사항은 논증의 타당성은 일련의 진술들 사이의 논리적 관계의 문제라는 점이다. 타당성은 증거가 특정한 사실적 주장을 지지하거나 부인하는 데 얼마나 적합하거나 부적합한가의 문제가 아니다(그렇지만 혼란스럽게도 연구방법 강의에서는 '타당성'이라는 용어를 이것과는 전혀 다르게, 측정하고자 하는 대상을 수량화하기 위한 측정의 적합성을 가리키는 데 사용한다).

윤리학과 도덕철학

사회과학의 연구과정에서는 윤리적 문제가 자주 제기된다. 사회학자들은 그들의 연구대상인 사람들의 믿음과 행위에 관하여, 그 사람들을 위험에 빠뜨릴 수도 있는 정보를 폭로하게 되는 일을 자주 겪는다. 때로는 관련된 행위들이 사회적으로 추하다고 낙인찍힌stigmatized 것이기 때문에 이런 일이 발생할 수도 있다. 그러므로 연구자는 연구대상의 익명성을 보호하고자 노력할 것이다. 그렇지만 연구자가 공적인 조직에서 부정이나 부당한 차별이 일어났음을 발견했다면 그는 그것을 공개해야 한다고 느낄 수도 있다. 그러나 그렇게 한다면 그것은 신뢰에 대한 배반이며, 그 이상의 연구가 불가능하게 될 수도 있다. 또한 연구자는 종종 자신이 설계하지 않은 연구 기획을 위해,

또는 그 목적에 찬동하지 않는 조직을 위해 고용되어 연구를 수행할 수도 있다. 그렇다면 연구자는 자신의 직업적인 전망을 위태롭게 하지 않기 위하여 유보조건에 관해 얼마나 비밀을 유지해야 할 것인가?

이런 것들은 연구 실행 과정에서 자주 발생하는 도덕적 곤경이다. 연구과정 자체의 고유한 또 다른 윤리적 문제로, 연구자와 피연구자 사이의 권력관계와 관련된 문제들도 있다. 대부분의 사회연구에서는 이들 둘 사이에 사회적 지위의 불평등이 존재하며, 불평등이 없는 곳에서조차 사회과학자들은 피연구자들의 믿음이나 태도에 대한 자신들의 해석과 표현이 권위를 갖는다고 암묵적으로 주장한다. 연구자와 피연구자 사이에 계급적, 성차적, 윤리적 또는 그 밖의 사회적 차이들이 존재하는 곳에서는 필연적으로 그러한 윤리적 쟁점들이 제기된다.

끝으로, 특히 사회학자들과 인류학자들은 늘 무한히 다양한 문화들 및 하위문화들을 접하게 된다. 도덕적 가치의 다양성도 이러한 다양성의 일부이다. 다른 문화를 해석할 때, 그 문화 속의 참여자들이 이용 가능한 것에 입각하여 해석해야 한다는 민속지의 요건 때문에, 사회과학자들은 자신의 판단을 보류할 수 있어야 한다. 이것이 수반하는 윤리적 민감성, 그리고 연구자와 피연구자 사이의 권력관계에 관한 성찰성 때문에 많은 사회학자들과 인류학자들은 '도덕적 상대주의'의 입장을 취하게 된다. 다시 말하면, 그들은 모든 문화들에 적용할 수 있는 보편적으로 지켜야 하는 도덕적 가치가 있다는 생각을 거부하는 경향을 보인다. 그러므로 그들은 도덕을 각 문화의 참여자들이 받아들일 수 있다고 또는 받아들일 수 없다고 생각하는 사안으로 취급하게 된다. 어느 문화도 다른 문화에 대해 이러한 규칙에 따라 살아가라고 명령할 수 있는 권한을 갖지 못한다는 것이다.

반면, 자세히 살펴보면 이런 그림이 상정하는 것처럼 문화들 자체가 내적으로 동의를 형성하고 있는 것은 아님을 알 수 있다. 한 문화 **안에** 윤리적 갈

등이 존재한다면, 상대주의적 관점은 그다지 도움이 되지 않는다. 또한 상대주의적 입장 자체가 보편적 원칙, 즉 모든 문화는 그 자체의 자율성과 통합성의 권리를 갖는다는 보편적 원칙에 의존하고 있다는 주장도 가능하다. 끝으로, 추상적으로는 도덕적 상대주의의 입장을 취한다고 하더라도 실질적인 도덕적 쟁점에 부딪혔을 때에는 그 입장을 유지하기가 쉽지 않다. 제도적 고문이나 여성 할례, 또는 특정 집단의 고질적인 인종주의나 사형을 도덕적으로 정당한 것으로 인정하는 문화를 만날 때 대부분의 사회과학자들은 판단을 보류하는 자신의 능력이 심하게 시험받고 있음을 깨닫게 될 것이다.

그러므로 사회과학의 작업에는 도덕철학이 도움을 제공할 공간이 넓게 자리 잡고 있는 것으로 보인다.

정치와 정치철학

연구자가 직면하는 이러한 도덕적 쟁점들은 훨씬 더 광범한 함의를 갖는다. 여성 할례나 사형이나 사회계층에 관해 생각하고 있든 아니든 간에, 우리는 우리가 어떤 사회에서 살고자 하는가, 그리고 '좋은' 사회란 어떤 사회인가에 관해 암묵적으로 또는 명시적으로 어떤 입장을 취하고 있다. 정치적 논쟁과 과정에 깊숙이 개입하는 사회과학과 사회과학자들 — 국제노동자연합 International Working Men's Association의 설립에서 주도적인 역할을 한 마르크스부터 새로운 노동당과 '제3의 길'에 개입한 기든스Anthony Giddens에 이르기까지(또는 숭고한 것부터 우스꽝스러운 것까지?) — 도 있다. 정부의 자문단에는 경제학자, 정치학자, 사회정책학자 및 그 밖의 전문가들이 포함되며(흥미롭게도 심리학자와 역사학자는 많지 않다), 이들은 모두 자신을 이러저러한 의미에서 사회과학자라고 생각한다. 현대의 정부가 자연과학 자문단도 운영하기 때문에 이런 연관은 사회과학에만 한정되지 않는다. 자연과학의 경우 공통적으로 과학적 자문을 특정한 조치에 대한 명확한 보증이나 정당화로 취급하는 점이 사회과학과의 중심적인 차이이다.

어쨌거나, 사회과학은 상이한 사회형태들이 가능하다는, 그리고 특정한 사회형태가 바람직하다는 쟁점을 제기하며, 여기서 우리는 정치철학의 쟁점을 다루게 된다. 우리가 '해방적' 과학이라는 개념, 즉 인간의 해방을 목적으로 하는 과학과, 마르크스주의에서 발전해 나온 여성주의 인식론의 이론들 - 피압박 집단은 지식에 대해 다른 집단은 갖지 못한 접근 통로를 갖는다고 제시하는 - 을 논의하게 되면 이것은 가장 분명해질 것이다. 그렇지만 정치는 늘 금방 드러나게 될 것이다.

이 책의 주장

이 책이 사회과학의 성질에 관한 결론 나지 않은, 그리고 아마도 성질상 결론 날 수 없는 주장을 담은 책이 될 것이라는 점을 강조하는 것이 중요하다. 연구자들과 사상가들이 서로에게 배우는 것처럼, 각각의 과학, 즉 각 형태의 과학은 관련된 학문분과들의 변화에 영향을 받고 또한 다른 학문분과들의 변화에 영향을 미친다. 우리는 쟁점들을 공정하게 일반적인 관점에서 논의할 것이다. 우리의 목표는 학생들에게 가장 일반적인 쟁점을 소개하는 것이며, 이런 수준에서는 이 분야의 발전이 비교적 느리다. 독자가 이 책에 접근하는 방식은 두 가지가 있을 것이다. 첫째는 이 책을, 우리가 직접 언급하지는 않는다고 하더라도, 어떤 학문분과나 접근을 그 속에 위치시킬 수 있는 특정 영역에 대한 고공 촬영 사진이나 소축척의 지도로 취급하는 것이다. 모든 사회과학과 그것의 변종들을 그 사진이나 지도의 어느 곳엔가 위치시키는 것이 가능할 것이다. 어느 한 종류의 과학과 관련하여 우리가 탐구하는 주장은 다른 과학들에서도 분명히 발견할 수 있다.

이 책에 접근하는 두 번째 방식은 일종의 언어 입문서로, 즉 배우는 데 시간이 걸리고 논쟁 참여를 통하여 가장 잘 배울 수 있는 일반적으로 어려운 개념들과 주장들에 대한 소개로 취급하는 것이다. 일상적 의미에서 우리는 모두가 철학자이며, 이 책을 읽는 독자는 자신이 공부하고 있는 주제에 관한 독자 자신의 생각을 성찰해야 한다. 예를 들면, 독자는 자신이 공부하는 분야 ─ 그것이 지리학이거나 사회학이거나 경제학이거나 심리학이거나 역사학이거나 또는 그 무엇이거나 간에 ─ 에 관해 자신이 생각하는 방식이 그 분야를 얼마나 자연과학에 가까운 곳 또는 멀리 떨어진 곳에 위치시키는가를 성찰해야 한다.

사실상 우리는 자연과학의 철학을 탐구하는 것에서 출발할 것이다. 자연과학은 그 비판자들이 상정하는 것처럼 접근 방법에서 단일하거나 단순하지 않다. '경험주의'로 알려진 가장 영향력 있는 자연과학철학에서조차 우리는 여러 가지 상이한 접근들을 찾을 수 있으며, 과학의 원리와 과학의 진보에 관한 표준적 견해에 대해 자연과학철학 및 자연과학들 자체에서 심각한 의문을 제기해왔다. 우리는 사회과학이 '진정한 과학'이고자 한다면 과학에 대한 경험주의의 해명을 따라야 한다는 주장의 타당성을 검토할 것이며, 이 주장이 어디서 적합하며 어디서는 적합하지 않은가를 논의할 것이다. 또한 우리는 자연과학 학문분과들이 생산한 지식의 성질과 지위에 관해 중요한 의문을 제기하는 자연과학에 대한 역사학적 연구 및 사회과학적 연구의 발전을 살펴볼 것이다.

사회과학철학에 관한 책의 첫 세 장을 자연과학에 관한 논의로 시작하는 것은 이상하게 보일 것이다. 그러나 이 둘은 밀접하게 연결되어 있다. 자연과학이 발전하면서 자연과학이 그 자체에 관해 생각하는 방식, 그리고 철학자들이 자연과학에 관해 생각하는 방식에 대한 지식을 갖추지 못하고서는, 사회과학에서 철학적 논쟁의 발전이나 실제 사회과학 자체의 발전을 적절하게 파악할 수 없다. 이 세 장은 자연과학에 대한 경험주의적 견해와 경험주의에 대한 비판을 중심적으로 다룬다. 자연과학적 지식의 특징을 해명하는 경험주의에 대한 가장 유효한 비판은 과학을 역사적 · 사회적으로 위치한 실천으로 인식하는 접근에서 제시하고 있다. 그렇지만 과학에 대한 사회학적 · 역사학적 접근 자체도 지식주장을 제출하고 경험적인 연구방법을 사용하는 등의 '과학적' 특징을 보인다. 그러므로 과학에 관한 그러한 연구들의 발견을 권위 있는 진리라고 취급한다면 이 책의 중심적인 질문을 회피하는 일이 될 것이다. 제4장에서 살펴볼 것처럼, 경험주의의 과학 해명에 대한 대안으로 사회학적이고 역사학적인 과학 해명을 구성하고자 하는 시도는 논쟁거리로 남아 있다. 과학에 대한 사회적 연구 또는 과학적 연구라는 영역에서의 견해 차이와 논쟁은, 사회과학적 지식의 성질에 관한 훨씬 더 일반적인 논쟁 — 이 책의 주제를 구성하는 — 과 여러 가지 연관을 맺고 있으며, 종종 이것을 직접 반영한다. 우리가 제4장에서 소개할 중심적인 접근은, 부분적으로는 그것이 사회과학철학에서의 논쟁들에 끼쳐온 영향을 고려하여, 그리고 부분적으로는 그다음 장들에서의 논의에 대한 배경으로서의 중요성 때문에 선택했다. 대부분의 경우 우리는 지면의 제약 때문에 간략한 입문적 개관만을 제시했으며, 독자에게는 관심 있는 접근에 대해서는 다른 문헌들에서 더 살펴볼 것을 권유하고자 한다.

우리는 이 논의에서 시작해서, 사회과학들 또는 일부의 사회과학들은 과학적인 것이지만 자연과학과 동일한 방식으로 과학적인 것은 아니라고 주장하는 입장들과 저자들에 대한 검토로 나아갈 것이다. 사회과학은 인간을 연구하며, 인간은 물리학이나 화학의 연구대상과는 다르다. 인간은 자신이 연구되고 있다는 것을 알고 있고, 자신에 관해 이야기하는 것을 이해할 수 있으며, 과학자의 발견을 고려할 수 있고, 그리하여 다르게 행위 할 수 있다.

이 접근은 합리주의 전통에 더 밀접하게 연결되는데, 사회과학에서는 이 전통을 자주 '해석주의적interpretivist' 전통이라고 부른다. 사회과학에서 발견할 수 있는 그러한 해석주의적 입장은 사실상 여러 가지이며, 합리성의 개념도 여러 가지이다. 일부 형태의 경제학과 사회학에서 발견할 수 있는 합리적 선택이론의 단순한 도구적 합리성도 있고, 베버Max Weber의 사회학과 미드 George Mead의 실용주의의 후예인 더 복잡한 도구주의적 합리성도 있으며, 인류학에서 그리고 비트겐슈타인Ludwig Wittgenstein과 윈치의 철학에서 유래하는 규칙-준수rule-following로서의 합리성 관념도 있고, 독일 관념론 철학자 헤겔 Georg Hegel에 대한 마르크스주의의 해석에서부터 발전한 변증법적 또는 비판적 합리성 개념도 있다. 우리는 이들 접근을 모두 탐구하고 비교할 것이다.

이것을 기초로 근래의 발전을 살펴보게 될 터인데, 이 발전은 두 방향으로 나아간다. 자연과학과 사회과학에서 실증주의에 관한 논증의 일부는, 특히 지리학, 사회학, 정치학, 경제학, 심리학 등과 같은 학문분과에서 현대의 비판적 실재론으로 발전했다. 실증주의는 일차적으로 인식론, 즉 지식이론에 관련되어 있는 반면 실재론은 주로 **존재론**, 즉 세계에 존재하는 것에 대한 이론에 관련되어 있다. 이 때문에 실재론은 사회과학과 자연과학 사이의 관계에 관한 논쟁을, 둘 사이에는 비슷한 점들과 다른 점들이 있다고 제시하는 방식으로 재개할 수 있다. 이것은 책의 앞부분에서 제시할 것들보다 훨씬 정교한 견해이다.

두 번째 발전은 체계적인 상대주의로 나아가는 것이다. 이 책에서 우리는 정체성의 정치학과 특히 여성주의의 발전을 통하여 이것을 추적할 것이다. 일부 여성주의자들은 20세기 전반의 마르크스주의 철학자 루카치George Lukács의 저작을 기초로 논증을 전개하면서 여성주의 인식론을 발전시키고자 했다. 루카치는 사회세계에 대한 지식에 관한 한 프롤레타리아트, 즉 노동자계급이 이 세계에서 그들이 차지한 특권 없는 위치 때문에 지식 획득에서 특권적 위치에 있다고 주장했다. 이것을 조악하게 말하면, 그들은 진리를 인식한다고 하더라도 잃을 것이 없다는 것이다. 물론 루카치는 이것보다 훨씬 복잡하게 이론을 제시하고 있으며, 이런 인식을 발전시켜 여성에 관해 동일한 것을 주장하려는 여성주의 철학자들도 또한 그러하다. 여러 가지 형태의 이러한 '관점standpoint' 인식론의 옹호자들과 이것에 대한 탈근대주의적 비판자들은 논쟁을 계속하고 있다.

우리는 탈구조주의의 발전을 통하여 이러한 첫 번째 발전을 추적할 것이다. 제1세대 구조주의 이론가들은 사회 및 사회적 삶의 기저적인 구조underlying structures라는 관념을, 언어적 유추를 사용하여 발전시켰다. 실재론은 이 관념을 더욱 발전시키지만, 탈구조주의는 이런 관심에서 벗어나 지금은 20세기 철학의 '언어적 전환linguistic turn'으로 알려진 것의 일부가 되고 있다. 이 접근은 사회세계를 언어 또는 상이한 '담론들discourses' 속에서, 그리고 담론들에 의해 구성된 것으로 간주한다. 우리는 대부분의 탈구조주의 철학에서 상대주의적 입장 – 다른 담론보다 더 옳거나 더 과학적인 담론은 없다는 관념 – 의 발전을 찾아볼 수 있다. 이 접근은 특히 사회학, 문화연구, 사회심리학, 문헌연구에서 영향력이 컸지만, 역사학에서도 찾아볼 수 있다. 탈근대주의는 이런 움직임을 더 멀리까지 끌고 나가서 철학을 모두 포기하는 지점에, 또는 더 정확하게 말하면 철학적 논증을 사용하여 철학에 반대하는 지점에 거의 도달하고 있다.

이 책을 읽는 방법

되풀이하면, 이 책은 결론을 담은 책이 아니라 주장을 담은 책이다. 독자들은 이 책을 입문서로 삼아서 자신의 주장을 구성해야 할 것이다. 대부분의 학생들은 이 책이 제시하는 이러저러한 입장의 어느 것에 자신이 직관적으로 공감하고 있다는 것을 깨닫게 될 것이다. 그렇다면 독자는 먼저 자신이 특정한 입장을 갖는 이유, 그리고 그런 입장을 갖는 것의 함의를 찾아내고자 해야 할 것이다. 그런 다음 다른 견해의 입장에서 자신에 대해 논박하고자 하면서 어떤 일이 일어나는가를 살펴보아야 할 것이다. 독자는 이러한 관념들을 자신의 학문분과에 어떻게 적용할 것인가에 관한 질문을 제기해야 할 것이다. 이것들의 일부는 자신의 분야에서 지식이나 이해를 추구하는 데 적절하지 않은가? 그것들은 서로 배타적이지 않은가? 무엇을 하거나 독자는 이러한 생각에 관하여 질문을 제기하는 일을 멈추지 않아야 한다.

이 책이 주장하는 책이면서 또한 주장에 관한 책인 만큼, 이 책은 필자들이 에식스대학교University of Essex 사회학과에서 지난 25년 동안 사회과학철학 강의를 함께 가르치며 주고받은 논쟁의 산물이기도 하다. 우리는 이 책에 제시한 생각과 주장이 필자들의 생애사와 무관하게 그 자체의 생명을 가지고 있다고 생각한다. 독자는 이 책의 생각과 주장을 평가하고 비판하며, 더 폭넓게 적용할 수 있는가 시험할 수 있고, 자신의 이해관심에 따라 받아들이거나 기각하거나 활용하거나 발전시킬 수 있다. 반면 필자들의 생애사는 독자가 이 책에서 찾아볼 수 있는 포함과 배제와 강조와 생략의 유형에 영향을 미친다. (유명한 철학자의 말을 빌리면) 생각은 하늘에서 떨어지는 것이 아니며, 독자가 우리의 주장이 어디서 유래하는가에 대해 무엇인가를 알 수 있도록 그 주장과의 관계 속에 자신을 위치시키는 데 도움을 줄 것이다. 우리 두 필자의 나이는 60대이다. 우리는 사회과학 연구의 정치적이고 도덕적인 중요성을 강하게 느끼며 출발했다. 철학적 소양을 갖춘 사회과학자로서 평생에 걸쳐 우리는 우리의 작업을, 그동안 엄청나게 변화한 역사적 맥락 속의 자칭 사회과학으로, 그리고 우리가 선호하는 가정들에 대해 되풀이하여 의

문을 제기하는 방식으로 이해하고자 시도해왔다고 할 수 있다. 우리는 초기에 마르크스주의의 입장(그 전통을 어떻게 이해하고 어떻게 발전시킬 것인가에 관하여 그 당시 휘몰아치는 논쟁에서 서로 반대편에 속했었지만)을 가지고 있었다. 그렇지만 기본적인 가정들을 심층적으로 수정하지 않고서는 쉽사리 다룰 수 없었던 당시의 사회운동과 쟁점의 확산을 겪으면서 그 입장에 의문을 갖게 되었다. 흑인의 인권, 동성애자의 인권과 해방, 여러 형태의 여성주의 그리고 최근의 것으로 녹색운동 등은 우리에게 지적 도전으로 다가왔으며 우리는 아직도 그 도전과 씨름하고 있다. 이러한 영향은 이 책 전체에서 찾아볼 수 있을 것이다. 우리는 상이한 학문분과들에서 출발했기 때문에, 이 도전을 상당히 상이한 방식으로 다뤄왔다. 이언은 사회과학적 접근과 주관적 삶 및 개인 행위주체에 대한 이해 사이의 문제적 관계에 초점을 맞춰왔다. 반면 벤턴Ted Benton은 사회과학과 인간 이외의 자연 사이의, 마찬가지로 문제적인 관계를 다뤄왔는데, 이것은 녹색사상과 여성주의 사상에 의해 자극받은 관심이다. 생애사에서의 이런 차이는 이 책에서 독자들이 찾아낼 강조의 차이를 설명해줄 것이며, 또한 이 책의 집필에서 우리가 일을 나눈 방식도 설명해줄 것이다.

우리는 이 책의 모든 장에 대해 함께 작업했지만, 벤턴은 제2·3·4·8·9장에 대해, 이언은 제5·6·7·10장에 대해 각각 일차적인 책임이 있음을 고백하고자 한다. 우리는 서론과 결론은 함께 저술했다. 물론 모든 오류는 공저자로서 우리 두 사람이 함께 책임져야 한다!

2
과학에서 경험주의와 실증주의

들어가며

이 장에서 우리는 자연과학의 특징에 대한 경험주의 해석의 중심적인 개요를 논의한 다음, 실증주의 전통이 왜 그리고 어떻게 이 해석을 사회과학적 설명에 적용하고자 해왔는가를 살펴볼 것이다.

경험주의와 지식이론

제1장에서 말한 것처럼, 근대 과학의 역사와 지식이론의 역사는 서로 밀접하게 연결되어왔다. 관찰과 실험에 크게 의지하는 물리학이나 화학 같은 과학은 그것의 방법과 지식주장을 경험주의 지식관에 입각하여 정당화하곤 했다. 경험주의 철학자들은 과학을 최고 형태의 진정한 지식으로, 때로는 유일한 형태의 진정한 지식으로 취급함으로써 답례하곤 했다. 20세기에 들어, 경험주의 철학자들 – '논리실증주의자'로 알려진, 특히 카르나프(R. Carnap, 1966)와

영국 철학자 에이어(Ayer, 1946) 등과 같은 — 은 한쪽의 진정한 지식으로서 과학과 다른 쪽의 종교, 형이상학, 정신분석학, 마르크스주의 등과 같은 여러 믿음체계 사이의 경계선을 명확하게 긋는 일에 특히 주력했다. 이러한 믿음체계들은 종종 자신이 과학적이라고 제시하지만, 경험주의적 관점에서는 그것들이 '가짜과학pseudo-sciences'임을 입증할 수 있는 것이었다(물론 사정은 이것보다 좀 더 복잡하여, 주도적인 논리실증주의자들 가운데 한 사람인 노이라트Otto Neurath는 마르크스주의자이기도 했다). 그 점을 입증하고자 할 때 경험주의자들이 부딪히는 한 가지 어려움은 어떤 지식에 과학의 지위를 부여하는 매우 엄격한 기준 — 이것은 마르크스주의, 정신분석학 및 그 밖의 것들을 과학 밖으로 내쫓는 작업에 적합했다 — 에 따르면, 이미 일반적으로 확립된 대부분의 과학들도 과학에서 제외된다는 점이었다.

경험주의 철학은 지식 일반의 성질과 범위에 관심을 가졌지만, 여기서는 훨씬 협소하게 자연과학에 대한 경험주의의 해명만을 다루고자 한다. 또한 우리는 경험주의 철학의 '이념형적ideal-typical' 구성물을 논의대상으로 삼으면서 여러 상이한 형태의 경험주의에 대해서는 크게 주의를 기울이지 않을 것이다. 이 논쟁을 더 다루고자 하는 독자는 더 다양한 책들을 읽음으로써 경험주의의 더 정교한 변종들에 대한 생각을 얻을 수 있을 것이다. 우리의 목적에 비추어 볼 때, 과학에 대한 경험주의의 견해는 7가지 기본적인 교의에 입각하여 특징지을 수 있다.

1. 개인의 정신은 '백지상태'로 출발한다. 우리는 세계에 대한 감각 경험 및 세계와 우리의 상호작용에서 우리의 지식을 획득한다.
2. 진정한 지식주장이라면 어느 것이거나 경험(관찰이나 실험)에 의해 시험할 수 있다.
3. 진정한 지식주장은 관찰할 수 없는 존재들이나 실체들에 관한 지식주장

을 배제한다.

4. 과학적 법칙은 경험의 일반적인 유형, 즉 반복적인 유형에 관한 진술이다.

5. 어떤 현상을 과학적으로 설명하는 것은, 그 현상이 과학적 법칙의 사례라는 것을 입증하는 것이다. 이것을 종종 과학적 설명의 '포괄법칙covering law모형'이라고 부른다.

6. 현상을 설명하는 것이 그 현상이 일반법칙의 실례나 '사례instance'라는 것을 입증하는 사안이라면, 법칙을 알아냄으로써 우리는 그러한 유형의 현상이 장차 발생할 것인가를 예측할 수 있다. 설명과 예측의 논리는 동일하다. 종종 이것을 '설명과 예측의 대칭symmetry of explanation and prediction' 명제로 부른다.

7. 과학의 객관성은 (시험가능한) 사실 진술과 (주관적인) 가치판단의 명확한 구분에 의존한다.

우리는 이러한 앙상한 뼈대 위에 약간의 살을 붙일 수 있다. 경험주의의 첫 번째 교의가 역사적으로 그것과 연결되지만, 그것이 본질적인 것은 아니다. 17~18세기에, 경험주의자들은 몇몇 형태의 관념의 연쇄association of ideas 를 정신이 어떻게 작동하는가 그리고 학습이 어떻게 일어나는가에 대한 이론으로 받아들이는 경향을 보였다. 이것이, 개인이 어떻게 지식을 획득하는가에 대한 그들의 견해를 지배했다(즉, 생득적인 관념이나 본능의 계승에서 획득하는 것이 아니라 경험에서 획득한다는 것이다). 오늘날의 경험주의자들은 이것을 반드시 받아들이는 것은 아니다. 일반적으로 그들은 지식의 획득이나 습득의 과정과 믿음이나 가설 ― 우리가 그것을 어떻게 획득하거나 간에 ― 이 참인가 여부를 시험하는 과정의 구분을 중시한다. 포퍼Karl Popper의 용어를 사용하면, 이것은 '발견의 맥락'과 '정당화의 맥락'의 구분이다.

경험주의의 두 번째 교의는 이 철학적 접근의 핵심에 자리하고 있다. 경험주의자의 기본 입장은 어떤 주장을 사람들이 참으로 받아들이기를 원한다면 그 주장에 대한 증거를 제시할 수 있어야 한다는 것이다. 당신이 어떠한 증거가 나타나더라도 당신의 주장을 참이라고 계속 유지할 수 있다면 당신은 결코 사실을 진술하는 것이 아니다. 어떤 식품첨가제 제조업자가 그 첨가제를 먹어본 사람에 관한 증거를 제시하지 못한 채 그 제품의 안정성을 주장한다면, 우리는 식품안전기준을 다루는 기관이 식품안전을 보증하지 않을 것이라고 생각할 것이다. 그리고 그가 그 제품을 사용한 동물 실험의 결과와 예기치 않은 식중독의 징후를 보여주는 인간 실험의 결과를 제시하면서도 그 제품이 안전하다고 계속 주장한다면, 우리는 그가 진실에는 관심이 없고 오로지 제품 판매에만 관심이 있다고 의심하게 될 것이다. 여기까지의 이러한 경험주의 교의는 우리가 널리 가지고 있는 (그리고 매우 합리적인!) 직관과 거의 일치한다.

경험주의의 두 번째 교의에 대한 우리의 진술이 오해를 낳을 수도 있다는 점을 지적하는 것은 중요하다. 경험주의에 따르면, 우리는 어떤 진술을 그것이 참이 아니더라도 이러한 의미에서 진정한genuine 지식 또는 과학적 지식으로 받아들일 수 있다. 중요한 점은 그 진술이 참 **또는 거짓**이라는 것을, 증거의 현실적인 원천 또는 가능한 원천을 준거로 입증할 수 있어야 한다는 것이다. 이 기준에 따르면, '달은 녹색 치즈로 이루어져 있다'는 받아들일 수 있는 진술이다. 왜냐하면 어떤 감각 증거가 그 진술에 유리할 것이고 어떤 증거가 불리할 것인가를 명확히 할 수 있기 때문이다. '신은 독실한 신자에게 복을 줄 것이다'와 같은 진술은, 어떤 증거가 그 진술에 유리하거나 불리할 것인가를 명확히 할 수 없기 때문에, 또는 그 진술을 믿는 사람은 어떤 증거가 나타나더라도 계속 그 진술을 믿을 것이기 때문에 과학적 지식에서 배제된다. 후자의 가능성이 중요한데, 진술에 대한 시험가능성은 그 진술의 속성의 문제이기보다는 그 진술을 믿는 사람이 그 진술에 불리하게 보이는 증거에 반응하는 방식의 문제라고 주장하는 경험주의자들이 있기 때문이다.

그러나 사람들이 자신의 믿음에 반대되는 것으로 보이는 증거를 만날 때 그 믿음을 버릴 것인가 아니면 유지할 것인가를 선택할 수도 있다는 것을 일단 우리가 인정하면, 이것은 믿음이나 지식을 시험한다는 것이 무엇인가라는 질문을 제기한다. 근래 보고된 사례에서 일단의 연구자들의 주장에 의하면 잠재적으로 치명적인 질병을 앓고 있는 환자들 가운데 보조적인 병원에서 부가적인 치료를 받는 환자의 회복 비율이 그러한 치료를 받지 않는 환자의 회복비율보다 더 나쁜 것으로 나타났다. 이것은 부가적인 치료가 사실상 해로운 것이거나 아니면 효과가 없는 것임을 알려주는 강한 증거인 듯 보인다. 보조적인 병원이 이러한 증거를 인정하고 즉각 문을 닫는 것이 적절한 일인가? 하지만 막상 자료에 대한 후속 분석을 보면, 평균적으로 부가적 치료를 선택하지 않은 환자보다 부가적 치료를 선택한 환자들의 예후가 더 나빴던 것으로 추정할 수 있다. 어떻든 그들은 회복의 가능성이 더 낮았다고 볼 수 있고, 그러므로 요컨대 그 조사연구는 부가적인 치료가 효과가 없거나 해로운 것이라는 점을 입증하지는 못한 것이다. '보조적' 치료를 옹호하는 사람이 그 연구설계의 이런 약점을 지적하지 못했다고 하더라도, 연구를 더 확대하거나 같은 종류의 치료를 제공하는 다수의 다른 병원들의 결과를 포함했다면 보조적 치료의 효과에 유리한 증거를 찾아낼 수 있었을 것이라고 주장할 수 있었을 것이다.

이 경우 부가적인 치료의 옹호자가 그것의 효과를 부인하는 피상적인 증거를 너무 쉽게 받아들였다면, 이는 그 치료의 잠재적인 유익함을 포기하는 것이다. 반면 시험적인 기대와 상반되는 증거가 되풀이하여 나타남에도 그 믿음을 붙잡고 늘어지는 것은 의심스럽게 보인다. 그렇지만 시험이 어떤 지식주장에 대한 결정적인 긍정적 증거나 부정적 증거를 제공하는 일은 있다고 하더라도 드물기 때문에, 일반적으로 새로운 증거의 중요성을 어떻게 평가할 것인가를 결정하는 데는 판단이 작용한다. 현실에서 합리적으로 주의 깊게 자신의 믿음을 포기하지 않는 사람과 어떤 증거나 나오더라도 독단적으로 자신의 믿음을 고집하는 사람을 구분하기는 매우 어려울 것이다.

과학과 가짜과학을 엄격하게 구분하고자 하는, 그리고 관찰이나 실험에 의한 '시험가능성'이라는 기준을 과학의 기초로 삼고자 하는 경험주의 과학 철학자에게 이것은 심각한 문제이다. 과학적 지식주장의 특별한 지위를 보존하기 위해서는 가설에 유리하거나 불리한 증거를 어떻게 평가할 것인가에 관한 정당한 의견차이의 범위를 좁혀야 한다. 이렇게 하는 분명한 방법은 두 가지가 있다. 하나는 가설이나 과학적 진술로 취급할 수 있는 것을 매우 제한함으로써 그것이 제시하는 지식주장을 그 가설에 유리하거나 불리한 증거들과 매우 긴밀하게 묶는 것이다. 직접 관찰에 대한 서술들을 요약하는 일반적 진술만을 과학적 진술로 취급한다면 이 요건을 충족할 것이다. 교과서적인 사례는 '모든 백조는 희다'는 진술이다. 이 진술은 매번 흰 백조를 관찰한다면 지지되는 것이며, 희지 않은 백조를 단 한 번이라도 관찰한다면 실질적으로 논박되는 것이다.

이 사례는 시험가능성의 기준을 엄격하게 지키는 두 번째 방식을 예증하는 데도 사용할 수 있다. 모든 백조는 희다는 주장의 함의를 생각해본다면, 분명히 그 주장은 무한하게 큰 숫자의 가능한 관찰들을 대상으로 한 것이다. 그 주장을 시험하고자 하는 사람은 여러 서식지와 여러 나라에 있는 여러 종류의 수많은 백조를 관찰할 수 있을 것이다. 더 많은 백조를 관찰하면서 희지 않은 백조를 보지 못한다면, 관찰자는 그 보편적 진술이 참이라고 더욱더 확신하게 될 것이다. 이어지는 각각의 관찰이 이런 확신에 더해진다면, 그 관찰은 확증confirmation으로 취급될 것이다. 우리는 이런 생각을 상식으로 받아들이지만, 뒤에 논의할 것처럼 여기에는 심각한 문제가 있다. 그렇지만 경험주의 과학철학자는 이 쟁점을 어떤 주어진 일정한 집합의 관찰을 기초로 지식주장의 진리성에 대해 우리가 가질 수 있는 확신의 정도(확증의 정도)를 측정할 수 있는 일련의 규칙을 찾아내는 문제라고 생각한다. 이 문제에 수학적 확률이론을 적용하려는 정교한 노력이 상당히 많았다.

경험주의의 세 번째 교의는 먼저, 신의 의도나 자연의 목적 등에 호소하여 현상을 설명하는 것은 비과학적인 것이라고 배제함을 의미한다. 다윈Charles Darwin은 생물유기체의 적응적 형질의 여러 가지 특징을 임의의 개별 변이종의 여러 세대에 걸친 차등 순생식률에 입각하여 설명함으로써, 설계자 신을 끌어들이지 않으면서 자연 속에서 설계의 **출현**을 설명할 수 있게 만들었다. 그러나 여러 과학분과들과 과학적이라고 하는 학문분과에서 연구자들은 관찰 불가능한 실체들이나 힘에 호소한다. 예컨대 뉴턴Isaac Newton의 유명한 만유인력의 법칙은 태양 주위를 도는 지구의 공전, 달의 궤도, 조수의 움직임, 포탄의 궤적, 지표면 근처에서 자유낙하체의 가속운동 등과 그 밖의 여러 가지 현상을 설명하는 데 사용되었다. 그렇지만 중력을 본 사람은 없다. 그것은 물질은 미립자나 원자로 이루어진다는 이론과 유사한 것이었다. 원자 수준이나 분자 수준의 과정을 탐지하는 도구가 개발되기 한참 전에 그 이론은 과학적인 것으로 인정받았다. 그리고 그러한 도구가 이미 개발된 오늘날에도, 그 도구를 사용한 관찰과 측정에 대한 해석은 이론적 가정에 의지한다. 여기에는 물질에 대한 원자론의 견해가 참이라는 가정도 포함되어 있다!

관찰 불가능한 실체와 힘에 호소하는 다른 견해들은 받아들여지지 않았다. 생물체와 비생물체 사이에는 근본적인 차이가 있다는, 20세기 중반까지 생물학자들이 널리 믿었던 견해도 여기에 포함된다. 생물체는 그것이 외부의 영향에 반응하여 예측가능하게 행동하지 않는다는 의미에서 '자발성spontaneity'을 보이며, 또한 개체들이 단일한 세포에서 성숙한 유기체로 발달하는 방식에서 '목적성purposiveness'이라고 할 수 있는 것을 보여준다. 생물체의 이러한 독특한 특징은 부가적인 힘, 즉 '생명의 힘vital force'에서 기인한다고 '생명주의vitalist' 생물학자들은 주장했다. 이 견해에 반대하는 논자들은 이 견해에 대한 몇 가지 다른 비판을 제출했다. 일부 반대론자들은 존재론에서 철학적 유물론자였는데, 그들은 생물체의 화학적 구조에 입각하여 설명을 찾아내고자 했다. 생명주의자들에 대해 경험주의적 관점의 논자들은 그들이 관찰 불가능한 힘과 '본질'을 믿는다고 비판했다. 근래에는 경험주의자들이 무의식, 초자아 등과 같은 관찰 불가능한 실체들을 상정하는 정신분석학을 '가짜 과학'으로 지적해왔다(Cioffi, 1970; Craib, 1989).

경험주의의 네 번째 교의는 과학적 법칙에 대한 해석이다. 근대 과학의 성과 중 거의 대부분은 자연에서 보는 규칙성에 관한 일반적 진술의 축적이며, 이것은 '과학적 법칙' 또는 '자연법칙'으로 불린다. 우리는 이미 뉴턴의 중력의 법칙에 관해 이야기했다. 간단히 말하면, 이 법칙은 우주에 있는 모든 물체는 그것의 질량에 비례하는 힘으로 서로를 끌어당기는 반면, 서로 멀리 떨어질수록 그 힘은 약해진다고 진술한다. 그렇지만 모든 법칙이 이런 식으로 명확하게 보편적인 것은 아니다. 예컨대, 자연에서 생성되는 일부 물질들은 불안정하며 방사선을 방출한다. 그와 관련된 (우라늄, 라듐, 플로토늄 등과 같은) 원소는 둘 이상의 형태로 존재한다. 불안정한 형태의 원소(또는 '동위원소')는 그것의 원자들이 '붕괴'하면서 방사선을 방출하는 경향이 있다. 각각의 동위원소의 원자핵 붕괴를 지배하는 법칙은 그러므로 통계적이거나 확률적인 것으로, 사회과학에서 친숙한 대다수의 일반화와 유사하다. 이것을 표현하는 일반적인 방식은 각각의 동위원소가 그것의 원자 수가 절반으로 감소하는 '반감기'를 진술하는 것이다. 그러므로 우라늄235의 반감기는 7억 년이며, 라돈220의 반감기는 단 52초이다. 물론 라돈220의 모든 표본이 동일한 통계적 유형을 보여준다는 의미에서 이것을 보편법칙으로 제시할 수도 있다.

생물학에서는 동일한 방식으로 보편적이라고 취급할 수 있는 일반화를 찾기가 훨씬 어렵다. 가장 유명한 사례 중 하나는 19세기 오스트리아의 신부 멘델Gregor Mendel의 작업에서 찾을 수 있다. 그는 유기체의 특징이 어떻게 한 세대에서 다음 세대로 전달되는가를 설명하고자 했다. 그는 둥근 모양과 주름진 모양, 노란색과 녹색 등과 같이 대립적인 특징이나 '형질'을 가진 완두콩 쌍들을 사용하여 교배실험을 수행했다. 그는 교차교배에서 생겨난 자손이 예상과 달리 이러한 특징들의 혼합을 보여주지 않는다는 것을 입증했다. 오히려 이어지는 세대들의 자손은 부모들의 각각의 특징을 일정한 통계적 유형으로 갖는 것으로 나타났다. 멘델의 법칙은 이런 통계적 유형이며, 일반적으로 멘델은 근대 유전학의 창시자로 인정받는다.

그렇지만 멘델이 단지 이러한 통계적 일반화를 만들어내는 데서 멈춘 것은 아니었다. 그는 이런 일반화에서 이 유형이 생물학적 유전과정 자체의 성질에 대해 갖는 함의를 거슬러 추론reasoned back했다. 그 결과는 완두콩의 생식세포 속의 어떤 요인이 이러한 특징들 각각에 대해 책임이 있다는 것, 그 요인은 세대들을 관통하여 일정하게 지속한다는 것, 그리고 동일한 세포 안에 두 가지 다른 요인이 존재한다면(적어도 교차교배의 자손의 일부 경우에는 틀림없이 그러할 것이다) 관찰되는 특성을 만들어내는 데서는 그 요인들 중 오직 하나만이 효력을 행사한다는 것을 보여주었다. 이후, 그런 요인들을 '유전자genes'라고 부르고 유전자들이 함께 존재할 때 발현되는 (특성을 만들어내는) '우성' 유전자와 '열성' 유전자를 구별하는 것이 관례가 되었다. 이러한 사유 양식은 또한 유기체의 성질을 서술하는 두 가지 상이한 방식, 즉 그것의 관찰가능한 특징이나 형질에 입각한 서술방식(표현형phenotype)과 그것의 유전적 구성에 입각한 서술방식(유전자형genotype)의 중요한 구별로 이어졌다.

이러한 과학적 일반화의 사례를 염두에 두고, 우리는 경험주의의 견해가 그 사례와 얼마나 잘 또는 빈약하게 부합하는가를 알아볼 수 있다. 우리가 앞에서 본 것처럼, 경험주의는 관찰이나 실험으로 시험가능한 진술들만을 과학적인 것으로 받아들인다는 입장이다. 우리가 본 것처럼, 이러한 요건을 충족하는 가장 간명한 방법은 경험들의 단순한 요약만을 과학적 일반화로 한정하는 것이었다. 그렇지만 뉴턴의 만류인력의 법칙을 이런 식으로 제시하기는 힘들 것이다. 첫째, 태양을 중심으로 한 지구 및 다른 행성들의 공전은 태양계 밖의 물체들의 인력에 의해 일정 정도 영향을 받는다. 태양계 안에서의 운동의 유형을 태양과 행성들 사이에서, 그리고 행성들 자체에서 작용하는 인력들의 결과로 분석해야 한다면 태양계 밖의 인력들은 일정한 것으로 또는 실용적 목적에서 관계없는 것으로 취급해야 한다. 만류인력의 법칙은 그러므로 관찰의 요약이 아니라, 경험적 관찰과 이론적 가정 둘 모두에 기초한 매우 복잡한 계산의 결과이다. 더욱이, 태양계는 자연발생적인 폐쇄체계 — 외부의 영향은 태양과 행성들 사이에서 작용하는 인력과 비교해 매우 미약하다는 의미에서 — 로 존재한다는 사실에 의지해야만 그런 결과에 도달할 수 있다.

그렇지만 뉴턴의 법칙을 관찰들의 단순한 요약으로 취급할 수 없는 또 다른 이유가 있다. 그 법칙이 우주에 있는 모든 물체들 사이의 관계에 적용된다는 사실이 그것이다. 이 법칙의 적용범위, 그러므로 그것의 진리성을 결론적으로 확인하는 데 필요한 가능한 관찰의 범위는 무한하게 크다. 지금까지 얼마나 많은 관찰을 해왔든 다음번 관찰이 그 법칙이 거짓이라는 것을 입증할 가능성은 늘 존재한다. 물론 우주의 지금까지의 역사 전체에 걸쳐 그 법칙이 유지되었는가를 알아보는 데 필요한 측정을 수행하기 위하여 우리가 시간을 거슬러 되돌아갈 수 없다는 것도 분명하다. 측정도구가 도달할 수 있는 범위 밖의 우주에서 그 법칙이 작동하는가의 여부도 우리는 알 수 없을 것이다. 사실상 그 후의 과학 발전은 뉴턴 법칙의 지위를 제한된 적용범위를 갖는 근사치로 수정했다. 그렇지만 그 법칙이 보편성을 **주장**하지 않았다면 그 이후 그것의 한계를 시험하고 그것을 개정하는 데서 과학의 진보는 일어나지 않았을 것이다.

이것은 과학의 법칙이, 필연적으로 범위가 한정된 관찰이나 실험의 결과 — 그 법칙의 기초가 되는 — 를 넘어서는 주장을 그것의 본성에 포함하고 있음을 시사한다. 라돈220의 반감기가 52초라는 사실을 소수의 표본에서 확인하면 과학자들은 간단하게 이것이 다른 표본들에 대해서도 참일 것이라고 상정한다. 뒤에서 볼 것처럼, 이것을 과학적 추론의 근본적 결함이라고 생각한 사람들도 있었다. 논리적으로 말하면, 지금까지 일정한 규칙성을 반복적으로 그리고 예외 없이 관찰했다고 해서 미래에도 그 규칙성이 지속할 것이라고 주장할 수는 없다. 과학의 법칙이 보여주는 비약, 즉 한정된 수의 사례들에 대한 관찰에서 '언제나' 그런 규칙성이 일어날 것이라는 보편적 주장으로의 비약은 논리적으로 정당화할 수 없다. '귀납'의 문제problem of 'induction'로 알려진 이 문제는 18세기 스코틀랜드 철학자 데이비드 흄David Hume에 의해 유명해졌다. (뉴턴의 법칙과 무관하지 않은) 비근한 사례로, 우리는 모두 지금까지 늘 해가 떠오르는 것을 관찰해왔기 때문에 내일도 해가 떠오를 것이라고 믿지만, 미래가 과거와 같을 것이라고 믿는 것을 논리적으로 정당화할 수는 없다. 사실상 우리가 지금까지 관찰한 것은 단지 제한된 연속들일 뿐이며, 그러므로 그런 믿음에 담겨 있는 논리는 '이번 주에 매일 맑았으므로 내일도 맑을 것이다'라거나, '지난 10년 동안 주식 가격이 변함없이 올랐으므로 앞으로도 계속 오를 것이다'라고 말하는 것과 동일하다.

우리가 앞에서 본 것처럼, 이 문제에 대해 경험주의자들이 보일 수 있는 반응은 비교적 약한 시험가능성의 기준에 호소하는 것이다. 즉, 축적된 관찰에 의해 어떤 진술을 **어느 정도** 확인할 수 있다면 시험가능한 것으로 인정할 수 있다고 취급하는 것이다. 직관적으로, 보편법칙을 지지하는 관찰들을 보편법칙을 부정하는 사례들에 부딪히지 않고 더 많이 확보한다면, 그 법칙이 참일 가능성은 더 높다고 할 수 있다. 그러나 불행하게도 이것이 귀납의 문제라는 논리적 문제를 해소하는 것은 아니다. 우리가 확증하는 사례들을 아무리 많이 확보한다고 하더라도, 보편법칙의 주장이 함축하는 무한한 숫자의 가능한 관찰에 비한다면 그것은 무한하게 작은 비율일 뿐이다. 그러므로 경험주의가 허용하는 관점에 따르면, 우리는 과학의 법칙을 비과학적인 것으로 배제하거나, 아니면 과학은 자연의 제일성uniformity과 규칙성에 대한 시험불가능하고 형이상학적인 믿음에 의지한다고 인정해야 하는 곤경에 직면할 것이다.

이 쟁점은 어떤 것을 과학적으로 설명한다는 것이 무엇인가에 대한 경험주의의 해석의 문제로 이어진다. 생물학의 사례를 들어보자. 일부의 잠자리 종들은 이른 봄에 우화 — 곤충이 유충이나 약충이나 번데기에서 탈피하여 성충이 되는 과정 — 한다. 늦게 우화하는 종들과 달리, 그것들은 '동시 우화synchronized emergence'라고 부르는 것을 일반적으로 보여준다. '약충nymph' 또는 초기 단계의 잠자리는 물속에서 살지만, 우화할 준비가 되면 그것들은 물 밖으로 나와서 허물을 벗고 공기호흡을 하고 날아다니는 성충 잠자리가 된다. 그 종들의 국지적인 개체군은 며칠 사이에 한꺼번에 우화하고, 어떤 경우에는 하룻밤에 우화한다. 개체군이 한꺼번에 우화하는 현상을 어떻게 설명할 수 있을까? 현재의 견해는 겨울 동안에는 애벌레가 발육을 정지하고('휴면diapause'이라고 부르는 현상), (불완전) 변태의 마지막 단계는 봄에 완료된다는 것이다. 낮의 길이가 길어지고 기온이 일정 온도를 넘어서면 변태를 시작해서 개체들이 거의 동시에 우화하게 된다. 특정 종의 특정 개체군이 왜 특정한 밤에 우화했는가를 설명하는 것은 대체로 다음과 같은 추론의 유형을 포함할 것이다.

우화는 낮의 길이 d 더하기 기온 t의 조합에 의해 결정된다.

4월 17일, 개체군 p는 온도 t에 노출되었고 낮의 길이 d는 이미 넘어섰다.

_____

그러므로 개체군 p는 4월 17일에 우화했다.

이것은 논리적으로 타당한 논증으로 비교적 용이하게 형식화하여 진술할 수 있다. 그 진술은 기온과 낮의 길이를 우화와 연결하는 보편법칙에 대한 진술과 실제의 낮의 길이와 기온을 명시하는 개별 진술을 포함한다. 결론은 잠자리의 우화, 즉 우리가 설명하고자 하는 사건을 서술하는 진술이다. '포괄법칙'과 개별 조건을 조합함으로써 설명해야 할 사건을 예상할 수 있음을 보여주는 것이다.

과학적 설명의 논리에 대한 이러한 분석은 왜 과학에서 설명과 예측이 밀접한 연관을 갖는가에 대해서도 알려준다. 이미 일어난 사건(예컨대, 잠자리가 4월 17일에 우화했다)을 우리가 알고 있다면, 법칙과 특정 상황(이 경우에는 낮의 길이와 기온)에 대한 진술의 조합은 그 사건을 설명한다. 반면 우화가 아직 일어나지 않았다면, 우리는 법칙에 대한 지식을 사용하여 적절한 '초기조건'을 충족할 때 그것이 일어날 것으로 예측할 수 있다. 과학적 법칙에 대한 지식은 또한 '반사실적counterfactual' 진술이라고 부르는 것을 정당화하는 데도 사용할 수 있다. 예를 들어, 우리는 기온이 일정 수준에 도달하지 않거나 낮의 길이를 d 이하로 유지하는 인위적 조건에 애벌레들을 놓아둔다면 잠자리가 우화하지 않을 것이라고 말할 수 있다. 그리고 이러한 반사실들은 실험으로 법칙을 시험하는 데 사용할 수 있다.

다시 말하면, 이들 사례가 분명히 보여주는 것은 과학적 법칙이 과거의 경험의 단순한 요약을 넘어서는 주장을 한다는 것이다. 우리가 설명해야 할 사건이 이미 관찰적 증거 ─ 법칙의 기초가 되는 ─ 의 일부라면, 사건에 대한 '설명'은 이미 알려진 것에 아무것도 추가하지 않는 것이다. 마찬가지로, 법칙을 단순히 과거 관찰의 요약으로 취급한다면, 그것은 우리에게 예측을 위한 근거를 아무것도 제공하지 않을 것이다. 과학적 법칙과 단지 '우연적인' 또는 '우발적인' 일반화를 구별하면 이 점을 명확히 밝힐 수 있다. 표준적인 사례로, '모든 백조는 희다'는 단지 '우연적인 일반화'이다. 서구의 관찰자는 오스트레일리아의 백조를 보기 전까지는 흰 백조만을 보았던 것이다. 세계의 다른 지역의 백조도 흴 것으로 기대하는 과학적 근거는 없다. 그저 습관이거나 선입견일 뿐이다. 어떤 일반화를 법칙이라고 부르는 것은 그것이 단순한 동시발생을 넘어서는 규칙성을 내장하고 있다거나, 예외는 불가능한 것으로 배제한다거나, 사건은 법칙에 따를 '수밖에 없다'고 말하는 것이다.

앞에서 보았듯, 이것은 철저한 경험주의자에게 문제를 제기한다. 왜냐하면 과학적 법칙이 제시하는 주장처럼 강력하고 포괄적인 주장을 관찰과 실험에 의해 결정적으로 시험할 수는 없기 때문이다. 철학자 포퍼는 이것에서 벗어나는 한 가지 방안을 찾아내고 그것을 과학의 성질에 대한 완전히 상이한 접근의 기초로 삼았다(Popper, 1963, 1968을 볼 것). 포퍼는 과학적 법칙의 진리성을 확증 또는 입증하는 것과 논박 또는 '반증falsifying'하는 것의 근본적 차이를 지적한다. 법칙과 일치하는 잠자리의 우화를 아무리 많이 관찰하더라도 이것이 그 법칙이 참이라는 것을 증명하지는 못하지만, 기온이 낮거나 낮의 길이가 짧은 조건에서도 잠자리가 우화하는 사례를 한 번이라도 관찰한다면 그 법칙을 결정적으로 충분히 논박할 수 있는 것이다. 이것을 기초로 포퍼는 과학을 법칙의 진리성을 확립하려는 시도로 보지 않아야 한다고 주장한다. 왜냐하면 이런 일은 결코 수행할 수 없기 때문이다. 그 대신 과학을 연구자가 자신의 창의적인 상상력을 사용하여 설명을 제시하고(그 설명이 덜 타당할수록 더 좋다), 그것이 허위임을 입증하는 일에 체계적으로 착수하는 과정으로 보아야 한다는 것이다. 현재의 과학적 믿음에 대해 말할 수 있는 최대치는 그것이 아직까지는 반증되지 않았다는 것이다. 그러므로 포퍼는 진술의 시험가능성을 그것이 반증에 개방되어 있는가 여부의 문제로 취급한다.

불행하게도, 포퍼 자신도 인정하듯 반증의 논리가 모든 문제를 해결하는 것은 아니다. 앞에서 본 것처럼, 믿음에 불리하게 보이는, 심지어 믿음을 논박하는 것처럼 보이는 증거는 그 자체가 의문의 대상이 될 수 있다. 학교의 과학 실험실에서 수행하는 무수한 실험이 전류, 자기장, 화학 등의 기본 법칙을 '논박'하지만, 과학자들은 이것을 그 법칙을 포기해야 할 이유라고 생각하지 않는다. 실험을 수행하는 방식에 기술적 결함이 있었다거나 도구를 잘못 읽었다거나 결과를 잘못 해석했다거나 하는 가정이 제시된다. 우리가 시험가능성을 검증의 문제로 보거나 반증의 문제로 보거나 간에, 어떤 특정한 증거가 기존 믿음의 포기나 유지를 정당화하는가에 관한 **판단**을 피할 수는 없다. 이런 이유로, 포퍼는 과학의 뚜렷한 특징은 결국 가설과 증거 사이의 논리적 관계의 문제이기보다는 연구자가 자신의 지식주장의 반증가능성을 규범적으로 약속하는 문제라고 주장했다.

과학의 구별적 특성과 지위를 확립하고자 하는 경험주의의 목표는 과학적일 수 있는 진술 형태와 그렇지 못한 진술 형태를 구분하는 것을 함축한다. 우리는 이미 이것이 사실 진술로 **보이지만** 경험주의의 관점에서는 사실 진술이 아닌 진술을 배제함을 의미한다는 것을 논의했다. 왜냐하면 그 진술들은 경험으로 시험할 수 없기 때문이다(예를 들어, 종교적 믿음이나 유토피아적 정치강령 등에 대한 진술). 도덕적이거나 윤리적인 판단은 경험주의자에게 특수한 문제를 제기한다. 그런 판단은 분명히 사실적인 것이 아니지만, 예컨대 누군가가 고문은 악이라고 말한다면 그것은 세계에 있는 것에 관하여 실질적인 진술을 하는 것으로 보인다.

경험주의자는 도덕적 판단에 대해 두 가지 접근 가운데 어느 하나를 택하곤 한다. 하나는 도덕적 개념을 관찰가능한 속성들에 입각하여 정의함으로써 그 판단을 특수한 종류의 사실판단으로 받아들이는 것이다. 공리주의적 도덕이론은 가장 유명한 사례이다. 고전적 형태의 공리주의는 '행복'에 입각하여 '선'을 정의하고, 차례로 행복을 고통보다 즐거움이 더 많은 대차관계에 입각하여 정의한다. 그러므로 감각을 가진 모든 존재에 대해 어떤 행위(또는 규칙)가 고통보다 즐거움을 더 크게 만든다면 그것은 도덕적으로 옳은 것이다.

그렇지만 최근의 경험주의 과학철학에서는 도덕적 판단에 대한 또 다른 접근을 받아들이는 것이 훨씬 더 일반적이다. 도덕적 판단은 그것이 사실적인 것을 말하고 있는 것처럼 생각하게 만드는 문법적 형식을 가지고 있기 때문에 수사학적 또는 설득적 힘을 얻는다고 그 접근은 말한다. 그렇지만 그런 견해는 잘못된 것이다. 왜냐하면 우리가 도덕적 판단을 할 때 실제로 수행하는 일은 그것에 대한 우리의 주관적 태도 또는 그것에 관한 느낌을 표현하는 것이 전부이기 때문이다. 흥미롭게도 이것은 일반적으로 의무적인 도덕적 원칙은 없다는 것을 함축하며, 그러므로 제1장에서 도덕적 상대주의로 지칭한 입장으로 이어진다.

실증주의와 사회학

19세기 프랑스의 철학자 콩트Auguste Comte는 일반적으로 '실증주의'와 '사회학'이라는 두 가지 용어를 만든 것으로 인정받는다(Andreski, 1974; Keat and Urry, 1975; Benton, 1977; Halfpenny, 1982). 콩트는 젊은 시절에 유토피아 사회주의자인 생시몽Claude Saint-Simon의 영향을 크게 받았으며, 한 형태의 지식이나 믿음체계에서 다른 형태의 그것으로의 진보적 전환이 역사를 지배한다는 역사관을 발전시켰다. 초기의 신학적 단계는 형이상학적 단계로 대체되고, 이 단계에서는 사건들을 추상적 실체들에 입각하여 설명한다. 차례로 이것은 과학적 단계로 대체되는데 여기서는 지식이 관찰과 실험에 기초를 둔다. 프랑스 혁명의 후폭풍 속에서 저술활동을 하면서 그리고 정상성normality과 사회적 안정의 복구를 열망하면서, 콩트는 계속되는 갈등과 무질서가 인권 등과 같은 낡은 형이상학적 원리의 존속에서 기인한다고 설명하고자 했다. 그러한 개념과 원리는 사회의 옛 질서를 비판하고 반대하는 '부정적negative' 작업에는 효과적이었지만, 혁명 이후의 시기에는 사회적 조화를 재건하기 위한 '실증적positive' 지식이 필요하다는 것이 콩트의 생각이었다.

물론 이러한 실증적 지식은 과학이었다. 하지만 콩트가 문제라고 생각한 것은, 지식의 각 분야들이 세 단계를 거치지만 모두가 동시에 과학적 성숙에 도달하지는 않았다는 점이었다. 천문학, 물리학, 화학, 생물학은 모두 과학적 단계에 도달했지만, 인간의 정신적이고 사회적인 삶에 대한 해명은 여전히 과학 이전, 즉 형이상학적 단계에서 꾸물거리고 있다고 콩트는 주장했다. 이제 인간의 사회적 삶에 대한 연구를 과학적 기초 위에 정착시킬 시기가 무르익었으며, 콩트는 과학적 학문분과로서 '사회물리학' 또는 '사회학'을 확립하는 일에 착수했다. 콩트 시대 이래 '실증주의'라는 용어는 대규모 자료묶음, 양적 측정, 통계적 분석 방법을 사용하는 사회과학 접근을 규정하는 데(흔히 경멸적인 내포와 함께) 사용되었다. 우리는 이 용어를 더 엄밀하고 협소한 의미로, 다음 4가지 특징을 공유하는 접근들을 서술하는 데 사용할 것이다.

1. 자연과학의 특징에 대한 경험주의의 해석을 받아들인다.
2. 과학을 최고 형태의, 심지어는 유일하게 진정한 형태의 지식으로 평가한다(이것은 대부분의 근대 경험주의자들의 견해이기 때문에, 편의상 1에 포함할 수 있다).
3. 경험주의자가 제시하는 것과 같은 과학적 방법을 인간의 정신적·사회적 삶에 대한 연구에도 확장할 수 있고 확장해야 하며, 그것으로 이들 학문분과들을 사회**과학**으로 확립할 수 있다.

4. 일단 믿을 만한 사회과학적 지식을 확립하면, 그것을 적용하여 사회 속의 개인이나 집단의 행위를 통제하거나 조절할 수 있다. 공학과 기술에서의 실질적인 문제를 해결하는 데 자연과학 전문가가 관련되는 것과 거의 마찬가지 방식으로, 사회과학자가 제공하는 전문지식을 기초로 사회문제와 갈등을 하나하나 식별하고 해결할 수 있다. 사회 개량을 위한 기획에서 사회과학의 역할에 대한 이런 접근은 종종 '사회공학social engineering'이라고 부른다.

실증주의자가 자연과학을 사회과학을 위한 모형으로 사용하고자 하는 데는 몇 가지 이유가 있다. 가장 분명한 이유는 자연과학이 강력한 문화적 권위를 보유하고 있다는 점이다. 통상적으로 정부는 식품의 안전성에서 동물의 복지와 건물의 표준에 이르기까지 기술적인 정책형성의 어려운 문제에 관하여 대체로 과학적 전문가로 구성된 위원회의 자문을 얻는다. 공공의 논쟁에서 과학자들은 그러한 쟁점에 대한 대중매체의 토론에서 거의 도전받지 않는 역할을 맡아왔다(최근까지도 그러하다 — Beck, 1992를 볼 것). 사회과학자도 이런 종류의 권위를 인정받기 위해서는 자신의 학문분과가 과학으로 충분히 확립되었다고 제시하고자 할 만하다. 학문제도 안에서 사회과학의 지위가 여전히 논쟁거리라는 점도 이것과 무관하지 않다. 사회과학자는 자신이 제공해야 할 지식의 신뢰성, 객관성, 유용성에 관한 강력한 주장을 내세우면서, 이것을 근거로 대학의 인원배치와 연구비 지원에서 사회과학분과가 적절한 몫을 배분받아야 한다고 주장한다. 물론 그런 주장은 새롭게 등장한 사회과학이 아직 인정받기 위해 투쟁하던 19세기 실증주의의 전성기에는 특별한 중요성이 있었다.

비교적 최근까지도 과학에 대한 경험주의적 해석이 지배적이었다는 점을 고려하면, 그리고 다른 형태의 믿음체계보다 과학이 우월하다는 것을 경험주의가 분명하게 정당화했다는 점을 고려하면, 실증주의자가 경험주의의 과학관을 받아들인 것은 놀라운 일이 아니다. 그렇지만 과학적 방법을 인간 과학에 확장한다는 실증주의의 주장은 논란거리임이 분명하다. 이 책의 뒷 장들(특히 제5·6·7장)에서 우리는 이러한 실증주의의 교의에 대해 가장 강력하게 반대하는 주장의 일부를 자세히 살펴볼 것이지만, 여기서는 그 주장에 유리한 사례만을 검토할 것이다. 뒤르켐Emile Durkeim 저작의 일부를 사례로 사용할 것이지만, 우리가 뒤르켐 자신이 실증주의자였다고 주장하는 것은 아니라는 점을 적어두는 것이 중요하다(Lukes, 1973; Pearce, 1989; Craib, 1997을 볼 것). 이 책에서 우리의 논의 목적에 비추어 보면, 뒤르켐은 실증주의자와 몇 가지 중요한 특징을 공통적으로 가지고 있으며, 우리는 그것에 초점을 맞출 것이다.

자살에 관한 그의 고전적인 연구(Durkheim, 1896, 1952)에서 뒤르켐은 자살률에 일정한 유형이 있다는 것을 보이기 위하여 많은 양의 통계자료에 의존한다. 그는 그러한 자살률의 유형을 인종, 유전적 특성, 심리적 불안, 기후, 계절 등 일련의 비사회적 요인에 입각하여 설명할 수 없다는 것을 입증했다. 그런 다음 그는 그것을 종교적 믿음, 혼인상태, 민간 또는 군대 직업에서의 고용, 소득의 갑작스러운 변화(양쪽 방향 어느 쪽으로거나) 등에서의 변이에 입각하여 설명할 수 있다고 입증하는 방향으로 나아갔다. 〈표 1〉은 종교적 믿음에 따른 자살률의 유형을 보여준다.

각 나라에서 시대(연대 혹은 시기)에 따라 자살률에 변화가 있기는 하지만, 나라들을 비교해보면, 뚜렷한 일관성을 볼 수 있다. 일부 나라들은 다른 나라들보다 일관성 있게 높은, 또는 낮은 자살률을 나타내는 것이다. 신앙고백과 유사하게, 동일한 종교라도 나라에 따라 절대적인 비율은 매우 다양하지만, 각 나라에서 개신교의 자살률이 가톨릭보다 높고, 가톨릭의 그것이 유대교보다 높다는 점에서 일관성을 볼 수 있다. 뒤르켐은 이런 유형을 종교들의

<표 1> 각국의 1백만 명당 종교별 자살자의 수

	연도	개신교	가톨릭	유대교	관찰자 이름
오스트리아	1852~1859	79.5	51.3	20.7	Wagner
프로이센	1849~1855	159.9	49.6	46.4	위와 동일
프로이센	1869~1872	187	69	96	Morselli
프로이센	1890	240	100	180	Prinzing
바덴	1852~1862	139	117	87	Legoyt
바덴	1870~1874	171	136.7	124	Morselli
바덴	1878~1888	242	170	210	Prinzing
바이에른	1844~1856	135.4	49.1	105.9	Morselli
바이에른	1884~1891	224	94	193	Prinzing
뷔르템베르크	1846~1860	113.5	77.9	65.6	Wagner
뷔르템베르크	1873~1876	190	120	60	Durkheim
뷔르템베르크	1881~1890	170	119	142	위와 동일

자료: Durkheim(1952: 154).

교의의 차이에 입각해서 설명할 수는 없으며, 오히려 교회가 개별 신도들과 관계를 맺는 방식이 다른 데서 온 결과라고 주장한다.

종교가 사람을 자기파괴의 욕구에서 보호한다면, 그것은 종교가 그에게 자신의 존재를 존중하도록 설교하기 때문이 아니라······ 종교가 하나의 사회이기 때문이다. 모든 독실하고 전통적인, 그러므로 복종적인 사람들에게 공통된 일정한 숫자의 신념들과 관행들의 존재가 이러한 사회를 구성한다. 이러한 집합적 정신상태가 더 많고 강할수록 종교공동체의 통합은 더 강해지며, 그러므로 종교의 보호적 유용성도 더 커진다. 교리와 의식의 세세한 내용은 이차적인 것이다. 핵심적인 것은 그것들이 강력한 집합적 삶을 충분히 지원해줄 수 있다는 점이다. 그리고 개신교 교회는 다른 종교에 비하여 약하기 때문에 자살 완화 효과가 더 약한 것이다(Durkheim, 1952: 170).

뒤르켐은 자살에 관한 저서와 그의 방법론의 고전인 『사회학 방법의 규칙

The Rules of Sociological Method』(1895, 1982)에서 사회가 그 자체로 하나의 실재라는 것을 확인하는 일련의 논증을 사용한다. '사회적 사실들', 즉 이 실재를 구성하는 사실들은 각각의 개인들에 독립하여 존재하며 그가 '구속력'이라고 부르는 것을 우리에게 행사한다. 예를 들어, 각각의 개인들은 사회 — 그것의 제도들과 관행들이 이미 존재하고 있는 — 속에서 태어난다. 우리 각각은, 우리 사회에 참여해야 한다면 서로 의사소통해야 하며, 그러므로 필요한 숙련skills — 고유의 언어를 말하고 이해하는 것에 관련된 것들을 포함한 — 을 익혀야 한다. 이런 의미에서, 그리고 더 명백한 측면에서, 우리는 우리의 '사회적 환경' 또는 '주위milieu'의 기존 규칙들을 따르도록 강요된다. 『자살Suicide』의 끝부분에서 특히 강력한 진술을 볼 수 있다.

사회가 개인들만으로 구성된다는 것은 진실이 아니다. 사회는 또한 물질적인 것들을 포함하며, 이것들은 일반적인 삶에서 핵심적 역할을 한다. 사회적 사실은 때때로 외부세계의 요소가 될 정도로 물질적인 것으로 나타난다. 예를 들어 특정한 건축양식은 사회적 현상이다. 그렇지만 그것은 모든 종류의 주택과 건물에서 부분적으로 구체화되며, 이것들은 일단 건축되면 개인과는 관계 없는 독립된 자율적인 실재가 된다. 교통과 운송의 도로, 공업이나 사생활에서 사용하는 도구나 기계 등에서도 이 점은 마찬가지이며, 이것들은 역사의 한 시점에서의 기술의 상태, 문자언어의 상태 등을 표현한다. 그렇게 결정(結晶)된, 말하자면 물질적 지지물들 위에 고정된 사회적 삶은, 바로 그만큼 외재화하며, 우리 외부에서 작용한다. 이전 시대에 구축된 전달 경로는 우리의 활동에 일정한 방향을 제공한다(Durkheim, 1952: 314).

뒤르켐은 이것으로 특정 종류의 사실, 즉 개인들과 그들의 정신 상태 또는 생물학적 특징에 관한 사실과 구별되는 사회적 사실이 있다는 것을 입증하기에 충분하다고 생각했다. 통계적 유형에 대한 분석을 통하여 가장 분명하게 발견할 수 있는 이런 부류의 사실은 그것을 연구주제로 삼는 구별되는 과학, 즉 사회학의 존재를 정당화한다. 이 과학은 그 자체의 특징적인 연구주제를 가지고 있으므로 생물학이나 심리학으로 환원할 수 없을 것이다.

그렇지만 한 걸음 더 나아간 논증이 필요하다. 사회적 삶을 실천하는 참여자로서 우리는 모두 그 삶에 대한 지식을 가지고 있다고 주장할 수 있다. 뒤르켐 자신의 논의도 이것을 함축하고 있는 것으로 보인다. 만약 그렇다면 우리가 이미 알고 있는 것을 우리에게 이야기해 줄 전문화된 과학이 왜 필요한가? 이 질문에 대한 답으로, 뒤르켐은 자살 발생의 통계적 유형에 대한 자신의 분석이 대부분의 사람들에게는 놀랄 만한 결과를 찾아냈다는 점을 제시할 수 있었다. 겉보기에 가장 개인적이고 고독한 행위가, 사회학적으로 연구하면, 사회적 환경의 가변적 특징들에 의해 결정된 것으로 드러나는 것이다. 『사회학 방법의 규칙』에서 그는 더 일반적인 주장을 제시한다. 사회적 삶의 사실들은 개인들에 앞서 존재하며 개인들의 의지와는 별도로 구속력을 행사하기 때문에, 자연의 사실들과 유사하다. 우리는 모두 자연의 물질들 및 대상들과 상호작용하며, 그것들의 속성에 대한 '보통의' 또는 상식적인 지식을 통하여 그렇게 하지만, 이것 때문에 일반적으로 우리가 자연과학은 필요하지 않다고 주장하지는 않는다. 자연과학의 역사는, 새로운 과학적 증거와 이론에 비추어 상식적인 믿음을 정정하는 무수한 사례를 보여준다. 그렇다면 왜 우리는 사회세계에 대해서는 상식적 가정과 선입견이 신뢰할 만한 지식을 제공한다고 상정하는가? 일반적으로 과학이 상식적 가정과 점점 더 멀어짐으로써, 그리고 그 연구주제에 대한 더 심층적인 이해를 얻음으로써 진보한다면, 우리는 사회과학에 대해서도 또한 그것이 참이라고 기대해야 할 것이다.

끝으로 실증주의의 네 번째 교의 ― 사회정책 형성에 사회과학적 지식을 적용한다는 제안 — 에 관해 간략하게 논평할 차례이다. 사회과학의 공공적 역할에 대한 이런 견해는 계속 아주 광범하게 유지되어왔다. 그리고 이것은 자연과학의 방법을 사회연구에 확대하는 것을 다시 한 번 정당화한다. 자연과학이 이미 성취한 양적 신뢰성, 객관성, 보편적 적용가능성에 대한 주장을 기초로 해야만 정책입안자들이 사회과학을 진지하게 취급할 것으로 기대할 수 있었다. 오늘날 대부분의 국가들에서, 사회적·경제적 삶의 사실상 모든 측면 — 질병과 건강과 사망의 유형, 결혼과 이혼, 실업, 소득 격차, 태도와 가치, 소비 유형 등 — 에 관한 공식 통계를 수집하고 있으며, 이것들을 수집하고 해석하고 정책적 함의에 관해 자문하도록 사회과학자를 고용하고 있다(영국에서는 『사회동향Social Trends』과 『영국의 사회 태도British Social Attitudes』 등과 같은 출판물이 그러한 통계조사에서 뽑은 내용들을 담고 있다).

경험주의의 '포괄법칙' 모형이 보여주는 과학적 설명의 논리적 형식은 그러한 지식과 정책을 어떻게 연결할 수 있는가를 알려준다. 매우 단순화해서 말하면, 통계수치는 부모가 이혼한 가정의 어린이들 사이에서 청소년의 범죄행위가 더 일반적이라는 점을 보여줄 것이다. 이것은 보편법칙이 아니라 통계적 일반화이다(이런 통계적 일반화가 상이한 문화들과 역사적 시기들을 가로질러 유지된다고 주장한다면, 보편성의 필연적 요소가 있을 수도 있지만). 그렇지만 과학적 설명의 기본 구조는 지속된다.

이혼율이 높다면, 아동범죄율이 높을 것이다.

이혼율이 높다.

그러므로 아동범죄율이 높다.

만약 청소년범죄율이 높은 것은 나쁜 일이라는 여론을 정책입안자가 확신한다면, 그리고 그 비율을 낮추는 정책을 제안하라는 임무를 맡는다면, 이런 부류의 과학적 설명은 이혼율을 낮출 수 있는 정책을 추천할 것이다. 여기에 몇 가지 분명한 곤란함이 있다는 것은 말할 나위가 없다. 한 가지는 이혼율과 청소년범죄율이 연결되더라도, 그것이 한쪽이 다른 쪽의 원인이라는 것을 입증하는 것은 아니라는 점이다. 예컨대, 실업률 등과 같은 제3의 사회적 사실이 높은 이혼율과 청소년범죄율 두 가지 모두의 원인일 수도 있다. 그러므로 실업에 대처하는 정책이 이혼을 어떻게 하는 것보다 더 효과적일 수 있다. 그러나 통계적 연결과 관련해서는 훨씬 더 미묘한 문제가 있을 수 있다. 예를 들면, 청소년범죄율과 이혼율 사이의 연결은 지배적인 가치가 오로지 이혼에 오명을 씌울 때에만 유지될 수도 있다. 만약 그렇다면 더 자유로운 사회적 가치에 우호적인 쪽으로 문화적 전환이 일어나도록 일하는 것이 적절한 정책일 것이다. 그렇지만 이런 비판들 중 어느 것도 '사회공학'이라는 실증주의의 관념 그 자체에 반대하는 것이라고는 할 수 없다. 이런 가능성 각각은 원칙적으로 더 정확한 자료 수집, 더 정교한 분석방법 등을 사용하여 다룰 수 있다. 그렇지만 다른 비판노선도 있으며, 이것은 다음 장에서 탐구할 것이다.

더 읽을 거리

콩트는 실증주의의 창시자로 널리 인정받고 있으며(Andreski, 1974를 볼 것), 그에 대해 종종 이야기하는 것보다 그가 훨씬 더 정교한 사상가였다는 것을 알기 위해서라면 그의 글은 여전히 읽어볼 가치가 있다. 뒤르켐의 『사회학 방법의 규칙』(1895, 1982)은 사회과학에 대한 자연주의적 접근을 옹호하는 매우 강력한 사례를 제공한다. 에이어(Ayer, 1946)는 논리실증주의 철학의 고전적인 글이다. 한편 헴펠(Hempel, 1966)은 자연과학에 대한 매우 온건한 경험주의적 견해의 명확한 입문서로서 여전히 가장 뛰어나다. 경험주의 과학철학에 대한 훌륭한 비판적 논의는 하레(Harré, 1970, 1972)와 키트와 어리(Keat and Urry, 1975), 벤턴(Benton, 1977), 뉴턴-스미스(Newton-Smith, 1981), 차머스(Chalmers, 1999)에서 찾아볼 수 있다.

3
경험주의와 실증주의의 몇 가지 문제

들어가며: 실증주의 비판의 두 방식

　지금까지 우리는 인간 지식에 대한, 그리고 과학적 설명에 대한 경험주의의 견해를 광범하게 개괄하여 논의했다. 우리는 사회과학에서의 '실증주의'를, 인간의 사회적 삶에 관한 연구에 자연과학에서 성공을 거둬온 설명의 방법과 형태를 확장하여 사용함으로써 사회연구를 과학적인 기초 위에 놓고자 하는 시도로 볼 수 있다는 것을 알아보았다. 이렇게 하면서 실증주의자들은 일반적으로 특정 형태의 경험주의 지식이론에 의지했으며, 사회개혁의 기획에 사회과학적 지식을 적용한다는 입장을 취했다.

　우리는 이제 사회과학에서 실증주의에 대한 비판의 일부를 고찰하려 한다. 이 비판은 두 가지 중심적인 종류의 것이며, 우리는 그것들을 별개의 장에서 다룰 것이다. 사회과학자들이 가장 널리 제시하고 받아들이는 비판은 과학적 방법을 인간의 사회적 삶의 영역으로 확장하는 것에 관한 것이다. 이러한 비판노선을 취하는 반(反)실증주의자들은 인간의 사회적 삶과 자연의 사실 ― 자연과학의 연구주제인 ― 사이에는 근본적인 차이가 있다고 지적한다. 그 차이는 인간 행위의 이른바 예측불가능성도 포함하는데, 그것은 인간이 자유의지라는 독특한 속성을 가지고 있는 것에서, 법칙의 지배를 받는 것 law-governed이 아니라 '규칙의 지배를 받는 것rule-governed'에서, 그리고 인간사회의 의식과 의미의 역할 등에서 유래한다. 자연세계와 사회세계의 이러한 존재론적 차이와 관련하여, 사회과학자와 그의 연구주제 사이의 관계는 자연과학자와 그가 연구하는 사물 및 과정 사이의 관계와 크게 다르다고 실증주의의 비판자들은 주장한다. 그러한 차이의 한 가지는 탐구의 주제 선택에 도덕적 또는 정치적 가치가 개입하는 방식과 관련이 있다. 사회과학자는 특정한 사회현상이나 역사과정에 대한 설명을 추구하는 가치지향의 안내를 받을 것이며, 그러므로 사회적 설명은 '가치-유관적value-relevant'일 것이며 개별적인 것에 관심을 가질 것이다. 이와 대조적으로 자연과학자는 가치판단을 배제하는 방법을 사용하여 일반법칙을 발견하는 것에 관심을 둔다. 또 다른 차이는 사회적 삶에서 의식과 의미가 수행하는 역할에 대한 인식으로부터 직접 도출된다. 사회과학자가 사회적 삶을 체계적으로 연구할 때 그는 자기 자신이 이미 어느 정도는 이해하고 있는 연구주제를 만나게 된다. 더욱이 사회과학자는 보통 자신이 그 사회적 삶의 일부일 것이며, 어떤 경우에서든 그 삶에 대한 이해를 얻기 위해서는 그 삶 자체의 관점에서 그 삶과 의사소통하는 것을 배워야 한다. 다시, 이것은 자연과학자와 그의 연구주제 사이의 외적 관계와 크게 다르다.

물론 이러한 논증은 매우 설득력 있는 것이며, 우리는 뒤에서 다시 이것과 이것의 함의를 더 심층적으로 탐구할 것이다(특히, 제5·6·7장). 하지만 당분간 우리는 실증주의에 대한 전혀 다른 노선의 비판을 고찰할 것이다. 여기서의 핵심은 과학의 방법을 사회연구에까지 확대하는 것을 납득할 수 있는가 하는 것이 아니라, 확대하려 할 때 우리는 **과학에 대해 어떤 견해**를 가지고 있는가 하는 것이다. 위에서 본 것처럼, 실증주의자들은 과학에 대한 경험주의적 견해를 사회에 대한 과학적 접근을 위한 모형으로 폭넓게 받아들인다. 그러나 과학에 대한 경험주의의 견해에는 몇 가지 심각하고 해결하지 못한 난점들이 있다(특히 Keat and Urry, 1975; Benton, 1977; Quine, 1980; Halfpenny, 1982; Chalmers, 1999를 볼 것). 그리고 이것에 더해 오늘날에는 과학을 이해하는 매우 잘 확립된 **대안적인** 견해들이 있다. 이 견해들은 실제로 수행되는 과학에 대한 역사적 연구와 사회학적 탐구에 더 많이 기초하고 있으며, 우리는 그것의 일부를 제4장에서 논의할 것이다. 그것을 더 자세히 탐구하는 것이 중요한데, 그 까닭은 그것이 사회과학이 무엇인가 또는 무엇일 수 있는가에 관한 사유에 더 많은 가능성을 열어놓기 때문이다. 특히 실증주의의 견해와 해석주의적 견해를 (마치 이것들이 대안의 전부인 것처럼) 대비하는 것은 사회과학철학자들 사이에서 아주 흔한 일이었다(그리고 여전히 그러하다). 그러나 다른 대안도 **있다**. 예를 들면, 실증주의가 제시하는 과학에 대한 경험주의적 견해는 기각하면서도, **자연**과학이 어떤 것인가에 대한 대안적인 견해에 의지하여 사회를 과학적으로 연구할 수 있는 가능성은 여전히 열려 있다. 물론 과학이 어떤 것인가에 대해서는 이러한 대안적 견해를 취하면서도, 여전히 인간사회는 과학적으로 연구할 수 없다고 주장할 수도 있다. 그러나 대안적인 과학 모형을 염두에 두면서 이 질문을 제기하는 것은 자연과학과 사회연구 사이에서 차이점과 유사점이 어디에 있는가에 관해 새롭고 흥미로운 쟁점을 제기할 것이다.

경험주의의 몇 가지 문제

개념과 경험

여러 학문분과에서의 발전은 모든 지식을 경험에서 얻는다는, 그리고 본유 관념은 없다는 경험주의의 견해에 대해 의문을 제기했다. 현대의 과학적 언어학의 창시자로 인정받는 촘스키Noam Chomsky는 우리가 언어 습득을 경험주의의 관점에서 설명하기에는 어린이의 언어 경험이 너무도 제한적이고 파편적이라고 주장했다(Lyons, 1977을 볼 것). 잘 형성된 문장을 무한하게 많이 만들어내는 인간의 능력은 생득적인 언어 습득 성향뿐 아니라 모든 언어에 공통적인 '심층 문법'에 대한 생득적 지식도 전제한다. 훨씬 더 논란이 심한 것으로, 자칭 '발달심리학자들'과 사회생물학자들은 인간의 많은 기본적인 사유과정과 행위들을 가리켜 인간의 유전형질의 표현이라고 주장한다(Pinker, 1997을 볼 것; 그리고 Rose and Rose, 2000에 있는 이 접근에 대한 비판도 볼 것). 이런 부류의 주장은 의심스러운 것이지만, 지식 습득이 감각 경험의 흐름 속에 보이는 규칙성의 유형을 인식하는 문제에 그칠 수 없음을 보여주는 다른 증거 원천들이 있다. 여러 종류의 두뇌 손상을 앓고 있는 사람들을 돕는 일에 관여한 신경과 의사인 삭스Oliver Sacks가 보고한 사례 연구가 아주 뚜렷한 한 가지 예를 보여준다. 안과 의사가 환자 한 명('자기 처를 모자로 혼동하는 남성')을 그에게 보냈다.

P박사는 오랫동안 가수로 알려진 저명한 음악가였으며, 그 당시 지역 음악학교의 교사였다. 그곳에서 학생과 교류하면서 처음으로 이상한 문제를 목격했다. 때때로 학생이 출석했는데도 그는 학생을 알아보지 못했다. 특히 얼굴을 알아보지 못하는 것이었다. 학생이 이야기할 때에서야 그의 목소리를 통하여 학생을 알아보곤 했다. 그러한 사건이 반복되면서 당황과 혼란과 공포와 때로는 희극을 유발했다. 왜냐하면 P박사는 점점 더 얼굴을 알아보지 못하게 되었을 뿐 아니라 보아야 할 얼굴이 없는 곳에서도 얼굴을 보곤 했기 때문이다. 시력장애의 만화 주인공 마구Magoo처럼, 일반적으로 거리에 나서면 그는 소화전과 주차시간 표시기를 어린이 머리로 생각하고 쓰다듬을 수도 있다(Sacks, 1986: 7).

삭스는 설명을 계속했다. "그의 시력visual acuity에는 문제가 없었다. 그는 바닥에 떨어진 바늘을 찾는 데는, 그것이 왼쪽에 떨어져 있을 때는 종종 놓치기는 했지만, 어려움이 없었다. 그는 잘 보았는데, 그가 본 것은 무엇인가(Sacks, 1986: 9)?" 삭스가 만난 불행한 환자의 문제는 시력이 아니라 그가 확실하게 받아들이고 있는 시각 인상의 흐름을 해독하는 능력을 상실한 것이었다. 이런 종류의 사례는 '정상적인' 시각 경험에 들어오는 감각적 투입물을 선택하고 해석하는 복합적이고 전(前) 의식적인 정신활동을 예시한다. 사람들을 식별하고, 얼굴을 알아보고, 풍경을 해석할 수 있는 우리의 능력은 잘 작동하는 감각기관을 보유하고 있는가의 문제일 뿐 아니라 개념적인 정리와 해석이라는 능동적 과정 — 이것에 대해 우리가 대체로 깨닫지 못하고 있는 — 을 포함한다. 과학철학자 핸슨Norwood Hanson은 언젠가, '보는 것에는 망막에 부딪히는 것보다 많은 것이 있다'고 말했다(Hanson, 1965: 7).

그러므로 이 견해에 따르면, 경험은 감각 인상과 개념적 정리 및 선택의 복합적인 종합이다. 모든 경험은 어느 정도는 세계에 대해 우리가 그 이전에 획득한 개념 지도에 의해 형성된다. 과학적 관찰에 관한 한 이것은 훨씬 더 분명하게 사실이다. 어떤 경험을 과학적 관찰로 취급하려면 그것을 언어로, 즉 다른 과학자들이 이해하고 시험할 수 있는 진술로 표현해야만 한다. 경험을 언어로 표현하는 활동은, 바로 경험에 개념적 질서를 부여하는 것이다. '리트머스 시험지가 파란색에서 빨간색으로 변했다' 등과 같은 기초적 진술은 물리적 대상을 인식하고 그것을 리트머스 시험지로 분류하고 색에 관한 어휘를 구사하는 능력을 함축한다.

물론 이것은 경험에 대한 **개별** 진술 또는 사실 진술이 경험을 개념적으로 질서 짓는 능력을 전제해야 한다는 것만을 보여준다. 이것이 **모든** 경험에 대해 선행하며 독립적인 지식이라는 의미에서 생득적 지식의 존재를 증명하는 것은 아니다. 경험을 해석할 때 매개로 사용하는 개념들을 우리가 어떻게 획득하는가 하는 것은 여전히 미해결의 문제로 남는다. 경험을 해석하는, 문화들을 가로지르는, 그리고 역사적 시간에 걸친 엄청난 다양성을 고려할 때 (Durkheim, 1912, 1982), 우리 각자가 보유하게 되는 개념 장치의 대부분을 학습해야 한다는 것은 분명해 보인다.

한편 학습 자체가 가능하기 위해서는 개념적 질서 짓기를 위한 몇 가지 매우 기본적인 능력을 전제해야 하는 것으로 보인다. 독일의 철학자 칸트Immanuel Kant는 이런 견해를 옹호하는 가장 강력한 주장의 일부를 전개했다(Kant, 1953; Körner, 1990; Hoffe, 1994: 특히 제2부를 볼 것). 그의 해설에 따르면, 모든 '경험에 대한 판단'을 하기 위해서는 우리의 감각 경험의 흐름을 공간에서의 위치와 시간을 통한 연쇄에 입각하여 질서 짓는 것이 필요하다. 그것은 동일과 차이를 판단하고, 사물 및 그것들의 특징들을 구별하고, 원인과 결과에 입각하여 사유하는 능력과 유사하다. 그러므로 예컨대 우리는 불타는 장작을 만지는 것이 통증을 일으킨다는 것을 경험으로부터 배울 수 있지만, '원인' 개념 **자체**는 경험에서 도출할 수 없다. 칸트의 견해에 따르면, 모든 경험적 판단은 이러한 매우 기본적인 조직화하는 개념들('직관의 형식들'과 '오성의 범주들')을 전제하며, 그러므로 이 개념들은 인간에게 생득적이고 보편적인 것으로 생각해야 한다. 칸트 이래, 경험주의에 대한 주요한 대안적 접근은 그의 저작을 출발점으로 삼아 왔다.

과학의 법칙, 시험가능성과 해석

우리는 과학적 진술은 경험적으로 시험가능해야 한다는 경험주의의 요구에 담긴 몇 가지 난점들을 탐구했다. 만약 이런 요구를 엄격하게 적용한다면, 과학자는 훨씬 더 제한적인 성질을 갖는 가설들 — 그것들이 일반적으로 가지고 있는 것보다 훨씬 더 제한적인 — 을 제출해야 할 것이다. 특히 과학의 법칙은 관찰의 단순한 요약으로, 즉 경험적 일반화로 취급해야 할 것이다.

그러나 이렇게 된다면 과학적 설명은 그것의 설명력을 상실할 것이고, 과학적 예측은 불가능할 것이며, 과학은 추후의 다른 연구에 대한 중요한 자극제를 빼앗길 것이다. 과학적 진술의 이러한 특징은, 과학적 법칙이 기존의 증거가 엄격하게 함축하는 것을 넘어서는 주장을 하고 있다는 해석에 의존한다. 과학적 법칙의 이러한 특징을 보존하기 위해서는 시험가능성에 대한 훨씬 느슨한 기준, 즉 새로운 관찰은 단지 가설에 유리하거나 불리한 것일 뿐 가설을 결론적으로 입증하거나 반증할 수는 없는 것이라고 인정하는 기준을 채택해야 한다.

제2장에서 살펴보았듯, 이용가능한 증거가 가설을 지지하거나 확증하는 정도를 엄격하게 양적으로 측정하는 방법을 발전시키려는 시도는, 우리가 아무리 많은 증거를 확보한다고 하더라도 그것은 우리가 **얻을 수 있는** 무한한 규모의 경험적 증거에 비한다면 극히 소수일 뿐이라는 사실에 부딪혀 움직이지 못하게 된다. 덧붙이면, 경험주의자는 시험가능성이라는 요건을 느슨하게 만들면서 더 유연해지며(예컨대, 일부의 **가능한** 관찰이 가설의 진위에 **관련되어** 있어야 한다고 주장한다), 진정한 과학과 비과학적인 믿음체계 — 경험주의자들이 일반적으로 배제하고자 하는 — 를 명확하게 그리고 옹호할 수 있게 구분하는 일은 더욱 어렵게 된다.

그러나 시험가능성에 관해서는, 경험과 해석 사이의 관계에 관해 위에서 이야기한 것과 훨씬 더 밀접하게 관련된 또 다른 어려움이 있다. 경험에 대한 모든 진술이 동시에 해석이라면, 원칙적으로 모든 사실 진술은 **재**해석할 수 있는 것이다. 보조적인 치료가 효과가 없거나 나쁜 것으로 나타나는 피상적 증거에 관한 제2장의 사례에서 보았듯, 일부의 증거에 대해 우리의 기존 믿음을 확증하는 것으로 받아들일 것인가 아니면 기각하는 것으로 받아들일 것인가 여부의 결정은 늘 주관적 판단을 포함한다. 부분적으로 이 판단은 우리의 기존 믿음이나 가설 그리고 새로운 증거 두 가지 모두를 어떻게 해석할

〈그림 1〉 토끼-오리

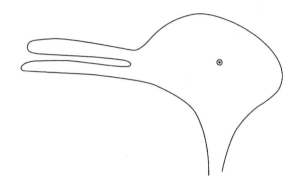

것인가와 관련될 것이다. 이것을 예시하는 가장 일반적인 방법은 모호한 그림을 사용하는 것이다. 〈그림 1〉의 유명한 '토끼-오리' 그림은 오리의 머리로 볼 수도 있고(왼쪽을 중심으로 보면 두 개의 돌출부가 부리가 된다), 토끼의 머리로 볼 수도 있다(오른쪽을 중심으로 보면 그 돌출부는 긴 귀로 보인다).

이런 경우, 상이한 관찰자들은, 그리고 상이한 시점에서 동일한 관찰자들은 동일한 그림을 근본적으로 상이한 방식으로 해석한다. 동일한 증거에 대한 상이한 해석의 가능성은 과학의 실천에서 경험주의의 설명에 심각한 문제를 제기한다. 겉보기에 가설과 갈등하는 증거를, 가설을 재해석하거나 그 증거를 재해석함으로써 선호하는 가설과 늘 부합하게 만들 수 있는 것이다. 경험주의자들은 그러한 '협약주의적conventionalist' 책략에 동의하지 않는 경향을 보이지만, 이 책략을 결코 정당화할 수 없다는 것을 입증하기는 어렵다. 그러나 모호함 및 해석과 관련하여 발생하는 가장 심각한 문제는 주요한 이론적 지향 사이의 경쟁이라는 수준에 자리하고 있다. 예컨대 다윈 진화론의 옹호자와 진화론에 반대하는 신학적 지향의 논자 사이의 논쟁에서, 유기체의 형태가 역사적으로 변화해왔다는 견해에 유리한 화석증거는 (반대 입장에서는) 악마가 깔아놓은 유혹이라고 주장한다. 또한 삶의 조건이 부과하는 요구에 유기체가 놀랍게 적응하는 것을, 신학적 전통에서는 신의 설계의 결과로 해석하는 반면 다윈주의자는 자연선택의 결과로 해석한다. 이런 식으로 경쟁하는 이론들은 이용가능한 증거에 대해 대안적인 해석을 제시함으로써, 그 증거가 무엇이거나 간에 사물에 대한 각 이론 자체의 해명과 일관성을 유지할 수 있다.

두(또는 그 이상의) 이론적 시각 사이에 체계적인 해석의 불일치가 있는 이러한 상황은 언제나 서로 엇갈리는 논쟁이 있다는 것을, 그리고 결정적인 실험이나 결정적인 시험의 사례로 구실할 수 있는 것이 없다는 것을 함축한다. 경쟁하는 이론들이 서로에 대해 이런 종류의 관계를 가질 때 '공약불가능하다incommensurable'고 말한다. 공약불가능성이라는 개념이 과학에서 이론들의 경쟁 상황을 얼마나 정확하게 포착하는가, 그리고 그러한 경쟁이 얼마나 일반적인가에 의해 매우 많은 것들이 달라진다. 경험주의자들, 그리고 과학의 합리성을 옹호하고자 하는 그 밖의 사람들은 공약불가능성이 있다고 하더라도 극히 드물게 있는 것으로, 그러므로 증거에 관한 합리적 논증을 통하여 과학적 논쟁을 해결하는 것이 일반적으로 가능하다고 간주할 것이다. 과학에 대해 (과학은 지식의 원천으로 다른 믿음체계보다 더 믿을 것도 아니고 더 못 믿을 것도 아니다 등과 같은) **상대주의적** 견해를 택하는 사람들은 공약불가능성의 중요성을 과학에서 이론적 논쟁의 공통의 특징으로 강조할 것이다.

과학에서 이론적 실체

매우 협소한 형태의 경험주의는 직접 관찰할 수 없는 이론적 실체에 대한 언급을 모두 배제할 것이다. 그렇지만 자연과학의 설명적 작업의 막대한 부분은, 만약 그것들이 존재한다면 그리고 과학자가 서술한 대로 움직인다면, 관찰된 현상을 설명할 수 있는 실체들의 부류를 고안하는 것을 포함한다. 화학에서는 원소들이 다른 원소들과 결합하여 복합물을 형성하는 방식과 이것이 발생할 때 일어나는 에너지 교환을, 관련된 원자 및 분자의 구조에 입각해 설명한다. 물리학에는 일정량의 기체의 온도와 압력과 부피 사이의 관계에 관한 유명한 법칙이 있다. 이 관계는 기체 분자들 사이의 그리고 기체 분자와 용기의 벽 사이의 충돌에 입각하여 설명할 수 있다. 제2장에서 보았듯, 멘델은 완두콩의 다음 세대의 특징 속에서 관찰가능한 유형을 한 세대에서 다음 세대로 이어지는 생식세포 속에서 전달된 어떤 알려지지 않은 요인에 입각해서 설명했다. 이 요인을 유전자로 명명했는데, 멘델 이후의 연구는 그것을 복합적인 유기분자 'DNA'의 배열로 판별했다.

경험주의자가 과학의 이러한 특징을 다루는 데는 몇 가지 방식이 있다. 한 가지는 느슨한 관찰가능성 기준을 채택하면서 도구 — 그 자체가 여러 가지 이론적 가정을 당연시하는 — 를 사용하여 간접적으로 수행하는 관찰을 인정하는 것이다. 이런 식으로 관찰불가능한 실체들의 존재에 관한 주장에 대해, 몇몇 간접적 관찰이나 측정이 그것에 유리하거나 불리하다고 할 수 있다는 의미에서 시험가능하다고 주장할 수 있을 것이다. 그렇지만 다시 경험주의자가 이렇게 양보한다면, 그들은 다른 종류의 지식주장과 비교해 과학의 특별하고 우월적인 지위를 주장하는 것이 더욱 어렵게 된다. 이론적 실체의 문제에 대한 경험주의의 또 다른 접근 방법은 그런 실체에 관한 진술을 유용한 허구, 즉 그것의 형식적(수학적) 내용에 힘입어 과학적 예측을 할 수 있게 해주는 허구로 취급하는 것이다. 원자나 분자 등과 같이 실재하는 물리적 존재에 관한 주장은 포함할 필요가 없다. 이런 종류의 접근을 '도구주의instrumentalism'라고 부른다.

과학의 설명에서 이론의 역할

그렇지만 이론적 실체라는 쟁점에 대한 경험주의의 이러한 상당히 인색한 접근은, 지금 우리가 알고 있는 세계에 존재하고 있다고 근대 과학이 주장하는 새로운 부류의 실체들이 매우 많다는 사실과 어긋나는 것으로 보인다(Latour, 1987: 93). 쿼크quark, 퀘이사quasar(매 초당 1000개 이상의 은하에 해당되는 에너지를 지름이 모은하host galaxy의 백만 분의 1인 영역에서 방출하는 물체), 블랙홀black hole부터 간균bacilli, 레트로바이러스retrovirus, 프리온prion을 거쳐, 양성자proton, 중성미자neutrino, 광자photon에 이르기까지 과학의 진보의 내용은 우리가 살고 있는 세계의 거시 및 미시 구조 속에서 지금까지 상상하지 못했던 복합체를 점진적으로 드러내는 것으로 이루어진다고 할 수 있다.

여기서의 쟁점은 과학적 설명에서 이론의 성질과 역할에 관해 우리가 취하는 견해이다. 과학적 설명의 '포괄법칙' 모형(제2장을 볼 것)은 관찰가능한 현상들에 대한 유형 수준에서의 단순한 설명의 논리를 보여주고자 하는 시도이다. 그렇지만 우리가 살펴본 봄철에 잠자리가 동시에 우화하는 사례를 다시 생각해보면, 분명 이런 종류의 모형이 과학에서 설명이 담당할 수 있는 역할 모두를 포괄하지는 않는다. 일부의 해명에 따르면, 관찰적 일반화(이 경우, 잠자리 발생과 기온과 낮의 길이를 연결하는)를 위한 증거 수집은 과학 초기의 '자연사' 국면에 속한다. 적절한 과학적 작업은 오직 그러한 관찰적 일반화를 확보하고 이것을 설명하기 위한 과학적 이론을 필요로 할 때 시작된다.

일단 그러한 관찰적 일반화가 확립되면 적어도 세 가지 묶음의 그다음 질문을 제기할 수 있다. 한 묶음은 관련된 잠자리 종류의 삶의 방식에서 동시 우화가 수행하는 부분과 관련된 것이다. 한 가지 설득력 있는 답은 잠자리 개체군이 날아다니는 기간이 상대적으로 짧을 때에는 동시 우화가 이성(異性)의 개체들이 상대를 찾아서 성공적으로 번식하는 기회를 극대화한다는 것이다. 이것은 '기능적' 설명이라고 부를 수 있다. 기능적 설명은 개체군의 생존과 번식의 방식이, 문제의 행위들이 더 넓은 전체 속에서 수행하는 역할을 만들어낸다고 우리에게 제시하는 것을 의미한다.

두 번째 묶음의 질문은 '역사적 서사' — 잠자리의 이러한 행태 유형 자체가 생기고 그리고 개체군 속에서 확립되는 것에 대한 — 와 관련된다. 오늘날 대부분의 생물학자는 이 묶음의 질문에 답하기 위하여 일종의 다윈적 자연선택 이론에 의존할 것이다. 비록 실제로는 현재 가장 선호되는 형태의 자연선택 이론은 이런 종류의 상호적응의 확립을 설명하는 데 어려움을 가지고 있지만. 세 번째 묶음의 질문은 내적 구조 및 과정 — 기온과 낮의 길이 등과 같은 외부의 자극이 잠자리 애벌레의 형태 변화에 연결되는 — 과 관련된다. 이것은 관련된 잠자리 종들의 성장과 발달에 대한 해부학 및 생리학적 탐구를 수반한다. 차례로 이것은 성장 및 발달에 관련된 생리학적 과정(호르몬 분비, 세포 분열과 분화 등과 같은)과 그 과정을 조절하고 그 과정에 의해 조절되는 발생기제 사이의 상호작용에 관한 또 다른 질문으로 나아갈 것이다. 이러한 경로를 통하여 애벌레 발달의 발생적 측면을, 관련된 개체군 수준의 적응의 진화에 대한 다윈적 서사의 해명에, 그리고 차례로 기능적 설명에 되돌려 연결할 수도 있다. 이와 같은 연결을 통하여 한 종류의 질문의 답을 찾는 연구는 다른 질문에 대한 답에서 제안된 설명에 적합한 것들을 발견해낼 수 있다. 이 사례는 과학에서 이론이 수행하는 역할의 또 다른 두 가지 특징을 예시한다.

이론 고안에서의 추론과 창의력

과학자는 이미 확보한 관찰적 일반화를 심사숙고하면서 생기는 질문에 대한 타당한 답으로 이론을 고안한다. 그러한 답을 고안하는 과정은 과학적 상상력과 창의력을 필요로 한다. 이런 이유로, 경험주의 과학철학자들은 이론 고안 과정을 심리학에 이관하면서 자신들의 관심 영역 밖에 있는 것으로 취급하는 경향을 보인다. 그들은, 과학철학은 일단 과학적 이론이 고안된 뒤 그 이론이 논리적 구조를 갖추었는가 등과 같은 사안만을 다룬다고 주장한다('정당화의 맥락'). 그렇지만 이론의 **고안**과 관련된 논리, 그리고 더 광범하게는 추론의 종류에 관해서 분명히 더 많은 것을 이야기할 수 있다. 한 가지는 아무것이나 **타당한** 설명의 후보로 취급하지는 않을 것이라는 점이다. 예를 들어, 우리가 언급한 잠자리 애벌레들이 기온이 적절하게 상승했음을 알아차리고 서로서로에게 성충으로 변태할 시간이라고 신호를 보낸다는 이론을 제안할 수도 있다. 그렇지만 잠자리의 신경체계에 관해 그리고 더 일반적으로는 곤충 변태의 생리에 관해 우리가 알고 있는 것을 고려하면, 잠자리가 이렇게 의식적으로 활동을 조절하지는 못할 것이라고 판단하게 된다. 이런 식으로 배경적 지식과 실험적 개입에 의해 현상에 대한 타당한 설명의 범위를 좁힐 수 있다.

더욱이, 잠재적인 설명이 타당하다고 하더라도, 그 설명은 또한 **적합** relevance의 기준을 충족해야 할 것이다. 예컨대 누군가는 개체군 속에서 이러한 행태 유형이 어떻게 확립되었는가에 관한 역사적·서사적 질문에 답하면서 잠자리의 번식 활동에서 동시 우화의 역할에 대한 기능적 설명을 제공할 수도 있다. 그렇지만 이런 설명은 적합성을 갖지 못할 것이다. 예컨대, 잠자리 개체군의 진화과정에서 낮의 길이와 기온의 독특한 결합이 먹이 획득의 필요를 충족하고, 잡아먹히는 것을 피할 수 있는 최적의 기회를 제공했을 수도 있다. 만약 이것이 사실이라면, 개별 잠자리들의 수준에서 작동하는 자연선택의 압력이 수많은 세대에 걸친 전체 개체군을 가로질러 이런 조건 아래서 우화하는 것에 가까운 결과를 낳았을 것이다.

동시 우화라는 관찰된 현상은, 그러므로 환경 조건에 대한 개별적 적응이 개체군 전체에 확산된 우연적 결과일 것이다. 그러므로 이론적 설명을 위한 타당한 후보로 취급할 수 있는 (이론) 고안의 범위에는 제한이 있다. 특히 제안된 설명은, **만약** 참이라면 관찰된 유형을 **해명해줄** 어떤 것, 그리고 배경적 지식을 고려할 때 **충분히 참일 수 있는** 어떤 것을 언급해야 한다. 철학자 핸슨은 과학에서의 이런 종류의 창의적 작업의 논리를 '전제들에 대한 탐색에서의 결론'이라고 지적했다. 우리는 관찰된 유형이 무엇인가를 알고 있으며, 우리가 탐색하고 있는 것이 그 유형을 발생시킬 수 있는 것이라는 점을 알고 있다. (퍼스C.S. Peirce를 따라) 핸슨은 이런 종류의 추론을 ('귀납'과 '연역'과는 구별되는 형태로) '역행추론retroduction'이라고 부른다(Hanson, 1965: 85ff).

그러므로 우리는 과학에서 이론적 설명의 고안에 작용하는 특정한 논리적 유형, 그리고 관련된 일련의 제약을 찾아볼 수 있다. 또한 과학적 추론을 삶의 다른 영역들에서의 창의력과 밀접하게 연결하는 과학적 추론의 특징들도 있다. 이것들 가운데 가장 많이 논의된 것은 비유와 유추의 사용이다(특히 Hesse, 1963을 볼 것). 우리는 교과서에서 태양계를 축소한 원자의 도형 ― 핵과 궤도를 도는 전자를 가진 ― 을 친숙하게 보아왔다. 다윈의 진화론은 '선택적 교배'에 의해 가축과 식물에 변화를 일으키는 품종개량가의 활동과 야생의 개체군 속의 변종들이 생존하고 번식하는 '선택'에서 환경조건의 작용 사이의 유추를 사용하고 있다. '자연선택'이라는 용어는 이 비유를 나타낸다. 유기체 발달에서 DNA의 역할에 대한 설명은 상이한 단백질 분자를 만드는 명령을 전달하는 암호로서 DNA의 끈에 있는 분자 단위의 배열에 대한 사유를 포함한다. 훨씬 더 논쟁적인 것으로, '인지과학' 실행자들은 일반적으로 컴퓨터의 작동을 인간의 인지과정에 관해 생각하기 위한 모형으로 사용한다(예컨대, Pinker, 1997과 Greenfield, 1997의 비판을 볼 것).

과학적 창의력의 이런 특징을 엄격한 형태의 경험주의에서는 다루기 어렵다. 우리가 이미 이해하고 있는 다른 분야의 과정과 유사한 어떤 과정이 문제의 현상의 발생에 작동하고 있다면, 관찰된 유형이 나타날 것이라고 생각하는 데는 상상적 도약이 필요하다. 그러므로 예컨대 유전암호나 자연선택 같은 개념처럼 과학 밖에 있는 기제나 과정이 비유의 소재source가 될 수 있기 때문에, 과학적 이론의 구성에서 비유의 사용은 과학과 과학이 속한 더 광범한 문화적 맥락 사이의 중요한 연결점이다. 이 연결점은, 겉보기에는 보편적이고 객관적인 과학적 지식이 실제로는 인지되지 않은 가치입장과 문화적으로 특수한 가정들을 포함하고 있다고 주장하는 과학사회학자들과(제4장

을 볼 것) 그 밖의 사람들('관점' 인식론standpoint epistemologies의 옹호자들과 같은
— 제9장을 볼 것)의 중요한 출발점이다. 과학의 이러한 측면은 과학이 오로
지 사실 증거에 형식논리적 규칙을 적용한 결과이기 때문에, 과학은 객관적
이라고 주장하는 경험주의적 경향을 부인하는 것이다.

그렇지만 과학에서 비유를 사용한다는 사실이 반드시 과학을 문화적 맥락
으로 '환원하는 것'을 정당화하는 것은 아니다(예컨대, Beer, 1983과 Benton,
1995의 비판을 볼 것). 과학적 이론화도 소설을 쓰는 것과 같은 다른 창조적 활
동들과 마찬가지로 상상력을 사용한다는 점을 인식하는 것이 중요하기는 하
지만, 과학의 유추 추론의 전개에는 상이한 제약들이 작용하고 있다는 점을
이해하는 것도 또한 중요하다. 과학적 유추가 받아들여질 수 있는 것이 되려
면 그것을 사용하여 설명하고자 하는 현상의 영역이 부과하는 요건을 충족해
야 하며, 비유는 그것을 실험적으로 그리고 관찰적으로 시험에 부쳐야 하기
때문에 원래의 정식화에서 점점 더 멀어질 것이다(Lopez, 1999를 볼 것).

이론적 설명의 유형

과학적 이론화는 다수의 상이한 종류의 질문에 답하기 위해 일어날 것이
다. 잠자리의 동시 우화 사례에서 우리는 '이론적'이라고 합리적으로 부를 수
있는 세 종류의 답을 제시했다. 그중 하나는 기능적 설명이며, 그것은 요소
들이나 부분들과 그것들이 속한 전체 사이의 관계에 관한 질문에 답한다. 종
종 기능적 설명은 요소들의 특정 속성들이나 활동들을, 그것들이 속한 더 복
합적인 전체나 체계의 지속적인 존속이나 재생산을 가능하게 하는 방식과
관련지을 것이다. 그러므로 예컨대 심장은 신체에 혈액을 순환시키기 위해
기능하며, 차례로 혈액의 순환은 산소와 영양소를 조직에 공급하고 물질대
사에서 생긴 이산화탄소와 그 밖의 노폐물을 허파와 콩팥으로 운반하기 위
해 기능하고, 이러저러한 것을 위해 기능한다는 식이다. 기능적 설명은 생물

학과 사회과학에서 폭넓게 사용되는 중이며 논란거리로 남아 있다.

이론을 포함하는 두 번째 종류의 설명은 역사적·서사적 설명이다. 그것은 자주 기능적 설명과 혼동되지만, 완전히 다른 것이다. 어떤 대상, 존재의 부류, 또는 현상의 유형이 존재하게 되었는가의 질문은 그것이 지금 어떻게 그자체를 유지하는가 또는 유지되는가의 질문(기능적 질문)과 구별된다. 앞의 질문은 역사적 서사 — 시간에 걸친 사건이나 과정의 특정한 연쇄에 대한 묘사 — 의구성을 요구한다. 이 서사가 '한 가지 것 다음에 다른 한 가지 것' 서술 이상이 되려면, 그리고 그 서사가 줄거리에 적합한 이야기는 무엇이며 부적합한이야기는 무엇인가의 기준에 맞게 작동하려면, 인과기제에 대한 몇 가지 명시적이거나 암묵적인 준거를 제시해야 한다. 일반적으로 줄거리는 작동하고있는 그리고 서사의 상이한 지점에서 활동하게 되는 무수한 상호작용하는인과기제에 대한 언급을 포함한다. 여기서 이론의 역할은 작동하고 있는 핵심적인 인과기제에 대한 해명 그리고 아마도 상호작용의 전형적 유형에 대한 약간의 묘사를 제공하는 것이다. 한편으로는 다윈의 진화론과 다른 한편으로는 시간을 거치는 개별 종들이나 계통의 등장에 대한 계보학적 해명 사이의 관계는 이것의 한 가지 사례이다.

과학에서 세 번째 종류의 이론적 설명은 과학에 대한 대부분의 철학적 해명에서 전면에 내세우는 것이며, 우리는 여기서 그것에 대해 더 자세히 논의할 것이다. 다음 절에서는 설명과 예측의 쟁점과 관련하여 서사적 설명에 대한 더 자세한 논의로 되돌아갈 것이다. 이 세 번째 종류의 이론적 설명은 관찰가능한 현상의 유형(완두콩의 이어지는 세대의 특징이나, 낮의 길이와 기온과잠자리의 우화 사이의 관계 등과 같은)에서 시작하여 관찰들의 기저에 있는 미시구조에 대한 분석을 통한 관련 인과관계에 대한 탐구로 나아간다. 이러한생물학적 사례의 경우, 이것은 조직과 기관의 형성, 세포분열과 분화, 그리고 더 기초적인 분석 수준에서는 세포핵 속의 유전자의 활동 등에 대한 분석을 포함할 것이다. 여기서의 기본적인 착상은, 어떤 사물이 어떻게 작동하는 가를 찾아내기 위해서는 그 사물을 해체하고 그 구성요소들을 연구해야 한다는 것이다. 설명을 위해 더 깊게 탐색하면 할수록 우리는 조각들을 그것의 구성요소들로 분할할 필요를 느낄 것이다. 물론 어떤 지점에서는 이것이 부분들 — 너무 작아서 관찰불가능한 — 에 관한 가설을 만드는 것으로 이어질 것이며, 우리는 과학에서 관찰불가능한 실체들에 호소하는 것의 정당성이라는 오래된 문제로 되돌아갈 것이다.

과학적 설명에서 이론이 수행하는 이런 종류의 역할을 경험주의 과학 철학은 '가설연역' 모형hypothetico-deductive model으로 표현한다(Hempel, 1966 을 볼 것). 이 모형에 따르면, 과학자는 관찰가능한, 거시수준의 유형을 해명하기 위하여 이론적 실체들이라는 '미시구조'와 그것들 사이의 관계를 고안한다. 미시수준의 실체들과 과정들을 서술하는 진술은 이론의 '가설적' 측면이다. 이미 논의한 것처럼, 경험주의자들은 그런 고안과정에 대해서는 합리적 분석을 할 수 없다고 생각한다. 그렇지만 일단 이론적 가설을 만들어냈다면, 이론으로 설명하고자 하는 현상을 서술하는 진술(피설명항)을 이론적 진술(설명항)에서 연역해낼 수 있다. 이것이 이론의 '연역적' 측면이다. 이론이 참이라면, 설명하고자 하는 현상을 서술하는 진술은 필연적으로 참이다. 〈그림 2〉의 기체 운동이론 도형은 거시수준의 기체의 움직임에서 관찰한 유형을 설명하기 위하여 기체의 분자라는 미시수준에 관한 특정의 가설을 사용하는 단순화한 형태의 물리적 이론을 보여준다.

이론이 어떻게 작동하는가를 보여주는 이 모형에 관하여 몇 가지 이야기할 것이 있다. 첫째, 이론을 구성하는 진술들의 일부는 엄밀히 말하면 거짓이라고 알려져 있지만, 실재하는 실체들과 과정들이 어느 정도 밀접하게 그것에 근사한 '이상화idealization'를 나타낸다(〈그림 2〉의 경우, 3과 4가 이런 종류의 진술이다). 많은 과학적 법칙이 이런 종류의 이상화된 추상화이며, 그러므

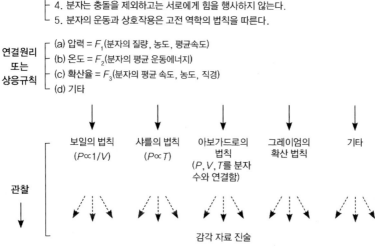

〈그림 2〉 과학이론에 대한 가설연역 설명 : 기체 운동이론의 예

이론
1. 기체는 분자로 구성되어 있다.
2. 이 분자는 일정하게 움직이며, 서로, 그리고 용기의 벽과 충돌한다.
3. 주어진 기체 표본의 분자의 총부피는 기체의 부피와 비교하여 무시할 수 있다.
4. 분자는 충돌을 제외하고는 서로에게 힘을 행사하지 않는다.
5. 분자의 운동과 상호작용은 고전 역학의 법칙을 따른다.

연결원리
또는
상응규칙
(a) 압력 = F_1(분자의 질량, 농도, 평균속도)
(b) 온도 = F_2(분자의 평균 운동에너지)
(c) 확산율 = F_3(분자의 평균 속도, 농도, 직경)
(d) 기타

보일의 법칙 ($P \propto 1/V$) 샤를의 법칙 ($P \propto T$) 아보가드로의 법칙 (P, V, T를 분자 수와 연결함) 그레이엄의 확산 법칙 기타

관찰

감각 자료 진술

주:
1) F는 관계된 것들이 하나의 알려진 값으로부터 다른 하나의 상응 값을 계산할 수 있을 만큼 서로 일정한 양적 관계를 갖는다는 의미에서, '~의 함수'를 의미한다.
2) P는 '압력', T는 온도, V는 부피, $\propto$는 비례함을 나타내는 기호이다.
3) 화살표는 연역추론의 방향을 나타낸다. 점선의 화살표는 엄격한 실증주의자와 현상주의자가 주장하는 그 밖의 추론 묶음을 나타낸다.

자료: Benton(1977: 64).

로 과학적 법칙을 관찰의 일반화라고 보는 경험주의적 견해에서 멀리 벗어나 있다. 여기에는 베버가 말하는 추상적 '이상형ideal types'이나 일부 경제학 및 정치학 이론에서 사용하는 '합리적 행위자rational actors'에 관한 가정과 흥미로운 유사성이 있다(제5장을 볼 것). 그러한 이상화는, 그것이 사실과 반대되게 만든 것이라는 점을 고려하면, 그것을 어떻게 시험하거나 평가할 것인

가에 관한 질문이 발생한다.

두 번째는, 가설연역 설명이 이론은 오직 관찰가능한 유형에 관한 진술을 연역하기 위해서만 사용할 수 있다 — 이론 속의 개념과 설명되어야 할 현상에 대한 서술 속의 개념을 연결하는 정의가 제공된다면 — 고 주장한다는 점이다. 앞의 〈그림 2〉의 사례에서는 (a)에서 (d)까지의 진술들이 여기에 포함되며, 이것들은 기체의 미시구조와 거시속성 — 온도와 압력 등과 같은 — 사이의 연관을 진술한다. 이 '연결원리bridge principle'는 다른 방식으로도 해석할 수 있다. 엄격한 경험주의자들은 그 원리를 이론적 개념을 경험적 개념으로 번역하기 위한 단순한 형식적 규칙으로 간주하며, 이것 때문에 이론에서 가설화하는 '실체들'의 실재성을 과학자가 믿는 것은 아니라고 생각할 것이다. 이와 달리 연결원리 자체를 실질적인 지식주장을 포함하고 있는 것으로 이해할 수도 있다. 예를 들어, 분자의 운동에너지와 온도 사이의 양적 관계의 성질은 용어의 정의의 문제에 그치는 것이 아니라 발견해야 하는 것이다.

다른 종류의 사례에서는 거시수준과 미시수준 사이의 관계가 더 복잡하다. 예컨대, 발달생물학에서는 유전적 구성(유전자형)과 발달하는 유기체의 특징(표현형) 사이에 연결점이 있는 것으로 상정하지만, 생물체의 이러한 두 수준 사이에는 그것들 사이의 연결점을 '상응규칙'에 입각하여 표현하는 것이 부적절할 정도로 극히 복잡한 상호작용이 포함되어 있다. 부분적으로, 두 종류의 사례 사이의 차이는 거시수준의 과정이 미시수준(즉, 유전적 수준)의 실체들의 움직임을 조절하는 데 작용하며 그 **역도 성립한다**는 것이다. 부분적으로 이 차이는 '발현적 속성emergent properties' 또는 생물체가 가지고 있는 힘 — 유전자나 게놈 때문에 갖는 것이 아닌 — 과 관련이 있다.

일반적으로, 이론적 진술과 그 이론이 설명하고자 하는 관찰들에 대한 서술 사이의 관계는 과학철학에서 논쟁적인 영역이다. 문제가 되는 것은 상이한 **분석 수준들** 사이의 관계이며, 그러므로 각각의 수준에 초점을 맞추는 상이한 학문분과의 전문성의 지위도 문제가 된다. 앞에서 본 것처럼, 경험주의 자들은 직접 관찰할 수 있는 것에서 멀리 벗어나는 과학적 이론화에 반대하는 경향을 보인다. 그러므로 그들은 세계가 본질적으로 관찰할 수 있는 종류의 사물과 유형으로 구성된다고 간주하는 상당히 평면적인 존재론flat ontology을 제시한다. 여러 종류의 '실재론자들'은 이러한 사유 경향에 반대하는데, 그들은 과학이 이룬 성과의 하나는 일상적인 관찰로는 접근할 수 없는 실체들과 과정들의 전체적인 범주들을 발견한 것이라는 점을 기꺼이 인정한다. 이 주제에 관해서는 뒤에 다시 논의할 것이지만(제8장), 여기서는 두 종류의 실재론자를 구별할 만하다. 첫째 종류의 실재론자는 과학적 설명이 늘 거시적인 것에서 미시적인 것으로 움직인다고 간주한다. 사물을 그것을 구성하는 부분들에 입각해서 설명하며, 부분들은 **그것들의** 부분들에 입각해서 설명한다. 이 입장은 가장 근본적인 미립자와 그것의 움직임을 지배하는 법칙에 도달하게 되는 종착점이 있을 것임을 시사한다. 원칙적으로 복잡성의 수준이 높은 조직의 움직임은 우주를 구성하는 이러한 기초적인 구성요소에 입각하여 설명할 수 있을 것이다. 이것은 종종 '물리주의physicalism'라고 부르는 종류의 과학적 형이상학이며, '환원주의reductionism' — 상이한 수준들에 속하는 현상들을 단일의 기초적인 수준으로 '환원'하고자 하는 시도 — 의 한 가지 사례이다.

그렇지만 과학이 참으로 세계의 물리적 구조에서 점점 더 기초적인 층들을 드러낸다는 점을 받아들일 수 있는 또 다른 종류의 실재론도 있다. 그러나 기초적인 층을 드러낸다 하더라도 그것이 복잡성의 수준이 높은 모든 것을 더 낮은 수준의 것에 입각하여 설명할 수 있다는 이야기로 이어지는 것은 아니다. 이 견해에 따르면, 각각의 수준은 그 자체의 독자적인 특징을 가지고 있으며 따라서 그것의 '위' 또는 '아래' 수준에 관한 이론들에 대해 어느 정도는 독립적으로 연구할 수 있다(생물학의 발생적 환원주의에 반대하는 이런 종류의 실재론의 사례로는 Rose, 1997을 볼 것). 그러므로 예컨대, 화학자는 상이한 원소들이 결합하여 복합물을 형성하는 비율과 그것에서 생성되는 속성을, 분자나 원자이론을 거의 또는 전혀 언급하지 않고서도 잘 연구할 수 있다고 주장할 수 있다. 마찬가지로, 동물행태 연구자는 행태의 조정에서 유전자가 작용하는 방식에 관해 별로 또는 전혀 알지 못하더라도 자신의 과학을 발전시킬 수 있다.

상이한 과학들의 (상대적) 자율성을 옹호하는 이런 주장의 근거를 제시하는 한 가지 방법은, 발현적 속성이나 발현적 힘 ─ 높은 수준의 조직체가 보유하는, 그러나 낮은 수준에서 연역해낼 수는 없는 ─ 의 존재를 주장하는 것이다. 예컨대 새들은 짝짓기를 하면서 둥지를 만들고 알을 낳는다. 새의 유전적 구성에 관한 이론들은 새가 왜 그리고 어떻게 이런 일을 하는가에 대한 우리의 설명에서 약간의 역할을 수행할 수도 있다. 그러나 유전자 자체가 구애하고 둥지를 짓고 짝짓기를 하는 것은 아니다. 새의 유전적 형태에 대한 연구는 둥지를 짓거나 알을 낳는다는 것이 어떤 것인가에 대해, 우리가 이미 알고 있지 않다면 우리에게 아무런 통찰도 제공하지 않을 것이다. 이러한 논의는 각 수준의 **특수성**을 고려하는 '반(反)환원주의적' 형태의 실재론을 주장하는 데 사용된다. 수준들 사이의 관계에 대한 환원주의적 접근과 반환원주의적 접근 사이의 논쟁은 사회과학에서 매우 중요하다. 뒤르켐과 마르크스Karl Marx 같은 사회학적 실재론자와, 베버나 개인주의자 사이의 차이도 여기에 있다. 초(超)다원주의자들은 인간의 사회적 삶을 개인들의 유전적 구성에 입각하여 설명하고자 반복해서 시도해왔는데(사회학과 근래에는 '진화심리학'에서), 이런 시도는 사회과학 학문분과들 모두를 일괄하여 대체하고자 하는 환원론의 일종이다.

이론의 또 다른 특징은 가설연역모형으로 예시할 수 있다. 그것은, 이론적 진술이 포괄하는 잠재적인 범위가 그 이론이 설명하고자 하는 특정의 관찰

유형보다 훨씬 넓다는 것이다. 우리의 예에서는, 기체운동이론을 구성하는 진술들로부터 전체적인 관찰 유형을 예측할 수 있다. 경험주의자들은 이론의 설명력에 대해, 그 이론에서 연역할 수 있는 예측의 범위의 문제이며, 예측이 정확한 것으로 판명되는 한에서 그 이론은 확증된다고 주장한다.

설명과 예측

여기서 우리는 이론적 설명과 예측 사이의 관계라는 문제로 넘어간다. 제 2장에서 논의한 것처럼, 경험주의 과학관은 설명과 예측이 대칭의 관계에 있다고 주장한다. 과학적 이론의 가설연역모형은 이 관계를 아주 명확하게 보여준다. 그렇지만 그 과학관이 이 모형을 모든 종류의 과학적 설명에 적용하는가는 그다지 명확하지 않다. 앞에서 보았듯, 잠자리 개체군의 동시 우화 현상은 관련된 종의 진화 과정에서 왜 그리고 어떻게 그것이 일어났는가에 관한 역사적-서술적 종류의 질문을 제기할 수 있다. 이 경우, 하나의 적합한 이론(그러나 유일하게 적합한 이론은 아닌)은 일종의 다윈식의 진화일 것이다. 다윈의 특별한 업적은 유기체가 그것의 환경에 더 잘 적응하는 방향으로 유기체의 변화를 일으킨 기제들에 관한 타당한 가설에 도달한 점이다. 어느 정도 단순화하면, 그의 이론은 다음의 진술로 구성된다.

1. 동물이나 식물의 모든 개체군에는 여러 가지 개별적 변종들이 있다.
2. 이것들 중 적어도 일부는 한 세대에서 다음 세대로 유전한다.
3. 모든 세대에서, 많은 후손이 생산되어 그중 일부가 생존하며 스스로를 번식한다.
4. 그것들이 살고 있는 환경의 성질에 따라 일부 변종들은 다른 변종들보다 더 잘 생존하며 번식할 것이다('자연선택').

적당히 형식적으로 진술한 이 네 가지 명제는 환경의 관련된 측면이 안정적일 것이라는 가정과 결합하여, 그 후손들에게 생존과 번식의 기회를 더 많이 갖게 하는 변종들은 세대가 지나면서 개체군 안에서 점점 더 일반적인 것이 될 것이라는 결론으로 이어진다. 무수한 세대에 걸친 누적적 변동은 결국 개체군에 대해 새로운 종으로 명명할 수 있을 만큼 충분히 다른 특징을 산출한다. 일반적으로 다윈의 가설을 이론이라고 인정하지만, 그것이 어떤 이론적 실체들을 가설화하는 것은 아니다. 더욱이 그것은 특정 종의 형성이나 그것의 특징이 어떠할 것인가에 관한 특정한 예측으로 나아가지 않는다. 이론의 광범한 수용은 예측의 성공 이외의 어떤 것에 기초를 두고 있는 것이다.

다윈의 이론을 사용하여 특정한 새로운 종의 형성을 예측할 수 없는 데는 몇 가지 이유가 있다. 하나는 자연이 오로지, 개체군 속에 우연히 존재하게 된 이용가능한 변종들 가운데서 '선택'한다는 것이다. 그러한 변종들을 발생시키는 유전적 돌연변이와 재조합의 과정은 이론에서 설명하지 않는다. 그 변종들의 적응적 기능 — 그 변종들이 가지고 있다고 우연히 드러날 수도 있는 — 에 관해서는 임의적인 것이라고 가정한다. 또 다른 이유는 세세한 환경의 압력에 관해서, 그리고 특정 시점에 특정 개체군에 작용하고 있을 적응력에 관해서 이론이 우리에게 아무것도 이야기하지 않는다는 점이다. 다윈은 자연의 얼굴이 '수십만 개의 쐐기' 같다고 언급하면서 환경의 압력이 생존기회에 영향을 미치는 방식의 엄청난 다양성을 강조한다. 그는 개별 사례들에서의 이러한 복합성에 관해서는 거의 아무것도 알려지지 않았다고 지적했다.

그러므로 다윈 진화론의 경우 개별 사례의 설명에 이론을 적용하는 것은 단순히 존재하고 있는 '초기조건'의 서술에 법칙 진술을 결합하고 설명해야 할 현상을 연역하는 문제라고 할 수 없다. 사실상 이론이 하는 일은, 각각의 사례에서 적절한 역사적 서사를 향하도록 실질적인 연구를 안내하는 약간의 발견적 지시물을 제공하는 것이 전부이다. 부분적으로, '역사적 과학'이라고 부를 수 있는 것에서 이론이 담당하는 이러한 아주 온건한 (그렇지만 여전히 불가결한) 역할은, 이론이 명시하는 기제mechanism(이 사례에서는 자연선택)가 무수한 기제들(예컨대, 돌연변이, 재조합, 잡아먹힘, 기후, 먹이 공급, 기생, 질병, 번식 격리reproductive isolation, 분자적 이전molecular drive, 유전적 부동genetic drift 등) 가운데 하나일 뿐이며, 이 기제들 각각이 자연선택의 결과를 부분적으로 구성할 수도 있고, 간섭할 수도 있고, 결정하거나 수정할 수도 있다는 사실의 결과이다. 이러한 여러 기제는 관련된 여러 과학의 주제일 것이며, 타당한 설명적 서사를 만들어내기 위한 경험적 연구의 수행을 위해서는 복잡한 형태의 다학문적 협력이 필요할 것이다. 설명과 예측이 밀접하게 연결되어 있는 과학들에서는 이런 경험적 연구가 통상적이다. 왜냐하면 특정한 기제들이 그러한 간섭들로부터 자연적으로 분리되어 있기 때문이거나(예컨대, 태양계를 이루는 물체들이 구성하는 중력장처럼), 또는 실험적 실천에 의해 그러한 기제들을 인위적으로 분리할 수 있기 때문이다. 반면 역사적 자연과학들과 대부분의 사회과학들에서는 이것이 통상적으로 불가능하다. 그리고 이것 때문에 이들 학문분과들에서는 일반적으로 설명이 예측력을 갖지 못한다. 사회과학 설명의 특징이 제기하는 문제들에 대해서는 제8장에서 다시 논의할 것이다.

과학에서 가치

제2장에서 본 것처럼, 가치판단의 성질에 관해 사유할 때 경험주의자는 두 가지 기본적인 선택지를 갖는다. 경험주의자는 가치판단을, 예컨대 세계에서 즐거움을 더 얻고 고통을 줄이려는 행위의 결과에 관한 위장된 사실 진술로 취급하거나, 아니면 느낌이나 선호의 단순한 주관적 표현으로 취급할 수 있다. 가치판단에 대한 '주관주의적' 견해라고 할 후자의 견해는 20세기 경험주의자들 사이에 가장 널리 퍼진 것이며, 따라서 경험주의자들은 과학

에서 가치판단을 배제해야 한다고 주장한다. 과학은 관찰과 실험과 형식적 추론을 사용하여 세계를 있는 그대로 재현하고자 하는 엄밀한 시도라고 그들은 주장한다. 그렇지만 앞에서 논의한 것처럼, 과학은 필연적으로 실험과 관찰과 형식논리 이상의 것을 포함한다. 모든 관찰은 개념적 해석이라는 능동적 과정을 포함하고 있다. 이론구성은 상상력을 사용하는 창의적 활동이다. 과학에서 비유의 역할은 훨씬 더 넓은 문화에서 착상을 이끌어내는 것을 포함한다. 이 모든 것이 사실이라면 과학이 어떻게 가치관여를 포함하지 않을 수 있는가? 이것에 대한 경험주의자의 한 가지 반응은 이론을 **고안하는** 창의적 활동과 이론을 비판적으로 평가하고 경험적으로 **시험하는** 과정을 구분하는 것이다. 경험주의자들에 따르면, 이론 시험 과정은 개별 과학자의 가치 선호에서 생기는 편견을 억제할 것으로 기대할 수 있는 논리학의 형식적 규칙과 방법론적 엄밀함의 지배를 받는다.

경험주의적 견해의 핵심적 직관은 과학은 우리가 **좋아할** 세계가 어떠할 것인가를 다루는 것이 아니라는 것이다. 오히려 과학은 오로지 과학자가 사물들이 **실제로 존재하는** 방식에 관한 증거를 보면서 자신이 중시하는 가설을 기꺼이 포기해야만 진보할 수 있다. 참으로, 과학이 단순히 자연에 관한 우리 자신의 소망과 선호를 제시하는 사안이라면, 실험이나 관찰을 수행하는 것은 아무런 의미도 갖지 못할 것이다.

경험주의의 사실과 가치의 구분에 대해서 세 종류의 비판을 구별할 수 있는데, 그중 하나는 우리가 이러한 '핵심적 직관'이라고 부른 것을 보존하고 있다. 첫 번째 비판노선은 가치판단의 '주관성'을 문제 삼고 적어도 일부의 경우 성공적인 설명은 도덕적 가치를 함축한다고 주장하는 것이다. '**도덕적 상대주의**'라고 할 수 있는 이 견해는 가치 자체가, 과학이 연구하는 실체들이나 과정들과 마찬가지로 독립적으로 실재한다고 주장한다. 두 번째 비판노선은 문화적 규범과 가치를 과학적 지식주장에서 분리해낼 수 없다고 주장한다. 그러므로 경험주의가 도덕적이고 정치적인 가치에 관한 갈등에서 벗어나 그것 위에 있다고 제시하는 과학의 모습은 과학에 위조된 사회적 권위를 부여하는 이데올로기이다. 과학을 가치에서 자유롭게 만들고자 하거나 과학이 이미 가치에서 자유롭다고 가장하는 대신, 우리는 과학자에게 그 자신의 가치관여를 밝히고, 그럼으로써 경쟁하는 가치들 및 그것들과 관련된 지식주장을 기술적 사안에 관한 의사결정을 위한 더 민주적인 제도의 맥락 속에서 숨김없이 토론할 수 있게 해야 한다고 주장해야 한다(Wynne, 1996과 학술지 ≪과학에 대한 사회적 연구Social Studies of Science≫에서 이어진 토론을 볼 것).

세 번째 비판노선은 위의 두 노선과 달리 여전히 경험주의의 핵심적 직관을 보존하는데, 과학을 세계에 관한 객관적 지식의 추구로 보는 견해 자체가 가치 관여를 함축하는 것임을 인정한다. 즉, 실험의 결과를 왜곡하지 않고, 자신의 견해에 반대하는 주장 ─ 그것을 제기하는 사람의 지위가 무엇이든 간에 ─ 을 진지하게 고려하며, 세계가 무엇인지 분명해지면 자신의 편견을 버려야 한다는 등의 가치 관여를 함축한다는 것이다. 더 심층적인 수준에서 보면, 많은 과학자들은 그들의 연구대상의 완결성, 특이성, 본래의 아름다움 등에 대한 존경과 경탄을 연구활동의 동기로 삼고 있다. 이것은 과학에 관한 사회과학적 문헌의 대부분에서 흔히 간과하는 과학적 문화의 차원인데, 제4장에서 우리가 볼 것처럼, 과학에 대한 일부 여성주의적 접근에서는 이것을 강조한다.

이러한 세 번째 견해에 관해, 경험주의에 반대하는 입장에서는 과학에는 본래 그리고 불가결하게 가치가 포함된다고 주장한다. 그렇지만 한편으로는 연구대상에 대한 객관적 지식의 생산을 목표로 하는 실천으로 간주되는 과학에 필수적이며 과학을 지원하는 규범 및 가치와, 다른 한편으로는 이러한 목표에 방해가 되거나 단순히 외부적인, 그러므로 부적합한 가치는 여전히 구분할 수 있다. 예컨대 다윈의 경우, 학창 시절에 신학자 페일리W. Paley의 저작이 보여주는 조화로운 자연관에 공감했다. 그렇지만 '생존경쟁' 속에서 자연선택이 일어난다는 인식이 증대하면서 그는 그 자연관을 어쩔 수 없이 포기하게 되었다. 그리고 '자연의 거칠고 황폐하고 서툴게 미개하며 무섭게 잔인한 작업에 관해 악마의 사도가 썼을 책!(Desmond and Moore, 1992: 449 에서 재인용)'을 썼다. 분명히 다윈은 살아 있는 자연이 있는 그대로의 상태보다 더 온화하고 더 조화롭기를 원했을 것이지만, 과학적 탐구의 가치에 대한 자신의 믿음 때문에 그러한 편안한 모습을 포기했다고 할 수 있다(Desmond and Moore는 다윈의 생각이 빅토리아 시대의 보편적인 문화적 가치에 의해 영향을 받았다는 더 상투적인 견해를 취하고 있다는 점을 적어두자).

물론 과학적 실천에 내재하는 가치와 그렇지 않은 가치의 구별은 논란거리이며, 우리가 인간사회과학에서의 가치 관여의 역할을 논의할 때 이 구별을 옹호가능한 방식으로 적용할 수 있는가의 여부도 해결되지 않은 문제이다.

실증주의의 그 밖의 문제들

경험주의 과학 모형의 실패

지금까지 우리는 자연과학적 지식에 대한 경험주의의 견해에 담겨 있는 몇 가지 난점들을 길게 살펴보았다. 제2장에 보았듯, 이것은 실증주의의 핵심적 교의이기 때문에, 자연과학에 대한 경험주의의 견해를 지탱할 수 없다면 실증주의 자체도 붕괴된다. 그렇지만 아직은 실증주의적 접근의 다른 요소들에 관해 조금 더 생각해볼 만하다.

과학의 우월성

실증주의의 두 번째 교의는 과학이 진정한 지식의 최고의, 가장 권위 있는, 심지어는 유일한 원천이라는 생각이라는 점을 기억할 것이다. 콩트가 주장한 사회발전의 3단계 '법칙'에 따르면, 신학적 사유 양식은 형이상학적 사유 양식에 의해 밀려나고 차례로 이것은 과학적 사유 양식에 의해 밀려난다. 여기서 두 가지 주장을 찾아낼 수 있다. 하나는 '기능적 등가물functional equivalence'의 주장으로, 과학과 형이상학과 신학이 온갖 목적 — 인간사회는 이 목적을 위하여 지식을 필요로 한다 — 을 위해 사용하는 대안적인 사유 양식이라는 의미에서 경쟁 상대들이며, 그러므로 각각이 서로를 대체한다고 생각하는 것을 이해할 수 있다는 것이다. 두 번째 주장은 과학적 사유 양식이 다른 사유 양식들보다 우월하며, 그러므로 산업적이고 사회적인 진보에 부합하는 (그리고 참으로 기여하는) 사유 영역에서의 진보를 나타낸다는 것이다.

첫 번째 기능적 등가물이라는 주장에 대해서는 두 종류의 반대가 가능하다. 첫째 신학과 형이상학은 세계의 성질에 대한 해명을 제공하는 것에만 관심을 갖는 것이 아니라 인간 행위를 위한 명령적인 규범도 도출하고자 시도한다. 그것들은 그것의 신봉자들에게 특정한 행위 규칙을 지키고, 다른 것들이 아니라 특정 종류의 제도적 장치를 받아들여야 하는 이유를 제공한다. 이와 대조적으로 경험주의적 과학관이 주장하듯 과학에서 가치를 배제하면 과학은 **만약** 이러저러한 정책을 실행한다면 결과가 **어떠할 것**이라고 예측하는 협소한 과제만을 제한적으로 다룰 것이다. 이 견해에 따르면, 과학은 정책이나 그 정책의 예측된 결과가 바람직한가 바람직하지 않은가에 관해 선언할 수 없다. 만약 그렇다면, 과학은 신학과 형이상학이 수행하는 기능을 대체할 수 없다. 사람들이 윤리적 곤경과 현대적 삶의 도전에 대응해 자신의 방향을 정할 수단을 가져야 한다면, 과학 혼자서는 제공할 수 없는 특별히 도덕적이고 정치적인 근거를 갖는 안내 지침을 필요로 한다. 당연히 그들이 의지하는 근거는 종교나 형이상학 이외의 다른 것일 것이다!

그렇지만 베버는(제5장), 그리고 프랑크푸르트학파의 비판이론에서 베버의 사상의 영향을 받은 논자들은(제7장) 공공행정과 기업과 일상의 삶에 과학적 사유양식이 확산됨으로써 기본적인 가치와 의미의 문제에 대항하는 우리의 능력이 손상되고 있다고 주장한다. 그들이 인식하듯, 현대사회는 '주어진' 목표에 가장 효율적인 수단을 맞붙이는 것으로 이루어지는 협소한 합리성의 지배를 받고 있으며, 그것은 사회와 자연 둘 모두에 대한 점점 더 증가하는 전체주의적 통제와 자기정당화를 제공한다. 이러한 황폐한 비관주의는, 과학적이고 기술적인 진보에 함께 묶여 있는 콩트의 유토피아적인 새로운 사회질서 개념이라는 동전의 뒷면이다.

기능적 등가물 주장에 대한 두 번째 종류의 반대는 첫 번째 반대와 밀접하게 연결되어 있다. 콩트는, 그리고 아마도 더 일반적으로 경험주의자들은 사회적 삶이 진술이나 명제 형태로 변형할 수 없는 지식 ─ 종종 '명제적 지식 knowledge that'과 구별되는 것으로 '실질적 지식know-how'으로 부르는 ─ 에 상당히 의존한다는 점을 간과하고 있다. 모든 맥락의 사회적 상호작용에서 우리는 단서들에 반응하며, 우리 중 어느 누구도 완전하게 표현할 수 없는 암묵적 규칙과 공유한 이해(理解)들에 따라 행위를 한다. 언어 자체가 암묵적으로 학습하고 실행하는 규칙들 ─ 일상의 대화를 목적으로 그 규칙들을 명시적인 것으로 만들 능력도 필요도 우리에게는 없는 ─ 로 구성된다. 요리, 운동, 시합, 관계유지, 부모노릇 등에 포함되어 있는 것과 같은 특수한 숙련들은 시행착오 속에서 실천을 통해 배우는 것이며, 직관과 모방은 명시적인 규칙을 따르는 것만큼이나 중요하다. 사회적 삶에서 **암묵지**tacit knowledge는 핵심적으로 중요하고 또한 대체할 수 없는 역할을 담당하고 있다고 할 것이다. 실천적인 '실질적 지식'은 과학적 통찰의 안내를 받을 수도 있지만 이것으로 대체할 수는 없다(이 점에 관한 문헌은 매우 많지만, 특히 Hayek, 1949; O'Neill, 1998: 제10장; Wainwright, 1994를 볼 것).

이것은 과학이 다른 근원의 지식과 이해보다 우월한 것이라는 주장에 대한 검토로 이어진다. 위의 두 가지 논의 노선은 모두 과학을 다른 종류의 지식과 정밀하게 비교할 수 없음을 시사한다. 과학이, 예컨대 암묵지보다 우월하다는 이야기는 납득할 수 없다. 왜냐하면 이 둘은 동일한 종류의 일을 수행하는, 또는 동일한 종류의 목표를 성취하는 대안적인 방식들이 아니기 때문이다. 우리는 버스가 환경적으로 지속가능한 운송 수단이기 때문에 승용차보다 우월하다고 주장할 수 있겠지만, 버스가 냉장고보다 우월하다고 말할 수는 없을 것이다.

반면 신학, 형이상학, 마술적이고 주술적인 믿음과 한편의 과학 사이에는 적어도 약간은 중첩되는 부분이 분명히 있다. 17세기에 등장한 새로운 기계론적 과학에 대한 교회의 저항과 다윈과 월리스Alfred Wallace의 자연선택 및 진화이론에 대한 1860년대 이래의 신학자들의 반대를 단순한 우연의 일치라고 할 수는 없다. 교회와 신흥의 과학제도는 우리가 사는 세계의 성질에 관한 지식주장에 권위를 부여하는 데서 경쟁하는 제도적 위치에 있었다. 무엇보다도, 문화권력을 둘러싼 투쟁이 일어났다. 경험주의 과학관은 과학의 주장을 명확하게 정당화하는 것이었다고 할 수 있다. 관찰적 기초와 경험적 시험에 대한 과학의 개방성이 과학의 객관성을 보증한다는 것이었다. 그렇지만 과학에 관한 이러한 주장 자체에 의문을 제기할 수 있다면, 아마도 우리는 세계를 이해하는 종교적, 형이상학적, 마술적 및 그 밖의 비과학적 방식들에 대해서도 동일한 신뢰를 부여해야 할 것이 아닌가? 왜 과학에 배타적인 특권을 부여해야 하는가? '무정부주의anarchist' 과학철학자인 파이어아벤트Paul Feyerabend는 이런 입장의 가장 강력한 옹호자중 한 사람이며(제4장을 볼 것), 다수의 탈근대주의 저술가들이 동일한 방향에서 그를 뒤따랐다(제10장).

사회에 대한 자연과학?

실증주의의 세 번째 교의는 자연과학의 방법 — 경험주의 지식관이 제시하는 것과 같은 — 을 인간의 사회적 삶을 연구하는 것에까지 확대하는 시도에 대한 옹호이다. 우리는 제5·6·7장에서, 이에 대해 강한 반대 주장을 제시한 베버, 윈치, 하버마스Jürgen Habermas 등과 같은 사람들의 견해를 살펴볼 것이다. 자연의 과정을 과학적으로 연구하는 것과 동일한 의미의 (그렇지만 반드시 동일한 방법을 사용하지는 않는) 사회에 대한 과학적 연구 같은 것이 있거나 또는 있을 수 있다는 견해는 흔히 '**자연주의**naturalism'로 불린다. 베버, 윈치, 하버마스는 이런 의미에서 반(反)자연주의자이고 콩트와 같은 실증주의자들은 자연주의자이다. 그렇지만 경험주의의 과학관에 대한 비판은, 그리고 이제 우리가 경험주의에 대한 잘 다듬어진 대안을 가지고 있다는 사실은 실증주의적이지 않은 형태의 자연주의의 가능성을 열어놓는다. 사회적 삶에 대한 **경험주의적** 과학은 있을 수 없지만, 사회과학도 대안적인, 즉 비경험주의적인 과학 모형의 관점에서 과학적이라고 간주할 수 있다는 것이다. 제4장은 지금까지 발전된 주요한 대안적인 과학관의 적어도 일부를 검토한다. '자연과학을 본받은 사회과학은 어떠할 것인가?'라는 질문은 이러한 대안들의 어느 것을 기초로 해서든 제기할 수 있다. 그 답은, 우리가 사용하는 용어의 엄밀한 의미에서 실증주의적 과학은 아닐 것이며, 틀림없이 흥미로운 철학적 쟁점들을 제기할 것이다. 이러한 가능성들을 모두 탐구할 여유는 없지만, 우리는 과학에 대한 두 가지의 비경험주의적인 이해가 사회과학의 실천에 대해 갖는 함의에 대해서는 매우 자세하게 고찰할 것이다. 여성주의적 접근(제9장)과 비판적 실재론(제8장)이 그것이다. 여러 비경험주의적 접근의 특징인 인식론적 상대주의의 쟁점과 관련해서도 또한 사회과학철학에 그것의 대응물이 있는데, 특히 제6장과 제10장에서 그것을 다룰 것이다.

사회과학과 사회공학

실증주의의 네 번째 교의는 사회과학적 지식을, 사회정책 형성 과정에서 사회공학 기획의 형태로 공급할 수 있다는 의미에서 유용한 지식으로 보는 견해이다. 포퍼는 다른 측면에서는 실증주의와 차이를 보이지만 사회과학적 지식의 역할에 대한 이러한 견해에는, 그것이 전면적인 사회적 변혁을 추구하는 혁명적인 시도 — 그가 '유토피아적' 사회공학이라고 부르는 것 — 가 아니라 소규모의 개량('점진적인piecemeal' 사회공학)에 한정되는 한 찬성한다(그의 『역사주의의 빈곤Poverty of Historicism』, 1961을 볼 것). 그렇지만 (경험주의 과학관이) 자연과학적 지식의 특징으로 지목하는 설명과 예측의 대칭이 성립하지 않는 경우, 사회과학이 사회공학의 이러한 개량주의적 기획을 위한 적절한 종류의 지식을 제공할 수 있을 것인가는 분명하지 않다. 그 어떤 정책 개입이든, 그것의 결과는 사회적 과정들 사이의 복잡한 상호작용에 의해 변화될 것이며, 이 점을 고려할 수 있는 방안이 없다면 개량 전략은 의도하지 않은, 그리고 아마도 원하지 않은 결과들을 만들어낼 것이다.

더 중요한 실천적 문제는 개량의 실행에 필요한 제도적 권력과 관련된 것이다. 대부분의 사회정책은, 국가제도를 통해 작동하는 정부가 변동의 행위 주체라는 기초적인 가정을 한다. 그러나 틀림없이 개량 전략에 저항하거나 그것을 변경할 수 있는, 또는 그것의 실행을 방해할 수 있는 사회적 권력의 경제적·사회문화적 원천이 있을 것이다. 국가의 제도들 자체도 또한 이질적이며, 사회과학을 사회정책에 적용하는 원활한 전달 장치를 제공할 것으로는 결코 상정할 수 없다. 그렇지만 이 모든 것들을 고려하더라도, 전후의 복지국가 형성에서, 여성의 사회적·경제적 삶의 기회 확대에서, 그리고 지불 능력이 아니라 필요에 대응한 사회화된 건강관리제도의 제공에서, 사회과학과 정책 사이의 연결이 상당한 성과를 낳았음을 부인하기는 어려울 것이다. 이와 같은 성과들이 취약한 상태에 있고 반전될 위험에 처해 있지만, 그리고 여러 나라에서 크게 후퇴하고 있지만, 이것들은 대체로 실증주의적 가정 위에서 산출한 정책지향적 연구의 장점에 대한 중요한 증거이다.

그러나 사회공학과 관련한 권력의 쟁점은 윤리적 문제도 제기한다. 예컨대 탈구조주의 저술가인 푸코Michel Foucault는 인간과학들에서 지식의 형태는 권력의 전략과 분해불가능하게 연결되어 있으며, 그것에 의해 인간주체는 분류되고 – 광인, 성적 일탈자, 또는 범죄자 등과 같이 – 수용소, 병원, 감옥 등과 같은 제도들 속의 감시와 규제의 체제에 예속된다(제10장). 이것은 사회공학이 그것의 실증주의 옹호자들이 인정하는 것보다 훨씬 더 재앙적인 차원을 가지고 있음을 드러낸다. 어떻든 적어도 부분적으로는 권력관계가 인간의 행위와 주관성을 구성하고 조작한다고 생각하기 때문에 푸코는 사회공학을 매우 재앙적인 것으로 간주한다. 그러므로 푸코는 행위주체가 자율적인 행위를 획득하고 수행하는 것에 대해 거의 설명하지 않는다. 이와 대조적으로, 비판이론가 하버마스는 푸코와 마찬가지로 조작과 억압에 대해서는 반대하지만 **해방적** 형태의 지식이 효력을 가질 수 있는, 확대되고 민주적인 공적 영역을 옹호한다.

지금까지 우리는 실증주의적 전통에 대한 가능한 비판노선의 일부를 고찰하면서, 특히 실증주의가 의지하고 있는 경험주의 과학관의 문제에 초점을 맞췄다. 다음 장에서는 과학에 대한 대안적인 견해들의 일부를 매우 선택적으로 살펴볼 것이다. 그 견해들의 대부분은 현재 진행 중인, 그러나 각각 중요한 철학적 쟁점들을 제기하는, 과학에 대한 사회학적 또는 역사적 연구와 밀접하게 연결되어 있다.

더 읽을 거리

차머스(Chalmers, 1999)는 과학철학에 대한 뛰어난 현대의 소개를 제공한다. 오래된 서적으로 여전히 커다란 가치를 가지고 있는 것에는 하레(Harré, 1972), 키트와 어리(Keat and Urry, 1975)의 관련된 장들과 올드로이드(Oldroyd, 1986)가 있다. 과학의 합리성에 대한 비경험주의적 옹호로는 뉴턴-스미스

(Newton-Smith, 1981), 브라운(Brown, 1994), 해킹(Hacking, 1983), 롱기노(Longino, 1990)와 라우든(Laudan, 1996)이 있다. 과학에 대한 대안적인 해명으로는 제4장을 볼 것. 사회과학에서 실증주의에 대한 해석학의 비판으로는 제5~7장을 볼 것.

4
과학, 자연, 사회
경험주의에 대한 몇 가지 대안들

1960년대 초반까지 영어권 나라들에서는 여러 형태의 경험주의가, 포퍼의 '반증주의' 접근과 함께 자연과학에 관한 철학적 사유를 지배했다. 이들 두 가지 전통은 과학이 다른 형태의 지식이나 믿음과는 근본적으로 다른 것이라는 견해를 내세웠다. 이들은 경험적 증거의 수집과 분석을 지배하는 규칙, 오직 시험가능한 (또는 반증가능한) 진술만을 과학적 지식의 집적체에 입장시키는(허용하는) 규칙, 사실과 가치를 분리하는 규칙 등이 과학적 지식주장을 특히 신뢰할 만한 것으로 만든다고 주장했다. 과학의 누적적인 실행 전체가 자연세계에 대한 참인 해명에 점점 더 가까워지는 접근으로 이어지고 있다는 것이다.

그렇지만 우리가 제3장에서 검토한 논증을 받아들이는 사람들이 증가하면서, 과학의 합리성과 객관성을 낙관적으로 옹호하는 견해를 비판하는 대안들이 발전했다. 참으로, 그러한 대안들이 제시되었다는 사실은 과학에 대한 정통 경험주의적 견해의 장악력을 약화시키는 중요한 조건이었다. 경험주의에 대한 이러한 대안들의 존재와 타당성 때문에 사회과학철학은 자연과학과 사회과학 사이의 관계에 관해 새로운 질문을 제기하게 되었다. 이제,

앞의 두 장에서 논의한 실증주의적 접근과 반자연주의적인 해석학적 또는 이해주의적(해석주의적interpretivist) 접근(제5장, 제6장)의 두 가지 이외의 선택지가 존재하게 된 것이다. 이 장에서는 과학에 대한 비경험주의적 해설들을 검토하고, 그것들의 선택에 대한 몇 가지 제한적인 평가를 제시할 것이다. 뒤에서 볼 것처럼, 그 대안들이 중요한 차이점을 가지고 있지만, 사회적 · 역사적으로 위치한 과학적 실천의 특성을 강조하는 점에서는 일반적으로 일치한다. 그러한 대안적 견해의 하나인 비판적 실재론은 바로 자연과학과 사회과학 사이의 관계를 염두에 두고 고안되었으며, 이런 이유에서 이 장에서는 그것을 아주 간략하게만 다루고 뒤에 다시 다루겠다(제8장).

마르크스주의와 과학

전통적인 견해에 따르면, 과학의 객관성을 위해서는 과학의 발견과 논쟁의 영역에서 도덕적, 사회적 · 정치적 영향을 필수적으로 배제해야 한다. 과학에 대한 이러한 철학적 견해를 지식역사학자들과 지식사회학자들은 상당한 정도로 공유했다. 이러한 전통 가운데 하나는 마르크스와 엥겔스Friedrich Engels에게서 유래했다. 마르크스는 그의 초기 저작에서 역사에 대한 철학적 견해를 제시했다(Marx and Engels, 1975: vol. 3; 특히 Marx, 1844 참조). 그 견해에서는 사적 소유를 자연으로부터 인간 소외의 징후로, 또한 자본주의 사회에서 계급들 사이에 소외를 발생시키는 요인으로 간주한다. 그의 사상의 이러한 단계에서 미래의 좋은 사회에 내한 마르크스의 견해는, 인간 자신들 사이에서의 소외와 인간과 자연 사이에서의 소외를 극복한 사회였다. 이러한 미래 사회에서 인간은 자연과 자신의 일체성을 실현하게 되고, 사회과학과 자연과학 사이의 인위적인 분열도 극복하게 된다. 과학은 인간과 자연을 지배하는 수단에서 자연에 대한 정신적이고 미학적인 감상의 새로운 종류의 표현으로 변환되고, 여러 과학들은 재통일될 것이었다.

과학을 근대 자본주의와 자연 사이의 소외된 관계의 표현으로 보는 이러한 비판을 이후의 사회이론가들, 특히 프랑크푸르트학파 비판이론의 '제1세대'도 지속하고 발전시켰다(제7장을 볼 것). 이들은 나치가 권력을 장악한 1933년까지는 프랑크푸르트대학교에 설립한 사회조사연구소에서 활동했고, 그 후에는 미국의 컬럼비아대학교에서 다시 뭉쳤다. 특히 아도르노 Theodor Adorno, 호르크하이머Max Horkheimer, 마르쿠제Herbert Marcuse는 자연의 나머지 부분과의 소외되지 않은 관계에 대한 초기 마르크스의 견해, 그리고 이 견해와 연관된 기존의 자연과학을 인간의 자연 지배의 단순한 도구로 보는 비판을 유지했다.

그렇지만 마르크스의 후기 저작은, 과학이 그 이전의 미신적이고 종교적인 세계관과 대조적으로 객관적이고 유용한 지식을 제공한다고 간주하는 정통의 19세기 과학관에 훨씬 더 쉽게 부합하는 것으로 보인다. 마르크스와 엥겔스가 1840년대 후반 이래 제출한 역사관은 인간이 이중의 투쟁 — 자연이 부과하는 한계에 대한 투쟁과 계급 억압에 대한 투쟁 — 을 통하여 자유와 자기결정에서의 진보를 획득한다는 것이었다. 앞의 투쟁에서 인간은 과학적 지식을 농업 및 공업 기술에 적용하고, 그럼으로써 자연의 힘을 인간의 목적에 이용하고 사회적 부를 거대하게 증가시킴으로써 진보적으로 승리하고 있었다. 사실 그 이전에는 경험한 적이 없는 속도와 규모로 '생산력'을 혁명한 근대 자본주의의 힘이야말로 그것의 위대한 성과였다.

그렇지만 자연에 대한 기술적 지배의 이러한 거대한, 계속 전진하는 장치가 오로지 사회의 한 계급의 통제 아래 있다는 것, 그러므로 그것의 방향과 그것에서 생기는 이익이 이러한 한 계급, 즉 지배계급 — 자본 소유자들 — 의 이익에만 봉사한다는 것은 자본주의의 퇴행적 측면이었다. 점점 더 새로운 생산

기술이 요구하는 사회적 조정의 규모는 통제를 사회 전체로 확산하고 계속 증가하는 부(富) 생산의 이익을 모두에게 제공해야 할 필요를 나타냈다.

이 접근은 과학적 지식의 객관성에는 의문을 제기하지 않는다. 기술을 통해 자연의 힘을 이용하는 과학의 힘에 대해서도 의문을 제기하지 않는다. 과학과 기술은 모든 인류를 질병과 빈곤과 외부의 위험에서 해방시킬 잠재력을 가지고 있지만, 과학적 지식에 투자하고 과학적 기술을 적용하는 데 필요한 부에 대한 계급 독점이 이 잠재력의 실현을 억압하고 있다. 오히려 자본주의 아래에서는 과학과 기술이 노동력에 대한 착취와 통제를 유지하는 거대하고 강력한 무기이다.

이 모든 문제점을 지적하면서도 마르크스와 엥겔스(특히 엥겔스)는 당시 과학의 진보에 열광했으며, 그들 자신의 역사관을 '과학적인 것' ― 다른 경제학자들과 사회이론가들이 퍼뜨리는, 대체로 사회세계에 대해 지배계급에게 유리한 왜곡된 견해를 제시하는 '이데올로기'와 대비되는 ― 이라고 선언했다. 노동계급 구성원을 포함하는 많은 사람들이 그러한 견해를 따르면서 살아가고 기존의 계급지배 체계에 의문을 제기하지 않는 한, '상식'에 대한 왜곡되거나 허위인 의식과 마르크스와 엥겔스가 주장한 과학적 지식은 대립하는 것이었다.

한편으로는 객관적이고 이해관심에서 자유로운 것으로서 '과학'과, 다른 한편으로는 왜곡되고 허위인 것 ― 실천적 이해관심과 가치가 그것에 영향을 미치기 때문에 ― 으로서 '이데올로기'나 '상식' 사이의 이러한 대립은 그 후 마르크스주의적 지식사회학으로 이월되었다. 이 전통에서는 왜곡되거나 허위인 의식을, 그런 의식을 참이라고 믿는 집단의 사회적 위치나 사회관계가 제공하는 오도(誤導)하는 외양에 근거하여 설명하거나, 경제적 지배계급 및 교육제도나 대중매체에 있는 그 계급의 동맹자들의 문화적 권력에 입각해서 설명하는 데 초점을 맞췄다.

자연과학에 관한 한, 마르크스주의의 접근은 노동력에 대한 고용주의 통제력을 증강하는, 그리고 노동자를 기계로 대체할 수 있게 해주는 기술의 고안에서 과학의 역할에 초점을 맞추면서 마르크스 자신을 따르는 경향을 보였다. 1930년대 영국에서는 급진적인 과학자 운동이 등장했는데, 그것의 일부는 마르크스주의 사상의 영향을 크게 받았다. 이 운동의 초점 중 하나는 우생학의 득세에 저항하고 우생학이 제안하는 '부적응자'의 강제 단종에 반대하는 것이었다. 우생학이 점점 더 독일의 나치 체제 및 영국의 영향력 있는 파시스트 운동과 동일시되면서 급진과학 운동의 지지자들은 점점 증가했다. 물론 급진적 과학자들은 연구기관의 빈곤한 노동조건과 기술적·지원적 노동자들의 '프롤레타리아화', 그리고 공공 정책 입안 영역에서 과학자의 배제에도 관심을 가졌다. 그렇지만 워스키Gary Werskey(Werskey, 1978)가 주장했듯, 급진과학 운동은 결코 통합적인 것이 아니었으며, 과학의 '사회적 관계'에 대한 공유된 관심은 상당히 상이한 정치적 입장들을 포괄하는 것이었다. 일부에서는 과학의 공적 지위 확보와 재정 지원 증대를 중심 목표로 삼은 반면, 더 급진적 인사들은 산업자본주의가 과학을 점점 더 통합함으로써 인간의 보편적인 필요에 봉사할 과학의 잠재력을 차단하는 것에 주목했다. 그들에 따르면, 과학을 더 폭넓은 참여와 사회적 책임에 개방하기 위해서는 과학에 대해서도 참으로 사회주의 혁명이 필요했다. 이런 급진적 시각의 핵심적인 대표자는 버널(Bernal, 1939를 볼 것), 홀데인J.B.S. Haldane, 니담J. Needham, 호벤L. Hogben, 레비L. Levy, 와딩턴C.H. Waddington 등이었다.

과학에 대한 사회주의적 접근이 무엇을 의미하는가는 여전히 불분명했다. 그것은 이윤과 통제에 의해 결정된 우선순위에 반대하는 것으로, 인민의 필요에 부응하여 과학과 기술이 발전할 수 있도록 하는 것을 의미하는가? 또는 '사회주의 과학'은 기존의 '부르주아' 과학과 **내용**에서 차이가 나는 것인가? 그때, 소련의 과학자들과 철학자들은 후자의 입장을 옹호하고 있었으며, 소련 생물학에서 악명 높은 리센코Trofim Lysenko 사건이 일어나기 전까지는 영국에서도 친소련 급진 과학자들은 주로 이 입장을 채택했다(Lenin Academy, 1949; Rose and Rose, 1976b에 실린 Lewontin and Levins; Lecourt 1977; Benton, 1980을 볼 것). 소련에서 리센코를 필두로 하는 세력은 '프롤레타리아 과학'을 내세우며 유전학자들을 '부르주아적'이고 '관념론적'이라고 비판했다. 많은 학자들을 체포했으며 일부는 처형했다. 소련 유전학은 붕괴했고 소련의 농업은 심각하게 망가졌다. 이 재앙은 영국의 급진 과학자들을 분열시켰으며, 미국의 베트남 전쟁의 맥락과 1960년대 후반의 광범한 정치적 급진화 속에서 과학의 급진주의가 부활할 때까지는 대안 과학에 대한 급진적 전망은 의제에서 사라졌다.

1970년대 초반, 새로 결성한 '영국 과학의 사회적 책임 협회British Society for Social Responsibility in Science'는 베트남 전쟁에서 화학무기의 대량 사용, 생물학과 화학 및 핵무기 제조 연구, 공공질서 유지를 위한 최루탄 사용, 위험한 노동 조건, 감시기술, 오염 등에서의 과학의 악용을 우려했다. 그렇지만 마르크스주의는 물론 소련의 국가 사회주의에 대한 신좌파의 비판, 여성운동과 반인종주의 활동 등의 영향을 받은 과학운동의 급진파는 또다시 과학의 개별적인 악용을 고발하는 것 이상을 원했다. 그들은 과학의 제도적 연결체 nexus, 즉 자본주의적 산업 및 국가에 대한 분석과 급진 과학운동, 사회주의 변혁을 향한 더 광범한 투쟁의 통합이 필요하다고 주장했다(Rose and Rose, 1969, 1976a, 1976b를 볼 것). 이 시기의 한 가지 유산은 ≪급진과학지Radical Science Journal≫(뒤에 ≪문화로서 과학Science as Culture≫으로 개칭)인데, 이 학술지는 강단에서 새로운 과학사회학의 발전에 영향을 미쳤다고 할 수 있다.

베버, 머튼 그리고 과학사회학

베버는 과학에 관한 사회과학적 사유에서 대안적 전통의 출발점으로 삼을 만하다. 베버는 과학의 성장을 근대 자본주의 문명에서 점점 더 만연하고 있는 삶의 '합리화' 및 '각성'과 연결한다(제5장을 볼 것). 베버에 따르면, 과학의 규범은 경험적 진리에 대한 가치자유적 추구와 지적 성실성을 요구한다. 그렇지만 역설적으로 이것은, 과학자는 '그 자신의(베버는 과학은 여성에게 가능한 직업이 아니라고 주장한다)' 직무에 대해, 오직 일종의 가치지향적 합리성이라고 이해하는 태도만을 가질 수 있다는 것을 의미했다(Weber, 1949; 또한 제5장도 볼 것). 과학은 여러 가지 도구적 목적 ─ 그것을 위해 과학의 발견을 투입하는 ─ 에서 독립되어 있는 별도의 가치 영역으로 보아야 한다. 베버는 과학의 규범적 특성에 대한 이런 해명에, 과학의 제도적 특징에 관한 몇 가지 간략하지만 시사적인 의견을 첨가한다. 과학의 전문 활동이 공공의 재정 지원에 의존하는 것을 근거로, 베버는 과학의 실천을 일종의 '국가 자본주의'로, 즉 과학 노동자가 (산업자본주의에서처럼) 그의 생산수단의 소유와 통제에서 점차 분리되는 일반적 추세로 서술한다. 많은 연구, 특히 인문학과 사회과학 연구들이 가진 숙련적 특성은 결국 대규모의 제도적 연구 관료제로 대체되고, 이와 연결되어 연구의 프롤레타리아화가 진행될 것이었다.

그렇지만 베버는 과학의 규범적 정신의 수준과 관련해서는, 과학자들 자신이 제시해온 견해, 즉 증거를 수집하고 분석하는 등의 합리적 규칙을 지킴으로써 공평무사하게 진리를 추구한다는 견해를 단순히 반영했다. 지식사회학에 대한 마르크스주의 접근 및 경험주의 과학철학과 마찬가지로, 베버도 과학은 그것이 외부의 사회적 이해관심과 영향을 배제하는 한에서 객관적이라고 주장한다. 오직 왜곡된 믿음과 허위에 대해서만 사회적(또는 심리적) 요인에 입각한 설명이 필요하다는 것이다.

외부의 압력에서 벗어난 과학의 자율성은 1960년대 이전에 가장 영향력 있던 과학사회학의 접근에서도 강조했다. 머튼Robert Merton이 발전시킨 기능주의적 접근이 그것이다. 머튼은 17세기 근대 물리과학의 확립과 정당화에 대한 고전적 연구를 저술했는데(Merton, 1938, 1970), 그것은 프로테스탄트 교파와 자본주의 사이의 관계에 대한 베버의 연구와 상당히 유사했다(제5장을 볼 것). 그는 과학의 독특한 규범적 특성에 대한 관심을 근대 과학에 대한 그의 일반적인 사회학에서도 유지했다. 머튼은 과학이 과학에 특수한, 그리고 외부의 왜곡하거나 제약하는 영향에서 과학의 핵심적 과정을 보호하는 일련의 기술적이고 도덕적인 규범을 고수하는 것을 특징으로 한다고 주장했다. 기술적 규범은 논리적 추론의 규범과, 적절하고 신뢰할 수 있으며 타당한 경험적 증거의 규범이다.

여기까지는 머튼은 과학적 지식에 대한 경험주의의 견해를, 그리고 과학자들이 그들 자신의 실천에 대해 제시하는 해명을 의문을 제기하지 않고 간단히 받아들인다. 그렇지만 이러한 기술적 규범 준수의 보증과 '확인된 지식'의 계속적인 확장이라는 목표의 성취를 위해서는 제도적으로 승인된(그리고 가능하면 심리적으로 내면화된) 도덕적 규범이나 '제도적 강제institutional imperatives'가 필요하다. 머튼은 이것과 관련하여 과학에서 네 가지 규범을 찾아낸다. 첫째, **보편주의**universalism이다. 과학의 목록에 포함되는 주장들의 채택이나 기각은 그것의 주창자의 개인적 또는 사회적 속성, 인종, 국적, 종교, 계급, 개인적 특성에 의존하지 않는다는 것이다(Merton, 1967: 55). 두 번째 제도적 강제는 **공동체주의**communalism이다. 과학적 지식은 매매될 수 있다는 의미에서 그것의 고안자나 발견자에게 속하지 않는다는 것이다. 과학자가 정당하게 요구할 수 있는 유일한 이익은 동료들의 인정과 존경이다. 이것이 바로 연구결과의 출판을 강하게 강조하는 이유이며, 또한 누가 먼저 발견했는가를 놓고 논쟁을 벌이는 까닭도 여기에 있다. 세 번째 규범은 **탈이익주의**disinterestedness

이고, 네 번째는 **조직화된 회의주의**organized scepticism이다. 이 두 가지 규범은 자의적 판단을 유보할 것을 요구하고, 증거와 논리의 명령에 복종할 것을 요구한다. 머튼이 지적하듯, 이것은 신성한 믿음들의 묶음으로 취급되는 비과학적 제도들(종교 제도 등과 같은)과 갈등을 일으키기 쉬운데, 과학은 이런 믿음들을 경험적이고 합리적인 평가의 대상으로 삼는다.

머튼의 과학사회학은 나중에, 과학자들의 실천에 대해 과학자들 자신의 해명을 그대로 받아들일 것이 아니라 그 실천을 경험적으로 탐구했어야 하는데 그렇게 하지 못했다는 비판을 받았다. 뒤에 논의하듯, 그 이후의 과학사회학에서는 머튼이 서술하는 과학의 고결한 규범은 실질적으로는 과학의 실제 수행방식을 제대로 파악하지 못한 것이라고 주장했다. 그렇지만 머튼의 설명은 베버의 의미에서 '이념형ideal type'으로(제5장을 볼 것), 즉 과학의 실제 실천을 서술하는 것이 아니라, 경험에서 보이는 편차의 정도를 연구하는 데 사용할 개념적 모형을 제공하는 것으로 이해할 수 있다. 이런 정신을 받아들이면, 머튼의 과학의 규범적 구조 모형은 상업적이고 군사적인 목표를 중심으로 한 오늘날 과학의 제도화가 과학의 전문적인 가치와 어느 정도나 모순되는가를 비판적으로 이해하는 데 기초를 제공할 수 있다. 그렇지만 머튼의 과학사회학은 자체의 한계를 가지고 있으며, 이후의 발전은 그것을 극복해야 했다. 머튼은 그의 마르크스주의 및 베버주의 선배들 대부분과 마찬가지로 (성공적인) 과학에 대한 사회학은 지식 추구를 위해 특정한 제도화된 실천이 어떻게 발생하고 유지될 수 있었는가에 대한 연구에 한정해야 한다고 생각했다. 자연과학에 관한 한, 그것의 내용을 사회학적으로 설명하는 문제는 있을 수 없으며, 이것은 전적으로 증거와 논리에 의해 결정될 것이었다.

역사적 인식론과 구조적 마르크스주의

그러나 프랑스에서는 과학의 특성을 이해하는 완전히 다른 접근이 등장하고 있었다. 경험주의의 전통에서는 과학에 관한 논쟁을 수행하면서 역사적이거나 사회적인 맥락과 무관하게 과학과 비과학을 구분하는 어떤 추상적 기준을 확립할 수 있는 것처럼 주장했다. 또한 과학이 점점 더 많은 사실적 지식을 수집하고 점점 더 진리에 접근하는 점에서 유일하게 누적적이며 진보적이라고 믿었다. 프랑스의 전통은, 코이레Alexandre Koyré, 바슐라르Gaston Bachelard, 캉길렘Georges Canguilhem등이 그 대표자인데, 과학의 역사에 대한 자세한 연구를 과학에 대한 견해의 기초로 삼았다. 그 연구는 과학철학의 질문을 다르게 제기하는 것으로 이어졌고, 특히 과학 내의, 그리고 과학의 맥락적 조건의 역사적이고 사회적인 과정에 훨씬 더 민감할 것을 요구했다.

이러한 차이를 보이면서도 프랑스의 '역사적 인식론historical epistemology' 전통은(Lecourt, 1975; Gutting, 1989를 볼 것), 지금까지 이야기한 다른 접근들과 마찬가지로 비과학적 믿음 유형과 과학을 구별하는 강한 입장을 유지했다. 그들의 역사적 연구는 과학의 분과들이, 과학 이전의 오류 및 환상의 그물network과 싸움을 통하여 형성된 과정에 초점을 맞췄다. 상식이나 전(前) 과학적 사유는 단순한 무지나 지식 결여가 아니라, 오히려 진정한 지식에 저항하는 완고하고 강력한 근원이라는 것이다. 과학이 확립된 후에도 이러한 오류투성이tissue of errors는 계속 존재하며 '인식론적 장애'의 형태로 새로운 과학의 잠정적인 성과를 침공한다고 위협했다.

오류투성이라는 개념이 시사하듯, 이 접근은 특정의 개념들을 상호적인 정의를 통하여 체계적인 그물로 묶는 방식을 알아낸다. 과학적 관념들은 하나씩 고안되는 것이 아니라 이론적 '문제틀problematics' 속에서 공존한다. 다시 말하면, 새로운 과학을 형성하는 개념들의 그물이 있기 때문에 과학자는 일련의 질문들을 제기하고 그 질문들에 대한 답을 제공할 수 있다. 그렇지만 이러한 동전의 이면에는, 또한 각각의 개념들의 그물이, 즉 각각의 문제틀이 다른 질문을 제기하는 것을 **배제한다**. 그러므로 문제틀은 횃불의 불빛에 비유할 수 있다. 그 불빛은 그것의 구도 안에 있는 대상들은 명확하게 비추지만, 나머지 것들은 어둠 속에 남겨둔다. 이것은 과학을 어느 정도는 '완전한' 지식으로 보는 모든 견해에 이의를 제기하며, 또한 과학적 지식과 특정한 일련의 이론적 질문 사이의 관계를 예시한다. 질문이 다르다면 우리는 다른 과학을 만나게 될 것이다.

문제틀이라는 개념의 또 다른 귀결은, 과학의 변동이 필연적으로 단속적이고 비(非)누적적일 수밖에 없다는 것이다. 새로운 과학이 탄생하기 위해서는 전체적으로 상호연결된 허위의 그물을 뒤집어야 한다. 이 순간을 그들은 '인식론적 단절epistemological break'이라고 부른다. 마찬가지로, 후속의 과학적 변동은 (경험주의가 묘사하는 것처럼) 사실들의 점진적인 축적을 통해서가 아니라 문제틀의 전면적인 재구조화를 통해서 일어나게 된다. 이 과정에서 이전의 가정들에 의문을 제기하며, 과학은 과거의 성과에 무엇을 첨가하는 것으로 진보하는 것이 아니라 그 성과를 뒤엎고 대체하는 것으로 진보한다.

이 접근의 핵심적인 특징은 프랑스에서 알튀세르Louis Althusser와 구조적 마르크스주의, 그리고 탈구조주의자 푸코가 발전시켰다(푸코에 관한 더 자세한 논의는 제10장을 볼 것). 1960년대에 쓴 일련의 논문(영어 번역은 Althusser, 1969에 실려 있다)에서 알튀세르는 문제틀과 인식론적 단절 개념을 사용하면서, 수십 년 동안 공산당 지도자들의 정책 요구에 정통적으로 추종하던 마르크스주의를 창조적인 과학적 연구프로그램으로 재출범시키고자 시도했다(Benton, 1984; Elliot, 1994를 볼 것). 알튀세르와 그의 동료들은 1845년 이후 마르크스 저작 속의 역사연구에서 새로운 '과학적' 문제틀의 등장을 입증하려는 의도를 가지고 문헌을 세밀하게 읽는다. 이것은 초기 저작의 '인간주의적' 마르크스 ― 당시 프랑스 공산당 안팎에서 영향력을 얻고 있었던 ― 는 마르크스주의의 이데올로기적 국면에 속한다는 것을 함축했다. 그 후 알튀세르는 '과학적' 마르크스라는 개념을 정의하고 정교화하는 광범한 작업을 전개했으며, 이런 관념들을 사용하여 미디어 커뮤니케이션, 청년문화, 교육, 인류학 연구, 제3세계 '발전', 성별 분업 등에 대한 분석이 이루어졌다.

그러나 알튀세르와 구조적 마르크스주의자들은 특별히 어려운 문제에 직면했다. 그들의 선배인 역사적 인식론자들과 마찬가지로, 그들도 일상적·상식적 사유 또는 '이데올로기'와 진정한 지식의 차이를 강조했다. 1960년대의 급진적인 평등주의적 학생운동은 '과학' ― 좌파 가운데 소수의 자칭 지식인들의 소유물 ― 과 '이데올로기' ― 과학이 그들의 이익을 위해 복무해야 한다는 '대중'이 가지고 있는 이른바 부적절하고 결함 있는 믿음 ― 의 차이에 대한 이러한 강조가 갖는 잠재적으로 엘리트주의적이고 비민주적인 함축을 예리하게 지적했다.

알튀세르는 자신의 견해를 급진적으로 수정했지만, 결코 이 문제를 만족스럽게 해결하지는 못했다. 그러나 과학을 아주 특수한 종류의 사회적 실천으로 생각하는 그의 독특한 방식과 관련해 그의 초기 저작들은 중요하다. 알튀세르에 따르면, 과학은 지식을 사회적으로 생산하는 실천이며, 여기서는 관련된 과학의 이론적 문제틀이 핵심적인 역할을 한다. 이러한 과학 모형에 따르면, 문제틀을 구성하는 이론적 개념들은 개념적인 '원료(앞선 '이론적 실천'이 생산한 또는 다양한 문화 등등에서 이끌어낸 생각일 것이다)'를 변형하여 새로운 이론적 개념들을 만드는 '생산수단'으로 사용된다. 이 모형은 과학적 지식의 내용에 대한 사회학적 설명을 가능하게 했지만, 과학적 객관성이라는 관념을 포기하지는 않았다(이 점에서 대부분의 다른 '구성주의적' 사회학적 접근들과 다르다 ― 용어 해설 387쪽을 볼 것).

사실상, 알튀세르의 접근은 역사적 인식론자의 통찰과 마르크스주의 전통의 실재론적 및 유물론적 유산을 결합한다. 알튀세르의 관점에서 이론적 실천은 '사유 객체thought-objects'의 형태로 지식을 생산하는데, 과학의 경우 이것은 '실재 객체real-objects' — 이것은 이것에 대한 지식의 생산과정과 무관하게 그리고 생산과정의 외부에 존재한다 — 와 상응한다. 그렇지만 알튀세르는 과학에서 이러한 상응이 실제로 지속된다는 것을 어떻게 보증할 것인가의 문제는 해결하지 못했다. 이것을 해결할 수 없다면, 과학과 이데올로기의 결정적인 구별은 유지할 수 없다.

탈알튀세르주의적 지식 및 문화사회학은 이 문제를 해결할 수 없다는 것을 인정하고, 그 결과로 진리와 허위의 인식론적 문제나 사람들의 믿음에서 독립되어 있는 실재세계에 대한 준거에서 추상하여 언어와 문화과정에 대한 분석으로 이동했다. 우리가 뒤에서 볼 것처럼(제10장), 푸코 저작의 대다수는 이런 형태를 취하고 있으며, 라클라우와 무페(Laclau and Mouffe, 1985) 같은 '탈마르크스주의자'의 저작도 마찬가지이다. 그렇지만 알튀세르의 기획과 계속 씨름하는, 즉 지식생산의 사회적 실천으로서 과학이라는 모형과 지식에 대해 독립적인 것에 **관한** 인식으로서 지식이라는 실재론적 견해를 결합하고자 하는 논자도 있다.

1970년대 초에 처음 발전한 비판적 실재론의 접근은 바로 이것을 시도했으며, 알튀세르가 강력하게 제안한 문제를 해결하는 길을 찾아내고자 했다. 비판적 실재론 입장의 중심은 일련의 과학적 실천에 관하여 '초월적 논증 transcendental arguments'을 사용하는 것이다. 초월적 논증은 실제의 어떤 것(예컨대, 과학적 실험)에 대한 논란이나 논쟁의 소지가 없는 서술을 받아들여 전제로 삼고, 그다음 '이것이 가능하려면 무엇이 참이어야 하는가'의 질문을 제기하는 논증이다. 예컨대, 누구도 논란 삼을 수 없는 과학적 실험이 가능하려면 세계는 어떠해야 하는가? 가장 영향력 있는 비판적 실재론 철학자인 바스카Roy Bhaskar는 과학적 실험을 사례로, 지식에 대해 외부적인 세계가 존재하고 그 세계가 특정한 속성을 가지고 있어야만, 그리고 인간 행위자가 그 세계에 개입하고 개입의 결과를 찾아낼 수 있어야만 실험이라고 인식할 수 있는 것이 존재할 수 있음을 입증했다(Bhaskar, 1975, 1997, 1979, 1998을 볼 것).

이러한 논증은 과학을 ① 역사적으로 변화하고 사회적 위치를 차지한 인간의 실천이라고 보는 견해와 ② 특징적으로, 그것들에 관한 우리의 지식과 무관하게 존재하고 활동하는 객체들(과 관계와 과정 등)에 관한 지식의 생산을 목적으로 삼는 사회적 실천으로 파악하는 인식을 결합하는 설득력 있는 방식을 제공한다. 그렇지만 우리의 지식이 외부의 객체와 상응한다는 것에 대한 보증물을 찾고자 한 알튀세르 자신의 추구는 단호하게 포기된다. 과학은 인식주체에게서 독립하여 존재하는 실재의 성질에 대한 합리적 탐구이지만, 그것의 생산물(현재 인정된 과학적 지식주장)은 늘 잠정적이고 미래의 증거와 논증에 부딪혀 수정되거나 기각될 수 있는 탐구로 나타난다. 과학이 독립적으로 존재하는 실재들에 관한 지식주장을 만드는 활동이라고 인식해야만 우리는 어떤 믿음이 틀렸다는 것을 입증하는 것이 무엇인가를 이해할 수 있다고 실재론자들은 주장한다. 상대주의는 그 주장에서는 매우 조심스러운 것으로 보이지만, 믿음을 논박하는 것을 차단하는 방책이라는 것이 드러난다. 실재론적 접근의 바탕에 자리한 가장 기본적인 몇 가지 직관은 세상의 일이 우리의 의도와 다르게 진행되고, 우리가 실수를 저지르고, 우리가 이것을 (때로는 고통스럽게) 실재에 의해 깨닫는 경험에서 나온 것이다. 이 접근에 대한 논의와 이 접근이 사회과학의 실천에 대해 갖는 함의는 제8장에서 다시 논의할 것이다.

혁명과 상대주의: 쿤에서 '스트롱 프로그램'까지

프랑스의 전통에서 개척한 과학철학에 대한 역사적 접근은 과학사학자이며 과학철학자인 미국의 쿤Thomas Kuhn의 저작을 통하여 영어권의 논쟁 속에 들어갔다. 천문학에서 코페르니쿠스 혁명에 대한 쿤의 연구(Kuhn, 1959)는 이 접근의 대표적인 사례이지만, 그의 견해가 심대한 영향을 미치기 시작한 것은 그 이후 그가 『과학혁명의 구조The Structure of Scientific Revolution』(Kuhn, 1970 – 초판 1962)에서 과학의 역사에 대한 자신의 이해를 철저하게 개념화한 뒤의 일이다. 이 책에서 쿤은, 과학이 진리에 점점 더 접근하는 지식의 진보적 축적이며 과학공동체는 합리적으로 그리고 공평무사하게 사실과 이론을 맞추며 사실이 이론과 맞지 않을 때에는 이론을 기각한다고 보는 지배적인 견해를, 역사적 증거를 사용하여 무너뜨리기 시작했다. 그렇지만 그 과정에서 쿤은 또한 과학적 지식의 역사적 변동 과정에 초점을 맞추면서 과학활동의 성질에 대한 자신의 **대안적인** 견해도 발전시켰다.

쿤은 몇몇 자연과학의 역사에서 뽑은 몇 가지 사례들을 사용하여 과학적 변동의 전형적인 유형을 구성한다. 어떤 주제에 대한 과학적 접근이 확립되기 이전의 시기는 여러 접근들의 경쟁을 특징으로 한다. 그 접근들의 하나가 결국 신흥 과학공동체의 옹호자들을 얻고, 그 이후에는 연구를 위한 기초가 된다. 일단 동의를 형성하면 후속의 연구들을 지배하는 접근을 쿤은 '패러다임paradigm'이라고 부른다. 패러다임에 따라서 수행하는 연구는 일반적으로 '통상적인 문제풀이routine puzzle-solving'로 간주되며, 쿤은 이것을 '정상과학normal science'라고 부른다. 과학공동체는 문제들을 현재 통용되는 패러다임이 제공하는 관점에서 해결할 수 있다는 것을 당연시하며, 그러므로 (문제풀이의) 실패는 패러다임을 기각하는 근거가 아니라 연구자 쪽의 실수라고 간주한다(과학의 합리성에 대한 경험주의자와 포퍼주의자의 견해에 따르면 정반대의 일이 일어나야 한다). 쿤의 견해에서는, 과학자가 연구의 수행에서 문제를 정의하고 방법을 선택하기 위해서는 패러다임이 필수적이다. 사실과 이론을 맞추는 데서 부분적인 작은 어려움들이 있기 때문에 지배적인 패러다임을 기각하는 것은 연구자를 장차 연구를 위한 지침이 없는 상태에 놓아두는 것이다(이 점에서는 경험주의자의 경험 개념에 대한 칸트의 비판과 유사하다 — 제3장을 볼 것). 사실상, 지배적인 패러다임 안에서 아직까지도 해답을 허용하지 않는 문제들은 늘 존재한다. 이 때문에 과학자들은 바쁘다.

그렇지만 어떤 문제들은, 그 문제들이 패러다임에 대해 특별히 지속적이고 도전적인 문제로 간주되기 때문에, 또는 과학에 대한 외부의 요구에 의해 제기되는 것이기 때문에, 궁극적으로 패러다임 자체에 대한 확신을 철회하게 만든다. 쿤은 이런 문제들을 '변칙들anomalies'이라고 부르는데, 이것들이 축적되면 관련된 과학에 '위기crisis'의 시기가 올 수 있다. 그러한 위기의 맥락에서는 갈등하는 접근들과 다양한 대안들이 다시 등장한다. 이렇게 경쟁하는 접근들 중 하나를 중심으로 새로운 동의가 형성될 때에만 위기가 해소되고 정상과학이 복구되지만, 이제 기존과는 다른 새로운 패러다임이 연구를 안내하는 것이다. 쿤은 이런 전체 과정을 사회혁명에 비유한다.

쿤의 패러다임 개념은 그의 과학모형에서 중심을 차지하며, 방대한 비판적 문헌들을 만들어냈다. 쿤에 따르면, 요점은 패러다임이 연구를 수행하고 평가하는 지침 — 특정의 과학분과 안에서 합의한 — 의 근원이라는 것이다. 그것은 일련의 공유된 이론적 가정, 연구주제에 대한 일반적으로 인정된 견해(존재론), 설명을 평가하는 인정된 일련의 표준, 세계에 대한 형이상학적 견해의 형태를 취할 수도 있고, 또는 단순히 일반적으로 인정된 과거의 과학적 성과('범례exemplar') — 후속의 실천에 규칙을 제공하는 — 일 수도 있다. 물론 이것들 모두일 수도 있고, 흔히 그렇다.

과학혁명을 통하여 일어나는 패러다임 전환은 새로운 사실적 지식의 단순한 축적보다 훨씬 많은 것을 포함한다. 쿤의 해명에서는, 유명한 '토끼-오리' 그림 같은 모호한 그림을 볼 때(제3장, 63쪽을 볼 것) 우리가 경험하는 시각의 전환이 적절한 유추일 것이다. 어떤 의미에서(물론 이 '의미'가 **무엇인가**는 논쟁의 대상이 되어왔다) 과학혁명 이후의 과학자는 전혀 다른 세계에 살고 있다고 할 수 있다. 그의 영역의 모든 것들이 상이한 이론적 개념들을 통하여 재서술되고 해석된다. 새로운 패러다임은 그 어떤 직접적인 의미에서도 과학의 과거의 성과를 근거로 구축되는 것이 아니라, 오히려 이전까지 인정받은 것들의 기각을 포함한다. 과학의 역사는 그러므로 '불연속적인' 과정, 즉 누적적이고 합의적인 '정상'과학과, 위기와 '혁명'과 '패러다임 전환' 시기의 교체의 역사이다.

쿤의 설명에서 패러다임 전환이 갖는 특이한 성질 때문에, 그의 과학 모형은 과학적 합리성에 대한 기존의 견해에 강력하게 도전하는 것이었다. 패러다임은 경쟁하는 이론들을 평가하고 판단하는 그 자체의 기준과 새로운 증거를 해석하는 그 자체의 방식을 가지고 있을 만큼 전면포괄적인 성질을 갖는다. 간단히 말하면, 경쟁하는 후보자들 중 어느 것이 새로운 패러다임이 될 것인가를 판단하는 중립적인 기준은 존재하지 않는다. 그것은, 인플레이션을 낮추는 정책을 제시하는 정당과 실업을 줄이는 정책을 제시하는 정당이라는 두 정당이 있을 때, 어느 쪽을 달성하는 것이 더 바람직한가를 결정할 방법이 없는 것과 같다. 문제가 이것보다 더 심층적일 수도 있다. 뉴턴 역학에서 아인슈타인의 상대성 물리학으로의 패러다임 전환에서처럼, 경쟁하는 이론들은 공동으로 사용하는 '질량', '시간' 등과 같은 용어가 있는 경우에도 그 용어들을 전혀 다르게 정의한다. 이러한 '의미 변천meaning variance'의 결과, 경쟁하는 이론들의 옹호자들 사이의 대화는 서로 엇갈리게 된다. 이것이, 경쟁하는 이론들이 '공약불가능하다incommensurable'고, 즉 그것들이 상호 이해될 수 없다고 말하는 가장 강한 의미이다.

이러한 매우 급진적인 공약불가능성 명제는 경쟁하는 이론들이 모순되는 것이 아니라 단지 서로 소통할 수 없을 뿐이라고 주장하는 역설적인 결과를 낳는다. 정말로 이론들이 소통할 수 없다면, 어떻게 그 이론들이 서로 갈등한다고 말할 수 있는가. 나중에 쿤은 훨씬 덜 급진적인 형태의 공약불가능성 개념으로 후퇴했지만, 여전히 기본적 이론의 선택을 위한 객관적으로 정당화할 수 있는 결정 절차는 없다고 주장했다. 이것은 과학의 그러한 변동을 이해하는 사회학적 접근의 길을 열어놓았다. 이론 선택을 위한 객관적으로 합리적인, 즉 패러다임 중립적인 기준이 없다면 과학혁명은 과학공동체 안의 권력투쟁에 의해 성취될 것이며, 여기서는 핵심적인 학술지의 편집권, 특정 대학교 학과의 장악, 수사학과 선전 등이 모두 일정한 역할을 할 것이다. 그렇지만 사실상 쿤 자신은 과학이 혁명을 통하여 진보한다는, 그리고 성공적인 새 패러다임은 패배한 경쟁 패러다임보다 더 전진한 것이라는 견해를 계속 지켰다.

쿤의 위대한 업적은, 과학적 믿음의 역사적 변형(과학이 무엇인가 하는 개념 자체의 변형을 포함하는)에 대한 인식과 그러한 변형을 일으키는 데서 과학공동체 내의 사회적 과정의 역할을 논쟁의 중심에 가져다 놓은 것이다. 쿤 자신은 상대주의자가 아니었지만, 그리고 과학이 패러다임 전환을 통하여 진보한다고 믿었지만, 그의 논증의 대부분은 상대주의 쪽을 향하고 있었다. 이것은 과학철학에서 주요한 논쟁을 촉발했으며, 과학적 지식의 사회학에서도 혁명을 가능하게 만들었다.

철학적 논쟁은 쿤이 주목한 과학 변동의 사회적이고 역사적인 과정을 받아들이면서도 독립적으로 존재하는 실재에 대한 점점 더 적합한 지식을 제공하는 것으로서 과학의 합리성을 믿는 것이 가능한가 여부를 논의의 핵심으로 삼았다. 그렇지만 일부 과학철학자들은, 상이한 패러다임 사이의 급진적 공약불가능성 및 패러다임 선택을 위한 이론중립적인 시험의 결여라는 쿤의 초기 명제에서 훨씬 더 급진적인 상대주의적 결론으로 나아갔다. 이들 가운데 파이어아벤트는 가장 대담하고 유명하다. 그는 지식이론에서 자칭 '무정부주의자anarchist'였지만, 그리고 이 용어가 자신을 너무 진지하게 표현 하는 것이라고 생각해서 자신을 '다다주의자Dadaist' ─ 양차 대전 사이의 전위 예술운동을 가리킴 ─ 로 부르는 일이 더 많았는데, 이것은 유쾌하지만 전복적 인 불경스러움을 의미했다. 쿤과 마찬가지로 파이어아벤트는 과학사에서의 일화들에 대한 그 자신의 해석을 철학적 견해의 기초로 삼았다. 과학적 사유 에서 핵심적인 전진으로 인정받게 된 것들은 사실상 기존 과학적 방법에 대 한 고의적인 **파괴**breaches에 의해 성취되었다고 그는 주장한다. 과학이 규칙 의 파괴에 의해 진보한다면, 과학의 적절한 구호는 '아무렇게나 해도 좋다 anything goes'이어야 한다. 파이어아벤트는 과학과 비과학을 가르는 방법론적 원칙은 없으며, 그러므로 세계에 대한 다른 형태의 이해들보다 과학이 더 우 월하다고 생각할 근거도 없다고 주장했다. 이런 입장은 과학 내에서 관대한 다원주의를 뒷받침하는 것이지만, 더 넓게는 과학이 가진 특권적인 사회적 지위를 박탈하는 것이다.

그렇지만 과학이 삶의 다른 형태들보다 더 큰 권위를 갖는 것은 아니다. 과 학의 목표가 종교공동체의 삶이나 신화에 의해 통합되어 있는 부족의 삶을 안 내하는 목표보다 더 중요한 것은 분명히 아니다. 어떻든 과학은 모든 사람이 자신의 의사를 정하고 자신이 가장 적합하다고 생각하는 사회적 믿음에 따라 살 기회를 갖는 자유사회의 성원들의 삶과 사상과 교육을 제한할 자격을 갖고 있지 않다. 그러므로 국가와 교회의 분리는 국가와 과학의 분리로 보완해야 한 다(Feyerabend, 1978: 299).

그렇지만 일부 논자들 ─ 이들 중 가장 영향력 있는 것은 포퍼의 제자인 라카토스Imre Lakatos이다 ― 은 역사적 분석을 사용하여 과학의 합리성을 옹호하고자 했다(Lakatos, 1970). 라카토스의 용어 '연구 기획research programme'은 쿤의 '패러다임' 개념과 유사한 것이다. 패러다임처럼, 과학적인 연구 기획은 경험적 연구에 규칙(발견법heuristics)과 주제를 제공한다. 그리하여 관련 분야에서 연구자들을 충원하고 그들의 활동을 유지하는 것이 가능하다(쿤이 '정상과학'이라고 부른 것이다). 포퍼와 달리, 라카토스는 연구 기획 발전의 **초기부터** 과학자들은 분명히 반대되는 증거에 부딪히더라도 그들의 기본적인 명제나 가설(기획의 '핵심core')을 계속 정당하게 사수할 수 있다. 그들은 임시 가설들ad hoc hypotheses이라는 '보호대periphery'로 핵심을 둘러쌈으로써 이 핵심을 반증으로부터 정당하게 보호할 수 있다. 이것은 미발달한 연구 기획의 지지자들이 그 기획의 설명적 잠재력을 실제로 보여줄 수 있는 정도로 그 기획을 발전시킬 기회를 갖기 위해 필요하다. 장기적으로, 그 기획은 가망 없는 예측을 만들어 내고 그것을 확증하는 정도까지 성공하는 것으로 입증될 수 있다. 연구 기획이 오랜 시간에 걸쳐서도 이것을 수행하지 못한다면 그 기획은 '퇴보적인 것degenerating'이며, 성공적인 기획으로의 전환은 '진보적인 것progressive'이다. 라카토스의 작업 이후, 과학철학자들은 과학의 합리성을 역사적으로 그리고 사회학적으로 민감하게 옹호하는 작업에 상당한 재능을 바쳤다. 뉴턴-스미스(Newton-Smith, 1981), 해킹(Hacking, 1981), 브라운(Brown, 1994), 롱기노(Longino, 1990) 등이 사례이다. 비판적 실재론의 작업(제8장에서 매우 자세히 논의한다)도 이런 식으로 이해할 수 있다.

과학적 지식의 사회학에 관한 한, 쿤의 저작은 자연과학적 믿음의 내용을 특수한 사례로 다뤄야 한다는, 즉 자연과학 지식은 오로지 증거와 논리에 의해서만 결정되기 때문에 사회학적 설명의 범위 밖에 있는 것으로 다뤄야 한다는 요건에서 이 학문분과를 해방시킨 것으로 보인다. 반스(Barnes, 1974)와 블루어(Bloor, 1976, 1991)의 영향력 있는 저작은 스스로 지식사회학의 '**스트롱 프**

로그램strong programme'을 표방하는 것을 출범시켰다. 그 접근에 대한 고전적인 진술에서 블루어David Bloor는 그것을 네 가지 방침에 입각하여 정의한다. 네 가지 방침은, 인과적 설명을 추구하고, '참된' 믿음과 '허위의' 믿음을 공평하게 다루며, 가능한 한 '참된' 믿음과 '허위의' 믿음을 동일한 사회학적 관점에서 설명하며('대칭의' 원칙), 이러한 방침을 지식사회학 자체가 제공하는 설명들에도 적용하는 것(성찰성의 원칙)이다.

과학사회학에 대한 이러한 새로운 접근은 진보적인 연구 기획에 대한 라카토스의 기준의 적어도 한 가지는 충족했다. 즉, 그것은 매켄지(MacKenzie, 1990), 피커링(Pickering, 1984), 콜린스(Collins, 1985), 섀핀과 쉐퍼(Shapin and Shaffer, 1985), 핀치(Pinch, 1986)를 비롯한 수많은 연구자의 과학에 대한 다수의 정교하고 통찰력 있는 경험적 연구의 전개를 자극했다.

이러한 연구들은 과학적 지식주장의 구성과 승인에 협상과 동의형성이라는 사회적 과정이 어느 정도나 담겨 있는가를 보여주었다. 부인하는 사람들이 일부 있었지만(예컨대, Bloor, 1976, 1991: 7), 사회학적 설명이 과학의 내용을 전체적으로 설명할 수 있다는 인상을 주는 경향이 있었다. 그러므로 자연에 관한 과학적 지식주장은 그것을 산출하는 사회적 과정의 '구성물constructs'로 제시되었다. 나아가 대칭의 원칙을 고려하면, 다른 종류의 믿음과 구별되는 것으로 과학적 믿음에 특별한 지위를 정당하게 부여할 수도 없었다. 자연에 대한 대안적인 의견들을 비교할 수 있게 하는, 자연 자체에 대한 직접적 접근 통로는 없었다. 지식에 관한 급진적 상대주의 및 자연자체에 대한 사회구성주의적 견해를 향한 추세가, 경험적 탐구들을 유지하는 데 그리고 연구 자체의 결과가 지지하는 결론을 유지하는 데 필수적인 것으로 보였다. 이것은 과학사회학 내부의, 그리고 과학사회학의 상대주의 진영과 과학적 작업의 객관성과 합리성을 옹호하고자 하는 철학자 및 자연과학자 사이의 첨예한 분열로 이어졌다. 예컨대, 영국의 학회 모임에서 울퍼트Lewis Wolpert와 콜린스Harry Collins 사이의 대결에 관한 어윈(Irwin, 1994)의 재미있는 보고서와 영국의 학술지 ≪사회학Sociology≫에서 머피(Murphy, 1994)와 콜린스(Collins, 1996)의 논쟁에서도 그 분열을 볼 수 있다.

성차와 과학: 여성주의의 견해

과학이 완전한 사회과정이라는 것을 급진 과학운동과 과학사회학자들이 입증하자, 과학의 이러한 사회성의 여러 **상이한 측면들**에 대한 탐구가 시작되었다. 과학을 놓고, 자연을 정복하려는 '근대주의적' 사명 속에 도구적 이성의 명령을 추종하는 것, 지배계급이나 지배문화의 세계관을 표현하는 것, 더 협소하게는 과학자들 자신의 권력 놀이의 무대인 것으로 간주하는 견해들이 나타났다. 1960년대 말의 혁신적이고 활동적인 여성운동의 등장은 과학의 사회적 성격의 그 밖의 또 다른 차원, 즉 과학과 성차gender의 관계를 밝힐 수 있게 했다.

처음에는, 여성주의 학자들은 과학에서 여성을 배척하는 기제를 분석하면서 이러한 배척을 강조했다(이러한 문헌에 대한 해설로는 Harding, 1991: 제1부; Rose, 1994: 제3 · 5 · 6장을 볼 것). 그녀들은 과학에서 여성이 제외되어 있다고 주장한 것이 아니라, 여성의 참여가 압도적으로 부수적이고 보조적인 역할 – 거의 언제나 남성이 규정하는 연구를 실질적으로 보조하는 – 에 한정되어 있다고 주장했다. 이러한 '자유주의적' 여성주의 연구의 목표는 공중에게 과학에서 여성의 참여와 승진에 대한 장애를 주목하도록 환기하는 것이었다. 여성 참여의 증대가 과학 자체에 이익을 줄 것이라는 점은 여성이라는 재능의 거대한 저장소를 방치하고 있다는 명백한 사실의 귀결이었다.

그러나 이것은 여성이 과학을 위한 고유의 능력을 가지고 있다고 상정하면서도, 동시에 과학에 참여하는 여성이 과학을 수행하는 방식에 **질적** 차이를 만들어낼 가능성을 주장하지는 않는 것이었다. 과학의 혁신자라는 명성을 얻을 기회를 가졌던 극소수 여성의 작업에 대한 연구(Keller, 1983; Rose, 1994를 볼 것; 또한 이 책의 제9장도 볼 것)는 두 질문에 흥미로운 답을 보여주었다. 대단히 거대한 장애들이 있었지만 일부 여성들은 분명히 과학에 중요한 공헌을 했다. 이것은 여성은 어떻든 체질적으로 주요한 과학적 성과를 이룰 능력이 없다는 편견이 그릇되었음을 보여주는 사례였다. 적어도 이들 여성 과학자들의 일부(반드시 자신을 여성주의자로 간주하지는 않는, 또는 과학자로서 자신의 작업과 관련하여 자신의 성차에 중요성을 부여하지는 않는 — Keller, 1985: 173~174를 볼 것)는 그들 자신의 뚜렷한 비전과 작업 방식을 통하여 과학의 지배적 (남성중심의) 자기이미지에 도전했다는 것을 입증할 수 있었다.

가장 근본적으로는, 이러한 도전은 자연에 대한 객관적 지식의 추구라는 (과학의) 전체적인 기획을, 자연과 여성과 인종적 '타자'를 지배하려는 (백인, 서구) 남성의 침략적 욕망과 분리할 수 없는 것으로 간주하는 것이라고 할 수 있다. 이것을 고려할 때, 과학에 대한 여성 참여의 증대라는 자유주의적 여성주의의 의제는 분명히 너무 협소한 것이었다. 그렇다면 대안은 무엇이 있는가? 이 점에 관해서 여성주의자들은 분열되어 있으며, 우리는 그 이후의 논쟁의 일부를 제9장에서 살펴볼 것이다. 그렇지만 당장은, 자연과학에 대한 여성주의적 분석의 영향력 있는 노선, 즉 한편으로 지배적 이데올로기와 과학의 실천 사이의 관계를, 그리고 다른 한편으로 성차와 섹슈얼리티 sexuality 사이의 관계를 탐구하는 노선에 초점을 맞춘다. 이 접근은 과학을 모두 버리는 것이 아니라, 그 대신 변화된 성차-관계를 기초로 하는 과학의 상이한 실천의 가능성을 제기하고 현재의 과학에서 그런 방향을 지향하는 흐름을 찾아낸다.

선구적인 '생태여성주의자eco-feminist' — 용어해설을 볼 것 — 인 머천트(Merchant,

1980)와 이슬리아(Easlea, 1980)의 영향력 있는 저작은, 한편으로는 이전 여성들의 (특히 의료와 조산에서) 역할에 대한 마녀사냥적이고 남성적인 도전을, 다른 한편으로는 17세기의 '새로운 과학'이 제안한 (유기적이고 전체론적이며 여성적인 세계관에서) 비인격적이고 기계적인 자연철학으로의 전환 사이의 연관을 확인했다.

켈러(Keller, 1985)는 이 저작을 기반으로 강조점을 약간 전환했다. 그녀는 새로운 과학이 그 자체를 정당화하는 데 사용하는 성적·성차적 비유에서 모호함을 찾아낸다. 그녀는 두 가지 전망 사이의 경쟁을 서술한다. 하나는 **연금술** 전통hermetic tradition으로, 16세기 물리학자 파라셀수스Paracelsus의 견해에서 유래하는데, 여기서는 물질을 정신이 주입되어 있는 것으로, 그러므로 지식을 '심장과 손과 머리'를 포함하는 것 ― 기계적 세계관에서 강조하는 이성과 감성의 분리, 정신과 물질의 분리에 반대되는 ― 으로 보았다. 두 철학 모두 성과 성차의 이미지가 매우 충만한 관점에서 지식을 생각했지만, 연금술 전통의 그 이미지는 자연의 상이한 그러나 보완적인 남성적 측면과 여성적 측면을 인식하고 과학과 자연 사이의 수용적 관계를 강조했다. 이와 대조적으로 기계적 철학은 감성의 폐기와 진리의 남성적 추구를 강조했다.

> **의지**나 **열정**이 결정하는 목소리를 갖는 곳에서 **진리**의 문제는 **절망한다** ······
> 우리 안의 **여성**은, **에덴동산**에서 시작한 것과 같은, 속임수를 여전히 고발하고 있다. 그리고 우리의 **이해**(理解)는, 우리의 불행의 **어머니**로서 치명적인, **이브**에 몰두하고 있다(Joseph Glanvill, Keller, 1985: 52~53에서 재인용).

켈러Evelyn Keller가 연금술 전통의 '양성체적' 과학 이미지라고 해석하는 것을, 기계적 철학의 옹호자들은 주술과 무질서와 급진분파의 공모라고 공격했다. 그러므로 영국의 시민전쟁 이후 왕립학회의 설치는 자연의 비밀을 합리적으로 '간파'한다는 방침을 따르는, 자의식적으로 남성적이며 사회적으로 보수적인 과학관의 승리를 강화했다. 기계론적 철학에서는 자연을 더 이상 '어머니'나 배우자가 아니라 냉정한 탐구와 합리적 통제의 대상으로, 그러면서도 여전히 여성적인 것으로 제시한다.

켈러의 주장은, 성차 관계에서의 광범하게 문화적이고 사회적인 변동이 과학에 대한 이러한 새로운 남성적 이데올로기와 실천의 형성에 기여했다는 것이며, 또한 남성적 미덕과 결합된 것으로서 과학의 권위 증대가 더 광범한 사회에서의 새로운 성차 분리의 강화에 기여했다는 것이다. '영역의 분리 separation of spheres'가 초기 산업자본주의에서 남성과 (중간계급) 여성 사이의 분업을 규정하게 되면서 여성성, 감성, 주관성의 연계는, 남성적 객관성 및 합리성과 대립했다.

성차와 지식에 대한 논의의 다른 참여자들과 마찬가지로, 켈러는 정신분석학의 '대상관계object relations'학파, 특히 초도로Nancy Chodorow의 저작과 결합한 여성주의적 발전에 의지하고 있다(제9장을 볼 것). 그 접근은 성장하는 유아가 안정적인 자아정체감 형성 과정에서 직면하는 문제들을 강조한다. 소년과 소녀에게 나타는 문제는 상이하며, 특히 소년의 경우 이 문제들이 방어적 인성의 형성으로 이어질 수 있다. 이것은 자아와 타자 사이의 엄격한 경계선을 통해서만, 그리고 위협하는 '타자들'에 대한 공격적이며 지배하는 관계에 의해서만 자신의 자율성을 유지할 수 있는 인성이다. 한쪽의 객관성, 자율성 그리고 남성성이 다른 쪽의 과학에 대한 지배적인 이데올로기와 실천에서 나타나는 '타자'로서의 자연에 대한 지배와 결합하는 것은 이러한 기저적인 심리적 역동성에 입각하여 이해할 수 있다. 어머니 역할과 아버지 역할의 분화, 남성성과 여성성에 대한 문화적 정의, 그리고 과학의 성차적 성격은 그러므로 서로를 떠받치는 체계이다.

그렇지만 켈러는 이것이 과학자체에 대한 여성주의적 거부를 함축하는 것은 아니라고 생각한다. 반대로 그녀는, 성차 관계의 변화와 연결된 완전히 다른 과학의 실천이라는 급진적 전망을 제출한다.

> 이 논문의 목적은 …… 남성적 기획이 아니라 인간적 기획으로서 과학에 대한 과학 내부에서부터의, 과학을 남성보호구역으로 유지하는 감정노동과 지식노동 분화에 대한 교정과 재통일이다(Keller, 1985: 178).

그러나 '과학 내부에서부터'라는 구절이 함축하듯, 이것은 외부에서 부과하는 어떤 유토피아적 전망이 아니다. 켈러는 대상관계 접근을 손질하여, 객관성과 권력과 사랑을 연결할 — 현재의 남성성과 여성성 형성과정은 이 연결을 불가능하게 한다 — 수 있는 인성personality 구조의 전망을 발전시키고자 한다. 이 대안에서는 자기정체성이 자아와 타자 사이의 경계를 완화하고 상호의존성과 관계성을 인식하는 것을 충분히 보증하게 된다. 그러한 인성은 외부세계의 다른 인간들 및 비인간 존재들을, 지배하거나 파괴할 필요가 없이, 그것들의 상호의존과 통합성 속에서 인식할 수 있기 때문이다. 이러한 감성적 역동성은 객체의 세계들에 대해, 객체들을 우리 자신의 욕구와 목적의 시각 속에 짜 넣지 않는 인지적 관계를 맺을 수 있게 한다. 이런 의미에서 그녀가 '역동적 자율성'이라고 부르는 것은 '역동적 객관성' — 그것의 객체를 존중하고 사랑하는 객관성 — 의 기초이다. 켈러는 이러한 객관성 개념을 규정하는 데 '세계-개방성world-openness'이라는 샤츠텔Ernest Schachtel의 개념을 이용한다.

샤츠텔에 따르면, 타자중심적 지각은 '타자를 그것의 총체적이고 유일한 존재 속에서 긍정하고자 하는' 사랑에 봉사하는 지각이다. 그것은 '인간도 그것의 부분을 이루는 동일한 세계의 부분'으로서 대상들에 대한 긍정이다. 차례로 그리고 필요나 이기심이 지배하는 지각(자기중심적 지각)과 대조적으로, 그것은 대상 그 자체에 대한 더 완전한, 즉 더 '총체적인' 이해를 허용한다(Keller, 1985: 119).

다른 과학의 가능성에 관한 켈러의 낙관주의는 기계적 철학의 승리가 결코 완전하지 않았다는 인식에 근거를 두고 있다. 과학의 실천은 늘 다원적이었으며, 경쟁적이고 전복적인 견해들을, 지배적인 접근이 그것들을 주변화함에도, 지속시켜왔다. 더욱이 정통적 과학의 방법론을 고려할 때, 변동을 일으키는 데서 자연 자체가 동맹자의 하나가 될 것을 기대할 수 있다.

그러나 자연 자체는 실질적인 변동을 위한 추동력을 제공하기 위하여 의지할 수 있는 동맹자이다. 자연의 반응은 과학에 대한 우리의 이해를 구성하는 관점에 대한 재검토를 되풀이해서 요청한다(Keller, 1985: 175~176).

그리고 일단 자연 자체가 과학적 전통에 대해 새로운 사유방법과 새로운 탐구방법의 채택을 능동적으로 요청한다는 것을 우리가 인정하면, 과학 내부에서부터 변동이 일어날 것이라는 희망은 실현될 가능성이 훨씬 높아 보인다. 켈러는 사실상 과학에서의, 특히 생명과학에서의 현재의 발전은 자연을 '지배하는' 통일된 법칙을 찾고자 하는 기계론적 철학의 추구에 대립하는 것으로서 역동적 체계 속에서의 복합성과 상호작용성에 대한 인식으로 이어지고 있다고 주장한다.

켈러가 정리한, 유전학자이자 발달생물학자인 매클린톡Barbara McClintock의 일대기(Keller, 1983)는, 연구주제에 대해 샤츠텔이 찾아낸 것과 매우 유사한 인지적 관계가 적어도 이 과학자의 저작 속에서는 지속되고 있음을 보여준다. 매클린톡의 견해에 따르면 자연은 무한히 복합적이고 자원적(資源的)이며, 그러므로 과학이 단순한 공식으로 자연을 요약하거나 제압할 가능성은 있을 수 없다. 오히려 과학의 방법은 개별성과 차이에 주목하는, 그리고 연구의 대상이 이야기해야 하는 것을 주의 깊게 '청취하는' 겸손한 방법이어야 한다. 과학자와 연구주제 사이의 이러한 호혜와 애정의 태도는 과학의 객관성을 희생하는 것이 아니라 그것의 필요조건이다. 켈러는 다음과 같이 말한다.

우리에게 중요한 점은, 매클린톡이 과학을 위험에 빠뜨리지 않고 주체와 객체 사이의 경계를 과감히 보류할 수 있다는 것이다. 왜냐하면 바로 그녀는 과학이 그 구분을 전제로 삼고 있는 것이 아니라고 파악하기 때문이다. 실제로 그녀가 자신이 연구하는 객체에 대해 경험하는 친숙성, 즉 평생에 걸쳐 배양한 세심함에서 생겨난 친숙성은 과학자로서 그녀의 힘의 원천이다(Keller, 1985: 164).

과학에 관한 여성주의적 논평들은 자연에 대한 존중과 사랑이라는 주제, 그리고 과학적 지식의 대상이 갖는 통합성과 복합성과 개별성에 대한 인정을 널리 공유하고 있다. 이런 것들은 여성주의의 관심이 연구주제로서 동물의 고통에 대한 동정 및 근대 자본주의의 광범한 생태학적 파괴성에 관한 우려와 교차할 때 명확하게 나타난다. 한때 동물생태 연구자였던 버크Lynda Birke는 과학적 방법의 일정한 '남성적' 훈련과 실험실 연구의 주제로서 동물의 고통에 대한 감수성의 억압 사이의 상호연관을 탐구했다(Birke, 1994).

그러나 그녀는 자연-문화, 여성적-남성적, 동물-인간의 교차하는 이원론 속의 복합성들을 분석하면서 이것보다 더 멀리 나아간다. 그녀는 '동물'을 인간의 타자로, 그리고 인간보다 열등한 존재로 개념화하고, 또한 객관화하는 환원주의적 과학의 적절한 주제로 개념화하고자 하는 욕망에서 우리 자신을 해방시키는 것이 (인간 이외의) 동물 학대에 반대하는 투쟁의 핵심이라고 주장한다. 그렇지만 그것은 여성을 모독하는 생물학적 결정론에 대한 여성주의적 반대에서도 필수적이다. 인간 이외의 동물의 개별성과 주체성에 대한 인식은 **인간 자신**을 생물학적 '자동장치automata'로 표현하고자 하는 시도에 저항하는 데 핵심적이다.

해러웨이Donna J. Haraway의 복잡하고 미묘한 저작도 여성-인간-동물-과학의 연계를 다루면서, 특히 영장류동물학primatology의 담론 ― 과학적 형태의 담론과 TV 기록물, 만화, 광고 등의 대중문화 형태의 담론 두 가지 모두 ― 에 초점을 맞추고 있다(Haraway, 1992). 그녀의 저작에서 반복되는 주제는('사이보그cyborg'의 이미지를 통해 상징하는) 이원론의 일소, 경계의 파괴 및 잡종의 확산이라는 탈근대주의적 주제이다(Haraway, 1991을 볼 것). 이것은 인간의 기관을 기계 장치나 유전자 이식 동물에서 추출한 기관으로 대체하는 물질적 형태를 취하고, 인간-동물의 엄격한 이분법을 극복하는 담론 형태를 취한다. 우리가 영장류 특히 유인원을 표현하는 방식은 분명히 이러한 전환을 탐구하기에 매우 중요한 분야이다. 해러웨이의 분석은 이 장에서 우리가 논의한 여러 접근들 사이에 모호하게 자리 잡고 있는데, 그녀는 이것을 '유혹temptations'이라고 부른다. 그러나 이러한 모호성이 함축하는 것처럼, 해러웨이는 모든 명확한 인식적 또는 규범적 입장을 분명히 포기하는데, 이것은 문제라고 생각한다. 버크는 다음과 같이 지적한다.

우리는 이미 인간 환자에게 심장을 제공하기 위하여 돼지를 키우는 시도를 목격하고 있다. 그리고 유전자 이식 동물은 종종 인간이 사용하기 위한 공장이 되고 있다. 이런 종류의 인간-동물 경계 파괴는 내가 축복하고자 하는 파괴가 아니다(Birke, 1994: 147).

성찰적 전환: 자연과 사회의 '구성'

1980년대 초, 과학사회학의 '스트롱 프로그램' 및 그와 연관된 접근의 신봉자들에게는 새로운 방향에서 비판이 제기되었다. 그 이전까지는 과학적 지식에 관한 그들의 상대주의를 쟁점으로 한 실재론자들 및 합리주의자들과의 논쟁이 중심적이었는데, 이제 그들은 사회에 관해서는 (아마도) 의심 없이 실재론적 가정을 전제하고 있다는 비판에 직면했다. 사실상 비판에는 두 개의 구별되는 노선이 있었다. 한 노선은, '전략', '이해관심', '진영' 등에 대해 이야기하면서 논쟁들에 집중하는 과학사회학자들이 사회적 삶이 행위주체의 의식적인 '합리적 선택'에 의해 구성된다(제5장을 볼 것)고 생각하는 '결정론적decisionist' 모형을 받아들이고 있다고 비판했다. 비판자들은 이것에 반대하면서 과학적 실천의 문화적 맥락과 각인된 상투성embedded routines에 대한 연구의 중요성을 강조했다.

그렇지만 더 근본적인 비판노선은 스트롱 프로그램의 체계적 회의주의가 가지고 있는 비일관성, 즉 자연과학자들이 제시하는 실재와 관련한 주장은 체계적으로 의심하면서 과학의 논쟁을 설명할 때 도입하는 사회학적 변수들에 관해서는 '실재적인 것'이며 '주어진 것'으로 받아들이는 비일관성을 지적했다. 스트롱 프로그램은 회의주의를 '성찰적으로reflexively' 확장하여 사회학자들 자신의 설명적 개념과 방법에도 적용해야만 일관성을 복원할 수 있을 것이다. 사회학자들은 이제 자연을 사회문화적 구성물로 간주할 뿐 아니라, 지금까지 설명 변수로 이용해온 개인적이거나 집합적 행위자들과, 그들의 이해관심과 권력관계와 동맹 등을 '문제화problematize'하게 되었다(예를 들어, Gilbert and Mulkay, 1984; Woolgar, 1988; Latour and Woolgar, 1986; Latour, 1987, 1993을 볼 것). 이제 사회세계와 자연세계 둘 모두를 '구성물'로 취급하게 되었다(그렇지만 우리는 '그것들을 무엇으로 그리고 누가 구성하는가?'를 질문할 수 있을 것이다).

과학사회학에서 이러한 성찰적 전환은 사회이론에서 현대의 제도들과 사회적 과정들을 어떻게 규정할 것인가에 관한 탈근대주의의 옹호자들(제10장을 볼 것)과 그 밖의 사람들 사이의 더 광범한 논쟁과 연결된 것이었다. 일부 논자들은 과학적 지식주장의 권위와 과학적 합리성의 권위가 '근대성'의 결정체definitive이며, 그러므로 과학사회학의 회의주의적이고 상대주의적인 경향은 탈근대주의의 주제와 부합한다고 주장했다.

독일의 벡Ulrich Beck의 저작도 이러한 시대 변화의 의견을 공유하고 있지만, 그는 이것을 '근대성' 안에서의 전환으로, 즉 초기의 '단순한' 근대성에서 '성찰적으로' 근대적인 미래로의 전환으로 이해했다. 벡은 '성찰성' 개념으로, 근대의 제도들 ─ 가장 특별한 것으로는 과학과 기술 ─ 이 그 자체의 발전을 통하여 자신을 위험 속에 빠뜨리는 방식을 가리켰다. 벡의 『위험사회Risk Society』는 원자력, 화학공업, 유전자 조작 등과 같은 새로운 대규모 기술과 결합된 새로운 위험 질서의 중요성을 강조했다. 이러한 위험은 문자 그대로 계산불가능한 것이며, 잠재적으로 그 범위에서 우주적이고, 안전을 확보하거나 보증할 수 있는 사적 및 공적 부분의 능력을 벗어나는 것이었다. 이러한 위험에 직면하여, 늘 과학적 방법에 중심적이었던 특정한 지식주장에 관한 회의주의는 이제 과학 자체로 일반화되고 있다. 과학의 권위에 의문을 제기하는 새로운 '하위 정치sub-politics'가 등장하고 있는데, 이것은 과학적·기술적 의사결정에 광범한 민주적 참여의 희망적인 전망을 가지고 있다(벡의 『위험사회』에 대한 평가로는 Rustin, 1994; Benton, 1997을 볼 것).

그러나 벡이 '성찰성'이라는 용어를 사용함에도, 그의 저작은 그가 서술하는 생태학적 위험에 관해서는 여전히 실재론적 입장을 보여준다. 성찰적 전환의 다른 주도적 옹호자들의 저작은 강력하게 반(反)실재론적이거나(예컨대, Wynne, 1996을 볼 것), 아주 모호하다. 프랑스의 철학자·사회학자 라투르Bruno Latour와 그의 동료들의 영향력 있는 작업은 바로 이 후자의 범주에 속한다. '행위자-연결망actor-network' 이론으로 알려진 이 작업은 자연과 인간 행위, 지식의 주체와 객체 사이의 엄격한 이분법을 극복하고자 한다. 이런 시도는 우리가 앞에서 논의한 여성주의적 접근에서도 볼 수 있었다. 라투르 자신은, 일하고 있는 과학자들과 공학자들에 대한 '민족지적' 또는 '인류학적' 연구라고 생각하는 것을 개척했다(Latour and Woolgar, 1979, 1986). 그런 연구의 목표는, 철학자들의 추상적 재현이나 역사학자들의 회고적 확실성과 대비되는 것으로, 형성과정에 있는 과학과 기술의 일상적 실천을 자세하게 포착하는 것이었다. 이런 측면에서는 라투르의 저작은 '스트롱 프로그램'의 전통에 속하는 이전의 작업과 연속하는 것이었다. 그렇지만 그의 '인류학적' 접근의 핵심적인 혁신은, 타 문화를 연구하는 민족지학자가 '그 문화의 중심을, 즉 그들의 믿음체계, 그들의 기술, 그들의 민족과학, 그들의 권력행사, 그들의 경제, 간단히 말하여 그들 존재의 총체성을 재구성하고 있다'고 주장하는 것과 똑같이, 과학 활동의 여러 측면을 통합하면서 그것을 빈틈없는 삶의 형식으로 재구성하고자 시도한 것이었다(Latour, 1993: 100). 이것의 한 가지 함의는, 실험실의 실천에 포함되는 도구, 건물, 시약, 세균, 미립자 등의 모든 것이 과학 형성의 이야기에서 각각의 역할을 수행한다는 것이다. 그리고 라투르가 권유하는 대로 우리가 더 넓게 생각한다면, 생활양식의 변형의 핵심에는 철도의 확산, 전자통신의 확산, 백신의 사용 등과 같은 실천의 확산, 정보기술의 확산, 로보틱스의 확산 등이 있다. 인간의 삶에서 이런 특징들이 중심의 위치를 차지함으로써, 이제 사회를 자연에서 엄격하게 분리하는 사회과학의 실천, 그리고 더 광범한 문화의 실천은 유지하기 어렵게 되었다. '역사는 더 이상 단순히 인민의 역사가 아니다. 그것은 또한 자연적 사물들의 역사가 되고 있다'(Latour, 1993: 82).

행위자-연결망 이론의 핵심에는 사회를 자연에서 떼어내는, 또는 '정화하는' 이원론에서 이탈하고자 하는 이런 의도가 있다. 이러한 이탈은 실험 활동에 대한 민족지적 연구에 의해서 가능하게 된다(Latour and Woolgar, 1979, 1986을 볼 것). 왜냐하면 다른 어느 곳에서보다도 여기서 우리는 점점 더 많은 '객체들' ― 화학물질, 미시 유기체, 도구, 장치 등 ― 의 생산 또는 발생을 관찰할 수 있기 때문이다. 이렇게 발생된 '객체들'은, 특정한 상황 아래서, 실험실에서 벗어나 더 광범한 자연과 사회 둘 모두의 구성에 참여할 수 있다. 처음에는 이 '객체들'이 일련의 읽기나 측정에 지나지 않으며, 실험실에서 실재하는 '사물들'을 발생시키는 과학자들이 과학이라는 더 광범한 세계에서 그것들의 '대표자'로 활동하는 데 성공적인 한에서만, 그래서 다른 과학자들을 동맹에 가담하도록 설득하는 데 또는 '등록하는 데' 성공적인 한에서만 그것들은 실재하는 사물들의 확립된 지위를 획득한다. 이러한 '등록'의 과정을 라투르는 동맹의 형성과 강화를 통하여 권력을 획득하고 확대하고 유지하고자 하는 마키아벨리적 투쟁이라고 표현한다. 과학 문헌에 대한 분석에서 그는 수사학적 도구들의 역할, 즉 현재의 텍스트를 이미 확립된 지식의 연결망 속에 끼워 넣기 위하여 권위에 호소하고 인용을 광범하게 활용하는 것의 역할을 강조한다. 실험의 실행이 제공하는 시각적 표현은 또 다른 권위를 추가하는데, 차례로 이것은 일단의 과학자나 공학자가 그들의 동맹 속에 더 넓은 사회 ─ 국가, 기업, 그리고 무엇보다도 군대 ─ 에서 이미 권위와 자원을 장악하고 있는 사람들의 정치적·경제적 지원을 끌어들이는 데 성공하는 것에 의해서만 가능하게 된다. 다음은 그의 『실행하고 있는 과학Science in Action』(1987)에서 인용한 것이다.

본질적으로, 연구개발은 세금에서 자금을 조달하는(미국에서는 47%에 달한다) 산업적 사업이다(이것의 3/4은 기업 내부에서 수행한다). 이것은 이해관계의 일차적인 대규모 이전이다. 과학자들은 자신들의 운명을 산업과 짝짓는 한에서만, 그리고/또는 산업은 자신의 운명을 국가의 운명과 짝짓는 한에서만 성공한다 …… 대체로 기술과학은 전쟁 무기의 일부이며 그러한 것으로서 연구해야 한다(Latour, 1987: 170).

자연과 문화의 이원론적 분리를 극복하고자 시도하면서 라투르는 근대 과학과 기술 — 그는 그것을 '기술과학technoscience'이라고 부른다 — 이 추후에 승인을 받을 후보자로서 새로운 '객체들'을, 또는 승인받은 당연시되는 실재로서 갖가지 장비와 측정도구 등을 계속 증식하는 방식에 초점을 맞춘다. 이러한 객체들은 전형적으로 인간 행위와 자연물질이나 존재의 융합을 포함한다. 냉동배아, 인공지능 전문가 체계, 디지털 기기, 교재종 옥수수, 데이터 뱅크, 무선관측 장치 부착 고래, 유전자 합성기, 향정신성 약품, 오존층 구멍 등과 그밖의 여러 사례들이 있다. 지속적으로 증식하는 이러한 많은 인공적 객체들이 우리의 사회적 삶의 중심에 자리 잡고 있지만, 그것의 구성요소들을 자연과 사회라는 거대한 구분의 어느 한쪽에 배치하기는 불가능하다. 그것은 '혼성물hybrids'이고, '유사 객체quasi-objects'이며 '유사 주체quasi-subjects'이다.

성공적인 과학과 공학은 설득력 있고 수시학적이며 물질적인 자원 전체를 활용하여 실험실과 과학학술지를 넘어서 동맹을 확장하고 유지한다. 이 동맹은 이전까지는 단절되어 있던 요소들 — 관행적인 구분을 가로지르는 — 을 조직한다는 점이 중요하다. 그것은 이질적인 '행위항들의 연결망networks of actants'이며, 인간집단, 동물, 갖가지 장비, 합성물질, 측정도구 등을 포함한다. '행위항'이라는 용어는 연결망의 수립과 강화에서 일정한 역할을 수행하는 요소들 — 그것들을 자연과 사회의 이분법의 어느 한쪽에 배치하고자 하는 우리의 이차적인 소망을 무시하는 — 모두를 포괄하기 위하여 사용한다.

오로지 라투르가 '정화purification'라고 부른 후속적인 실천에 의해서만 자연과 사회를 분리되고 단절된 영역으로 구성할 수 있다. 여기서 라투르는 그 자신의 섭근과 더 정통적인 과학사회학의 접근 사이에 존재하는 이중의 간격을 확인한다. 한편으로 그는 과학과 기술의 과정에 대한 해명에 인간이 아닌 존재들과 객체들을 끌어들인다. 이런 한에서 (약간 모호하지만) 그는 과학적 탐구의 대상에 관해 실재론의 입장을 취하고 있다. '전체 우주를 거대서사로,

아원자적(亞原子的) 소립자 물리학을 텍스트로, 지하철 체계를 수사학적 고안물로, 모든 사회구조를 담론으로 환원할 수는 없다'(Latour, 1993: 64).

그러나 이것은 더 전통적인 과학사회학들로부터의 이차적인 이탈로 이어진다. 우리가 집합체에 참여하는 것을 통하여 삶을 살아간다면, 차례로 그것은 인간의 요소와 인간 이외의 요소의 이질적 연결망으로 구성된다. 만약 사회와 자연이 단순히 이차적인, 즉 '정화된' 구성물이라면, 그것은 우리가 과학을 설명하는 데 '사회'를 사용할 수 없다는 것을 의미한다. 우리가 '순수한' 사회로 구성한 것은 과학적이고 기술적인 실천의 결과이며, 그러므로 그 실천을 설명하는 데 사용할 수 없다. 이런 결론을, 그는 칼롱Michel Callon을 따라 '일반화된 대칭의 원칙the principle of generalized symmetry'이라고 부른다(Latour, 1993: 94~96; Callon, 1986. Pickering, 1992에 실린 콜린스와 이얼리Yearley와 라투르와 칼롱 사이의 논쟁도 볼 것).

> 그러므로 그것 [스트롱 프로그램-벤턴]은 비대칭적인데, 이는 그것이 인식론자들처럼 이데올로기와 과학을 분리하기 때문이 아니라, 자연을 괄호로 묶어 놓고 '사회'라는 극이 모든 것을 설명하게 만들기 때문에 그러하다. 그것은 자연이 관련되는 경우에는 구성주의적이지만 사회에 관해서는 실재론적이다 (Latour, 1993: 94).

그러므로 라투르는 사회와 자연 둘 모두를 설명을 필요로 하는 구성물로 취급하고, 설명의 무게를 이 양극 '사이의' 중앙에 ─ 즉 행위항들의 연결망에, 그리고 그것들을 묶고 확장하고 안정화하는 과정에 ─ 놓을 것을 제안한다. 그렇지만 이러한 개념들이 그러한 힘겨운 과제를 감당할 것인가는 결코 분명하지 않다. 첫째로는 '행위항'을 정의하는 라투르의 핵심개념이 '혼성물', '유사 객체', '유사 주체' 등이기 때문이다. 이들 용어들은 무엇이 '주체', '객체' 그리고 '혼성물'의 '순수한' 요소인가에 대한 선행의 이해에 입각해서만 갖는 의미를 얻는다. 라투르는 그의 가장 기본적인 관념을 정의하는 바로 그 행위에서 그 자신의 방법론을 위반한다.

더욱이, 인간을 인간 이외의 존재들과 빈틈없는 연결망으로 연결하는 용어를 찾아내고자 하는 라투르의 욕망은 설득력을 거의 갖지 못하는 비유의 과잉을 초래한다. 절구와 공이보다 풍차와 곡식, 기계, 빵 그리고 바람을 함께 묶어서 더 강력한 연결망을 형성하는 데 성공한 방식에 대한 그의 해설이 한 가지 사례이다(Latour, 1987: 129). 그는 바람의 '이해관계'라는 '번역'에 대해, 그리고 그것의 동맹을 보호하기 위하여 그 이해관계를 가지고 수행해야 하는 '복잡한 협상'에 대해 적고 있다. 라투르의 언어는 풍차를 자연이나 사회의 어느 것으로 환원할 수 없는 것으로 제시하는 것이 아니라, 바람을 그 자체의 이해관계와 타협 능력을 가진 의식 있는 유사 인간 교섭자quasi-human interlocutor로 환원한다. 이 설명에서 가치 있는 것은 바람의 독립적인 인과적 힘에 대한 인식 그리고 그 인과적 힘에 대한 인간의 가능한 반응의 범위를 설정하는 데서 그것의 역할에 대한 인식이다. 그러나 이러한 통찰은 의인화에 호소함으로써 위험에 처한다.

마찬가지로, 우리가 실험실을 넘어서는 '연결망'의 확장과 안정화에 관한 그의 주장을 따른다면, 『실행하고 있는 과학』에서 뽑은 연구개발에 관한 앞의 인용문에서처럼 라투르가 과학의 성공을 국가, 기업, 군대 등과의 동맹을 구축하는 과학자의 능력에 입각하여 설명한다는 것을 알게 된다. 그가 말하듯, 과학자와 공학자는 다음과 같이 행동할 때만 성공할 수 있다.

동일한 문제를 훨씬 더 큰 규모로 이미 해결한 더 강력한 집단들, 즉 어떤 쟁점에 관해 모든 사람들의 관심을 일으키고, 그들을 배치하고, 그들을 훈련하고, 그들을 복종시키는 방법을 알고 있는 집단들, 돈에 관해서는 어려움이 없는 그리고 그들 자신의 투쟁에 차이를 만들 수 있는 새로운 예상 밖의 동맹자들을 끊임없이 찾고 있는 집단들의 관심을 일으키는 한에서만 성공할 수 있다(Latour, 1987: 169).

그러므로 라투르에 따르면 과학적 성공은 실재 자체를 정의하는 힘을 포함하며, 강력한 집단, 돈, 동맹, 국가, 군사제도, 기업 등에 의존한다. 이것은 확실히 금단의 '사회'에 입각한 설명과 매우 흡사하게 **보인다**!

그러므로 수사학을 동원하지만, 실제로 라투르는 자신이 비판하고 있는 과학사회학자들에서 멀리 벗어나지 못한 것이다. 가장 특징적으로 보이는 것 ─ 그가 과학의 과정에 인간 이외의 '것들'의 활동을 포함시킨 것 ─ 조차도 모호함과 모순됨에 의해 손상된다. 과학이 '만들어내는' 객체('유사 객체', '혼성물' 등)'의 지위는 정확하게 무엇인가? 『프랑스의 파스퇴르화Pasteurization of France』(Latour, 1988: 80)에서 그는 '파스퇴르 이전에도 세균이 존재했는가? 실천의 관점에서 ─ 나는 이론이 아니라 실천을 말하고 있다 ─ 보면, 세균은 존재하지 않았다'고 말한다. 『실행하고 있는 과학』에서는 실험실들이 '새로운' 객체들을 '만들어내는' 방식에 대해, 처음에는 이런 '새로운 객체들'이 어떤 실험적 '시도trials'에 대한 반응에 지나지 않는다고 적고 있다. 그는 계속해서 말한다.

그렇지만 이런 상황이 지속되지는 않는다. 새로운 객체들은 **사물**이 된다. 즉, '성장억제호르몬somatostatin', '폴로늄polonium', '혐기성 미생물anaerobic microbes', '초한수transfinite numbers', '이중 나선', 또는 '이글 컴퓨터Eagle computers' 등, 그것들을 만든 실험실 조건에서 분리된 사물, 그것들의 기질을 입증한 시도들에서 이제는 독립한 듯 보이는 이름을 가진 사물들이 된다(Latour, 1987: 90~91).

그는 어떤 곳에서는 연결망이 공고해지고 논쟁이 종료되었을 때의 과학의 실재론에 관하여 회의주의를 표현하고 있는 반면, 다른 곳에서는 논쟁 시기에는 상대주의적 비(非)실재론을 취하다가 논쟁이 정리된 때에는 동조주의적 실재론으로 전환하는 '양식modality'을 보이는 과학자들을 뒤따른다. 그러나 거기에 '객체'가 단순히 존재하게 되고 과학자들의 권력투쟁에 맞게 완벽히 안무된 무용 속에서 객체가 거기서 다시 이탈하게 되는 세계를 일관성 있게 이해할 수 있는가? 실재를 정의하는 데 성공하는 것이, 합리적 논증이나 실제로 세계가 어떤 것인가 하는 것과 무관한, 단지 우월한 전략적 기술의 문제일 뿐이라면, 우리는 왜 그 결과를 순순히 받아들여야 하는가? 결국 내일은 내일의 권력이 자리 잡을 것이다!

기술과학에 대한 라투르의 견해는 과학기술을 강력한 동맹과 물질적 자원을 충원하기 위한 투쟁으로, '전쟁 기계의 일부'로, 그리고 '병리의 참을 수 없는 근원'으로 제시한다.

(우리는) 이성과 과학의 신화가 인정할 수 없고 참을 수 없는 것이며 심지어 부도덕한 것임을 깨닫는다. 불쌍하게도, 더 이상 우리는 가장 아름다운 세기인 19세기 말에 살고 있는 것이 아니라 20세기 말에 살고 있으며, 병리와 죽음의 주요 근원은 바로 이성 그 자체, 즉 그것의 작동, 그것의 허세 그리고 그것의 무기이다(Latour, 1988: 149).

오늘날의 '거대과학big science'의 대부분은 이러한 서술에 잘 부합하지만, 서술로서조차도 이것은 선택적이고 일면적이다. 많은 용감한 과학자들이 사회적 책임감 때문에 자신의 전문가로서 삶을 희생했을 뿐 아니라, 과학적 반체제의 오랜 전통도 지속되고 있다. '환경과학'으로 불리게 된 것들의 대부분은 권력에 반대하는 사회운동이 부자와 권력자의 파괴적이고 착취적인 남용에 저항하면서 동원할 수 있는 것이었다. 그렇지만 가장 심각한 것은, 현대의 기술과학에 대한 라투르의 악마주의적 견해의 냉소주의 때문에 라투르가 이성 그 자체를 철저하게 거부하게 된다는 점이다. 그러나 우리가 과학이라는 이름으로 행사하는 권력이나 이성으로 가장하는 군사력을 비판하는 수단을 포기한다면, 우리가 지식 창조의 대안적 실천에 대한 전망을 갖지 못한다면, 라투르의 강한 언어는 결국 무엇이 되는가? '그렇다 — 그것은 가공스러운 것이지만, 세상 일이 그렇게 단순하게 진행되는가?' 과학에 대한 여성주의 및 그 밖의 급진적 비판들이 제공하는 대안적인 과학의 적극적인 전망, 즉 그것의 대상을 존중하고, 광범한 시민 대중에게 민주적으로 책임지며 이전에 배척되거나 주변화되었던 인간집단들이 완전하게 참여할 수 있는 과학의 전망은 이러한 명백한 패배주의에 대한 대안을 제공한다.

결론

이 장은 과학철학에서 지배적인 경험주의 전통에서 벗어난 프랑스의 역사적 인식론의 전통 및 쿤의 저작과 밀접하게 연결된 전환을 살펴보았다. 과학에 대한 '탈경험주의' 철학자, 역사가 및 사회학자는 과학적 지식주장이 상당한 정도로 도덕적 가치, 지배적 이해관계, 또는 그 주장을 생산하는 문화적 맥락에 의해 형성된다고, 심지어는 구성된다고 강조했다. 이것은 과학적 지식이 가지고 있다고 일반적으로 주장되는 특별한 지위를 의심하는 회의주의를 자주 촉발했으며, 지식이론에 여러 형태의 상대주의를 불러일으켰다. 실재에 대한 경쟁하는 견해들을 비교하는 기초가 될 '직접적인' 또는 무매개적인 접근 통로가 없다면 한 묶음의 믿음은 다른 묶음의 믿음들과 똑같이 좋거나 나쁜 것이라는 입장이다.

그러나 모든 지식주장을 동일한 회의주의의 시각에서 다뤄야 한다는 것을 방법론적 요건으로 삼는다면, 과학사회학자와 과학사학자 자신이 제출하는 지식주장에 관해서는 어떻게 할 것인가? 이것이 칼롱, 라투르, 울가Steve Woolgar 및 과학연구에서 성찰적 전환의 그 밖의 옹호자들이 제기한 핵심 질문이다. 그러나 그러한 급진적 회의주의는 자기모순적이며 근거 없는 것이다. 라투르의 저작에 대한 우리의 분석이 보여주었듯, '자연'과 '사회' 개념을 제거하려는 그의 시도는 암묵적으로 그 개념들을 전제하고 있으며, 이성 자체에 대한 그의 탄핵은 이성을 고용하고 있다(궁극적으로는 확신을 주는 이성이 되지는 못한다고 하더라도!). 우리가 외부 실재에 대한 무매개적 접근 통로는 가지고 있지 못하더라도 매개적인 통로는 가지고 있기 때문에, 그러한 급진적 회의주의는 근거가 없다. 세계 속에서 생존하고 세계를 이해하고자 하는 우리의 가장 오래된 시도 속에서 우리는 우리의 희망, 욕구, 기대와 (사회적 그리고/또는 자연적) 실재가 실제로 수행하는 것 사이의 괴리에 부딪힌다. 좌절된 욕구, 어긋난 기대, 실패한 의욕 등의 경험은 반복하여 지식과 소망적 사유 사이의 차이를 강조한다. 우리의 학습 능력은 세계가 존재하는 방식에 직면하여 의심하고 수정해야 할 우리 지식의 속성에 대한 고백이다. 사회구성주의자들은 정확하게도 이러한 의문과 수정이 인간의 의사소통과 담론의 영역 안에서 일어난다는 점을 강조한다. 그렇지만 그것들을 유발하고 필요하게 만드는 것은 외부의 세계 — 오직 부분적으로만 의사소통과 담론에 의해 구성되는 — 에 대한 우리의 실천적 참여이다.

켈러가 제시한, 과학의 객관성에 대한 여성주의의 견해는 과학적 실천의 불가결한 차원으로서 과학적 지식의 대상의 '타자성'과 조우를 강조하면서 이런 견해에 힘을 더한다. 사회과학과 자연과학 모두에 대한 비판적 실재론의 이해도 이러한 고찰과 일치한다. 우리는 여성주의자들과 비판적 실재론자들이 제출한 근래의 주장에 대해서 다시 제8장과 제9장에서 각각 자세하게 논의할 것이다.

더 읽을 거리

과학 및 기술에 대한 사회적 연구의 영역을 포괄하는 종합적인 저작은 없다. 그렇지만 경험에 기초한 논문뿐 아니라 경쟁하는 접근들에 대한 성찰적이고 논쟁적인 글들을 담고 있는 몇몇 탁월한 학술지들이 있다. ≪과학에 대한 사회적 연구Social Studies of Science≫, ≪과학, 기술 그리고 인간의 가치Science, Technology and Human Values≫, 그리고 ≪문화로서 과학≫등 학술지를 특별히 추천한다. 과학 및 기술 변동의 환경적 결과에 관한 현재의 공공 관심이 제기하는 질문에 관해서는 어윈Alan Irwin의 『시민과학Citizen Science』(Irwin, 1995)을 볼 것.

후기

이 장과 앞 장들에서 개관한 과학철학과 과학사회학의 광범위한 접근들의 옹호자들은 계속 존재해왔지만, 특히 한 접근은 옹호자들과 비판자들 양쪽 모두의 주목을 끌었다. 이것은 라투르, 울가, 칼롱 등이 선도한 과학기술사회학의 '성찰적' 발전으로, 대체로 '행위자 연결망이론actor network theory'으로 알려져 있다. 내가 '대체로'라고 표현한 까닭은 그들이 '이론'이라는 용어를 거부하는 경향이 있기 때문이다. 그들의 연구는 개별 사례들에 대한 자세한 사례연구에 강하게 몰두하는 특징을 보이는데, 그러므로 그들은 이러한 복잡성에서의 추상화에 의한 이론적 일반화를 오도적인 방식으로 시도한다고 할 수 있다.

그 접근에 영향을 받은 일부 논자들은 이제 우리가 초판에서 비판했던 것(119~128쪽)과 같은 초기의 정식들을 제외할 수 있다고 쉽게 인정한다(Law and Hassard, 1999; Law 2004, 2007을 볼 것). 그렇지만 그 접근의 중심적인 '직관'은 여전히 그 가치를 유지한다고 그들은 주장한다. 로John Law는 그가 '행위자 연결망이론을 따라 after-ANT'라고 부르는 것을 옹호하면서 그것을 '세계에 대한 일종의 주목과 존중'이라고 규정한다(Moog and Stones(eds.), 2009: 68; Law, 2009도 볼 것). 이것은 무엇보다도, 단순히 사회적인 것은 없다는 것, 사회적인 것은 언제나 동시에 '물질적인 것'임을 의미한다. 아마도 여기서 중심 개념은 '실천'의 개념 − 뒤얽힌 의미 및 물질성에 대한 강조와 결합된 − 과 그 실천의 '번잡함messiness'일 것이다. 로가 대표하는 접근의 또 다른 특징은 관계, 즉 그것을 통해서 '사물들', '존재들', '행위자들'이 그들의 정체성을 얻고 심지어 정체성을 '발생시키는' 복합적이고 이질적인 관계의 중요성이다. 무엇보다도, '실재'에 대한 그 어떤 담론적 해명도 실재의 복합성을 충분히 정당하게 다룰 수 없다는 강한 의미의 부적합성을 가지고 있다. 그리고 담론 속에서 실재를 '구성하는' 방식의 수만큼 많은 '실재들'이 있을 것이다.

이러한 접근이 생산하는 사례연구들에서 특징적으로 볼 수 있는, 사건과 일화의 복잡성을 진지하게 다루고자 하는 노력은 훌륭한 것이다. 초기 형태의 행위자-연결망 접근과 마찬가지로 이 접근이 인간의 사회적 실천에서 인간 이외의 요소들을 포함하고 있는 것도 또한 높이 평가할 것이다. 그렇지만 이 책의 초판에서 우리가 제시한 초기 형태의 그 이론에 대한 비판들의 일부는 여전히 유효한 것으로 보인다. 특히 이 접근은 상당히 불명확한 '직관'을 선호하면서 일반이론적 관념을 발전시키는 것에는 반대하기 때문에, 이 접근을 어떻게 시험할 수 있는가를 알기 어렵다. 카스트리(Castree, 2002)는 마르크스주의적 실재론 분석과 행위자-연결망 이론의 양립가능성에 대한 유용한 논증이다.

5
해석적 접근 1
도구적 합리성

이제 우리는 사회과학에 대한 매우 다른 접근과 과학에 대한 매우 다른 견해를 살펴볼 것이다. 이 사상은 철학에서의 경험주의 전통보다는 합리주의 전통에 더 가깝다. 그리고 실증주의가 자연과학의 특징을 적절히 해명하는 철학인가의 여부와 관계없이, 사회과학은 그것의 장점이나 결점이 무엇이든지 자연과학과 질적으로 다른 것이라는 견해에서 출발한다. 이 전통에서 사회과학은 자연과학과는 다른 연구대상을 가지고 있으며, 그러므로 이러한 대상을 연구하기 위한 그 자체의 특수한 방법을 개발해야 한다고 주장한다.

우리는 두 형태의 과학이 다루는 대상들의 차이를 여러 다른 방식으로 표현한다는 것을 알게 된다. 아마도 가장 분명한 구별은 사회과학의 대상 – 인간과 인간집단 – 이 우리가 자의식self-consciousness으로 알고 있는 속성을 보유한다는 것이다. 사회과학의 대상은 그 자신에 대해, 자신의 상황에 대해, 그리고 자신의 관계에 대해 성찰할 수 있다. 인간의 삶은 본질적으로 의미의 삶이고 언어의 삶이며 성찰적 사유와 의사소통의 삶이다. 사회학자들은 이것을 종종 '성찰성reflexivity'이라고 부른다(Giddens, 1984). 그리고 이러한 인간의 자의식과 성찰 능력에 기초한 매우 다른 다수의 접근 방법들이 있다. 그렇지만 그것들은 모두 사람들이 그들 자신의 행위에 부여하는 의미를 해석하는 방식을 포함하며, 대부분은 합리성rationality이라는 성질과 관련된다. 그것들은 인간의 행위를 이해할 때 우리가 정확히 무엇을 수행하는가에 관한 질문을 제기한다. 우리의 이해가 적절한 것인가의 여부를 어떻게 알며, 실제 '적절'이라는 말이 무엇을 의미하는가? 이해와 설명의 관계는 무엇인가? 행위가 다른 문화의 맥락 속에서 일어난다면 우리는 도대체 그것을 이해할 수 있는가? 이런 것들은 자연과학자들의 관심과는 분명히 다르지만, 제3장과 제4장에서 논의한 자연과학의 철학자 및 역사학자의 관심과 관련되어 있다고 할 수 있다.

이 장에서 우리는 그것들이 합리성에 대한 **도구적** 관념에 관심을 가지고 있기 때문에 — 그 이유는 뒤에서 명확해질 것이다 — 함께 묶을 수 있는 일련의 접근들을 다룬다. 19세기 말과 20세기 초에 철학에서는 언어의 성질 및 언어 사용을 주목하는 전환이 일어났다. 이 장의 주요 주제인 베버는, 언어에는 명시적인 관심을 갖지 않았지만 의미에 대해서는 깊은 관심을 가졌다. 베버를 논의한 다음 우리는 관련된 해석적 접근들 — 광범위하게는 동일한 범주에 속하는 — 로 나아갈 것이다. 베버의 범주들에 더 심층적인 철학적 토대를 제공하는 현상학적 사회학, 우리를 베버도 친숙했던 19세기 후반의 경제학에 가깝게 데려가는 합리적 선택이론, 그리고 미국의 실용주의가 발전시킨 접근들이 그것이다.

사회과학의 대상에 대한 베버의 논의

1864년부터 1920년까지 살았던 베버는 우리가 제3장에서 살펴본 칸트에서 시작하는 철학의 전통 — 그것이 하이델베르크의 '신칸트neo-Kant'학파를 통해 발전했기 때문에 — 에서 출발한다. 신칸트학파의 작업을 아주 개략적으로 요약하면, '직관의 형식'과 '이해의 범주'를 인간과학 또는 '정신'과학의 중심으로 삼고, 이것들이 상호이해와 공유문화에 기초를 둔 것으로 간주한다 (Dilthey, 1961; Rickert, 1962). 특히 딜타이Wilhelm Dilthey는 베버뿐 아니라 다음 장들에서 우리가 검토할 다른 해석적 철학자들과 사회이론가들의 글에 등장하는 여러 주제들을 논의했다. 연구대상의 부분과 전체를 왕복 운동하는 해석의 중요성, 이해와 서사 사이의 밀접한 연계, 가치와 가치선택의 중요성, 개인적 주관성과 집합적 객관성 사이의 운동 등이 그것이다. 우리는 이런 주제들이 베버의 저작에서도 다시 나타나는 것을 볼 것이다.

베버가 사회학에 '사로잡혀 있는 것'처럼 보이지만, 그는 박식한 학자였으며, 경제학자, 역사학자 또는 법학자로도 분류할 수 있다. 정말 중요한 모든 사상가들과 마찬가지로 그는 우리가 그에게 붙이고자 할 수 있는 학문분과의 이름표를 넘어선다. 그와 관련해 한 가지 확실한 것은 그가 사회과학을 일차적으로 의미, 특히 개인적 의미를 또는 공유한 문화적 의미가 개인들의 행위에 영향을 미치는 방식을 다루는 것으로 생각했다는 점이다. 우리는 베버를 '존재론적 개인주의자'라고 서술할 수 있다. 즉, 사회과학이 연구하는 세계는 함께 상호작용하는 개인들로 이루어졌다고 본다는 것이다. 우리가 짧게 살펴볼 제한된 의미의 경우를 제외하고는 계급 같은 집합적인 사회적 실재는 없으며, 또한 그것 자체를 개인들에게 부과하는 사회구조나 지배적인 사회현상에 관해서도 이야기할 수 없다고 한다. 그런데 상호작용하는 개인들만 존재한다면 우리는 사회에 대해 도대체 왜 이해할 수 있는가를 이성적으로 질문할 수 있을 것이다. 이것에 대한 베버 답변의 핵심은 인간들이 합리적으로 행위를 하기 때문에 우리는 사회적 삶을 이해할 수 있다는 것이다. 합리성으로 그가 무엇을 의미하는가 하는 것은 그가 사회과학의 적합한 대상을 점점 더 자세히 정의하는 일련의 분류를 통해 드러난다. 이러한 해석학적 또는 이해적 전통은 종종 실증주의의 주요하고 급진적인 대안으로 간주되며, 둘은 상호배타적인 것으로 취급된다. 전체적으로 여기서 우리가 주장하려는 것은 두 가지 접근 모두 각각의 자리를 가지고 있으며, 특정한 경우에 어떤 철학적 전제가정이, 그리고 그것이 수반하는 방법이 적절한가에 관하여 논의할 수는 있겠지만, 둘 중의 어느 하나를 선택해야 하는 사안은 아니라는 것이다.

베버의 출발점은 사회과학이 행태behaviour — 물리적이거나 생물학적인 인과 연쇄의 마지막 결과인 움직임 — 와 대립하는 것으로 **의미 있는 행위**meaningful action를 연구한다는 것이다(Weber, 1947). 글을 쓰면서 나는 눈을 깜박일 수 있다. 그러나 내가 의식하고 있는 어떤 목적을 위해 내가 의도적으로 눈을 깜박이는 것은 아니며, 그 깜박거림에 내가 어떤 의미를 부여하는 것도 아니다. 물론 어떤 상황에서 어떤 사람들은 깜박거림에 의미를 부여할 수도 있다. 예컨대 내가 정신분석학자와 이야기를 나누는 중이라면 그 사람은 나의 깜박거림을 내가 의식하지 못하는, 그리고 아마도 상당히 난처한 욕망과 씨름하고 있음을 드러내는 징후라고 취급할 것이다. 여기에 중요한 사항이 있다. 베버의 여러 가지 분류에서 우리는 절대적으로 구별되는 대상들을 다루는 것이 아니라 연속체들을 다루는 것이다. 우리는 행태가 의미 있는 행위로, 그 둘 사이에 구분선을 그을 수 없게 합체되는 것을 생각할 수 있다. 내가 감기에 걸려서 나오는 고약한 기침은 내가 여기에 있다는 것을 다른 사람들이 알게 하는 데 유용할 수 있다.

행태에 대비되는 것으로서 의미 있는 행위에 관한 논의로는 우리는 아직 사회과학의 적합한 대상을 파악할 수 없다. 우리는 **의미 있는** 사회적 행위, 즉 다른 사람을 향한 행위로 한 걸음 더 나아가야 한다. 고전적 사례로 자전거 타는 사람이 실행하는 의미 있는 행위를 보자. 그녀는 즐기기 위해 시골 길을 자전거를 타고 달린다. 다른 자전거 탄 사람과 충돌하는 것은 '행위'가 아니다. 둘 중의 어느 누구도 충돌하려 한 것이 아니기 때문이다. 그렇지만 그 두 사람이 그런 다음에 주고받은 이야기는 의미 있고 사회적인 것이다.

베버는 의미 있는 사회적 행위를 네 가지 유형으로 구분한다. 처음 두 가지는 세계 속에서 어떤 목적을 성취하기 위해서가 아니라, 주로 그 행위가 제공하는 만족을 위해 그 행위를 수행한다는 사실을 특징으로 한다. 첫째는 **전통적**traditional(Weber, 1922, 1947: 116) 행위로, 우리가 늘 그 행위를 수행하기 때문에 수행하는 행위이다. 누군가가 내게 왜 그 행위를 수행하는가를 묻는다면, 나는 늘 수행해왔기 때문에 수행한다고 말할 것이다. 현대사회에서, 일상생활에는 이 행위의 요소들이 존재하지만 — 아마도 가족의 일상생활에서 오래 유지되고 안락감을 주는 상투적인 행위일 것이다 — 이 유형은 희소하다.

베버가 말하는 두 번째 유형의 의미 있는 행위는 **정서적**affectual 행위이다. 즉, 감성에 기초를 둔 행위이다. 그러한 행위는 합리적인 것의 경계선에 자리하고 있다. 내가 나의 기분에 사로잡혀 있다면 행위는 그다지 또는 전혀 합리적이지 않을 것이지만, 내가 어떤 것의 성취를 겨냥한 행위로 나의 기분을 유도한다면 행위는 합리적인 것에 가깝다. 내가 평정심을 잃고 친구를 때린다면 나는 합리적으로 행위를 하는 것이 아니다. 친구에게 화를 내고 한동안 만나지 않거나 내가 왜 화를 내는지를 이야기한다면 나는 훨씬 합리적으로 행위를 하는 것이다.

세 번째 유형의 행위도 적절하게 합리적인 행위의 경계선에 자리하고 있다. 베버는 이 행위가 가치평가하는 존재로서 인간의 특징이며, 궁극적인 가치 — 우리가 선택하기는 하지만 그 어떤 합리적 근거에 의해서도 정당화할 수 없는 — 를 지향하는 일단의 행위들이 있다고 주장한다. 그렇지만 일단 우리가 가치를 선택하면 우리는 그것을 추구하면서 우리가 취하는 행위들을 합리적으로 이해할 수 있다. 여기서 처음으로 외부의 목적이 작용하기 시작한다. 내가 기독교인이라면 나는, 베버의 관점에서, 내 신앙의 합리적 이유를 찾아낼 수는 없지만, 내 신앙의 결과로서 실행하는 행위들을 합리적인 것으로 이해할 수 있다. 예컨대, 내가 기독교인이라면 내가 교회에 가서 기도하는 것과 이웃에 대해 특정한 태도를 갖는 것은 합리적이다.

끝으로 이 세상에서 무엇인가를 성취하기 위한 행위가 있다. 이것은 **실천적**practical 행위로, 구체적이고 성취가능한 목표를 겨냥하여 우리가 매일 실행하는 종류의 행위이다. 우리는 가능한 결과를 계산하고 판단을 내린다. 현대사회에서는 때때로 다른 종류의 행위를 생각하기 어려운 경우가 있다. 성취, 성공, 이윤, 실용성 등에 대한 문화적 강조 때문에 우리는 식별가능한, 심지어는 측정가능한 목표를 갖지 않은 행위는 일종의 방종이나 나태라는 느낌을 갖는다. 뒤쪽의 이러한 두 유형의 행위들은 베버가 진정한 합리적 행위라고 간주한 것에 가장 가까운데, 이 두 유형들 간의 차이는 아마도 교육에 대한 태도 ─ 여전히 어느 정도는 논쟁 영역인 ─ 에서 가장 잘 나타날 것이다. 어떤 사람들은 교육을 그 자체로 가치 있는 것, 즉 교육을 많이 받을수록 우리는 더 문명화되기 때문에 추구해야 할 것이라고 생각한다. 교육을 통해 우리는 더 훌륭한 사람, 더 예민한 사람이 되고, 참되고 아름다운 것을 감지할 수 있고, 세계의 세련된 즐거움을 찾아낼 수 있고, 더 훌륭한 시민이 된다. 교육은 가치 있는 것이며 사람들은 그러한 가치를 믿기 때문에 학위를 추구한다.

그렇지만 교육에 대해서는 실용적-합리적 태도, 즉 교육이 그것 외부에 어떤 목적을 가지고 있다는 태도가 더 지배적이다. 우리는 경쟁자들에게 뒤떨어지지 않기 위해 대학 진학자의 비율을 높여야 한다. 우리는 동일한 목적에서 자연과학 분야의 학생 숫자를 늘려야 한다. 개인적 관점에서 볼 때, 우리는 즐거움을 위하여, 즉 배움의 즐거움이나 교육 훈련 그 자체를 위해서 교육을 추구하는 것이 아니라 더 좋은 직업을 얻고 더 많은 돈을 벌기 위해 교육을 추구한다.

사회학 그리고 일반적으로 사회과학의 진정한 대상은, 그러므로 의미 있고 합리적인 사회적 행위, 즉 행위자가 의미를 부여하고 타인들을 겨냥하고, 세계 속에서 실천적 목적을 성취할 의도를 가진 행위이다. 이것이 바로 우리가 '**도구적 합리성**instrumental rationality' 개념으로 의미하는 것이다. 왜냐하면 그것은 행위자의 이해관심에 따라 세계에 변화를 일으키기 위해 합리성을 사용하는 것이기 때문이다. 이런 특징은 도구적 합리성 개념을, 사회과학들에서 찾을 수 있는 다른 합리성 개념들 — 다음 장들에서 우리가 논의할 — 과 구별한다.

이러한 합리성 개념은 세계종교에 대한 베버의 사회학적 역사학적 연구, 유교(Weber, 1915, 1951), 고대 유대교(Weber, 1921, 1952), 그리고 인도의 힌두교와 불교(Weber, 1921, 1958) 연구와, 근대 유럽의 기독교에 대한 그의 연구, 즉 『개신교 윤리와 자본주의 정신The Protestant Ethic And the Spirit of Capitalism』(Weber, 1904~1905, 1930)에서 절정을 이룬 연구와 밀접하게 연결되어 있다. 자본주의가 먼저 발전할 수 있었던 서유럽 및 북아메리카와 세계 여타 지역 사이의 차이는 간접적으로 자본주의의 발전을 조장한 특수한 종교적 윤리, 즉 금욕주의적 개신교의 존재였다고 베버는 주장했다. 그것은 도구적 합리성이 지배하는 체계였다. 개별 개신교 집단의 가치지향적 합리성은 근대 자본주의의 도구적 합리성, 즉 '합리적 계산가능성'의 발전에 기여했다.

베버의 방법론: 이해와 이념형

사회과학이 그 자체의 특수한 대상 — 의미 있는 사회적 행위 — 을 갖는다면, 또한 그것은 그 자체의 특수한 방법론을 갖는다. 이것을 베버는 해석적 이해interpretive understanding라고 서술했으며, 그러므로 이 접근을 가리키기 위하여 '해석주의자'라는 용어를 사용한다. 베버는 독일어 '*verstehen*'을 사용했는데, 영어로는 종종 '공감empathy', 즉 우리가 이해하고자 하는 행위자와의 정서적 동일화로 번역한다. 베버 자신은 이 번역이 정확하지 않다고 분명히 밝혔다. *verstehen*은 행위자의 머릿속에서 진행되고 있는 것에 대한 이해를 포함하며, 차례로 이것은 그 행위자가 그 속에서 살고 있는 논리적·상징적 체계 — 문화 — 에 대한 이해를 포함한다. 리트(Leat, 1972)는 우리가 통계적 상관관계를 이해하는 방식을 논의하면서 이것을 분명히 밝힌다. 예컨대, 빈곤 수준 이하에 살고 있다고 공식적으로 규정된 사람들의 숫자와 도둑질의 증가 사이에 중요한 통계적 상관관계가 있다면, 우리는 두 가지가 (인과적으로) 관련되어 있다고 생각할 것이다. 빈부격차가 크고 계속 증가하는 사회에서, 우리는 또한 빈곤층 숫자의 증가와 고가의 소비재 — 이를테면 컴퓨터 — 판매의 증가 사이에서도 통계적 상관관계를 찾을 수 있다. 이 둘 사이의 의미 있는 상관관계가 그렇게 놀라운 일은 아닐 것이다.

두 가지 상관관계에 대해 왜 우리는 다르게 반응하는가? 그 답은 어떤 상황이 사람들에게 주는 의미에 대해 우리가 상식적인 이해를 공유하고 있다는 것이다. 우리가 심각하게 생각하는 도둑질의 경우, 빈곤하게 살게 되면 개인들은 훔치고 싶은 유혹에 더 많이 사로잡힐 것이라고, 그리고 빈곤 속에 사는 사람이 많을수록 도둑질이 증가할 가능성이 더 커질 것이라고 추론한다. 반면 우리는 가난한 사람이 어떤 돈이든 눈에 보이는 대로 긁어모아 검소하게 저축함으로써 컴퓨터를 구입하여 인터넷 공간을 돌아다닐 수 있을 것이라고 예상하지는 않는다. 조금만 더 생각하면 두 번째 상관관계를 첫 번째 상관관계와 동일한 방식으로 이해할 수 있다. 어떤 집단의 가처분 소득이 증가한다면 우리는 그 집단의 사람들이 컴퓨터를 사고자 하는 유혹에 저항하기 더 어려울 것이라고 기대할 수 있다. 컴퓨터가 더 많이 팔리는 것은 가난한 사람의 수가 늘어나기 때문이 아니라 비교적 부유한 사람의 수가 늘어나기 때문이다. 그러므로 우리는 베버가 관련된 행위자들의 '정신상태states of mind'라고 부르는 것을 이해할 수 있다(Weber, 1922, 1947: 87). 더 근본적으로 우리는 상징의 의미를 알고 있다. 우리는 컴퓨터가 무엇인지를 알고 있으며, 빈곤이 무엇을 의미하는가를 알고 있으며, 사람들이 재정 상태와 구매를 연결하는 연관의 종류를 알고 있다. 우리는 우리가 그들의 행위의 '논리'라고 부르는 것을 알고 있다. 공유한 문화는 해석적 이해에 본질적인 것이다.

베버는 두 유형의 이해, 즉 관찰적 이해와 설명적 이해에 대해 이야기한다. 관찰적 이해는 단순히 누군가가 수행하고 있는 것을 인지하는 일이다. 나는 누군가가 도로 가장자리에 서서 도로를 살피는 것을 본다. 이것은 단순히 그 사람이 수행하고 있는 것, 즉 내 눈앞에서 내가 보고 있는 것에 대한 서술이다. 설명적 이해는 그 사람이 거기 서 있는 이유를, 아마도 길을 가로질러 건너갈 수 있는가를 확인하는 것이라고 이해할 때 이루어진다. 그 사람이 왜 도로를 건너려 하는가를 알 수 있다면 더 완전한 설명을 얻을 수 있을 것이다. 이때의 설명은 우리가 달성할 수 있는 한에서의 충분한 서술이라고 생각할 수 있다. 이것은 내가 설명하고자 하는 행위를 수행하는 사람이 합리적·도구적 방식으로 행위를 하는 한, 즉 행위의 각 단계가 그 사람이 원하는 목표에 도달하는 연쇄 속에서 다음 단계로 이어지는 한 그럴 것이다.

해석적 이해가 사회과학자가 자신의 대상을 연구하는 방법이라면, 그/그녀가 사용하는 도구tool는 '이념형ideal type'이다(Weber, 1949). 이때 이념형은, 그것이 바람직한 것, 목표로 삼는 것이라는 의미에서 이상적인ideal 것이 아니라, 그것이 사회과학자가 머릿속에서 구성한 것, 즉 생각idea이라는 의미에서 이념적인 것이다. 베버에 따르면, **합리적으로 사유하는 과정**이 지식을 만들어내는데, 이념형이란 연구되는 대상이 그것의 가장 합리적인 형태에 있을 때 어떠할 것인가에 대한 설명이다. 그러므로 베버가 제시하는 관료제의 이념형은 관료제의 모형도 아니고, 실재세계에 존재할 수 있는 것도 아니고,

평균적 형태도 아니다. 그것은 합리적 구성물, 즉 순전히 합리적인 절차와 조직구조의 목록이다. 그러므로 우리는 이념형을 사용하여 그것을 실재세계에 존재하는 관료제들과 비교할 수 있고, 그럼으로써 실재세계의 관료제들이 어떻게 다른가를 알아내고, 그것들의 기능방식을 더 잘 이해할 수 있다. 마찬가지로 베버는 개신교 윤리와 자본주의 사이의 연관을 설명하면서 둘에 대한 이념형을 구성했다.

그다음 질문은 '사회현상에 대한 우리의 기대를 우리는 어떻게 평가하는가?'이다. 베버가 제안하고 있는 것이 우리가 사회세계에 관한 이야기를 구성한다는 것이라는 점은 분명할 것이다. 우리는 사회의 보편법칙을 발견하는 것을 목표로 삼지 않는다. 그는 우리가 그런 법칙을 발견한다고 하더라도, 사회과학자의 임무는 개인의 사건들을 이해하고 관련된 개인들이 그들의 행위에 부여하는 의미를 통해 그 사건들을 설명하는 것이기 때문에, 그 법칙은 우리에게 별 쓸모가 없을 것이라고 제시한다(Weber, 1949). 이것은 또한 많은 사회과학자들이 하고 있는 것과 달리, 우리는 사회계급이나 국가 등과 같은 집합체들을 언급할 수 없다는 것을 의미한다. 엄격히 말하면 그런 집합체들은 존재할 수 없는 것이지만, 우리는 우리가 연구하고 있는 사람들이 그것들이 존재한다고 생각하고 그것들이 정말로 존재하고 있는 것처럼 행동한다면 그것들에 관해 이야기할 수 있다. 베버가 계급과 지위집단에 관해 이야기할 때에는 이런 입장을 조금 수정하지만, 베버의 일반적 규칙은 사람들이 집단이 존재한다고 생각하거나 그것들에 속해 있다고 의식할 때에만 우리는 그런 집단에 관해 이야기할 수 있다는 것이다.

그렇지만 이들 중 어느 것도 우리가 구성하는 설명들을 어떻게 평가할 것인가에 관해 자세하게 알려주지는 않는다. 그것은 단지 우리가 설명에서 사용하지 않아야 하는, 또는 제한된 상황에서만 사용해야 하는 관념의 종류만을 개괄한다. 베버는 두 가지 기준을 제시한다. 첫째는 그가 '의미적합성

meaning adequacy', 또는 의미 수준에서 적합성이라고 부르는 것이다. 이것은 우리가 연구하고 있는 사람들에 관하여 합리적인 또는 믿을 만한 이야기를 말하는 일로 보인다. 이야기는 '합리적'이어야 한다. 예컨대, 일부 개신교 교파의 구성원들이 갖고 있는 믿음이 그들이 노동에 대해 특정한 태도를 채택하도록 촉진하고, 그들이 채택한 태도가 기업의 성공을 낳는다는 이야기는 신뢰할 만할 것이다.

두 번째 기준은 인과적 적합성causal adequacy이지만, 여기서 '원인'이라는 용어로 베버가 의미하는 것은 그 용어로 자연과학자들이 의미하는 것과는 다르다. 우리는 자본주의의 발흥에 대해 어떤 지배적이거나 일반적인 설명을 제공할 수 있는 것이 아니라 수많은 기여 요인들을 찾아낼 수 있는 것이며, 그러므로 베버는 그의 저작의 여러 곳에서 자본주의 발흥의 법적 및 경제적 전제조건들을 논의한다. 『개신교 윤리와 자본주의 정신』에서 그의 주장은 개신교가 결정적 요인decisive factor이라는 것이다. 이것은 종교에 관한 그의 다른 연구들, 즉 특정의 상황에서는 자본주의 발흥의 다른 전제조건들은 존재하지만 개신교 윤리의 등가물은 결여하고 있는 조건을 보여주는 연구들에 의해 원인의 수준에서 확인된다. 그러므로 인과적 적합성의 확인은, 서로 다르지만 유사한 상황들의 비교 연구를 통해 서로 다른 결과를 가져온 결정적 특징을 찾아내고자 하는 노력을 포함한다. 이런 종류의 비교분석은 종종 실험실 시험에 상당하는 사회과학자의 작업으로 간주된다.

베버의 객관성과 가치자유

베버는 사회과학에서 가치에 대해 복잡한 논의를 제시한다(Weber, 1949). 분명히 그는 '가치자유'의 필요에 관해 이야기하며, 대체로 사회학자들은 그가 자연과학에서의 객관성에 대해 상당히 실증주의적인 견해와 대등한 것을 말하고 있다고 받아들여 왔다. 다음 장에서 우리가 볼 것처럼, 철학자들 가운데에도 베버를 그런 식으로 읽은 사람이 있었다. 그렇지만 더 주의 깊게 읽는다면, 사회과학 ― 또는 모든 종류의 과학 ― 은 모든 측면에서 가치와 접하고 있으며, 가치는 과학적 작업의 핵심을 관통한다고 말하는 것이 드러난다.

먼저 과학 자체가 가치선택이며, 앞에서 논의한 의미에서 본원적 가치이다. 사회과학이나 자연과학에서 업적을 쌓겠다는 선택은 합리적으로 정당화할 수 없다. 일단 그런 선택을 하면, 가치는 합리적으로 추구할 수 있고, 가치자유의 수준에 도달할 수 있다. 그렇지만 이것은 오로지 사회적·문화적 맥락 속에서만 성취할 수 있다. 첫째, 과학공동체의 맥락이 있는데, 여기서는 학문을 통하여 가치자유를 성취하며 연구는 상호비판과 논쟁의 지배를 받는다(제2장과 제3장의 언어에서의 정당화의 맥락). 둘째, 그 자체의 합리성이나 분별성의 표준 및 그 자체의 지배적 관심과 가치를 가지고 있는 더 넓은 문화적 맥락이 있다. 이 모든 것들은 사회과학에 영향을 주며, 가치자유는 이런 맥락에 따라 상대적이다. 이것은 철저한 상대주의라고 취급할 수 있다. 즉, 사회과학에서 지식으로 인정하는 것은 과학공동체 및 더 넓은 문화의 규범과 가치에 의해 좌우되며, 당연히 이것은 시간에 따라 변동한다는, 한 시기에 받아들여질 수 있는 것이 다른 시기에도 반드시 받아들여질 수 있는 것은 아니라는 입장으로 해석할 수 있다.

베버의 입장에 대한 대안적 해석은 더 복잡하고 흥미롭다. 사회과학이 연구하는 과정들과 사건들은 여러 원인을 갖고 있으며, 그러므로 최종적인 지배적인 설명은 있을 수 없다. 문화 변동의 과정에서 사회과학의 가치는 변화하며, 사회과학자는 복합적인 실재의 다양한 측면들에 관심을 갖고 있다. 개신교 윤리의 명제는 그 자체가 자본주의 발흥의 한 측면에 관련된 것이며, 이것은 19세기 후반과 20세기 전반에 중요했던, 마르크스주의에 반대하고 마르크스주의에 대응하는 논증과 밀접한 관련을 갖는다. 다른 역사적 시기, 예컨대 20세기 말에는 이러한 쟁점들에 대해 전혀 관심을 갖지 않을 수도 있거나 아니면 그 과정의 다른 측면에 관심을 가질 수도 있다. 이것은 개신교 윤리의 명제가 그릇되었다는 이야기가 아니라, 단순히 그 명제가 서술하는 실재의 측면을 우리가, 문화적 가치에서의 변동 때문에, 더 이상 중요한 것으로 생각하지 않는다는 이야기이다. 실재는 복합적이며, 상이한 시기의 우리는 그것의 상이한 부분들에 관심을 갖는다.

현상학: 도구적 이성의 철학적 기초

1960년대 후반과 1970년대에 사회학자들은, '현상학phenomenology' 또는 '현상학적'이라는 용어를 널리 사용했다(Lassman, 1974; Wolff, 1978). '현상학적 접근'이나 '현상학적 방법'은 사회과학에서 지배적인 '실증주의적' 방법으로 취급되는 것과 대등하게 자리 잡았다. 이 관용구들을 따옴표로 표시한 것은, 그것들을 흔히 매우 느슨하게 사용하기 때문이다. 실증주의적 방법이라는 용어는 통계를 사용하는 온갖 연구를 가리키고, 현상학적 방법은 행위자의 관점이라고 간주되는 것을 사용하는 온갖 연구를 가리킨다. 이 용어들의 대중성은 약해졌지만, 사회학과 사회심리학에서는 아직도 종종 이런 식으로 사용한다.

철학적 접근이 사회연구에 영향을 미치는 방식은 그다지 명확하지 않다. 베버는 현상학자가 아니지만 행위자의 관점에 관심을 가졌으며, 일부 고전적인 베버주의 연구들은 통계를 사용한다(예컨대, Rex and Moore, 1967을 볼 것). 심리학적 지향의 행태주의에서는 현상학을, 아마도 더 적절하게, 행태주의와 대비한다. 행태주의는 내성introversion이 지식의 원천일 수 있다는 것을 부인하는데, 이제는 인지심리학과 적절하게 대비할 수 있을 것이다. 왜냐하면 인지심리학은 개념적 사유의 발전에 훨씬 더 많이 관심을 갖기 때문이다. 적절한 의미로 사용된다면 현상학은 우리가 베버를 위치시키는 것과 같이, 넓게는 칸트의 틀 속에 위치시킬 수 있는 복합적인 철학적 입장 - 우리가 세계에 의미를 부과하는 방식에 관심을 갖는 - 을 가리킨다.

현상학 철학의 가장 중요한 발의자는 후설Edmund Husserl이다(예컨대 Husserl, 1930~1939, 1965를 볼 것). 외부세계와 의식을 연결하는 그의 방식은 우리의 감각 지각에 의식이 작용하는 그리고 그것을 인지가능한 대상으로 변형하는 방식을 서술하고자 시도한 것이었다. 현상학자가 말하는 '감각 지각sense perceptions'은 우리가 보고 측정할 수 있는 것 - 엄격한 실증주의와 경험주의자는 흔히 이것만을 연구대상으로 삼는다 - 을 넘어서는 것이다. 우리는 시각 이외의 감각 지각뿐 아니라 상상력의 작동과 언어 사용으로부터도 지식을 얻을 수 있다(예컨대 Merleau-Ponty, 1974).

현상학적 탐구는 '환원reduction' 또는 '현상학적 환원'으로 알려진 활동을 포함한다. 이것은 우리가 어떤 것에 관해 이미 알고 있는 것을 파기하고, 우리가 그것을 어떻게 알게 되었는가를 서술하고자 하는 시도이다. 그것은 우리가 세계에 의미를 부여하는 과정을 추적하는 사안이다. 그것은 우리의 일상적·상식적 믿음의 정지와 우리가 어떻게 그런 믿음을 갖게 되었는가를 서술하고자 하는 시도를 포함한다. 이러한 의식의 철학을 사회과학의 철학으로 번역하는 것은 일차적으로 슈츠(Schutz, 1962~1966, 1972)의 작업을 통해 이루어졌다. 그는 후설 밑에서 공부하고, 히틀러 지배시기에 후설의 저작 일부를 가지고 유럽을 떠나 미국으로 들어갔다. 그는 그 후 몇 십 년 동안 사회철학과 은행업에 에너지를 나누어 사용했다.

여기서 그의 관련성은 그가 베버의 방법론에 대해 현상학적 기초를 제공한다는 점이다. 베버 방법론은 우리에게 현상학적 환원의 훌륭한 사례를 제공하고 이해에 관련된 과정에 대한 우리의 각성을 증진한다. 내가 세계에 대한 나의 상식적 지식을 파기한다면, 내 앞에 있는 것을 컴퓨터 화면과 인쇄기와 창문과 나무와 유리 등으로 보는 것을 중지하고자 한다면, 내게는 단지 감각 지각과 색깔과 느낌의 혼합만 남을 것이다. 슈츠Alfred Schutz는 이러한 느낌의 흐름에서 우리가 유사한 요소들 — 아마도 그것들이 색깔이나 형상이나 어떤 바탕이나 움직임의 속성을 공유하고 있기 때문에 — 을 찾아낸다고 제시한다. 우리는 경험의 흐름에서 슈츠가 전형적이거나 반복적인 요소라고 부를 것 — 전형화typification의 과정 — 을 찾아낸다. 내가 똑바로 전방을 바라본다면 나는 많은 녹색, 약간의 푸른색, 약간의 흰색, 약간의 갈색을 볼 것이다. 녹색은 비교적 일정하게 남아 있지만, 나는 상이한 장소의 상이한 높이에 있는 상이한 색조들을 구분하기 시작하며, 반면 푸른색과 흰색의 재료는 움직이는 것으로 보일 것이다. 이것이 전형화의 첫 단계이다. 과정이 계속되며, 나의 의식은 더 날카롭게 구분하지만, 또한 지각되는 것을 넘어서는 종합도 수행한다. 나는 책상을 내려다볼 때 책상의 한쪽 표면만을 볼 수 있지만, 나는 그것을 삼차원의 고체로 파악한다.

결국 우리는 현상학자들이 '자연적 태도natural attitude'라고 부르는 것에 대한 서술, 즉 잔디와 나무와 하늘과 구름과 책상과 컴퓨터 등의 일상세계에 도달한다. 우리는 전형화에 대한 전형화를 구축한다. 나는 상이한 형태의 잔디와 구름 — 비를 뿌릴 구름과 그렇지 않을 구름 등등 — 을 구별하게 된다. 이 모든 것은 내 의식이 수행하는 분화와 종합의 행위를 통하여 이루어진다.

『사회세계의 현상학The Phenomenology of the Social World』은 우리가 전형적인 행위 과정을 기대할 수 있는 사람들을 특정의 특성을 가진 유형으로 분류하면서 다른 사람들에 대한 전형화를 구축하는 방식을 다룬다. 이것은 우리에게 우리의 일상의 행동에서 우리를 안내할 사회세계에 관한 상식적인, 즉 당연한 지식을 제공한다. 우리는 사람 일반에 관한 것들, 즉 사람들을 소나 원숭이나 나무와 전형적으로 구별하는 것들을 알고 있다. 그리고 우리는 특정 유형의 인간 — 남자, 여자, 흑인, 백인 등 — 에 관한 것을 알고 있는데, 그것은 우리에게 그들을 서로에 대해 구별할 수 있게 한다. 우리가 이런 유형의 집단들을 넘어서면 우리는 가족과 친구에 대해 전형화를 구축하며, 그 관계가 밀접할수록 우리의 기대는 더 특수해진다. 그렇지만 우리의 관계가 아무리 밀접하더라도 그것은 여전히 전형화라는 암반에 기초를 두고 있다.

그러므로 현상학자는 사회세계가, 우리가 '의미맥락meaning contexts' 속으로 조직해 넣는 복잡한 다수의 전형화들, 즉 우리가 다른 사람들과 공유하고 당연시하는 지식체를 기초로 구축된다고 주장한다. 우리는 목적에 따라, 즉 그당시에 우리가 추구하는 기획에 따라, 어떤 전형화를 채용할 것인가를 선택한다. 사회과학자는 그/그녀 자신의 특수한 기획을 가지고 있으며, 여기서 우리는 베버의 방법론 속으로 이동한다. 사회과학자의 특수한 기획은 사회적 행위의 합리적인 유형, 즉 이념형을 구축하는 것이다. 슈츠는 이 이념형을 '이차 전형화second-order typifications'라고 부른다. 우리는 그것을 우리가 연구하는 행위자들의 전형화로부터, 즉 그들이 사용하는 일상의 지식체로부터 구성한다. 슈츠는 합리적 인형극장의 '합리적 꼭두각시'의 구성에 관해 이야기한다. 우리는 우리의 꼭두각시를 상이한 상황 속에 놓을 수 있으며, 만약 우리가 그들의 목표를 알고 있다면, 그리고 그들이 그들의 목표를 추구하면서 합리적으로 행위를 한다면, 우리는 그들의 행위를 예측할 수 있다.

사회학에서 슈츠의 저작은 가핀켈Harold Garfinkel이 발전시킨 일상생활의 방법론ethnomethodology, 즉 사회관계와 사회구조에 대한 분별력을 우리에게 제공하는 당연시되는 규칙에 대한 연구의 출발점의 하나였다(Garfinkel, 1967). 기든스도 구조화이론을 발전시키면서 비슷한 견해를 취했다(Giddens, 1976, 1984). 그렇지만 그것이 그 실재에 관해 새로운 것을 우리에게 이야기하는 것은 아니다. 우리가 현상학적 환원에 내맡기는 의미, 즉 우리가 탐구의 처음에 '괄호 쳐 묶어두는bracket' 의미는 우리가 탐구를 끝낸 후에 갖게 되는 의미와 동일한 것이다. 우리는 단지 그것의 구성에 대해 더 나은 이해를 가질 뿐이다. 이것은 베버의 저작 속에 이미 함축되어 있는 것을 강조한다. 즉, 사회과학은 세계에 대한 우리 일상의 지식으로부터, 또는 우리가 연구하고 있는 사회적 행위자들의 지식으로부터 이론과 설명을 구성한다. 자연과학과 달리 사회과학은 새로운 개념적 언어를 만들어내는 것이 아니라, 일상의 언어를 수정한다. 특히 사회학은, 그리고 정도가 덜하게는 심리학은 단순히 우리가 이미 알고 있는 것을 우리에게 말해줄 뿐이라는 이야기를 자주 듣는데, 이러한 형태의 해석적 접근은 바로 그러한 것, 즉 이미 알고 있는 것의 진술을 지향하는 경향이 있다. 슈츠 저작에서 합리성의 가정은 여전히 도구적인 것이다. 즉, 그것은 실천적 목적의 추구이다.

그렇지만 슈츠의 저작에는 중요한 전환이 있다. 베버는 분명히 세계 속에서 활동하는 피와 살을 가진 사람들에 관심을 가졌던 반면, 슈츠는 모든 것을 의식 속으로 이동시키는 경향이 있다. 1967년에 출판한 버거Peter Berger와 러크만Thomas Luckman의 『실재의 사회적 구성The Social Construction of Reality』은 '사회적 구성social construction'이라는 용어를 처음 사용했는데, 그들은 슈츠의 영향을 크게 받았다. 그렇지만 그들은 현상학적 관념들을 더 구조적이고 물질주의적인 설명과 통합할 수 있었다. 점차 그 용어는 외부세계에 대한 행위보다 의식 내부의 과정, 즉 세계에 대한 상이한 해석을 가리키게 되었다.

도구적 변이 I: 합리적 선택이론

슈츠의 작업은 합리적 선택이론에 기초를 제공하는 것으로 볼 수도 있다. 그 이론은 경제학에서 19세기 후반의 한계주의 혁명으로부터 발전한 접근이며, 베버가 친숙하게 알고 있는 발전이다. 우리는 행태주의 심리학, 19세기 공리주의 그리고 미국사회학의 교환이론에서도 유사한 견해를 찾을 수 있다.

합리적 선택이론의 기본 가정은, 사람들은 자신들에게 이익을 가져오는 방식으로 행위를 할 것이며, 이익을 가져오지 않는 방식으로 행위를 하는 것을 기피할 것이라는 것이다. 예컨대 교환이론은 사람들이 이익을 극대화하고자 하면서 행위를 교환할 것이라는 견해에 기초하고 있다. 예를 들어, 내가 집안일에서 얻는 만족 그리고 집안일을 맡길 누군가에게 지불하기 위해 내가 포기해야 하는 소득에서 얻는 만족보다 휴식 시간이 내게 더 중요하다고 판단한다면 나는 파출부를 고용할 것이다. 내가 고용하는 파출부는 그/그녀의 자유 시간에서 얻는 만족보다 내가 지불하는 임금에서 얻는 만족이 더 중요하다고 판단했을 것이다.

사회 전체는 일련의 그러한 판단과 교환에 입각하여 이해할 수 있다. 수요와 공급의 경제학의 가정도 동일하다. 나는 자유시장의 행위자이며, 가처분 소득과 일련의 필요와 선호 — 내가 그것들의 서열을 정해놓은 — 를 가지고 있으며, 일부는 다른 것들보다 더 중요하다. 그러므로 나는 나의 가장 중요한 필요를 충족하기 위하여 또는 나의 가장 중요한 선호 — 그것이 마약에 대한 것이든 책에 대한 것이든 간에 — 를 실현하기 위하여 나의 소득을 어떻게 처분할 것인가를 결정한다. 시장, 즉 '완전한 시장(아마도 이념형 시장)'은 각자 자신의 이해관심과 선호를 유사한 방식으로 추구하는 똑같이 자유로운 개인들로 구성되며, 최종적인 균형자는 시장에서 재화의 가격이다. 가격은 재화에 대한 수요와 공급자의 공급 의사가 일치하고 가능한 한 많은 수의 사람들이 만족하는 지점에서 정해질 것이다. 그러므로 개인으로서 나는, 예컨대 마약의 가격이 비싸기 때문에 위험을 무릅쓰고 도둑질을 해서라도 그 값을 충당해야 할 것인가의 여부를 결정해야 한다.

베버는 모든 사회질서가 상당히 불확실하고 불안정하다고 생각하는 경향이 있었으며, 그러한 시장관계가 사회를 결속한다고 보았다. 그렇지만 그의 합리적 행위 개념은 합리적 선택이론가들 — 이들에 따르면, 인간의 가장 두드러진 특징은 지속적으로 우리가 행위에 의해 생길 이익을 계산하고 있다는 것인 듯하다 — 의 그것보다 훨씬 광범하다. 베버는 다른 유형의 행위도 인식했으며, 가장 중요한 것으로, 행위자가 자신에게 아무런 측정가능한 이익도 가져다주지 않는 가치를 추구하면서 합리적 행위를 수행할 수 있다는 것을 인정했다. 합리적 선택이론의 논증과 발전의 대부분은 이기심과 그 밖의 주관성의 측면들에 대한 정의를 합리적 선택모형에 통합하고자 하는, 또는 합리적 선택 설명의 범위를 제한하려는 시도이다(Abell, 1991; Carling, 1986; Sen, 1977). 그렇지만 일반적으로 합리적 선택 이론가들은 설명뿐 아니라 예측의 능력에서도 자연과학에 훨씬 더 가까워지기를 원하는 것으로 보인다. 이것을 성취할 수 있는가의 여부는 또 다른 문제이다.

인간의 심리적 삶에서 가치의 역할 그리고 삶의 내적 모순과 갈등의 역할을 제한하는 합리적 선택이론에 관해, 그 이론이 인간 동기의 복잡성을 이해할 능력을 가지고 있는가의 측면에서 제기되는 중요한 질문이 있다. 베버는 서구적 삶에서 합리성의 지배에 대해 상당한 정도로 비판적이었지만, 합리적 선택이론은 그 합리성이 인간의 내적 삶에 확장된다고 가정하는 것으로 볼 수 있다. 그것은 베버보다는 실증주의에 훨씬 더 가까운 것으로, 인간 행위를 보상과 처벌을 포함하는 조건화 과정을 통하여 설명하고자 하는 실증주의 심리학 — 행태주의 — 을 명시적으로, 또는 암묵적으로 채용하고 있다(Sen, 1977). 현상학은 의식의 철학이지만, 합리적 선택이론은 자연과학에 훨씬 더 가까운 원인-결과 모형이다.

도구적 변이 II: 실용주의와 상징적 상호작용론

이제 합리성에 대해, 비록 도구적 합리성의 개념을 바탕에 두고 있기는 하지만, 동일한 방식으로 강조하지 않는 해석적 접근을 살펴볼 것이다. 실용주의는 19세기 후반 미국에서 발전한 철학이며, 퍼스(Pharies, 1985), 제임스(James, 1975), 듀이(Dewey, 1939)와 자주 연결된다.

실용주의에는, 볼 수 없거나 측정할 수 없는 '이론적' 실체들의 지위와 관련된 문제점을 가지고 있는 실증주의자들이 신봉하는, 도구주의와 제한적인 유사성이 있다. 두 입장에서는 그러한 (이론적) 개념들을, 우리가 우리의 목표를 성취하고 지각과 지식을 조직할 수 있게 해주는 유용한 허구useful fictions로 간주한다. 퍼스는 대상에 대한 우리의 개념을 대상과 우리의 행위가 맺는 실천적 관련practical bearings의 총합으로 정의했다. 객체들에 대한 우리의 지식은 우리가 그 객체들에 대해 갖는 실천적 관계 속에서 생겨나며, 그러므로 우리의 실천적 관계가 변하면 우리의 지식도 변한다. 이것이 반드시 참인 이론은 아니다. 우리가 사회과학에서 실용주의를 살펴볼 때 알게 될 것처럼 사실상 그 입장은 상대주의의 경향을 보이고 있지만, '작동하는 것이 진리이다what is true is what works'라는 관념을 포함하고 있는 것으로 쉽게 생각할 수 있다. 분명히 이것은 크게 도움이 되는 인식론적 기준은 아니다. 지구는 평평하다는 이론도 나의 일상의 행위에 대해서는 완벽하게 잘 작동한다.

우리는 베버의 존재론적 개인주의와 실용주의의 진리 개념 사이의 유사성을 이미 알 수 있을 것이다. 사회 같은 것은 없으며, 우리가 연구하고 있는 사람들이 (사회를) '있다'고 생각하고 그것을 그들의 일상 행위 속에서 고려한다면 우리는 그것을 존재하는 것으로 취급할 수 있다는 것이다. 그것은 그것의 결과 속에서 실재적이며, 이 결과는 개인의 행위를 통하여 성취된다. 록Paul Rock은 상징적 상호작용론에 대한 철학적 탐구에서 동일한 점을 단호하게 진술한다. "사회의 특징은 그것을 논의하고자 하는 과학적 시도가 일반적으로 터무니없을 만큼 불명료하다"(Rock, 1979: 227).

록은 헤겔에 대한 미국적 해석을 통하여 실용주의의 발전을 추적하는데, 이러한 해석의 세부사항을 여기서 우리의 관심사로 삼을 필요는 없지만, 종착점은 신칸트주의의 그것과 매우 유사하다. 즉, 사회과학에서 지식은 공동체가 공유한 문화에 기초한다는 것이다. 그렇지만 이 공유한 문화는 고정된 구성요소들의 구조가 아니라 지속하는 과정이다. 상호작용론은 과정에 집중한다. 외부의 객체에 대한 지식도 또한 과정이다. 바로 지금 내가 작업하고 있는 컴퓨터에 대한 나의 지식은 내가 그것을 다른 더 복잡한 목적을 위해 사용할 때 성장하고 변화한다. 사회세계에 대한 나의 지식도 다른 사람들과의 관계 속에서 내가 다른 것을 수행하면 변화한다. 차이는 다른 사람들도 또한 그들 자신의 의미맥락, 즉 사회세계에 대한 그들 자신의 지식을 가지고 있으며, 그 지식의 발전은 협동 사업이 된다는 것이다.

실용주의는 인간과학들에서뿐 아니라 자연과학에서도 알아내는 주체와 알려지는 객체 사이의 구분이 연결되어 있다고 주장하거나 상정하기 위하여 진화론과 헤겔 관념론 ─ 이성이나 합리성이 세계를 창조한다는 견해 ─ 의 조합을 전개한다. 사회학과 사회심리학 학도들은 여기서 사회구성주의라는 이름으로 통용되는 접근의 또 다른 원천을 인식할 것이다. 우리의 행위 및 상호행위 과정에서 우리는 우리의 세계 속 객체들의 의미를 **협상**(또는 구성)하는 활동을 한다는 것이다. 우리가 이러한 협상과정에서 추상하기 때문에 우리의 지식은, 록의 용어로, 덜 '진정한 것authentic'이 된다. 그가 '객관적인 것'이나 '참인 것'이 아니라 '진정한 것'이라는 단어를 사용하고 있음에 주목하자. 상호작용론자들은 사회과학자의 연구대상인 사람들이 알아낸 것과 분리된 지식은 없다고 주장한다. 그리고 사회과학자의 작업은 다시 그/그녀가 연구하고 있는 사람들이 협상하고 구성하는 의미를 다듬고 납득가능하게 만드는 것이다. 블루머Herbert Blumer의 고전적인 공식은 이것을 잘 요약한다. 사람들은 객체들이 그들 자신에게 대해 갖는 의미를 기초로 행위 한다. 이 의미는 사회적 상호작용을 통하여 발전하며 그다음의 상호작용에서 채용하는 해석적 과정을 통하여 수정된다(Blumer, 1969).

미드(Mead, 1938)를 통해 발전한 상호작용론적 사회심리학은 자아를 실용주의적 관점에서 개념화한다. 자아는 실체가 아니라 **과정**이라는 것, 즉 나를 둘러싼 사람들이 나 자신에 관해 나에게 말한 것과 내가 세계 속에서 나의 실천적 목표와 씨름할 때의 정보에 대한 나의 해석 사이의 내적 대화라는 것이다. 고프먼Erving Goffman의 작업(Goffman, 1968)에서 이 접근의 도구주의적 특성은 더 명확해진다. 나는 다른 사람들과의 관계에서 나 자신을 도구로 사용하며, 나의 목적을 성취하기 위해 내가 다른 사람들에게 유발하는 인상을 관리하는 데 최선을 다한다. 그렇지만 두 경우 모두에서 자아는 존재 속에서가 아니라 행위 속에서, 즉 실행함 속에서 생겨난다. 실용주의는 베버의 수단-목적 합리성이라는 상식적 개념에 명시적으로 의지하지 않으며, 합리적 선택이론의 더 엄격한 개념에도 의존하지 않지만, 상이한 상황에 존재하는 상이한 합리성들에 관해 더 많이 이야기한다. 상황에 따라 다양한 여러 가지 상이한 수단-목적 연쇄가 있다. 그렇지만 기초적인 전제는 다른 접근들의 그것과 동일하다. 사회과학의 임무는 의미 있는 인간 행위를 이해하는 것이며, 사회 ― 만약 존재한다면 ― 는 서로 관계 맺고 있는 개인적 행위들로 구성된다. 의미와 관계는 세계 속에서 실천적 목적을 추구하는 맥락 속에서 이해할 수 있다.

이유와 원인

지금까지 우리는 한 사람이 성취하기를 원하는 것과 그/그녀가 그것을 성취하기 위하여 수행하는 행위 사이의 관계를 당연한 것으로 취급했는데, 이제 그것을 더 자세히 살펴볼 시기가 되었다. 철학자들은 그 관계가 인과적인 것인가의 여부를 둘러싸고 논쟁을 벌였다. 이 쟁점에 대한 최선의 논의 중 하나는, 최근에는 덜 중심적인 것이 되었는데, 키트와 어리(Keat and Urry, 1975)가 제공하고 있다. 그들은 그 관계가 사실상 인과관계이지만, 이 맥락에서는 '원인'을 '우연적 규칙성contingent regularity'이라는 실증주의적 의미로 이해하지 않아야 한다고 주장한다.

우리가 실증주의적 견해를 유지한다면, 우리는 자연과학과 사회과학 사이의 관계에 대해 양자택일의 개념에 빠지게 된다. 자연과학은 두 가지 현상들 사이의 우연적 규칙성에 관심을 갖고 있으며, 우리는 그 규칙성에서 자연의 보편법칙을 구성한다. 사회과학은 세계에 관한 사람들의 생각, 논리적 관계 그리고 개념들 사이의 관계를 다룬다. 합리성과 행위에 대한 이러한 견해는 다음 장에서 더 자세하게 탐구할 것이다. 당장은, 우리가 인간의 행위에 대한 실증주의적이지 않은 인과적 설명을 발전시킬 수 있다는 키트Russell Keat와 어리John Urry의 제안에 집중할 것이다. 그들은 다음과 같이 주장한다.

행위자들의 믿음과 욕구가 그들로 하여금 적절한 방식으로 행위를 하는 원인이 된다는 것은 우리의 합리적 행위자 개념의 일부이다. 행위자들이 이런 방식으로 행위를 하도록 하는 데 체계적으로 실패한다면 우리는 그들에게 합리성 개념을 적용할 수 없을 것이다. 그러나 이것이 합리성 개념을 적용할 수 있는 곳에서 믿음 및 욕구와 행위 사이의 관계가 인과적이지 않다는 것을 의미하는 것은 아니다(Keat and Urry, 1975: 156).

이러한 주장은 인간의 행위를 포착하기 위해 채용한 용어들의 단순성과 그러한 용어들 사이에서 설정한 관계의 단순성이라는 문제를 가지고 있다.

인간이 믿음과 욕구를 가지고 있다는 것, 그리고 이것들이 인간 행위와 연결된다는 것에는 의심의 여지가 없다. 그러나 예컨대, 인간은 자신이 반드시 의식하고 있지는 않은 또는 왜곡된 방식으로 의식하고 있는 욕구를 갖고 그것에 따라 행위를 할 수도 있다. 사람들은 갈등하는 욕구들을 가질 수도 있고, 자신이 무엇을 원하는가에 관해 분명하게 알지 못할 수도 있다. 사람들은 특정한 방식으로 행위를 하는 이유와 반대되는 욕구에 의해 추동될 수 있다. 이것에 대한 인식은, 여러 형태의 정신분석학에서 가장 체계적으로 진술하고 있지만, 서구의 문학과 철학 전체에서 발견할 수 있다. 일상생활의 방법론이나 구조화이론 등과 같은 현대적 형태의 사회학은 행위가 기초하고 있는 규칙의 당연성과 암묵성을 강조한다. 해석적 접근들이 가장 광범한 의미의 — 아마도 중요한 차이들과 복합성들을 해명하기보다 포괄하는 의미의 — 인과성 이외의 다른 것들과 조화될 수 있는가 의심스럽다. 그리고 당연히 믿음과 욕구는, 연구를 위해 분리할 수 있는 분리된 실체들이 아니라, 그 자체로 과정이며 더 광범한 해석적 과정의 부분들이다(Giddens, 1976).

이러한 복합성들 가운데 하나는 언어의 성질이다. 20세기 철학에서 언어적 전환은 언어에 대한, 그리고 언어가 작동하는 방식에 대한 여러 가지 중요한 이론을 만들어냈으며, 이것들은 모두 언어 및 언어 사용과 인과적 설명 사이에 간극이 있다고 지적한다. 이것은 인간이 그들의 물리적·생물학적·심리학적 구성을 통하여 작용하는, 그리고 그들이 위치한 사회구조를 통하여 작용하는 인과과정의 지배를 받지 않는다는 것을 의미하는 것이 아니라, 인간이 그들 자신에 대한, 그리고 그들의 상황과 행위에 대한 자신의 이해를 표현하는 방식과 자신의 삶을 판별하고 삶에 관해 이야기하는 방식은, 원인이라는 개념을 통해서는 이해할 수 없는 과정일 것임을 의미한다. 다음 장에서 이러한 노선을 따르는 매우 강력한 논증 하나를 개괄할 것이다.

개인주의 전체론 그리고 기능적 설명

베버의 사회학, 그리고 그 밖의 몇 가지 다른 형태의 해석적 사회학의 뚜렷한 특징 중 하나는, 사회세계를 설명하려는 시도의 바탕에 있는 명시적 또는 암묵적 개인주의이다. 사회과학에서 개인주의적 접근과 전체론적 접근 사이의 구분선은 아주 많이 그어졌으며, 우리가 제2장에서 논의한 뒤르켐의 자살 설명과 더글러스Jack Douglas의 『자살의 사회적 의미The Social Meanings of Suicide』 — 여기서 저자는 개별 자살들의 의미, 그들의 가족과 친구와 당국이 그들의 행위에 부여하는 의미에 대한 분석을 통하여 자살에 대한 사회학적 이해를 구축하고자 시도한다 — 를 비교해보면 이런 대립을 극적으로 알 수 있다.

종종 주장하는 것처럼, 그러한 접근들이 양립할 수 없는 것인가의 문제가 있다. 이 문제를 살펴보는 한 가지 방법은 통계를 사용하고 사회적 사실을 상정하는 뒤르켐(그의 실증주의)과 개인 너머에 그리고 개인 위에 존재하는 사회를 상정하는 뒤르켐(그의 전체론)이 우리를 중간까지만 데려간다는 점을 깨닫는 것이다. 그것들은 우리에게, 개신교 공동체에서 자살이 더 많을 것을 예상할 수 있다고 말하지만 모든 개신교도가 자살하는 것은 아니다. 개인주의적이고 해석적인 과정이 채워야 할 설명의 공간이 여전히 남아 있다. 이 논증은 사회세계가 상이한 유형의 존재들로 구성될 수 있다는 사실 — 이 경우에는 사회구조, 사회과정 **그리고** 개인들 — 그리고 그것들이 서로 차이를 보인다는 사실을 지적한다. 이러한 가능성은 이후의 장들에서 다시 살펴볼 것이며, 우리가 비판적 실재론을 논의할 때 더 자세하게 탐구할 것이다.

개인주의적 주장만을, 또는 전체론적 주장만을 고수하는 데는 분명히 어려움들이 있다. 개인주의적 접근은 뒤르켐과 그 밖의 사람들이 찾아낼 수 있었던 사회적 균일성들을 설명하는 데 어려움을 갖는다. 전체론적 접근은 사회적 변동과 발전의 기제들을 설명하는 데 문제를 갖는다. 뒤르켐, 그리고 나중의 파슨스Talcott Parsons의 사회학은 사회를 생물학적 유기체의 등가물로 보는 경향을 가지고 있으며, 두 접근 모두 일종의 기능적 설명을 채용한다. 심장과 간과 다른 부분들이 서로를, 그리고 신체 전체를 유지하기 위하여 기능하는 것처럼 사회의 각 부분도 다른 부분들을 유지하기 위하여 존재하고 기능하는 것으로 생각한다. 기능주의적 설명은 사회가 존속하려면 충족해야만 하는 특정의 '필요들needs'을 사회 전체가 가지고 있다거나(파슨스), 사회의 어떤 수준(알튀세르의 마르크스주의에서 생산양식)은 사회의 다른 수준들에 의해 충족되는 필요들을 가지고 있다는 주장(Althusser, 1969)을 포함하고 있다.

기능적 설명에 반대하는 논증은 아주 간단하다. 즉, 우리가 사회나 사회체계나 사회체계의 부분이 '필요들'을 가지고 있다고 추정할 수 있다 하더라도, 이러한 필요들을 **반드시** 충족해야 한다거나 특정한 방식으로 충족해야 한다는 것을 입증할 방법은 없다는 것이다. 예컨대, 19세기 말엽의 자본주의의 발전과 관련하여 교육체계의 '필요'를 이야기할 수 있지만, 발전의 정도와 체계의 형태는 온갖 종류의 다른 요인들에 의해 좌우된다. 상이한 자본주의 사회들은 상이한 교육체계를 발전시켰다. 베버주의의 설명은 비교의 기초 위에서 교육체계 발전의 역사적 과정을 살펴볼 것이다. 이 논증을 요약하는 한 방법은, 전체론적 설명은 사회체계와 구조 속의 변동의 **기제들**을 찾아내는 것을 필요로 하며 이것을 수행하는 한 가지 방법은 역사적·해석적 접근을 통하는 것일 수 있다는 것이다. 일부의 사상가들은 '필요들'에 관해 이야기하기보다는 '존재의 조건conditions of existence'에 관해 이야기하는데, 그 조건은 어떤 것이 **나타나는 원인은** 아니지만, 그것이 나타날 수 있는 공간을 창출하고 다른 나수의 과정들과 상호작용하여 결과 — 그것이 어떤 것으로 나타나거나 간에 — 를 만들어낸다고 한다.

결론

이 장에서는 사회과학과 자연과학이 연구하는 대상들 사이의 차이 때문에 사회과학은 자연과학이 걸어온 것과는 전혀 다른 길로 나아간다는 견해를 소개했다. 결정적 차이는 사회과학의 대상들이, 그것들을 연구하는 사회과학자들과 마찬가지로, 의식을 가진 성찰적 존재로 자신의 행위에 의미를 부여한다는 것이다. 우리는 '도구적 합리성'이라는 이름으로 묶은 네 가지 상이한 철학적 접근들을 살펴보았다. 그것들은 공통적으로 사회과학의 대상은 개별 인간 – 이 세상에서 목적을 성취하고자 하는 – 의 행위라는 가정을 가지고 있다.

이것을 넘어서면 그것들 사이에 중요한 차이가 있다. 경제학과 사회학에서 영향력 있는 합리적 선택이론은 합리적 행위에 대한 가장 단순하고 가장 엄격한 견해 – 행위자는 자신에게 가장 큰 이익을 가져다주는 것을 선택한다는 – 를 제시한다. 주로 사회학자들이 점유해온 베버는 일상의 합리적 행위에 대한 우리의 상식적 개념에 훨씬 더 근접한 매우 광범위한 견해를 제시하는데, 그의 합리성 개념은 다른 세 가지 사회적 행위 – 전통에 기초한 것, 감정에 기초한 것, 그리고 궁극적 가치의 비합리적 선택에 기초한 것 – 의 비합리성이나 부분적 비합리성 개념의 중심이 되고 있다.

합리적 선택이론과 베버의 사회학은 의미를 당연한 것으로 받아들이는 경향을 보이는 반면, 베버의 현상학적 발전과 실용주의의 사회학적·사회심리학적 발전은 의미의 발전이나 구성에 더 관심을 갖는다. 슈츠는 이러한 발전이 의식의 흐름에서 전형화의 과정을 통하여 일어나며, 이것은 베버의 이념형 방법론으로 적절하게 이어진다고 생각한다. 반면 미드와 상징적 상호작용론은 일상의 맥락에서 의미의 집합적 협상에 초점을 맞춘다. 우리가 적어도 합리성에 관해 이야기할 수 있다면, 그것은 오로지 맥락에 구속된 합리성, 즉 특정의 상황에 특수한 합리성뿐이라는 것이다.

전반적인 논의와 변이들을 우리는 어떻게 이해해야 하는가? 사람들이 그들 자신에 대해 무엇이라고 생각하는가, 자신들이 수행하고 있는 것에 관해 어떻게 생각하는가를 어디서도 고려하지 않는 사회과학은 이상한 사회과학일 것이다. 그렇지만 많은 사람들이 생각하는 듯한 것과는 달리, 이것이 사회과학자들이 살펴보아야 하는 일의 전부일 수는 없을 것이다. 아마 실증주의의 방법도 인간의 사회적 삶의 일부 측면을 이해하는 데 도움을 줄 수 있으며, 우리는 사회구조 ─ 사회적 행위자들을 완전히 제거하지 않은 또는 사회적 행위자들이 의식하지 못하는 ─ 의 효과에 관해서도 또한 이야기할 수 있을 것이다.

또한 여기서 논의한 상이한 접근들 사이에서 반드시 그 중 하나를 선택해야 하는 것은 아니라는 주장도 할 수 있다. 그것들 각각을 특정한 분석 수준이나 특정한 의미 있는 사회적 행위의 대상에 적합한 것으로 볼 수 있다. 베버의 견해는 이해라는 과제와 그것이 충족해야 하는 기준을 설정하는 데 가장 일반적으로 적용할 수 있을 것이다. 슈츠는 의식의 과정과 당연시하는 세계를 연구하는 방식을 제시한다. 상호작용론은 의미의 사회적 생산을 살펴보는 방식을 제공한다. 그리고 합리적 선택이론은 특정한 경제적 결정을 살펴보는 데 가장 적합할 것이다. 그렇지만 이것들 중 어느 것도 내가 사랑에 빠졌을 때 수행하는 것들을 이해할 수 있게 하지는 못한다.

그리고 당연히 이것들이 우리가 생각하는 것을 이해하는, 그리고 우리의 행위를 이해하는 유일한 방식인 것은 아니다.

더 읽을 거리

베버의 사회과학철학을 위한 가장 독창적인 근원은 베버의 『경제와 사회

Wirtschaft und Gesellschaft』의 1부를 파슨스 등이 번역한 『경제·사회조직 이론 The Theory of Economic and Social Organization』(Weber, 1922, 1947)의 첫 부분이며, 이념형과 가치자유에 대한 논의는 『사회과학방법론The Methodology of the Social Science』(Weber, 1949)에 있다. 리트(Leat, 1972)는 '이해verstehen'의 의미에 대한 탁월한 논의를 제공한다. 더 전통적인 대안적 견해는 렁시맨W.G. Runciman 의 『베버의 사회과학철학 비판A Critique of Max Weber's Philosophy of Social Science』(Runciman, 1972)을 볼 것.

슈츠의 『사회세계의 현상학』(Schutz, 1972)은 현상학적 사회학의 면밀한 설명이며, 버거와 러크만의 『실재의 사회적 구성』(Berger and Luckman, 1967)은 현상학적 영향을 보여주는 최선의 사례이다.

아벨Peter Abell이 편집한 『합리적 선택이론Rational Choice Theory』은 이 접근을 사용하는 연구들의 유용한 묶음을 제공한다(Abell, 1991). 실용주의와 상징적 상호작용론에 대해서는 록의 『상징적 상호작용론의 형성The Making of Symbolic Interactionism』(Rock, 1979)이 철학적 배경에 대한 탁월한 설명이다. 실용주의와 사회과학에 대한 일반적 논의로는 루이스J.D. Lewis와 스미스Richard L. Smith의 『미국 사회학과 실용주의American Sociology and Pragmatism』(Lewis and Smith, 1980)를, 그리고 실용주의에 대한 강력하고 인상적인 현대의 옹호로는 로티Richard Rorty의 『실용주의의 결과Consequences of Pragmatism』(Rorty, 1982)를 볼 것.

후기

합리적 선택이론은 여러 사회과학분과에서 계속 강력한 영향력을 행사하고 있으며, 경제학과 정치학에서 특히 그 영향력은 두드러진다. 대부분의 사회학과 인류학에서는 규범적 규칙, 가치 그리고 문화전통에 대한 강조가 중심의 자리를 차지해왔는데, 이 때문에 이들 학문분과에서는 합리적 선택이론의 활용이 제한적이다. 경제학에서 로슨Tony Lawson의 저작(Lawson, 2003a)은 그 학문분과에서 주류 접근의 기본 가정들에 대한 중요한 비판을 제공했다. 아처와 트리터[Archer and Tritter (eds.), 2000]는 사회이론의 중심 문제들과 관련하여 합리적 선택이론에 대한 탁월하고 광범한 일련의 비판적 평가를 제공했다. 사회적 삶에서 규범의 중심성에 관해서는 세이어(Sayer, 2009)를 볼 것. 시장과 합리적 선택 사이의 관계에 관해서는 오닐(O'Neill, 2009)을 볼 것.

사회과학에서 인과적 설명의 역할이라는 논란이 많은 쟁점은 그로프(Groff, 2008)의 광범위한 편저서가 다루고 있다.

6
해석적 접근 2
규칙 준수로서 합리성 – 문화와 전통과 해석학

서론

　우리는 이제 전혀 다른 합리성 개념으로, 그리고 인간 행위의 이해에 포함된 것에 대한 상이한 견해, 즉 사회적 행위자가 그 속에 위치하고 있는 문화와 언어 자체의 성질에 베버가 부여한 것보다 더 큰 중요성을 부여하는 견해로 옮겨 간다.

　여기서의 출발점은 이유를 원인으로 이해할 수 있는가에 관한 앞 장에서의 논의이다. 거기서는 그러한 주장이 인간 행위의 복합성을 이해할 수 있게 하기에는 너무 단순하고 정태적인 개념을 채용한다고 주장했다. 이유는 행위의 원인이 아니며 원인일 수 없다는 그 주장의 다른 측면을 살펴볼 때 우리는 복잡성 속으로 들어가기 시작한다. 이 주장은 영미 철학에서 중요했는데, 이 철학은 언어적 전환에서 주도적인 인물인 오스트리아 출신의 비트겐슈타인(Wittgenstein, 1958, 1997)의 지배를 받았다. 비트겐슈타인의 작업에 대한 관례적인 해석은 앞에서 철학과 과학 사이의 관계에 대한 '조수' 견해라고 언급한 것 – 말하자면, 재화는 과학이 만들어내는 것이며 철학자는 과학자가 어려움에 부딪혔을 때에만 중요하다는 견해 — 으로 변모했다. 어려움은 언어적인 것이며, 철학자의 임무는 과학자가 뜨개질을 계속할 수 있도록 개념의 털실에 생긴 엉킴을 풀어주는 일이다.

이러한 견해를, 1950년대 말에 윈치는 『사회과학이라는 이상The Idea of a Social Science』(Winch, 1958)이라는 책에서 급진적인 방식으로 문제 삼았다. 우리는 윈치가 비트겐슈타인의 견해를 사용하여 사회과학의 가능성에 관해서뿐 아니라 우리 자신의 문화 이외에 다른 문화를 이해할 가능성과 상대주의라는 쟁점에 관해서도 수많은 문제를 제기하는 것을 확인할 것이다. 우리는 이 장의 첫 부분에서 윈치의 저작과 그것이 갖는 함의에 초점을 맞출 것이다. 그런 다음 근래의 매킨타이어(MacIntyre, 1981)의 작업을 살펴보고 유럽 대륙 철학의 주요 인물인 가다머(Gadamer, 1989)로 옮겨 갈 것이다. 그들이 서로의 작업 발전을 명시적으로 자극한 것은 아니지만, 그들의 견해는 동일한 계보에 위치시킬 수 있다.

피터 윈치: 철학과 사회과학

윈치는 그의 저서의 면지에 독일 철학자 레싱Gotthold. E. Lessing의 글을 인용하고 있다.

도덕적 행위는, 그것이 일어나는 시간이 아무리 다르고 사회가 아무리 다르더라도, 그 본질에서는 늘 동일하다는 것이 틀림없이 참일 것이다. 그러나 동일한 행위가 늘 동일한 이름을 갖지는 않을 것이며, 그러므로 어떤 행위에 대해, 그 행위가 일어나는 시간에, 그리고 그 행위를 실행하는 사람들 사이에서 지니곤 하는 이름과 다른 이름을 부여하는 것은 정당하지 않다(Winch, 1958).

원치의 주장은 이 인용문에 관한 명상이라고 볼 수 있다. 그는 그가 비판하고 있는 철학 개념을 서술하기 위하여 '조수'라는 용어를 만들었다. 원치 자신의 입장은 철학과 과학 사이의 관계에 관해 그가 제시하는 요점으로 가장 잘 요약할 수 있을 것이다. 외부세계의 존재에 관해 철학자가 질문을 제기할 때, 그는 어떤 과학적 의미에서 '입증할' 수 있는 답을 요구하는 것이 아니라 외부성이라는 개념으로 우리가 무엇을 의미하는가를 질문하는 것이다. 우리는 특정한 문화에서 무엇이 외부적인 것인지 어떻게 결정하는가? 뒤에서 논의할 것처럼, 상이한 문화들은 상이한 외부세계들을 가지고 있다. 철학자는 개별의 언어적 혼란에 관심을 두는 것이 아니라 언어 자체의 성질 그리고 언어와 실재의 관계에 관심을 갖는다. 우리는 언어 없이 외부세계에 접근할 수 없는데, 원치는 거기서 한 걸음 더 나아간다. "우리가 가지고 있는 개념들이 우리가 세계에 대해 갖는 경험의 형태를 정해준다"(Winch, 1958: 15).

그러므로 상이한 언어들은 상이한 실재들을 정의한다. 우리는 '상이한 문화들은 상이한 실재들이다'라고 말할 수 있다. 우리가 세계에 관하여 새로운 묶음의 믿음을 채택할 때 일어나는 일을 생각해보면 우리는 원치가 의미하는 것에 대해 직관적인 감각을 얻을 수 있다. 예컨대 내가 개신교로 개종한다면 나는 세계를 이전에 보던 것처럼 보지 않을 것이다. 이전에는 가련한 사람들을 보았던 반면, 이제는 예수를 영접하기를 거부하는 사람들을 본다. 이전에는 그런 사람들을 피하고자 했던 반면 이제는 그들에게 복음을 전하는 것을 나의 의무라고 믿는다. 마찬가지로 내가 정신분석학자로 훈련받는다면 세계가 달라질 것이다. 이전에는 골을 넣고 서로 축하하는 축구 선수를 보았다면 이제는 잠재적인 동성애의 허용 가능한 표현을 본다.

각각의 언어, 즉 세계를 보는 각각의 방식은 세계를 **납득할**intelligible 수 있게 만들고자 하는 상이한 방식들이며, 철학자의 업무는 상이한 언어들 — 종교적, 과학적, 사회과학적, 문학적 등 — 이 이것을 수행하고자 하는 방식을 탐구하는 것이다. 그렇지만 사회과학의 경우 주목할 만한 일이 일어난다. 즉, 철학과 사회과학이 융합한다.

한 사람이 그의 주변 사람들과 맺는 사회관계에는 실재에 관한 그의 생각이 스며들어 있다. 사실 '스며들었다'는 단어로는 표현하고자 하는 것을 충분히 강력하게 표현할 수 없다. 사회관계는 실재에 관한 생각의 표현이다(Winch, 1958: 23).

이 진술은 사회과학자들이 오랫동안 윈치의 책을 무시한 이유를 알려준다. 그 책은 사회과학자들의 밥그릇을 빼앗을 것이다! 그렇지만 그의 견해는 진지하게 다룰 가치가 있다. 그가 말하는 것은 사실상 앞 장에서 우리가 논의한 접근들의 주장, 즉 사회과학의 임무는 사람들이 그들의 사회세계에 부여하는 의미를 이해하는 것이라는 주장과 매우 유사하다. 그렇지만 윈치가 보기에 이것은 철학의 업무이다.

언어, 게임 그리고 규칙

윈치는 자신이 인식론적 주장을 하고 있다고 생각하지만, 적어도 우리가 사회과학의 대상에 대해 생각할 때 그는 '**실제로**' 존재하는 것에 관해 이야기하는 것이 아니라, 우리가 실제로 존재한다고 생각하는 것을 언어의 사용을 통하여 우리가 어떻게 결정하는가에 관해 이야기하고 있다. 이것에 대한 그의 견해에서 중요한 것은 규칙, 규칙 준수 그리고 '언어게임'이라는 비트겐슈타인의 개념이다. 이해는 우리가 단어를 어떻게 사용하는지, 그리고 우리가 단어를 '올바른' 방식으로 사용한다는 것을 어떻게 인식하는지의 사안이다.

우리의 언어 사용에서 한 가지 흥미로운 것은, 예컨대 가핀켈의 일상생활의 방법론 연구ethnomethological studies가 보여주는 것으로(Garfinkel, 1967), 우리가 말을 할 때 우리는 늘 해석적 과정에 연루되지만 어떤 최종적인, 확정적인 해석에 도달할 수는 없다는 것이다. 누군가에게 특정한 단어나 구절로 그가 의미하는 것이 무엇인가를 계속 질문한다면, 우리는 결론적인 답이 아니라 커다란 분노와 좌절을 얻을 것이다. '코스course'라는 단어가 좋은 사례를 보여준다. 이 단어에 대한 최종적인, 사전적인 정의는 없다. 이 책을 읽는 대부분의 독자는 특정 학문분과를 전공하는 학교의 코스를 밟고 있을 것이다. 당신이 이 책을 읽는 동안, 세계의 어디에선가 말들이 코스를 따라 경주하고 있을 것이다. 기자는 여러 상이한 장소에서의 사건들의 코스에 관하여 보고하고 있을 것이다. 사냥개들은 산토끼의 코스를 추적하고 있을 것이다. 전파탐지기는 수천 대의 비행기의 코스를 추적하고 있을 것이다. 의사와 환자는 암이 전이될 코스와 그것을 치료하기에 최선의 방법이 화학요법의 코스인가 방사선요법의 코스인가에 관해 숙고할 것이다. 그리고 수백만의 사람들은 여러 가지 상이한 맥락에서 '오브 코스of course'라는 구절을 사용할 것이다. 그리고 '오브 코스(당연히)', 이 원고를 준비하는 코스에서 나는 코스에서 완전히 벗어나서 내 머리를 때린 새로운 생각을 만났을 것이다. 나는 세 코스의 음식을 사 먹으면서 즐거워할 것이다.

이것들은 모두 그 단어를 사용하는 '정확한correct' 방식이라고 생각할 수 있다. 우리는 또한 그 단어를 사용하는 부정확한 방식들도 찾아낼 수 있다. 축구공 던지기가 아니라 '축구공 코스'라고 말한다거나, 내 집이 따라가는 코스라고 말한다거나, 또는 복도를 따라 걸으면서 대학이 제공하는 코스라고 말한다면, 그것들 주위를 걸을 때의 행위의 여러 가지 코스를 구상할 수도 있겠지만, 우리는 납득하지 못할 것이다.

이 모든 것의 요점은 — 우리가 완전히 정신을 놓기 전에는 — 단어에 대한 단일한, 명확한 정의는 없다는 것이다. 우리는 이미 앞 장에서 이런 생각을 접했으며, 윈치의 비트겐슈타인 해석도 일상생활의 방법론 발전에서 일정한 역할을 했다. 윈치는 우리가 '코스'라는 단어의 사용을 지배하는 규칙을, 적어도 암묵적으로라도 알고 있기 때문에 사람들이 그 단어를 올바르게 또는 그릇되게 사용하고 있는지를 알고 있다고 주장한다. 그 규칙은 우리에게 그 단어가 의미하는 것을 이해할 수 있게 해준다. 그렇지만 여기서 우리는 일상생활의 방법론이 취한 것과는 전혀 다른 방향으로 나아간다. 철학자로서 윈치는 규칙의 개념과 규칙을 따르는 것이 무엇인가에 관심을 가지고 있으며, 우리는 이유와 인과적 설명의 문제로 되돌아간다.

첫 번째 요점은 우리가 규칙을 따르는 올바른 방식을 찾아낼 수 있다면 그릇된 방식도 찾아낼 수 있다는, 즉 우리는 잘못을 저지를 수 있다는 것이다. 윈치는 다음과 같이 주장한다.

> 규칙을 준수한다는 생각은 **실수를 저지른다**는 생각과 논리적으로 분리할 수 없다. 어떤 사람에 대해 그가 규칙을 따르고 있다고 말할 수 있다면, 그것은 그가 수행하는 것을 올바르게 수행하고 있는지의 여부를 물을 수 있다는 것을 의미한다(Winch, 1958: 32).

지금까지 나는 언어를 사례로 사용하면서 논증을 전개했지만, 우리는 우리의 사회적 삶 전체를 언어 사용으로 생각할 수 있다. 우리는 우리가 수행하는 것에 의미를 부여하며, 그러므로 우리의 삶, 우리의 언어 그리고 우리의 사회세계를 규칙 준수로 볼 수 있다. 우리가 적어도 두 가지 방식 — 올바른 방식과 그릇된 방식 — 으로 규칙을 지킬 수 있다면, 그것은 우리가 사회과학에서 인과적 설명을 제공할 수 없다는 것을, 그리고 이유에 대한 우리의 이해가 늘 **평가적**evaluative이라는 것을, 즉 규칙을 올바른 방식으로 적용하는가 아니면 그릇된 방식으로 적용하는가를 우리가 묻는다는 것을 의미한다. 인과적 설명은 평가가 아니라 (잠정적) 사실에 대한 진술이다. 그러므로 사회과학은, 사람들이 규칙을 늘 동일한 방식으로 지킬 것을 보증할 수 없기 때문에, 예측을 할 수 없다.

규칙-준수의 두 번째 함의는 모든 행위가 사회적이라는 것이다. 왜냐하면 행위가 의미 있는 것이거나 규칙을 준수하는 것이라면, 그 규칙을 어떻게 준수하는가를 누군가가 평가해야 하기 때문이다. 그렇지 않다면 나는 내가 좋아하는 것을 아무런 점검 없이 수행할 수 있다. 윈치는 자신의 논의를 전개하면서, 그러므로 베버를(특히 베버의 인과적 적합성 개념을 그리고 사회적이지 않은 의미 있는 행위가 있을 수 있다는 베버의 생각을) 비판하고, 사회적 행위의 규칙을 해명하는 데 관심을 갖지 않는 사회과학의 가능성을 주장하는 다른 논자들에 반대하는 논증을 전개한다.

사회과학자(그는 과학자가 아니라 철학자이다)는 사회적 삶의 규칙, 비트겐슈타인이 '삶의 형식forms of life' 또는 '언어게임language games'이라고 부른 것, 즉 의미 있는 행위에 함축되어 있는 사회적 규칙을 해명하는 데 관심을 갖는다. 이것은 상대주의를 함축한다. 상이한 사회들, 상이한 문화들은 그것들 자체의 삶의 형식들을 가지고 있으며, 중립적이거나 다른 언어들을 번역해 넣을 수 있는 우선적인 삶의 형식이나 언어는 없다. 여기서 실증주의와의 차이는, 우리가 본 것처럼, 실증주의는 중립적인 관찰 언어, 즉 '과학적' 언어를 암시한다는 점이다.

그다음 윈치는 우리를 베버의 저작에서 볼 수 있는 온건한 원인과 객관성과 가치중립의 개념에서조차 벗어나는 곳으로 데려간다. 사회세계에 존재하는 것과 사회세계에 존재하는 것에 대한 사람들의 생각은 같은 것이다. 외부 세계에 대한 특권적인 접근 통로는 없다. 우리는 문화를, 그리고 추정상 하위문화를, 사람들이 그것들과의 관계에 대한 이해에서 그들이 사용하는 규칙을 상술함으로써 이해한다. 사회학자에게는, 정신에 직접 떠오르는 '누가 규칙을 만드는가?', '규칙에 대한 상이한 관계들을 우리는 어떻게 보는가?' 등과 같은 질문들이 있지만(예컨대 MacIntyre, 1974를 볼 것), 이러한 반론은 그 규칙이 '외부적인 것'이라고, 즉 사람들 외부에 있다고 상정하는 듯 보인다. 윈치는 우리가 연구하는 대상에 관해 이야기하는 것이 아니라, 연구하는 대상이 있다는 감각을 우리가 창출하는 방식에 관해 이야기하고 있다. 규칙에 대한 상이한 관계들이 있는지의 여부에 관해 이야기하는 것이 아니라, 상이한 관계의 인식에 어떤 규칙을 적용하는가에 관해 이야기한다.

다른 사회들을 이해하기

아잔데Azande 부족에 관한 고전적인 논문에서 윈치가 마법에 관해 이야기 해야 한 것을 살펴봄으로써 우리는 논의를 더 진전할 수 있다(Winch, 1974). 그것은 또한 우리에게 그의 입장을 비판할 수 있게 해준다. 그는 일찍이 1937년에 아잔데 부족에 관한 연구를 출판한 영국 인류학자 에번스프리처 드Edward Evans-Pritchard에 대한 비판으로 시작한다. 아잔데 부족은 마법을 믿고 있으며 마법은 그들의 삶에서 중심적인 역할을 수행한다. 내가 열이 많이 난다면 나는 의사와 상담할 것이다. 내가 아잔데 부족이라면 (적어도 에번스프리처드가 그들을 연구할 때에는) 나는 누가 내게 마법을 걸었는가를 알아내기 위하여 마법치료사와 상담할 것이다. 그는 '독약 신탁poison oracles'의 계시를 구할 것이다. 여기에는 벵게Benge라고 부르는 물질을 사용하는 의례가 포함된다. 우리는 벵게를 독약으로 생각할 수도 있지만 아잔데 부족은 우리가 가진 '독약'에 해당하는 개념을 가지고 있지 않다. 엄격한 의례를 진행하고 '내 이웃 사람이 내게 마법을 걸었는가?'라는 질문과 함께 벵게를 닭에게 먹인다. 닭이 죽는 것이 '그렇다'나 '아니다'의 어느 것을 의미할 것인가는 미리 정해놓는다. 그리고 닭의 생사에 따라 답이 나오면, 또 다른 닭에게 벵게를 먹이고 생사여부로 앞의 답이 진실인가를 확인한다.

원치에 따르면, 에번스-프리처드는 이러한 사례들을 다루면서 서구의 과학이 아잔데 부족보다(적어도 제한된 방식에서) 더 우월하다는 견해를 비판하기는 하지만, 그 비판은 충분하지 않다. 원치는 원칙적으로 우리는 과학이 우월하다는 것을 입증할 수 없는데, 왜냐하면 이를 입증하기 위해서는 다른 모든 언어들을 그것으로 번역해 넣고 비교할 수 있는 언어, 즉 실재에 대한 특권적 접근 통로를 가진 언어, 오늘날 '메타-서사meta-narrative'라고 부를 수 있는 언어에 의지해야 할 것이기 때문이라고 주장한다.

원치는 다시 비트겐슈타인에 의지한다.

> (비트겐슈타인은) 일반적 형식의 명제들이 있어야 한다는 전체적인 생각을 거부하게 되었다. 그는 언어가 가질 수 있는 무한하게 많은 서로 다른 사용법을 강조하고, 이러한 상이한 사용법들이 모두 어떤 공통적인 것을 가져야 할 필요가 있는 것도 아니고 실제로 공통적인 것을 갖는 것도 아님을 보여주고자 시도했다 …… 또한 그는 수많은 상이한 언어 사용법이 있는 만큼 '실재와의 일치 또는 불일치'에 해당하는 것도 수많은 형태를 갖는다는 것을, 그러므로 그것을 문제가 되는 언어 사용법에 대한 자세한 탐구에 선행하여 주어진 것으로 취급할 수 없다는 것을 입증하고자 시도했다(Winch, 1974: 90).

각각의 언어는 올바른 것과 그릇된 것에 관한, 존재하는 것과 존재하지 않는 것에 관한 그 자체의 기준을, 즉 그 자체의 규칙을 가지고 있다.

우리가 접근 통로를 가지고 있는 유일한 것은 삶의 형식, 즉 상이한 문화들이 말하는 언어, 세계에 대해 의미를 부여할 수 있게 하는 규칙이라고 원치는 말한다. '진짜' 실재에 대한 접근 통로를 가지고 있는 특별 언어super-language 는 없다. 모든 실재들은 그 실재들을 그 자체로 정의하는 언어의 맥락 속에서 실재한다. 아잔데 부족은 마법을 가지고 있고 영국 사람들(과 그 밖의 사람들)은 과학을 가지고 있다. 각 사회는 그 자체의 합리성의 형식을 가지고 있으며, 그것은 다른 사회의 성원들에게는 납득불가능할 것이다. 예컨대, 아잔데 원주민이 내 집 문을 두드리고 내가 마당에 키우고 있는 닭이 신탁에 적합한 종류의 가금류가 아니라고 말한다면, 그에게는 매우 적절할 수 있지만, 그 진술은 나를 어리둥절하게 만들고 나에게는 알 수 없는 이야기라는 것 이외의 의미를 갖지 않을 것이다. 영국 원주민인 내가 아잔데 원주민에게 그/그녀의 믿음이 논리적으로 모순이라고 지적했다면 나에게는 적절할 것이지만, 나의 진술은 그/그녀의 진술이 내게 그러했던 것처럼 내 방문자에게는 부적절할 것이다.

이런 입장은 두 가지 결과로 이어질 것으로 보인다. 첫째 우리는 다른 삶의 형식들에 관해, 즉 다른 문화들에서 진행되고 있는 것에 관해 도덕적 입장을 취할 수 없다는 것이다. 이것은 여러 가지 방식으로 되풀이될 쟁점인데, 지금 그것에 관해 우리가 이야기해야 할 것은 다문화주의에 관한 현대의 논쟁 맥락에서, 그리고 전통적이고 제국주의적인 태도에 관해, 특히 학문세계에서의 일반적인 혐오의 맥락에서 윈치의 입장이 매혹적이라는 것이다. 윈치는 우리에게 이교 ─ 기독교 또는 과학 ─ 로의 개종이 기초를 갖지 않는다고 제시하지만, 다른 사회들의 수용불가능한 특징이라고 간주할 만한 것 ─ 예컨대 여성 할례나 권위주의적 독재 ─ 을 우리가 비판할 수 있는 기초도 제공하지 않는다. 삶의 형식들을 번역해 넣고 외부세계에 대한 그것들의 관계에 입각하여 비교할 수 있는 메타언어가 없다면(인식론적 문제), 또는 삶의 형식들을 그것들의 합리성에 입각하여 판단할 수 있게 해주는 메타논리가 없다면, 서로 다른 삶의 형식들에 관해 도덕적 판단을 할 수 있게 해주는 메타윤리도 없다.

이러한 유형의 논쟁은 자연과학철학에서 쿤의 패러다임 개념을 중심으로 제기되는 질문과 무관하지 않다. 우리는 패러다임들 사이에서 어느 것이 더 합리적인지 판단할 수 있는가? 이것은 우리가 한 패러다임을 다른 패러다임으로 번역할 수 있는지의 문제와 관련된다. 여기에 윈치의 논의의 두 번째 결론이 있다. 그것은 우리가 다른 문화를 과연 실질적으로 이해할 수는 있는가, 우리는 한 삶의 형식에서 다른 삶의 형식으로 의미 있는 방식으로 번역할 수 있는가의 문제를 제기한다.

이것에 대한 윈치의 답은 다른 삶의 형식을 이해하려고 노력하라는 청원으로, 그리고 서구 사회 — 그것의 삶의 형식을 근거로 그가 말하는 — 에 대한 비판으로 볼 수 있는 미묘한 것이다. 그는 또 다른 언어철학자 리즈(Rees, 1960)를 언급하는데, 리즈Rush Rees는 우리가 우리 자신의 문화 속에서 우리의 삶의 다양한 활동들을 수행하면서 무수한 언어게임들(또는 더 광범한 삶의 형식의 요소들)에 참여하며, 한 언어게임에서의 진술의 의미는 그 특정의 순간에 행위자가 참여하고 있는 특정의 게임에만 의존하는 것이 아니라 그 행위자가 관련하고 있는 다른 모든 게임과 그 게임의 관계에도 의존한다고 지적한다. 내가 위치하고 있는 언어게임들 — 사회학자의, 가족구성원의, 영국 시민의, 크리켓 애호가의 등등의 언어 — 사이에는 중첩이 있다.

(개인 수준에서) 어떤 사람이 그 자신이 수행하고 있는 것 속에서 어떤 의미를 찾을 수 있는지는, 그러므로 그가 그의 다양한 이해관심, 활동, 그리고 다른 사람들과 맺은 다양한 관계 속에서 어떤 통일성을 찾을 수 있는지에 달려 있을 것이다. 그가 그 자신의 삶에서 어떤 종류의 의미를 찾을 수 있는가는 이 통일의 성질에 달려 있을 것이다. 그런데 삶 속의 이러한 종류의 의미를 찾을 수 있는 능력은 단순히 개인적인 것에 의존하지 않는다(물론 이는 그 능력이 그에

게 전혀 의존하지 않는다는 이야기는 아니다). 그 능력은 또한 그 속에서 그가 살고 있는 문화가 제공하는, 또는 제공하지 않는 그러한 의미를 이해할 가능성에 의존한다(Winch, 1970: 106).

우리는 윈치가 이것에 여성들도 똑같이 포함시킬 것이라고 상정한다. 계속하여 그는 아잔데 부족의 마법의 사례가 생산을 증대시키려는 방식이라는 주장—매킨타이어가 제출한—에 대한 토론에서, 매킨타이어Alisdair MacIntyre가 아잔데 관습의 상호연결성을 놓치고 있다고 주장한다.

아잔데 부족에게 농작물은 소비의 잠재적인 대상에 그치는 것이 아니다. 그가 살아가는 삶, 동료와의 관계, 그가 올바르게 행동하거나 악행을 저지를 가능성, 이 모든 것은 농작물에 대한 그의 관계에서 생겨난다(Winch, 1970: 106).

그리고 그는 이러한 연관을 놓치는 경향을, 서구 문화에 결여된 것으로, 즉 세계를 바라보는 우리의 도구적 방식에서 나오는 까막눈으로 간주하는 듯하다. 우리가 다른 문화를 연구해야 하는 이유는 그것이 삶과 삶의 가능성들에 대한 우리 자신의 자각을 확장하기 때문이다.

이것은 여전히, 우리는 다른 문화에 대한 접근 통로를 어떻게 얻는가, 우리는 한 삶의 형식에서 어떻게 전혀 다른 삶의 형식으로 번역 또는 이동하기 시작할 수 있는가를 묻는 나의 두 번째 질문에 답하지 않는다. 윈치의 답은 모든 문화들은 이러저러한 방식으로 인간됨의 중심에 자리한 특정한 문제들에 직면한다는 것이다. 문화들은 모두 출생, 성적(性的) 관계, 그리고 죽음을 다뤄야 한다. 그러한 관념들은 삶이라는 관념 자체에 함축되어 있는 것들이다. 문화의 새로운 성원들을 양육하고 사회화하는 여러 방식들과, 성적 관계를 조직하는 여러 방식, 죽음과 주검을 다루는 여러 방식이 있다. 모든 사회는 이런 것들을 수행해야 하며, 바로 이런 것들이 상호이해의 가능성, 즉 우리 자신 속에 있는 타자를 인식하는 그리고 그 역의 가능성을 제공한다.

원치를 통해 무엇을 할 수 있는가?

원치는 우리를 사회과학에서 몇 가지 중요한 문제의 핵심으로 데려간다. 우리가 사회학자이거나 인류학자이거나 역사학자이거나 심리학자이거나 간에, 우리의 작업은 주체들이 세계에 부여하는 의미에 대한 이해를 포함한다. 의미에 관한 몇몇 종류의 가정을 하지 않는 사회과학은 상상하기 어렵다. 이것을 하지 않는 사회과학에 우리가 가장 가깝게 접근한 것은 아마도 행태주의 심리학일 것이며, 모든 행태주의자가 그런 것은 아니더라도 대부분의 행태주의자는 자신을 자연과학자로 간주할 것이다.

그렇지만 앞에서 지적한 것처럼, 사회과학이 해석적**이어야 한다**고 말하는 것이 사회과학이 **오로지** 해석적이기만 해야 한다는 것을 의미하는 것은 아니다. 원치에 따르면 그리고 우리가 뒤에서 살펴볼 다른 논자들에 따르면, 관념론을 수용하는 기본적인 존재론 및 인식론적 입장이 있다. 우리의 문화, 언어가 사회세계에 존재하는 사물을 정의한다는 것이다. 이런 표현이 괜찮다면, 사회적 삶에 대한 본질적인 투명성이 있다. 우리가 연구하는 사람들의 언어게임을 우리가 이해할 수 있다면, 우리는 그들의 사회적 삶을 이해할 수 있다는 것이다. 이것과 관련하여, 테일러(Taylor, 1985)가 '정정불가능성 명제 incorrigibility thesis'라고 부르는, 즉 우리는 우리 자신의 관점에서 다른 문화를 비판할 수 없다는, 중립적 언어는 없다는 명제가 있다.

여기서 두 가지 점을 지적해야 한다. 첫째는 원치의 해명이 사회과학의 임무의 단지 일부분만을 제시한다는 것이고, 둘째는 테일러Charles Taylor의 작업을 따라 우리는 정정불가능성 명제를, 말하자면 통째로 받아들이지 않고서 그것의 힘을 인식할 수 있다는 것이다.

첫 번째의 요점은, 우리의 사회적 삶이 그렇게 투명한 것이 아니라는 것이다. 우리에게 일어나는 온갖 종류의 일들은 우리가 이해하고자 씨름하는 것들이며, 그것들에 대한 우리의 이해는 자주 부적절해 보인다. 사회과학이 단지 의미를 해석하는 작업일 뿐이라면 우리는 삶이 아주 쉬운 것이라고 느끼지 않을 수 없다. 이것은 흥미롭게 윈치의 '삶의 문제들' — 모든 문화가 그것들을 다루는 어떤 방식을 찾아야 하는 — 의 목록에서 빠져 있는 것들과 연결된다. 우리는 모두 출생과 성적 관계와 죽음을 다뤄야 할 뿐 아니라, 또한 먹어야 하는데, 식량이 하늘에서 떨어지거나 식량을 구하는 데 어려움이 없는 사회는 많지 않다. 달리 말하면, 모든 사회는 재화의 생산을 다뤄야 한다. 이것은 우리에게 아잔데 부족과 또 다른 연결고리를 제공한다. 예컨대, 우리 사회와 그들의 사회는 곡식을 키운다.

그러므로 다른 문화들을 이해하는 하나의 경로는 그 문화들이 그 속에서 재화를 생산하는 사회체계를 파악하는 것이다. 이것은 우리를 마르크스주의의 방향으로 끌고 가지만 우리가 반드시 끝까지 그 길을 가야 하는 것은 아니며, 서구 과학 — 도구적 이성 — 에 우선권을 부여해야 하는 것도 아니다. 이 지점에서 테일러의 주장이 들어온다(Taylor, 1985). 그는, 윈치에 따르면 우리는 이것인가 저것인가의 선택에 직면한다고 주장한다. 우리는 아잔데 문화를 우리 자신의 문화의 관점에서 원시적인 또는 부적절한 과학적 방법을 가지고 작업하는 것으로 보거나, 아니면 그들 자신의 관점에서 부족적이고 개인적 삶에서의 의미의 통합을 성취하는 것으로 이해해야 한다. 테일러는 '명쾌한 대조perspicuous contrast'의 언어를 발전시키는 것이 가능하다고 제시한다. '명쾌한'에 대한 사전의 정의는 '정신적 꿰뚫음을 가짐'이며, 그러한 언어는 다음과 같을 것이다.

(그 언어 속에서) 우리는 그들의 방식과 우리 자신의 방식을, 두 문화 모두에서 작동하는 어떤 인간적인 상수들과의 관계에서의 대안적인 가능성들로 정식화할 수 있다. 그 언어는 그 속에서 인간의 가능한 변이들을, 우리의 삶의 형식과 그들의 삶의 형식 둘 모두를 그러한 대안적인 변이들로 명쾌하게 서술할 수 있도록, 정식화하는 언어일 것이다. 그러한 대조의 언어는 그들의 이해의 언어가, 몇몇 측면에서는 왜곡되거나 부적합한 것임을 보여줄 수도 있고, 또는 우리의 이해의 언어가 그러한 것임을 보여줄 수도 있으며(이 경우 우리는 그들을 이해하는 것이 우리의 자기이해의 변경으로 이어지고, 그러므로 우리의 삶의 형식의 변경으로 이어지는 것을 발견할 수도 있다), 또는 둘 모두가 그러하다는 것을 보여줄 수도 있다(Taylor, 1985: 125~126).

달리 말하면, 아잔데 부족은 그들의 삶에 일관된 의미를 제공하는 데서 훌륭한 반면 우리는 자연에 대한 지식을 생산하는 데서 더 뛰어날 수 있는 것이다.

이것은 상당히 분별 있는 입장이며, 윈치의 주장 — 적어도 그가 문화들 사이의 이해를 가능하게 해주는 연관에 관해 이야기하고 있을 때의 — 과 완전히 양립 가능한 입장으로 보인다. 이러한 접점이 다른 문화에 관한 도덕적 주장으로 옮겨 가는 것은 상당히 어렵겠지만, 이해에 관한 한 윈치에게 강한 상대주의를 피할 수 있게 한다.

그러므로 우리는 사회과학에 관한 윈치의 옹호의 가치를 유지할 수 있을 뿐 아니라, 다른 형태의 사회분석에 종사할 수 있다. 다른 철학자들의 근래의 작업들은 분석의 이러한 문화적·언어적 수준이 사람들이 준수하는 규칙에 대한 이해를 넘어서 심화될 수 있다는 것을 명확히 보여주고 있다.

매킨타이어: 서사와 공동체

윈치의 저작은 사회과학철학에 관련한 여러 가지 인식론적, 존재론적, 정치적 및 도덕적 쟁점들을 제기하며, 그것들은 다른 방식으로 발전될 수 있다. 또 다른 영국의 철학자인 매킨타이어는 그의 경력 중에서 이러한 쟁점들을 둘러싼 논쟁에 또 다른 입장에서 관여했다. 그의 초기 저작에서 그는 마르크스주의에 가까웠으며, 내가 앞에서 언급한 윈치에 대한 그의 비판은 그시기에 나왔다. 그렇지만 그는 그의 경력 후반에 13세기 베네딕트 수도사이며 아리스토텔레스Aristoteles의 추종자인 토마스 아퀴나스Thomas Aquinas의 입장 쪽으로 이동했다. 그것이 의미하는 것을 자세히 다루기에는 지면이 부족하지만, 마르크스주의와의 대조는 분명할 것이다. 윈치는 청년 매킨타이어가 아잔데 부족의 관습을 소비재의 생산과의 관계 속에서만 볼 수 있다고 비판할 수 있었지만, 후기의 매킨타이어는 그러한 강조에 대해 매우 비판적이었으며 근대 문화의 도구성 그리고 근대성 전체에 대해 매우 비판적이었다.

매킨타이어의 주요 관심은 도덕철학이다. 그는 모든 종류의 도덕은 오로지 **전통**tradition의 맥락 속에서만 의미 있는 것일 수 있으며, 우리는 다른 두 가지 개념들, 즉 실천과 서사의 맥락 속에서만 전통에 관해 이야기할 수 있다고 주장한다. '실천practice' 개념으로 그는 도덕적 삶을 추구할 수 있게 하는 일관성 있는 사회적 실천을 가리키고, 이것이 인간에게 자신에 관해 일관성 있는 이야기를 할 수 있게 한다고 의미하는 것으로 보인다. 그는 인간은 본성적으로 이야기하는story-telling 동물이며 우리가 우리 자신에 관해 말하는 이야기는 고대의 신화에 뿌리를 두고 있는데, 이 신화에서는 모든 사람에게 명확한 역할이 부여된다고 주장한다. 윈치가 아잔데 사회의 장점일 수 있다고 제시하는 것은 개인적 삶에서의 이런 종류의 의미의 일관성이다.

근대사회에 대한 매킨타이어의 비판은 외부의 재화와 내부의 재화 사이의 구분을 통해 전개되는데, 여기서 '재화goods'는 가치 있게 평가되고 소망되는 것을 의미하고 '해악evils'과 대비된다. 외부 재화는 대상이며 소유권을 포함하고, 내부 재화는 도덕적이거나 윤리적인 재화이다. 이것은 지나친 단순화이지만, 여기서의 우리의 목적에는 충분하다. 매킨타이어는 어린아이에게 장기 두기를 가르치는 일을 사례로 제시한다. 어린아이는 별로 관심이 없을 수 있지만, 잘하면 사탕을 주겠다는 제안에 장기를 배우기로 설득당할 수 있다. 사탕은 어린아이에게 외부 재화이다(그리고 사탕을 먹을 때에도 그것이 내부 재화가 되는 것은 **아니다!**). 희망은 어린아이가 잘 배워서 장기를 즐기고, 경기를 수행하는 기술 그 자체를 가치 있게 평가하는 것이다. 경기를 잘하는 능력과 이기는 것에 만족하는 것은 내부 재화가 되며, 그것들은 공동체에 이익에 되는 재화이다. 뛰어난 장기 선수는 (모든 좋은 게임의 선수와 마찬가지로) 다른 사람들에게 즐거움을 제공할 수 있다.

매킨타이어에 따르면, 실천과 제도 사이에는 모순적인 또는 변증법적인 관계가 있다. 실천, 즉 내부 재화의 추구는 제도에 의존하지만, 제도는 또한 외부 재화의 추구와 관련되며 그러므로 늘 부패의 위험이 있다. 이 모든 것에서 중요한 점은 매킨타이어가 인식론적으로 윈치와 유사한 주장을 제출하고 있다는 것이다. 우리는 인간의 행위를 오로지 그것의 맥락 속에서만, 언어게임 속에서만, 또는 그것이 일어나는 삶의 형식 ─ 매킨타이어가 실천과 제도로 다루는 듯 보이는 것 ─ 속에서만 이해할 수 있다. 인식론은 도덕철학에 대해 함의를 가지고 있다. 아잔데 부족에 대한 논의에서 윈치는 서구 문화에 비교한 아잔데 문화의 장점이, 개인의 삶에 대해 근대 세계가 제공하는 것보다 더 일관성 있는 의미를 제공하는 것이라는 생각을 가지고 움직인다. 그러므로 아잔데 부족의 마법을 이러저러한 묶음의 과학적 시각을 통해 보는 것은 그릇된 것이다. 매킨타이어는 이것을 근대성에 대한 전면적인 비판으로 전환하여, 외부 재화에 대한 추구가 내부 재화에 대한 추구와 사회적 삶의 일관성 — 일관성 있는 개인적·사회적 서사의 조건이며 동시에 원천인 — 을 삼켜 버린 새로운 암흑시대에 우리가 들어섰다고 주장한다.

더 중요한 것으로, 매킨타이어는 사회학과 사회심리학에서의, 그리고 아마도 덜한 정도로는 사회사에서의 서사를 강조하는 현대의 견해에 철학적 기초를 제공한다. 이 강조는 각 학문분과에서 상이한 방식으로 발전했다. 예컨대 정신분석학자 융Darl Jung의 저작의 영향을 받은 맥애덤스Dan P. MacAdams (MacAdams, 1993)는 정체성의 감각과 삶의 의미를 위한 개인적 신화 구축의 중요성에 관해 이야기한다. 인지심리학자인 브루너(Bruner, 1987)는 획기적인 논문에서 사람들의 삶에는 오직 서사만이 있다고, 살았던 삶과 말해진 삶 사이에는 차이가 없다고 제시한다. 문화는 서사구조를 제공하고 우리는 그것을 중심으로 우리의 개인적 삶을 조직하며, 이 조직 속에서 우리는 우리의 문화 속에 묶인다. 사회학에서 서사의 개념은 사람들이 질병이나 이혼 같은 삶의 위기를 처리하는 방식을 살펴볼 때 특히 중요하다(Andrews et al., 2000). 모든 사례에서, 일관성 있는 서사가 개인적 정체성의, 그리고 더 광범한 사회집단들에 대한 연관의 원천이라고 제시된다.

그러므로 서사에 대해 우리는 사회과학에 대한 해석적 접근의 또 다른 기초를 제공하는 것으로 생각할 수 있다. 서사의 강조는 도구적 합리성에 대한 대안을 제시하며, 삶의 형식 속에서 우리가 우리의 삶에 중요한 의미를 부여하는 방식을 고려할 수 있도록 규칙 준수로서의 합리성 개념을 확장한다.

해석학: 가다머

앞 장에서 우리는 도구적 합리성에 대해 공통의 관심을 공유하고 있는, 사회과학에 대한 해석적 접근의 여러 형태들을 살펴보았다. 이 장에서 우리는 행함doing보다는 있음being에 더 관심을 갖는 다른 형태의 합리성을 살펴보았다. 우리는 우리의 삶에서 어떻게 의미를 찾아내는가, 우리는 어떻게 우리의 삶에 의미를 부여하는가? 그에 대한 답들은 모두 공동체, 삶의 형식, 전통, 집합체, 규칙, 끝으로 서사에 대한 언급을 포함했다. 그것들은 우리를 인식론의 문제로부터 상대주의의 문제에 대한 최초의 만남을 통하여 도덕철학의 문제로, 그리고 도덕과 사회세계와의 관계의 문제로 데려간다. 그것들은 또한 우리를 도구적 합리성의 개별적 강조로부터 문화와 전통의 집합적 강조로 데려간다.

'해석학hermeneutics'은 원래 성경의 영적 진리에 대한 해석을 묘사하는 용어였지만, 딜타이가 인간과학에 도입하여 의도적인 인간 행위와 인간의 제도들에 대한 탐구를 가리켰으며, 딜타이 이후의 사상가들은 전통과 문화 내부에서의, 그리고 그것들 사이에서의 이해 과정을 가리키는 데 사용했다. 이 장과 앞 장에서 우리가 살펴본 모든 사람들은 가장 넓은 의미에서 해석학이라는 이름 아래 열거할 수 있지만 중요한 차이들이 있다. 베버는 계몽의 과학적 정신에 더 가깝고 그것의 승리를 추적하는 것으로 볼 수 있는 반면, 윈치와 매킨타이어는 상이한 전통 − 비트겐슈타인과 아퀴나스 − 에 의지하고 있다. 관례적으로 이제 해석학은 다수의 유럽대륙 철학자들의 견해를 가리키는데, 가다머(Gadamer, 1989)는 그들 가운데 가장 중심적인 사람의 하나이다. 이 독특한 집단을 특징짓는 것은 그들이 자연과학의 도구적이고 조작적인 정신이라고 생각하는 것에 보이는 적대감이다.

가다머Hans-Georg Gadamer는 모든 관례적인 객관성 개념에 대한 비판자이다. 그는 지식은 개인의 행위에 대한 이해 성취의 산물(베버 식의)이 아니라 역사의 움직임에 대한 이해 성취의 산물이며, 역사는 공통의 목표의 발전이라고, 그리고 우리는 우리 자신을 그 공동 목표의 일부로 만들 때에만 그 목표에서 출현하는 텍스트를 이해할 수 있다고 주장한다. 상이한 전통을 가진 사람과의 논쟁을 이해하는 것에 대해서도 동일한 것을 이야기할 수 있다. 필요한 것은 각자가 서로를 이해하게 되면서 일어나는 지평horizons의 점차적인 융합이며, 이것은 이해의 시도를 통하여 우리의 의지와 무관하게 일어난다. 우리가 동의하지 않는 난해한 텍스트를 이해하고자 씨름한다면, 그리고 우리가 나중의 어떤 시점에서 세계에 대한 우리의 견해가 어느 정도 변화했다는 것을 발견한다면, 우리는 가다머가 도달하고자 하는 것을 이해할 수 있을 것이다.

이해는 불가피하게 역사적이다. 인간 존재의 성질은 그 자체가 역사적이며 역사적 변동에 개방되어 있다. 이해의 과정은 역설적인 것으로, '해석학적 순환hermeneutic circle'을 포함한다. 우리는 부분을, 그것을 부분으로 포함하고 있는 전체를 이해하지 않고서는 이해할 수 없으며, 동시에 우리는 전체를, 그것을 구성하는 부분들을 이해하지 않고서는 이해할 수 없다. 이를테면 우리는 셰익스피어 연극의 의미를, 그 속의 개별 장면들과 막들의 의미를 이해하지 않고서는 이해할 수 없다. 동시에 우리는 개별 장면들과 막들의 의미를, 그것들이 전체 연극에 어떻게 연결되는가를 이해하지 않고서는 이해할 수 없다. 이해는 부분에서 전체로의 그리고 다시 그 반대로의 끊임없는 운동을 포함하며, 가다머에 따르면 이것은 사유하는 존재로서의 바로 우리 존재에 대한 서술이다. 이것이 바로 우리가 사유할 때 수행하는 것이다.

가다머에게는 개인은 이차적인 것이다. 역사(문화, 전통)가 일차적인 것이다. 우리는 우리 자신을 개인들로 이해하기 훨씬 전에 우리가 그 속에서 살고 있는 사회적 단위들을 통해서, 그리고 그 단위의 부분으로 우리 자신을 먼저 이해하게 된다. 개인적인 자아의식은 단순히 '역사적 삶의 폐쇄된 순환 속의 깜박임'일 뿐이다. 우리는 일차적으로 우리 자신의 선입견, 즉 우리가 그것의 일부인 역사적 순간에 대한 선판단prejudgements을 통하여 세계를 이해한다. 우리를 역사와 우리 삶에 뿌리박게 하는 것으로서 '선입견prejudice' 등과 같은 단어를 우호적인 관점에서 도입하는 것은 가다머가 전통적인 과학 개념에서 아주 멀리 떨어져 있음을 보여준다. 하우Alan How는 이것이 작동하는 방식을 잘 서술하고 있다. 우리는 이해하고 해석하는 존재이며, 부분에서 전체로 그리고 다시 그것의 반대로의 움직임의 순환 과정에 사로잡혀 있다.

> 그것은 우리가 겪는 일이며, 우리의 선판단들은 우리의 소유물이 아니기 때문에 우리가 최종적으로 통제할 수 없는 것이다. 그것들은 말하자면 우리가 우리의 전면에서 전체적인 모습으로 접근할 수 있는 것이 아니다. 그것들은 우리가 그것을 알기 전의 우리이며, 그렇게 존재하는 것은 또한 우리의 모든 실질적인 이해와 해석을 위한 적극적인 선행필수물이다. 우리는 우리 자신의 선판단들을, 우리의 전통을 진전시키는 과정의 전망 속에 그것들을 넣기 전까지는 진정으로 알지 못한다(How, 1995: 47).

그러므로 우리는 선입견이 없이는 아무것도 알 수 없지만, 계속되는 역사적 기획 속에서 우리가 선입견에 대해 자각하게 되면 그것을 변경할 수도 있다. 역사적인 것은 필수적인 선입견과 권위의 원천이며, 이해의 과정은 전통의 권위에 대한 인식을 포함한다.

이 책의 목적에서 보면, 이것들은 우리가 가다머에게서 얻을 수 있는 가장 중요한 발상이다. 그 발상의 중요성을 보이기 위해서는 아마도 현재 사회학에서의 몇 가지 논쟁을 간략하게 살펴보는 것이 유용할 것이다. 우리에게 사회학적 사유의 창시자 — 마르크스, 뒤르켐, 베버, 짐멜Georg Simmel — 의 고전적인 텍스트들은 더 이상 필요하지 않다는 주장을 듣는 것은 이제 예외적인 일이 아니며, 이 주장에는 여러 가지 변형들이 있다. 근대 사회학은 복잡한 경험적 학문분과라거나, 근대 사상가들은 '거대서사'의 제한적이거나 억압적인 특성을 입증한다거나, 21세기 초에는 근대 이론가들이 19세기 후반에 저술한 이론가들보다 더 적합하다는 식이다.

가다머의 입장은 고전 텍스트들이 사회학적 사유가 가능한 조건을 제공한다는 것일 것이다. 그 텍스트들은 사회학의 선입견―이 표현에 동의한다면―을 제공하며, 그것들을 읽지 않는다면 우리는 학문분과를 갖지 못할 것이다. 즉, 세계에 관해 우리가 말하는 것에 대한 권위를 갖지 못할 것이다. 그것은 모든 세대가 학문분과를 새롭게, 즉 출발점에서부터 구축해야 하는 것과 같을 것이다. 하우가 지적하듯, 고전에 대한 외양적으로 급진적인 비판과 새로운 이론들이 나타나지만 시간이 지나면 그것들은 전통 속에 흡수된다. 그리고 당연히 우리가 고전을 과거에 남겨두고 앞으로 간다면 우리는 결국 있는 것을 또 만드는 낭비를 하게 된다(How, 1998).

동시에 가다머의 전통 및 권위의 개념에도 문제는 있다. 다음 장에서 볼 것처럼, 그가 정확하다면 우리는 세계에 관한 우리의 잘못된 견해에 대한 체계적 탐구, 즉 이데올로기 비판을 수행할 수 없다는 강력한 문제제기가 있다. 여기에는 상대주의에 관한 주장도 마찬가지로 관련된다. 내가 속한 전통이 구조적으로 인종주의적인 것이라면(거의 확실하게 그러하다), 그리고 그것이 세계와 다른 사람들에 대한 나의 인식의 틀을 형성한다면, 인종주의는 그릇된 것이라고 내가 배우는 것이, 또는 내가 그것을 배운다면 인종주의가 그릇되었다는 것을 다른 사람들에게 입증하는 것이 어떻게 가능할 것인가. 물론, 실재는 그것보다 훨씬 복잡하며, 전통은 지속적인 논쟁과 융합의 과정에서 존재하는 온갖 종류의 모순적인 사상의 흐름들로 이루어지지만, 가다머의 해석학에는 아마도 불필요한 보수주의, 즉 전통의 권위에 대한 지나친 강조가 있다. 그렇지만 인간 존재를 본성상 자신의 존재를 정의하는 순환 과정을 통하여 이해하고 해석하는 존재로 보는 그의 그림은, 규칙 준수로서의 인간이라는 윈치의 견해와 이야기하는 동물로서의 인간이라는 매킨타이어의 견해와 맥락을 같이한다.

결론

이 장은 우리를 앞 장에서 논의한 인간 행위에 대한 비교적 단순한 견해로부터 멀리 데려간다. 기본 가정은 동일하지만, 즉 사회과학은 의미 있는 인간 행위를 이해하고자 한다는 것이지만, 이 장에서 논의한 접근들은 모두 더 광범한 문화 — 우리가 그것을 언어게임이라고 부르거나 전통이라고 부르거나 공동체라고 부르거나 간에 — 의 중요성을 강조한다. 개인적인 것 그리고 개별 행위의 의미는, 아마도 개인으로 내가 발성한 문장이 내가 발성하는 언어의 규칙에 의해 틀 지어지는 것과 동일한 방식으로, 더 광범한 문화에 의해 틀 지어진다. 그렇지만 그것들은 모두 우리에게 흥미로운 질문을 남긴다. 우리는 어느 정도나 우리 자신의 전통, 즉 우리의 문화의 수인(囚人)인가? 그리고 우리는 외부에서 또는 너머에서 그것을 볼 수 있는가? 우리는 그것에 대해 어떻게 의문을 제기할 수 있는가?

더 읽을 거리

윈치를 둘러싼 논쟁에 관해서는 『사회과학이라는 이상』(Winch, 1958), 윌슨Bryan Wilson(Wilson, 1970)에 실린 윈치의 글과 매킨타이어와 루크스Steven Lukes의 논문, 그리고 테일러의 논문(Taylor, 1985)을 볼 것. 매킨타이어에 대한 훌륭한 소개로는 맥마일러(McMylor, 1994)를 볼 것. 그렇지만 매킨타이어 자신의 『덕을 찾아After Virtue』(MacIntyre, 1981)를 읽는 것도 좋다. 가다머에 대한, 그리고 가다머와 하버마스의 논쟁에 대한 훌륭한 소개로는 하우(How, 1995)를 볼 것. 가다머를 어려운 곳부터 시작하고자 하는 사람은 『진리와 방법Truth and Method』(Gadamer, 1989)을 살펴보면 된다. 서사 개념에 대한 직접적이고 강력한 옹호에 관해서는 브루너Jerome Bruner의 논문 「서사로서의 삶 Life as Narrative」(Bruner, 1987)을 볼 것.

후기

1997년 윈치의 별세를 계기로 그의 저작에 대한 관심이 부활했다. 그중에는 뛰어난 지적 전기도 포함되어 있었다(Lyas, 1999). 이 책의 '근래의 발전에 대한 논평'에서 나는 사회에 대한 과학 같은 것은 있을 수 없다는 윈치의 견해를 열정적으로 옹호하는 근래의 저작(Hutchinson et al., 2008)에 대한 집중적인 비판을 제시했다. 이 논의 과정에서 나는 윈치 및 해석학과 관련하여, 이 책의 초판에서 이언의 논의와 내 자신의 사유 사이의 차이를 드러내는 몇 가지 주장을 제출했다.

7
해석적 접근 3
비판적 합리성

서론: 헤겔, 마르크스, 변증법

해석적 전통을 마지막으로 다루는 이 장은 또 다른 방향으로 나아가는데, 계몽의 정치적 함의를 살펴보고 현대세계에서 그것의 의미를 검토한다. 서론에서 우리는 이 시기에 발전한 철학의 두 흐름이, 우리 모두가 세계를 직접 경험할 수 있기 때문에, 또는 우리 모두가 인간으로서 이성 능력을 보유하기 때문에, 보통 사람도 지식을 이용할 수 있다고 제시함으로써 사회질서의 기존 위계에 도전함을 지적한다. 한 흐름은 편견이나 독단에 대항하여 사실에 호소하는 접근 속에 여전히 살아 있다. 경험적 증거를 사용하여 현대 사회에서 계급의 중요성 감소를 주장하는 일부 탈근대주의자들의 '편견'을 논박하는 마셜(Marshall, 1997)은 이것의 흥미로운 현대 사례이다. 다른 하나는 프랑크푸르트학파로 알려진 논자들의 작업 – '비판이론' – 에 살아 있다. 여기서는 합리성이, 그것으로 우리가 개인 행위와 문화와 삶의 형식들을 이해할 수 있는 수단이 될 뿐 아니라, 상이한 삶의 형식들을 평가할 수 있는 수단을 제공한다. 개략적으로 말하면, 모든 인간이 이성을 가지고 있다면, 인종이나 성 같은 인간의 특정을 이유로 사람들을 시민의 권리와 의무에서 배제하는, 즉 그들의 집합적 삶의 일부로서 그들의 이성의 행사를 배제하는 사회는 비합리적인 사회라는 것이다.

비판이론의 본거지는 프랑크푸르트인데, 1923년에 이곳에 사회조사연구소Institute for Social Research가 설치되었다. 비판이론은 비(非)공산주의적인 헤겔적 마르크스주의를 발전시켰으며, 여기서 우리가 관심을 갖는 주요 인물은 철학자 아도르노, 호르크하이머, 마르쿠제와 제2세대인 현대 철학자 하버마스이다. 히틀러의 등장과 함께 이 학파의 주요 인물들은 미국으로 망명했으며, 1940년대 후반에 아도르노와 호르크하이머는 프랑크푸르트로 귀환했고 마르쿠제는 미국에 남았다.

분명히, 비판이론은 합리성에 관해 매우 다른 사유 방식을 제시하며, 베버나 심지어 가다머와 달리 칸트의 전통에 확고하게 뿌리를 두고 있지 않다. 직접적인 혈통은 헤겔에서 마르크스를 거치지만, 마르크스보다는 헤겔을 더 강조한다. 비판적 합리성은 헤겔이 자세히 탐구한 변증법적 사유의 일종으로, 헤겔은 사상사와 세계사 둘 모두를 변증법적 과정이라고 보았다. 이 둘은 직접 관련되어 있다. 즉, 세계사는 사상사의 산물이다. 유명한 정식formulation에서 마르크스는 '헤겔을 전도(顚倒)했다'. 마르크스의 '물질론적 역사관'은 관념 ― 철학체계에서 상식에 이르기까지 ― 을 사회적·경제적 관계의 산물(이것의 반대가 아니라)로 보았다. 변증법 ― 사상의 변증법이거나 실재의 변증법이거나 간에 ― 을 서술하는 가장 단순한, 그러나 그다지 정확하지 않은 방법은 '정 thesis-반antithesis-합synthesis', 즉 명제나 사회체계, 이것을 발생시키는 것에 대한 대립물, 그리고 둘의 종합을 포함한다고 제시하는 것이다. 우리는 자본주의에서 시작하며, 자본주의는 그것의 반명제로 노동자계급을 발생시키고, 모순은 사회주의 혁명을 만들어낸다. 이제 이러한 단순한 정식을 받아들이는 사람은 없을 것이며, '변증법의 법칙'을 '자연의 법칙'으로 정식화하고자 한 마르크스의 동지 엥겔스(Engels, 1949)의 시도는 이제 일반적으로 기각된다.

우리가 원래 형태의 변증법을 인간의 행위와 관계에 그렇게 함축되어 있는 사유 방식으로 유지한다면 우리는 더 확고한 기초 위에 서게 된다. 그것은 몇 가지 중요한 특징을 가지고 있다. 첫째, 그것은 도구적 사유가 직선적인 것처럼 직선적이지는 않다. 해석학이 그러하듯 그것의 이미지는 순환적이며, 변증법적 사유는 전체에서 부분으로, 그리고 다시 그것의 반대로의 유사한 지속적인 운동을 포함한다. 우리가 발전 과정을 변증법적 발전으로 생각한다면 그것은 발전 과정이 직선적으로 진행하는 것이 아니라 나선형으로, 아마도 동일한 지점으로 돌아오지만 또 다른 수준으로 돌아오는 것을 의미할 것이다. 예컨대 우리는 19세기 중반부터의 근대 자본주의의 발전을, 시장을 통제하려는 시도에서 시장을 해방하려는 시도로의 운동이라고 생각할 수 있다. 각각의 방향 전환에서 기술 및 사회조직의 수준은 상이하며, 각 단계에서 주장은 그 이전에 거쳤던 것과 다르지만 관련되어 있다.

형식논리학과 대부분의 일상적 사유는 동일성의 개념에 기초하지만, 변증법적 사유는 그것의 대립물 위에 구축된다. 즉, 모든 개념 체계에서 한 개념의 의미는 오로지 그것을 둘러싸고 있는 것들과의 관계 속에서만 이해할 수 있다는 것이다. 간단한 사례로, 우리는 '위'의 의미를 '아래'의 의미와의 관계 속에서만 이해할 수 있다. 둘은 함께 가는 것이다. 거시적 규모에서, 우리는 단순히 '긍정적positive' 진술만으로 만족할 수 없다. 변증법적 사유는 우리가 관념에 관해서, 그리고 인간의 행위와 관계에 관해서 이야기할 때에만 움직이기 시작한다는 점을 기억해야 한다. 우리가 자연세계에 관한 진술 — 예컨대, 모든 백조는 희다와 같은 — 을 다룬다면, 우리는 변증법이 우리에게 검은 백조도 있어야 할 것이라고 말한다고 이야기할 수 없다. 변증법의 역사에는 변증법을 이런 식으로 사용하는 데서 생긴 몇 가지 고전적인 오류가 있다. 헤겔이 별이 존재하지 않는 곳에서 별이 발견될 것이라고 예측한 사례는 유명하며, 1930년대 소련에서는 농업에 '변증법적' 생물학을 실행함으로써 수확물을 잃는 더 비극적인 일이 일어났다(제4장의 논의를 볼 것).

그렇지만 관념과 행위를 다룬다면 우리는 다른 결과를 얻게 된다. 예컨대, 우리는 현대 사회와 문화의 지배적인 주제의 하나는 파편화fragmentation — 거칠게 말해, 사물들이 조각나고 있는 것으로 보이는 — 라고 말할 수 있다. 변증법적 사상가는 또한 정반대의 과정 — 즉 지구화 및 현대 자본주의의 조직성 심화 — 이 가동하고 있음을 인식할 것이며, 이러한 모순적인 과정들이 서로에게 영향을 미치는 방식을 살펴보고자 할 것이다. 이것은 변증법적 사유에 또 다른 중요한 요소 — '모순' — 를 도입하며, 얼핏 보기에는 이 사유방식의 유용성의 일부가 아니라 결함으로 보일 수 있는 것 — 부정negativity — 으로 이어진다.

부정적인 것 또는 부정이라는 관념은 비판이론의 역사 전체를 특징짓는다. 헤겔은 『정신현상학Phenomenology of Spirit』(Hegel, 1807, 1977)에서 '부정의 노동labour of the negative'에 관해 이야기하는데, 이것으로 그는 철학적 개념들에 대한 주의 깊고 체계적인 비판을 의미한다. 마르쿠제는 『이성과 혁명Reason and Revolution』(Marcuse, 1960)에서 이 관념을 채용하여 부정의 철학을 콩트의 긍정의positive(실증의) 철학과 직접 병치한다(제2장을 볼 것). 콩트에 대해서는 사회에 대한 자연법칙을 확립하기 위해 자연과학의 방법을 사회과학에 부과하고자 했다고, 대체로 정확하게 규정할 수 있다. 자연과 마찬가지로 사회가 보편법칙의 지배를 받는다면 우리는 사회를 거의 변화시킬 수 없게 된다. 그렇지만 우리는 변화시킬 수 있다는 것을 알고 있으며, 우리가 무엇을 할 수 있을 것인가에 관해 사변하는 것을 그만둘 수 있고 , 콩트는 이것이 당시의 사회의 무질서에 대한 치유책일 것이라고 생각했다. 반면 부정성 또는 부정의 노동은 급진적인 사회 변동, 즉 해방의 과정과 관련된다. 마르쿠제는 후기의 저서 중의 하나에 『부정Nagations』(Marcuse, 1968)이라는 제목을 붙였으며, 아도르노의 가장 유명한 저서의 하나도 『부정의 변증법Negative

Dialectics』(Adorno, 1973)이다.

그러므로 변증법적 사유는 해석학적 사유와 유사하게 부분과 전체 사이의 운동을 포함하지만, 또한 이성 — 사유 — 이 모순에 의해 진행한다는, 그리고 인간의 실존은 여러 방식으로 모순적이라는, 그리고 그 귀결로 인간의 관계와 인간의 사유는 정태적인 실체들이 아니라 지속적인 과정이라는 관념도 포함한다. 호르크하이머에 따르면, 전통적(실증주의적) 사회과학은 특정한 사회문제의 해결에 관심을 갖는다. 여기서 그는 콩트가 구상한 그리고 후에 포퍼가 옹호한(Popper, 1957) 사회공학과 같은 것을 언급하고 있다. 그는 계속해서 말한다.

> 우리는 …… 사회 자체를 그것의 대상으로 삼는 인간의 활동이 있다는 것을 덧붙여야 한다. 이러한 활동의 목표는 단순히 이러저러한 폐해를 제거하는 것이 아니다. 왜냐하면 이 활동은 그러한 폐해가 사회구조가 조직되는 방식과 필연적으로 관련되어 있는 것으로 파악하기 때문이다. 이 활동 자체는 사회구조에서 생겨나지만 이 활동은, 그것의 의식적인 의도나 그것의 주관적 의미 그 어느 것에서도, 그 구조 속의 어떤 요소가 더 잘 기능하는 것을 목표로 삼지 않는다. 반대로 그것은 더 좋은, 유용한, 적합한, 생산적인 그리고 가치 있는 것이라는 바로 그 범주들을 의심한다. 왜냐하면 그 범주들은 현재의 질서 속에서 이해된 것이기 때문이다(Horkheimer, 1972: 206).

계몽의 변증법

진보적 사상의 가장 일반적인 의미에서, 계몽은 늘 인간을 공포에서 해방시키는 것, 그리고 인간의 자주권을 확립하는 것을 목표로 했다. 그렇지만 완전히 계몽된 지구는 승리의 재앙을 내뿜는다(Adorno and Horkheimer, 1969: 3).

이것은 프랑크푸르트학파의 전형적인 진술이며 방대한 일반화이다. 주의 깊은 경험적 사회과학자나 심지어 주의 깊은 언어철학자에게 이 진술이 조금이라도 영향을 미친다면, 그들이 흥미를 가질 것은 방대한 일반화일 것이다. 그들은 이 진술을 기껏해야 형편없는 시(詩)라고 평가할 것이다. 이 절의 제목이 된 책은 원래 『철학적 파편Philosophical Fragments』이라는 제목을 달고 있었는데, 이 제목은 책의 내용이 체계적 철학이 아니라 바로 이것임을 알려준다. 저자들은 이미(1944년에) 체계적인 철학 — 총체화하는 철학 — 이라는 관념은 전체주의와 결합하게 되었다고 생각했다.

철학적 사회과학(그들은 일차적으로 사회학에 관심을 가졌다)은, 그것이 의미 없는 작업이 되지 않으려면 언제나 과학을 넘어서야 한다. 논증의 양식도 이것을 실행하는 방법의 하나이다. 그 책은 비판이론의 전체적인 철학적 기획의 그 어느 것에 못지않게 훌륭한 견해를 제공하는데, 역설로 가득 차 있으며 영어권 독자들에게는 분명히 낯선 방식으로 개념들을 다룬다. 그 책은 합리성과 비합리성의 운동, 자신을 해방하려는 인간의 노력, 그리고 지배 — 어떤 사람에게 그/그녀의 목표와 그것을 성취하는 수단이 규정되어 있을 때 발생하는 것이라고 하면 가장 잘 이해할 수 있다(Marcuse, 1970: 12) — 의 성질을 다루고 있다. '이야기'는 신화와 계몽이 서로 뒤바뀔 수 있는 방식에 관한 것이다. 신화는 자연을 이해하고 통제하고자 하는 초기의 노력이라고 볼 수 있다. 비록 계몽사상가들은 신화를 일종의 미신으로 축출했지만, 실재를 이해하려는 노력이라는 가상 넓은 의미에서 신화는 이미 계몽의 요소를 포함하고 있었다. 그렇지만 신화가 지배하는 세계에서는 인간이 여전히 그가 이해하고자 분투하는 자연의 지배를 받고 있다.

계몽은 인간을 자연에서 분리하고 인간을 지배하는 자리에 놓는다. 우리는 우리 자신의 목표를 위해 자연을 분류하고 측정하고 설명하고 사용하는 것을 우리의 임무로 간주하면서 자연에 대해 도구적 태도를 취한다. 이런 맥락에서 지식은 권력의 도구이다. 이것은 니체Friedrich Nietzsche 철학의 핵심에 있는 통찰이며 일부의 현대 탈근대주의자들과 탈구조주의자들이 계승하고 있다(제10장을 볼 것). 아도르노와 호르크하이머에 따르면, 자연에 대한 지배는 인간을 지배하는 기술을 생산한다. 계몽의 도덕적 충동 — 지배에서 인간을 해방하는 것 — 은 상실되었으며, 계몽의 과학은 또 다른 형태의 지배, 즉 신화가 되었다. '신'이라는 개념이 승리의 '과학'이라는, 마찬가지로 비합리적인 개념으로 대체되었다고 말할 수 있다.

많은 사람들이 그렇게 하듯, 사회과학을 자연과학의 방법에 맞추어 조정한다면 사회과학은 그것이 연구하는 실재를 왜곡하고 오해하게 된다. 그 사회과학은 연구대상을 역사의 역동성에서 분리하고 그 자신의 사유과정에 대해 무지하고 무비판적인 것으로 남게 된다.

이데올로기

바로 여기서 우리는 이 책에서 처음으로 이데올로기 개념을 만나게 된다. 이 개념은 언어와 담론을 강조하고 '사람들이 세계를 보는 방식이 세계이다'라고 주장하거나 함축하는 현대의 사회과학에서는 거의 사라진 것으로 보인다. 이런 생각은 우리가 제5장에서 논의한 여러 형태의 도구적 합리성과 제6장에서 살펴본 규칙 준수로서의 합리성 및 해석학의 견해에서 나타난다. 이런 접근들은 모두 사람들이 사회세계에 대한 그들의 인식과 견해에서 잘못을 저지를 수 있다고, 그렇지만 그들이 살고 있는 사회의 유형에 의해 체계적으로 잘못 안내되거나 오해하게 되는 것은 아니라고 생각한다.

'이데올로기'는 원래 '관념에 대한 과학science of ideas'을 가리켜 사용했었지만, 마르크스와 마르크스주의자들은 이것을 받아들여 다양한 방식으로 사용했다. 가장 단순한 형태로는 특정 사회계급의 이해관심에 봉사하는 관념의 묶음을 의미하는 데 그것을 사용했다. 루카치(Lukács, 1971)의 저작을 통해 발전한 헤겔의 전통에서는 총체성totality의 개념과 '제2의 자연(본성)second nature' 개념이 중심적이다. 『자본Capital』(Marx, 1970) 제1권에서 마르크스는 시장체계가 사람들 사이의 관계를 사물들, 즉 상품들 사이의 관계로 위장하며 사람들 자신이 상품으로 간주되고 자신을 상품 — 시장의 작동의 지배를 받는 — 으로 간주하게 된다고 주장한다. 사회과학에 자연과학의 방법을 사용하려는 시도는 이것을 재생산하며 사람들과 관계들을 사물로 취급한다. 그런 과학은 분석을 위해 이러한 사물들을 고립시키고 정태적이고 일차원적인 것으로 간주한다. 이 사물들은 역사 발전의 역동적인 총체성에서 분리된다. 사회과학들의 상호 간의 분리는 이러한 분리의 일부이다. 실제로 화학자가 복합물질을 그것의 여러 구성요소들로 분해하고 분석하는 것처럼, 사회과학들은 인간과 인간의 관계를 상정된 구성 부분들로 분해하고 이런 부분들을 서로에 대해 고립시켜 연구한다. 사회학, 심리학, 경제학, 역사학 등은 모두가 그 자체의 법칙이나, 적어도 그 자체의 형태의 지식을 찾아내고자 하며, 그것들의 분리된 경로를 따라 발전한다. 이런 식으로 사회 자체가 자연과 마찬가지로 변할 수 없는 대상의 지위를 갖게 된다. 그것은 '제2의 자연'이 된다(Lukács, 1971).

이러한 분석적 연구과정은 사회과학에 매우 중요할 수도 있지만, 우리가 우리의 연구를 더 넓은 맥락 속에 위치시키지 않는 한 그것은 여전히 이데올로기적인 것이다. 예를 들어, 남성 심리학이나 여성 심리학을 마치 그것이 고정되고 변하지 않으며 더 넓은 사회 속의 여러 수준에서의 변동들에 연결되어 있지 않은 것처럼 연구한다면, 그 연구는 더 넓은 실재를 보지 못하는 '이데올로기적인 것'이며, 그러므로 그 실재는 이해와 비판의 범위 밖에 남아 있게 된다. 마찬가지로, 사회학자가 감정을 단순히 감정을 표현하는 것과 관련된 사회적 규칙의 관점에서만 연구한다면, 그의 작업은 생물학과 여러 형태의 심리학과 역사학을 통하여 얻게 되는 이해를 배제하는 것이기 때문에 이데올로기적인 것이다.

그러나 이것은 이데올로기의 한 차원일 뿐이다. 아도르노는 그가 문화산업 cultural industry이라고 부르는 것에 대한 급진적 비판을 전개했으며(Adorno, 1967), 마르쿠제는 제2차 세계대전 종전 후 '일차원성'의 이론을 전개했다(Marcuse, 1964). 이러한 비판들의 바탕에는 스스로 어느 정도는 합리적인 결정을 할 수 있는, 자신에게 부과된 여러 이데올로기적 담론들을 분석하고 비판할 수 있는, 그리고 스스로 사유하면서 집단이나 군중에 맞서고 타인들과 논쟁할 수 있는 자율적인 개인이라는 이상이 자리 잡고 있다. 그리고 개인의 이러한 특징이 실질적이고 개방적인 민주적 체제에 기초를 제공할 수 있다는 함의를 갖는다. 그렇지만 이러한 능력을 발전시킬 가능성은 근대 자본주의의 관념체계뿐 아니라 문화형태에 의해서도 침식되었다. 미술과 음악은 사람들이 생각하도록 재촉하는 것이 아니라 감각을 잠재우고 안락감을 유발하는 방법이 되었다. 유대인을 가스실로 내몰면서 모차르트를 연주했고, 젖소의 우유 생산을 증가시키기 위해 베토벤을 연주하는 것이다.

그 자신이 철학자와 사회이론가이면서 주요한 음악학자이기도 한 아도르노는 쇤베르크Arnold Schöenberg와 12음음악twelve-tone music의 애호가였다. 이런 음악을 들으면서 안락감을 갖기는 불가능하다. 아름다운 음악의 짧은 발췌 부분만 연주할 뿐 교향곡이나 협주곡 전체를 연주하는 일은 없는 상업방송의 발전은 아도르노가 보기에 이러한 과정의 논리적 절정일 것이었다.

마르쿠제에 따르면, 소비자 기반 자본주의의 발전이 '일차원성'을 만들어냈고(Marcuse, 1964), 이것은 허위 만족을 낳고 사람들의 에너지와 야망을 관계가 아니라 대상들로 향하도록 유도하고 그들의 욕구를 조작함으로써 그들을 체제에 속박한다. 프랑크푸르트학파의 저자들은 사회의 이데올로기적 작동을 이해하기 위하여, 특히 노동자계급이 히틀러와 나치 독일을 지탱하게 되는 방식을 이해하기 위하여(Adorno et al., 1950), 그리고 후기 자본주의에서 사람들이 소비재의 노예가 될 수 있는 방식을 이해하기 위하여(Marcuse, 1966), 먼저 사회이론을 정신분석학과 결합하고자 했다. 우리의 현재의 목표에서 볼 때, 그들의 사회이론의 세부 내용보다 그들이 지속적인, 그리고 사실상 끝이 없는 변증법적 과정의 일부로서의 합리성 개념을 발전시키는 방식이 더 중요하다. 사유과정의 한 측면을, 예컨대 자연과학의 분석적 방법을 지나치게 강조하는 것은 과학의 신화를 만들어내고 파편화한 지식이라는 실질적인 결과를 만들어낸다. 반면, 변증법적 사유의 총체화 과정을 지나치게 강조하는 것은 사유를 근대 자본주의와 후기 자본주의의 전체주의적 역학과 결합시킨다. 『도덕의 최소한Minima Moralia』(Adorno, 1974)에서 아도르노는 이제 전체적인 것은 거짓의 원천이며 참은 오직 개인의 고통 속에서만 발견할 수 있다고 주장한다.

이 견해에 따르면 합리성은 어디에서나 반대하는 사유oppositional thinking 이상의 것, 즉 근대의 과학적 실천에 내재한 것과 유사한 회의주의를 산출하는 비판의 지속적 과정 ― 그러므로 모든 것에 의문을 제기해야 하는, 그렇지만 그 의문제기는 과학이 다루는 직접적인 감각 자료를 넘어서야 하는 과정 ― 이상의 것이 된다. 사유는 사유과정 자체를 비판해야 하며, 이런 종류의 지속적인 자기반성을 허용하고 가능한 한 많은 사람들이 이것을 성취할 수 있게 하는 사회의 능력은 우리가 그 사회를 평가할 수 있는 한 가지 기준이다. 합리성은 그러므로 개인의 자율성과 정치이론에 관한 관심의 중심에 자리하고 있다.

말년에 아도르노와 호르크하이머는 정치적 변동 및 완전한 민주주의의 가능성에 관해 점점 더 비관적인 견해를 가졌다. 그들은 1968년의 급진적 학생운동에 반대했는데, 그 근거는 학생들이 채택하는 행동주의가 비판적이고 반성적인 사유를 더 불가능하게 만든다는 것이었다. 아도르노의 제자인 하버마스가 자신만의 견해를 전개한 것도 부분적으로는 이러한 비관주의에 대한 반동이었다.

하버마스: 해방적 과학의 가능성

아도르노와 호르크하이머의 작업은 전면적인 일반화를, 즉 그것의 가장 거대한 수준에서 사유에 관한 사유의 문제를 지향하는 경향이 있었으며, 스스로 광범한 비관주의로 빠져드는 경향이 있었다. 아도르노의 저작에는 모든 사유가 우리를 근대 자본주의의 총체화하는 체계 속으로 유인한다고 믿는, 그렇지만 사유를 거부하는 것도 동일한 결과를 초래한다고 믿는, 그리고 아름다움 속에서도 위안을 발견해낼 수는 없다 ─ 아우슈비츠 이후에는 벚꽃조차도 의심스럽게 보아야 하며, 우리는 그것을 결코 즐길 수가 없다 ─ 고 믿는 것으로 보이는 순간이 있다.

이에 비하여 하버마스는 사회의 성질, 과학, 사회과학 및 철학에 관하여 온건하며 매우 주의 깊은 ─ 종종 둔감하지만 ─ 사상가이다. 그의 두 가지 견해가 이 책에서 고찰하는 논쟁에 특히 유용하게 기여한다. 첫째는 『지식과 인간의 이해관심Knowledge and Human Interests』(Habermas, 1972)에서 찾아볼 수 있는데, 여기서 그는 우리가 지금까지 살펴본 접근들을 모두 묶는 방식으로 인간과학을 살펴볼 것을 제안한다. 그는 이것을 방법론의 수준 ─ 실증주의자가 주로 관심을 갖는 ─ 에서 수행하지 않으며, 사회과학의 여러 대상을 구별함으로써 ─ 우리가 뒤에서 살펴볼 것처럼, 현대의 실재론자들의 관심사인 ─ 수행하지도 않는다. 오히려 그는 그가 '인간의 이해관심human interests'이라고 부르는 것과의 관계에 따라 그 접근들을 조직한다. 그는 세련된 실용주의를 제안한다.

이러한 견해는 하버마스 저작의 초기 부분에서 나왔으며, 특히 그가 비판이론의 헤겔적 배경에서 벗어나면서 수정되었다. 그럼에도 그 견해는, 간단히 과학에 관한 매우 상이한 견해들을 결합하고 그 견해들을 인간의 삶을 개선하기 위하여 이해와 지식을 획득하는 전반적인 인간의 기획과 연결하기 때문에 계속 다룰 가치가 있다. 그는 우리의 과학적 작업이 상이한 인지적 이해관심들 - 우리가 인간이기 때문에 보유하는 - 에 뿌리를 두고 있으며 그 것들에 의해 안내받는다고 제시한다. 개별 인간들과 사회들의 규정적 특징은 그들이 그들 자신의 활동들에서 배운다는 것이다. 그들은 상이한 수준들에서 상이한 속도로 배우는데, 하버마스는 발달심리학에서 채용한 견해에 기초하여 사회 진화의 복잡한 모형을 전개한다.

마르크스주의에 대해 하버마스는 프랑크푸르트 이론가들의 초기 비판을 발전시킨다. 마르크스주의는 그 자체가 인간 실존의 경제적, 즉 도구적 측면에만 관심을 갖는다는 것이다. 물론 인간은 생산자이며 우리는 우리 주변의 대상들을 통제하고 조작하고자 하는 **기술적**technical 이해관심을 가지고 있다. 그것은 자연과학과 테크놀로지를 발생시키고, 자연과학과 가장 유사한 사회과학의 측면들을 발생시킨다. 그것은 또한 실증주의의 관념들의 적어도 일부를 위한 공간을 제공한다.

또한 다른 사람들과 의사소통할 수 있는 **실천적**practical 이해관심도 있다고 하버마스는 말한다. 이것은 모든 사람들에게 상호이익이 되는 협동을 가능하게 하며, 이것은 해석학적 과학, 즉 이해의 과학을 발생시킨다. 그리고 세번째의 이해관심, 즉 우리가 우리 자신을 그리고 세계에 관한 우리의 사유방식을 이해하면서 갖는 성찰적reflexive 이해관심이 있는데, 이것은 우리에게 자율성의 가능성 그리고 이러한 이해관심들의 존재를 성찰적으로 이해할 수 있는 가능성을 제공한다. 이것은 **해방적**emancipatory 이해관심이며, 우리를 비판이론으로 되돌아가게 한다. 자율성을 성취하기 위하여 우리는 우리의 세계에 있는 대상들에 관하여 알아야 하며, 우리 주변의 사람들을 이해할 수 있어야 하며, 우리 자신이 수행하고 있는 것을 이해할 수 있어야 한다.

하버마스가 제시하는 해방적 과학의 사례는 정신분석학인데, 그것은 세 수준 모두에서 작동한다. 첫째, 그것은 우리의 신체에 관한, 그리고 우리의 신체가 예컨대 우리의 성을 통하여 우리가 수행할 수 있는 것들을 제한하는 방식에 관한 정보를 수집한다. 둘째, 그것은 우리가 세계에 부여하는 의미, 그리고 우리가 다른 사람들과 의사소통하는 방식을 다룬다. 그것은 해석학이다. 그리고 끝으로 그것은 우리를 왜곡된 의사소통에서 해방시키고자, 즉 우리 자신의 약점과 우리의 신경증에서 유래하는 이해와 의사소통의 실패에서 우리를 해방시키고자 한다.

물론 이것은 하버마스의 주장을 지나치게 단순화한 것이지만, 일반적인 견해를 알아보기에는 충분할 것이다. 그것은 두 가지 이유에서 중요하다. 첫째, 그것은 우리에게 이 책의 두 가지 중심적인 주장, 즉 인간과학과 자연과학의 간단한 구분을 넘어서 과학활동의 여러 유형과 수준이 있다는 것과 이것들이 서로 공존할 수 있는 전망을 제시한다. 둘째, 그것은 철학적 인간학 ─ 인간의 본성에 대한 이론 ─ 과 우리의 최초의 명시적인 만남이다. 철학자들은 여전히 이런 것들에 관해 주장하지만, 사회과학자들은 아마도 그들이 이런 쟁점에 관심을 가져야 할 때에도 별로 그렇게 하지 않는다. 연구를 실행하는 사회과학자는 누구나, 아무리 제한적이고 과학적으로 '객관적인' 연구라고 하더라도, 실제로는 인간의 본성에 관해 일정한 견해를 전제한다. 합리적 선택이론은 인간이 합리적 행위자라고 전제하고 실용주의는 사람들이 목적을 가지고 있다고 전제하는 반면, 베버와 해석학은 사람들이 의미를 창출하는 동물이라고 전제한다. 이러한 전제들이 그다지 정교하지 않은 것일 수도 있지만, 우리가 무엇을 하든 늘 그 속에 자리하고 있는데, 하버마스에 따르면 비판이론 작업의 일부는 그러한 가정을 정리하고 상술하는 것이다.

하버마스는 이런 의미에서, 일차적으로 인간을 영원히 자신의 환경을 변형하고 자신을 변형하는 집합적 생산자로 보는 마르크스의 철학적 인간학을 발전시키고 비판하는 것으로 볼 수 있다. 우리는 마르크스 저작에서 의사소통적·해방적 이해관심도 찾을 수 있지만 그것들은 개념으로 발전되지 않은 암묵적인 것이다. 모든 비판이론가들은 마르크스주의 발전에서 도구적 이성의 중심성이 스탈린주의 전제의 발전을 촉진했다고 주장할 것이다.

비판이론과 언어적 전환

아도르노는 그의 마르크스주의적 근원을 포기하는 듯하지만, 하버마스는 마르크스주의를 수정하여 기술적 이해관심, 즉 도구적 이성이 그것을 지배할 가능성을 배제하고자 한다. 그는 또한 언어철학으로 옮겨 가지만 윈치나 그 밖의 사람들이 실행한 방식, 즉 상대주의와 관념론을 주장하고 실재가 언어 속에서 언어에 의해 창출된다고 주장하는 방식으로 그렇게 하지는 않는다. 앞에서 진술한 것처럼, 하버마스는 사회 실재를 다층적이고 복합적인 것으로, 즉 다수의 상이한 수준들 위에서 전개하는 것으로 간주하고, 분명히 언어 밖에 실재적으로 존재하는 것으로 보고 있다. 오히려 그는 언어를 비판이론의 기초로 취급한다. 언어는 민주주의의 모형이 된다. 그는 '이상적 발화 상황ideal speech situation'에 대해 이야기한다. 우리는 모두 말하는 동물이며, 우리가 그 능력을 완전하게 사용하려면 우리는 정치적이고 사회적인 삶에 관한 공공적 논쟁에 모두 동등하게 참여해야 한다. 다시 그것에 비추어 현재 존재하는 사회의 형태들을 측정할 이상적인 기준을 발전시키는 것이 가능하다. 이러한 견해는 『지식과 인간의 이해관심』(1978)에 이미 맹아적 형태로 나타나지만, 두 권으로 된 『의사소통 행위 이론Theory of Communicative Action』

(Habermas, 1984, 1987)에서 체계적으로 발전된다.

이 영역에서 하버마스의 작업은 매우 복잡해서, 아직 끝나지 않은 그의 경력을 통해 그가 발전시키고 변화시킨 주요한 명제들을 개괄하는 것이 지금 우리가 할 수 있는 일의 전부이다. 이런 맥락에서 중요한 네 가지 요점이 있다.

첫 번째 요점은 우리가 '해석적'이라는 이름 아래 논의한 모든 철학자들이, 가다머를 예외로 하고, 개인들이 그들의 행위에 부여하는 의미에 집중하는, 하버마스가 '의식의 철학philosophy of consciousness'이라고 부르는 접근이었다는 것이다. 그러한 관점은 의미와 행위를 객체에 대해 행위를 하는 주체 사이의 주체-객체 관계에 입각해서 바라보며, 이것은 불가피하게 도구적 행위와 도구적 이성에 사로잡힌다는 것을 의미한다고 하버마스는 주장한다. 이런 맥락에서 비판이론은 아도르노가 주장한 종류의 비관주의로 운명 지어져 있는 것이다. 하버마스의 언어적 전환은 이것을 벗어난다는 것을 의미한다.

언어철학에 의지하여 하버마스는 '수행적 발화행위performative speech acts'와 '의사소통적 발화행위communicative speech acts'의 구별을 채용한다. 전자는 도구적, 목적적 또는 전략적 행위를 포함한다. 후자는 타인과의 의사소통과 타인에 대한 이해의 시도 또는 자신을 이해하게 만들고자 하는 시도를 포함하며, 정의상 그것들은 수정될 수 있다. 그것들은 이성에 기초하며, 다른 이성을 준거로 동의되거나 반박될 수 있고, 논쟁의 가능성은 동의에 도달할 수도 있다는 것을 함축한다. 우리는 언어를 통하여 자신의 목적을 성취하고자 하는 개인들(도구적 이성)에서 이성들의 놀이play of reasons ─ 더 좋게 표현하면, 그 속에 있는 말하는 주체가, 가다머가 파악하듯, 지식의 전체적인 발전에서 비교적 핵심적이지 않은 이성의 놀이 ─ 에 참여하는 개인들로 옮겨 간다.

이것은 우리를 두 번째 요점인 하버마스의 '보편적 화용론universal pragmatics'으로 데려간다. 제5장에서 논의한 실용주의는 '작동하는 것이 옳은 것이다'라는 (도구적) 입장을 취했다. 하버마스의 실용주의는 '동의할 수 있는 것이 옳은 것이다'라고 주장한다. 인간 노력의 모든 영역은, 우리가 과학이나 윤리학이나 미학이나 그 밖의 어떤 것에 관해 이야기하더라도, 의사소통적 합리성을 통하여 매개된다. 모든 주장은 원칙적으로 동의에 도달할 수 있다. 우리는 이것에서 윤리의 합의이론 — 우리는 선(善)에 관해 우리가 동의할 때까지 논쟁할 수 있다 — 과 외부세계에 대한 동의적 지식 이론 — 우리는 존재하는 것에 관해 우리가 동의할 때까지 논쟁할 수 있다 — 을 갖는다. 이것은 언어와 사유 자체의 성질에 기초하여 상대주의에서 벗어날 길을 제공한다.

이것은 우리를 세 번째 요점으로, 그리고 하버마스와 가다머 사이의, 그리고 (함축상) 원치와 베버 사이의 논쟁으로 데려간다. 후자의 세 사상가는 모두 문화, 삶의 형식, 전통이 (또는 우리가 원하는 이름으로 부르는 것이) 참인 것과 존재하는 것을 규정하며, 상이한 전통은 상이한 실재를 정의한다고 주장한다. 하버마스는 사유과정 자체가 이것에 도전한다고 주장한다. 그것은 모든 사람을 포함하는 이해의 가능성을 열어두고 있다. 상이한 삶의 형식은 그러므로 오해되거나 논쟁을 통하여 정정될 수 있다. 이것은 제6장에서 논의한 테일러와 매우 유사한 입장이다. 이 동전의 뒷면은 '체계적으로 왜곡된 의사소통' — 개인적 수준(여기서는 정신분석학이, 신경증이 우리를 세계에 관한 체계적인 오해로 이끌 수 있다는 것을 보여준다)이나 사회적 수준(여기서는 권력에서의 차이가 동일한 결과로 이끌 수 있다)에서의 — 의 가능성이다. 그러므로 단순한 해석학적 접근에는 한계가 있다. 우리는 '의심의 해석학', 즉 비판적 해석학을 필요로 한다.

네 번째 그리고 마지막으로 하버마스는 의사소통적 합리성에 대립하는 도구적 합리성에 대한 상이한 분석을 발전시킨다. 앞의 합리성은 생활세계 life-world — 이것은 우리가 현상학에 대한 논의에서 처음 접한 개념이지만, 하버마스는 이것을 사람들 사이의 개방적인 의사소통의 수준이라는 의미로 더 많이 사용한다 — 에 속한다. 뒤의 합리성은 기능적 합리성, 체계의 합리성, 즉 체계가 계속 작동할 수 있게 하는, 그리고 우리의 사회적 역할이나 지위에 부여하는 요구를 통하여 그 자체를 우리에게 부과하면서 지속적으로 생활세계를 위협하는 합리성이 된다. 이러한 갈등의 적절한 한 가지 사례는 영국의 근대적 대학체계에서 찾을 수 있다. 연구의 이해관심과 학문의 관심에서 발전하는 의사소통적 합리성은 연구를 한쪽의 방향(예를 들면, 즉각적인 적합성이 없는 장기적이고 주의 깊게 숙고하고 논의한 연구 작업)으로 이끌 것이지만, 연구 평가와 경쟁 순위 매기기의 형태로 정부가 부과하는 감독의 요건(체계의 기능적 합리성)은 연구를 단기적이고 쉽게 발표하는 방향으로 압박한다.

결론

이제 이 장을 요약하자. 우리는 비판의 기준으로서, 즉 영구적인 비판과 대화의 형식으로서 합리적인 것, 그리고 진리와 도덕에 관한 동의를 발전시키는 방식으로서 합리적인 것의 개념을 논의했다. 다시 말하지만, 이 견해는 앞 장들에서 논의한 견해들에 대한 대안이 아니다. 이 견해는 상이한 수준에서 작동하며 상이한 질문들에 접근한다. 아니 더 정확히 말하자면 동일한 문제에 대해 상이한 각도 — 특히 지배, 이데올로기, 그리고 세계에 관한 우리의 판단에서의 의사소통의 문제를 부각하는 — 에서 접근한다. 그러한 판단은 제5장의 논의에서 배경에 자리하고 있었으며, 제6장에서 그런 판단에 문제를 제기했고 이 장에서 복잡한 답을 제공받았다. 합리적 사유의 과정을 우리는 모든 종류의 지배에서 우리 자신을 해방하는 것의 핵심으로 간주하지만, 우리는 또한 합리적 사유 자체가 우리를 지배하는 위험을 무릅쓰는 것이다. 그러므로 아도르노는 부정의 중요성에 대한 영구한 강조를 향하여 움직인다.

하버마스에 따르면 부정은 그렇게 중요하지 않다. 그래서 그는 세계가 세미

나와 같길 원한다는 비난을 받아왔다. 이에 대한 한 가지 답변은 세미나가 강제 수용소보다는 좋다는 것이지만, 하버마스는 사회이론과 정신분석학에 대한 그의 해석에서 인간과 사회의 합리성을 지나치게 강조하는 견해를 갖고 있다고 비판받을 수 있다. 그는 초기 프랑크푸르트 사상가들의 작업에 등장하는 비합리성 ─ 신화 ─ 이 해방의 형태일 수도 있다는 통찰을 상실하고 있으며, 비합리적인 것의 힘에 대한 프로이트Sigmund Freud의 강조를 과소평가하고 있다.

합리성을 다룬 세 장 전체에 걸쳐 우리는 세계에서 개인의 행위를 이해하는 방식으로서 합리적인 것에 초점을 맞추는 것에서(제5장), 상이한 문화들을 이해하고 분석하는 방식으로서 합리적인 것에 초점을 맞추는 것으로(제6장), 그리고 다시 사회적인 것의 성질에 관하여 비판적 판단을 내리고 세계의 윤리체계를 비교하는 방식으로(제7장) 옮겨왔다. 이러한 움직임의 한쪽 끝에서 작업하는 사람들 ─ 말하자면, 인지심리학자, 사회심리학자, 베버주의 사회학자 또는 한계주의 경제학자 ─ 은 아도르노와 하버마스 때문에 곤혹스러울 것이지만, 작업을 실행하는 사회과학자들이 가진 철학적 가정은 해석학과 비판이론의 더 광범한 쟁점들로 되돌아가게 한다.

우리는 하버마스의 작업에서 해석학과 구조주의적 접근의 통합을 보는데, 결국 그는 이 구분선에서 해석학 쪽으로 치우치는 것으로 보인다. 다음 장에서 우리는 둘을 결합하고자 하는 또 다른 접근을 살펴볼 것이다. 그렇지만 우리가 하버마스에게서 지키고자 하는 것은 논쟁의 중요성 ─ 동의가 언제나 닿을 수 없는 저편에 남아 있더라도 ─ 이다. 이 책의 맥락에서, 중요한 논쟁은 과학에 대한 다양한 견해들과 그것들의 철학적 기초 사이의, 그리고 그것들 내에서의 논쟁이다.

더 읽을 거리

변증법적 사유에 대한 최고의 소개는 (찾기는 어려울 것이지만) 앙리 르페브르Henri Lefebvre의 『변증법적 물질론Dialectical Materialism』(Lefebvre, 1968)이며, 아마도 모든 학도들은 헤겔의 『정신현상학』(Hegel, 1807, 1977)의 서문을 읽어야 할 것이다. 비판이론에 관한 쉬운 독본은 없지만, 최상의 전반적인 해설로는 헬드David Held의 『비판이론의 소개Introduction to Critical Theory』(Held, 1980)가 있다. 원전으로 아도르노의 『프리즘Prisms』과 『도덕의 최소한Minima Moralia』(각각 Adorno, 1967과 Adorno, 1974), 호르크하이머의 『비판이론Critical Theory』(Horkheimer, 1972)을 제안한다. 하버마스의 『지식과 인간의 이해관심』(Habermas, 1986)도 시도할 만하다. 오드웨이트William Outhwaite의 『하버마스: 비판적 소개Habermas: A Critical Introduction』는 그의 저작에 대한 훌륭한 입문서이다.

후기

지식주장을 형성하고 정당화하는, 그리고 인간의 사회적 삶을 조직하는 보편적으로 타당한 합리적 원칙이라는 개념은 비판이론의 전통에서 중심적인 것이었다. 하버마스는 오늘날 이 전통에서 가장 중요한 사상가로 인정받고 있다. 그의 견해에 대해 이 책에서의 논의보다 더 자세한 논의를 위해서는, 예컨대 화이트(White, 1988)가 유용하다.

근래의 지적 유행은 사회적 삶을 비판하기 위한, 그리고 심지어 그것을 변혁하기 위한 기초를 제공할 수 있는 보편적으로 타당한 합리적 원칙의 전망을 부정하는 쪽으로 바뀌었다. 그렇지만 악셀 호네트Axel Honneth는 비판이론의 유산을 21세기의 해방적 지식과 실천을 위한 자원으로 재생산하는 도전을 제기한 주요한 사상가 중 하나이다. 그의 전망은 상호인정을 통한 협동적 자기실현으로의 해방이다. 인간사회에서 이 가능성은, 그리고 소외와 도구적 이성과 자본주의 사회의 지배관계가 이 가능성의 실현을 방해하는 방식은, 여전히 사회학과 정신분석에서 이론적·경험적 작업을 위한 적절한 틀을 제공한다(특히 Honneth, 1996, 2009를 볼 것).

다수의 편저서가 호네트와 하버마스, 그리고 비판이론의 영향을 받은 그 밖의 논자들의 저작을 수록하고 논평하고 있는데, 그중에는 화이트(White, 1995), 프로인들리브 등(Freundlieb et al., 2004), 런델 등(Rundell et al., 2005)도 포함된다.

8
비판적 실재론과 사회과학

서론

사회과학철학에서 대부분의 논쟁은 아직도 기본적으로 두 가지 선택지 — 실증주의인가 아니면 몇 가지 형태의 해석주의인가의 — 만 있다는 가정 위에서 진행된다. 그렇지만 우리가 본 것처럼(제4장) 자연과학에 대한 대안적인, 즉 비(非)경험주의적 견해가 있고, 비판적인 형태의 해석주의조차도 주요한 취약점 — 하버마스가 제시한 것과 같은 — 을 가지고 있다. 이 장에서 우리는 자연과학에 대한 반실증주의적인, 그러나 여전히 '실재론적인' 해석에 의해 가능하게 된 사회과학에 관한 몇 가지 접근들을 탐구할 것이다.

이러한 '비판적 실재론적' 접근이 인간과학의 수행에 대해 갖는 함의는 여전히 논란거리이지만, 여러 인간과학분과들과 다학문 분과들에서 새로운 연구의제를 자극하는 데는 매우 효과적이라는 점이 입증되었다. 이 접근은 1970년대에 영국의 여러 저자들이 개척했다. 하레Rom Harré의 실재론적 자연과학철학은 영향력이 있었으며(Harré, 1970, 1972, 1986; Harré and Madden, 1975), 과학적 사유에서 모형과 비유에 관한 헤세Mary Hesse의 저작도 그러했다(Hesse,

1966). 바스카의 『실재론적 과학론A Realist Theory of Science』은 1975년에 처음 출판되었지만, 실재론의 관점에서 사회과학을 이해하는 새로운 방식을 발전시키고자 하는 시도로는 키트(Keat, 1971), 키트와 어리(Keat and John Urry, 1975), 벤턴(Benton, 1977) 그리고 바스카(Bhaskar, 1979, 1998)의 저작이 있었다. 바스카의 저작은 특히 자연과학에 대한 설명에서 실재론적 접근의 가장 체계적으로 발전되고 영향력 있는 입장을 제공했다. 이것이 사회과학에서 갖는 함의는 비판적 실재론자들 사이에서 견해 차이가 매우 큰 주제이며, 우리는 여전히 해결되지 않고 있는 쟁점들에 대해 몇 가지 주장을 제시하고자 시도할 것이다. 그렇지만 최근의 바스카가 보여주는 야심찬 '변증법적' 철학과 동양철학으로의 경도는 이 소개서의 범위를 넘어서는 것이다.

그렇다면 '실재론realism'은 무엇이며, '비판적'이라는 수식어는 무엇에 관해 비판적이라는 것인가? 일상의 삶이라는 비(非)전문적 맥락에서 사람들은 흔히 그들이 자신들에 대해 또는 그들이 참여하게 될 활동들에 대해 그리 큰 기대를 갖지 않는다는 것을 의미하면서 '현실주의적realistic'이라고 주장한다.* 이 단어는 흔히 일의 형편이 우리의 희망과 욕구에 부응하리라고 기대할 수 없다는 것을 체념적이고 염세적으로 수용하고 있음을 표현한다(이것의 일부는 영국 노동조합운동의 '신현실주의New Realism'라고 부르는 접근으로의 전환에서 분명히 드러난다. 이것은 1980년대의 대규모 패배에 이어진 흐름으로 고용주와의 새로운 타협 및 협력의 태도를 나타낸다). 그렇지만 이 용어는 일부의 예술형식 — 소설, 회화, 조각, 특히 연극 — 에서도 사용되기 시작했다. 여기서 사실

---

* 'realism'은 철학에서는 대체로 '실재론'으로 번역하지만, 문학과 예술에서는 '사실주의'로 번역하는 경우가 많으며 '현실주의'로 번역하는 경우도 많다. 이런 차이는 아마도 맥락에 따라 이 단어가 갖는 내포가 조금씩 다르기 때문에 발생할 것이다. 이 책에서는 철학적 입장을 가리킬 때에는 '실재론'으로 번역하고 그 밖의 경우에는 맥락에 적합하다고 판단하는 번역어를 사용했다. — 옮긴이 주

주의realism는 흔히 공상, 현실도피, 상상, 또는 일반적으로 비(非)재현적인 표현형식과 대비되는 것을 가리킨다. 이 맥락에서는 '사실주의적' 표현 양식을 채용하는 사람은 체념적인 수용에 정반대되는 것을 동기로 가지고 있을 것이다. 예컨대 '사회적 사실주의자Social Realists'로 알려진 영국의 빅토리아 시대 화가들은 당시의 노동자계급의 빈곤과 실업과 질병과 관련된 고통을 중간계급이 느낄 수 있도록 자세한 재현 형식을 사용했다.

비판적 실재론은 '실재론'이라는 용어의 이러한 두 가지 용법 모두의 요소를 받아들이지만, 또한 중요한 점에서 그것들과 다르다. 비판적 실재론은 외부세계의 존재 — 그것에 대한 우리의 소망과 그것을 이해하고 변화시키고자 하는 우리의 시도와 독립되어 있는, 그리고 자주 우리의 소망과 시도를 분쇄하는 — 를 분명하게 인정하는 사실주의에서 '체념적 수용'을 받아들인다. 그렇지만 '비판적'이라는 형용사는 비판적 실재론자들이 불만스럽거나 억압적인 현실을 바꾸고자 하는 사회적 사실주의자들의 노력을 공유하는 경향이 있음을 시사할 것이다. 적어도 이런 측면에서 그들은, 지식이 인간의 자기해방에서 중요한 역할을 수행할 것이라는 계몽주의의 낙관적 견해를 계승하고 있다.

그러므로 지식이론을 다루는 실재론자들은 실재하는 세계의 존재 — 그것에 대한 우리의 지식이나 믿음에서 독립하여 존재하고 활동하는 — 를 인정한다. 그렇지만 그들은 이러한 외부세계를 우리가, 원칙적으로, 알아낼 수 있으며, 우리가 얻을 수 있는 그러한 지식을 기초로 어느 정도(알아차릴 수 있는 정도)는 변화시킬 수 있다고 주장한다. 이런 견해를 실재론의 반대자들은 때때로, 상정된 실재와 그 실재에 대한 지식이라고 간주되는 기존의 믿음이 절대적으로 확실한 일대일의 상응관계에 있다고 주장하는 것으로 희화화한다. 이런 지적이 들어맞을 '실재론자'가 실제로 있지도 않을 것이지만, 비판적 실재론자는 분명히 이것에 해당하지 않는다.

비판적 실재론을 이런 희화화에서 구별하는 네 가지 특징이 있다. 첫째,

과학 등과 같은 인지적 실천은 인식 주체에 독립하여 존재하는 어떤 객체에 관한 탐구라는 가정 위에서만 우리는 그 실천을 납득할 수 있다고 비판적 실재론은 주장한다. 이것은 어떤 특정 시점의 어떤 특정 과학의 진리주장이 참인가의 여부에 관한 견해가 아니다. 진리주장은 오로지 관련된 과학만이 제기할 수 있고 평가할 수 있다. 둘째, 비판적 실재론은 사상이나 언어가 그것의 외부에 있는 어떤 것을 재현할 가능성의 조건에 관한 성찰성을 대부분의 현대철학과 공유한다. 뒤에서 논의할 것처럼, 지식을 가변적인 '재현수단 means of representation'을 포함하는 사회적 과정으로 이론화하는 점에서 비판적 실재론은 경험주의와 다르다. 셋째, 비판적 실재론은 사물의 표면적 외양이 그것의 진정한 특성의 파악을 잠재적으로 오도(誤導)할 수 있다고 보는 점에서 다른 몇 가지 형태의 실재론들과 다르다. 지식이 과정일 수밖에 없고 '성취물achievement'일 수밖에 없는 이유도 여기에 있다. 오도적인 외양을 넘어서거나 그 배후에 도달하려면 인식작업을 수행해야 한다. 이 때문에 비판적 실재론은 종종 '심층depth' 실재론 — 경험주의자의 '경험적' 실재론과 구별되는 — 으로 불린다. 끝으로, 그리고 가장 중요한 것은, 우리의 지식대상들의 독립적인 실재성 및 오도적인 외양을 넘어서기 위한 인식작업의 필요성에 대한 비판적 실재론의 강조는 현재의 믿음을 장차의 인식작업(관찰, 실험적 증거, 해석, 이론적 추론, 대화 등)에 비추어 언제나 수정할 수 있다는 것을 함축한다는 것이다. 독립된 실재가 있고 우리가 그것에 대해 알아낼 수 있다는 생각을 배제하는, 따라서 현재의 믿음을 잘못된 것이라고 입증하고 정정할 가능성을 인정하지 않는 관념론적이고 상대주의적인 지식이론과 대조적으로 비판적 실재론은 그러므로 '오류가능주의fallibilist' 입장이다.

우리는 자연과학에 대한 비판적 실재론의 견해를, 특히 바스카가 개척한 의견에 초점을 맞추면서 해명하는 것으로 시작할 것이다. 그런 다음 자연과학에 대한 그러한 견해가, 사회과학에 대한 '과학적scientific'이지만 비(非)실증주의적인 접근에 어느 정도나 모형을 제공할 것인가를 논의할 것이다.

실재론과 자연과학

관찰가능한 현상, 비유, 기제

제2장과 제3장에서 우리는 과학이론이 아니었다면 우리가 그것들에 대해 전혀 알지 못했을 온갖 종류의 실체와 과정 — 원자, 분자, 아(亞)원자적 미립자, 힘의 장, 바이러스, 게놈, 퀘이사, 블랙홀 등 — 을 언급하고, 과학이론에서 그것들이 수행하는 명백히 중요한 역할을 해명하면서 경험주의가 직면하는 문제를 지적했다. 근대 과학은 우리에게 세계에 있을 것 같지 않은 이러한 '심층적' 구조들의 존재를 이야기해줄 뿐 아니라, 이것을 이용하여 우리가 경험하고 인정하는 세계의 측면들 — 우리가 요리할 때 식품의 속성의 변화, 우리가 앓는 질병의 징후, 부모와 자녀의 닮음 등과 같은 — 을 설명한다.

엄격한 형태의 경험주의는 이것을 과학적 지식의 핵심으로 받아들이기 어렵다. 왜냐하면 이러한 이론적 실체의 다수는 직접 관찰로 접근할 수 없기 때문이다. 그렇지만 실재론자는 과학의 위대한 지적 성취는 세계의 구조가 상식적인 이해력으로 상상할 수 있는 것보다 훨씬 더 복잡하다는 점을 발견한 것이라고 주장한다. 과학철학의 임무는 과학자들이 그러한 발견을 수행하면서 사용해온 탐구 양식과 추론 양식을 이해하고자 시도하는 것이다. 하레와 헤세 같은 철학자들은 과학의 이론 구성에서 유추와 비유의 역할을 강조했다. 생물학자들은 게놈 암호에 대해 이야기할 때, DNA 분자의 단백질 합성을 기호체계의 해석에 비유한다. 전류라는 개념은 액체의 흐름에 대한 유추를 포함하며, 다윈의 자연선택 개념은 집에서 기르는 동물과 식물의 선택교배(인공선택)에 대한 유추를 포함한다.

우리는 비유를 사용하는 이론 구성을 3단계의 과정으로 생각할 수 있다. 첫째, 관찰가능한 현상들의 유형에 관한 증거를 수집한다. 둘째, '만약 존재한다면, 이러한 유형을 설명해줄 기저적인 구조나 기제는 무엇인가?'를 질문한다. 바로 여기서 과학자는 비유적 사유를 창조적으로 사용한다. '만약 자연이, 품종개량가가 그렇게 하듯, 야생의 동물과 식물의 번식에 작용을 가한다면 관찰된 유형의 유기체 다양성이 나타날 것이다', '물이 강을 따라 흐르는 것처럼 전자가 전도체를 따라 흐른다면 관찰된 유형의 전하(電荷), 저항, 자력(磁力) 등이 이어질 것이다' 등이다. 이 국면의 논리는 종종 핸슨을 따라, '역행추론'이라고 불린다. 이 과정의 세 번째 단계는 비유에 기초하여 추정한 기제가 실제로 존재한다는 가설적 가정 위에서 그 이상의 실험과 관찰을 수행하는 것이다.

물론 이것이, 비유의 잠정적인 사용에서 가설적인 기제가 실제로 존재한다는 주장으로 도약할 때 과학자가 언제 정당화되는가의 쟁점을 해결하는 것은 아니다. 그렇지만 이러한 단계에서 (a)과학이 주장하는 어떤 특정한 종류의 실체들이나 기제들의 존재를 입증할 수 있다는 것과 (b)과학을 그러한 기제를 발견하고 연구하려는 시도라고 보는 실재론의 해명을 정당화할 수 있다는 것에는 차이가 있다는 것을 인식하는 것이 중요하다. 실재론의 과학이론은 (a)가 아니라 (b)를 수행하려는 시도이다. 그렇지만 독립적인 과학자 집단들이 동시에 동일한 발견을 한 역사적 증거(예컨대, 다윈과 월리스가 독립적으로 '자연선택'이라는 개념을 고안하여 새로운 종의 형성을 설명한 것)와, 여러 과학들이 기저의 기제에 관한 공통의 믿음을 중심으로 수렴하는 방식(예컨대, 물질이 원자로 이루어진다는, 그리고 원자는 여러 방식으로 결합하여 분자를 형성한다는 이론은 물리학과 화학과 근대 생물학의 기본 존재론이다)은, 과학의 지식에 대해 독립적으로 존재하는 사물들과 과정들이 실제로 있고, 우리는 과학자들이 고안하는 이론들을 통하여 그것들을 어느 정도 적절하게 파악한다고 가정하지 않는다면 설명하기 어렵다. 그렇지만 비판적 실재론은 자연과학에 대한 이러한 견해를 옹호하는 훨씬 더 강력한 철학적 논증을 제공한다. 이것들은 '초월적 논증transcendental arguments'으로 불리며(102~103쪽을 볼 것), 이것의 사용은 바스카가 제안하는 과학관에서 중심적인 것이다.

초월적 논증

초월적 논증은 어떤 현상 p에 대해 논란의 여지가 없는 서술로 취급되는 것에서 시작한다. 그다음 'p가 가능하려면 사정case이 어떠해야 하는가?'의 질문을 제기한다. p를 위한 필요조건으로 어떤 조건이나 사태 c를 찾아낼 수 있다고 상정하자. 우리는 이미 p가 **현실적인 것**actual이라고 인정했기 때문에 p는 가능해야만 하며, 그러므로 그것을 가능하게 하는 조건이 충족되어야 한다. 그러므로 c도 사실이어야 한다. 사회적 삶에서도 '제인은 학생이다'와 같은 예를 끌어낼 수 있다. 어떤 사람이 학생이려면 선생, 가르치고 배울 지식체, 선생과 학생의 역할을 규정하는 교육제도 등이 있어야 한다. 제인이 학생이기 때문에, 어떤 사람이 학생일 수 있는 가능성의 필요조건이 충족되어야 하며, 그러므로 우리는, 예컨대 교육제도가 존재한다고 결론 내릴 수 있다. 널리 사용하는 또 다른 사례가 있다. "제이는 수표를 현금으로 바꾸었다." 어떤 사람이 수표를 현금으로 바꿀 수 있으려면 은행체계와 화폐경제 등이 있어야 한다. 그러므로 우리는 화폐경제가 있다고 결론 내릴 수 있다. 매우 분명한 이런 사례들에서 초월적 논증으로 도달하는 결론은 그다지 놀랍지도 않고 흥미롭지도 않다. 그렇지만 자연과학에 대한 바스카의 실재론적 이론에서는 이런 형태의 논증이 몇 가지 매우 흥미롭고 중요한 결론으로 이어진다.

과학: 자동적 차원과 타동적 차원

바스카는 실험, 과학의 논쟁, 그리고 기술에서 과학적 지식의 응용 등과 같은 과학적 실천에 대한 (아마도) 논란의 여지가 없는 서술들을 기초로 초월적 논증을 구축한다. '(예컨대) 과학적 실험이 가능하려면 사정case이 어떠해야 하는가?'의 질문을 우리가 제기한다면, 답은 두 묶음으로 구분된다. 한편으로, 실험이 가능하려면 세계가 어떠해야 하는가에 관한 진술이 있을 것이고, 다른 한편으로 과학적 탐구자가 실험을 수행할 수 있으려면 그가 어떠해야 하는가에 관한 진술이 있을 것이다. 바스카는 앞의 묶음의 진술이 가리키는 것을 특정짓기 위하여 '자동적 차원intransitive dimension'이라는 용어를 사용하고, 뒤의 것에 '타동적 차원transitive dimension'이라는 용어를 사용한다. 우선우리는 자동적 차원에 초점을 맞출 것이다. 실험 등과 같이 특징적으로 과학적인 실천이 가능하려면 **세계**는 어떠해야 하는가? — 주: 아마도 인간의 다른사회적 실천에도 동일한 형태의 추론을 적용할 수 있고, 비교가능한 결과들을 얻을수 있을 것이다.

실험, 법칙, 기제

과학적 법칙을 관찰가능한 사건들의 규칙적 유형에 관한 일반적 진술이라고 보는 경험주의의 견해는 수많은 심각한 비판을 받고 있음을 이미(제3장에서) 보았다. 비판적 실재론자는 그러한 관찰가능한 일련의 규칙적인 사건들이 자연에서도 상당히 희소하다고 지적하면서 논증을 시작한다. 그러한매우 희소한 규칙적 연쇄의 한 사례는 태양계에서 행성의 운동이다. 이 운동은 우리에게 낮과 밤, 계절 등의 규칙적인 유형을 제공한다. 하지만, 예컨대우리가 날씨를 하루씩 살펴본다면, 기상학이 충분히 지원받고 과학으로 확립된 시기에도 날씨를 예측하는 일은 악명 높게 어려우며 신뢰할 수 없는 것임을 알 수 있다. 이것은 어떤 특정 지역의 기후 조건이 실제로는 여러 다양한 요인들(기압차, 대기의 흐름, 전위차, 상이한 고도에서의 기온, 습도 수준 등)의 상호작용의 결과에 의해 나타나기 때문이다.

바스카의 해명에 따르면, 과학의 실험은 하나의 기제를 고립시켜서 그것의 작동을 다른 기제들과의 상호작용에 따른 간섭이 없이 연구할 수 있게 하는 실천적 개입이다. 앞에서 우리가 살펴본 잠자리의 동시 우화의 사례로 되돌아가면(42쪽 등을 볼 것), 우리는 그것의 원인이 낮의 길이인지 기온인지 아니면 무리 속의 어떤 형태의 의사소통인지를 알고자 할 것이다. 이것에 관해서는 일정 수의 잠자리 유충들을 실험실에 넣고, 거기서 그것들을 각각 고립시키고 정확히 동일한 조건의 기온과 빛/어둠의 연속을 부과함으로써 실험적으로 시험할 수 있다. 그렇게 하여 상이한 조건 각각을 차례로 인위적으로 통제할 수 있고, 각각의 조건이 발생에 미치는 영향을 연구할 수 있다. 바스카는 이런 식으로 단일의 기제를 고립시킨다면 사건의 규칙적 연쇄를 '촉발' 할 수 있다고 주장한다. 그렇지만 이러한 기제의 고립은 과학적 탐구자가 만들어냈기 때문에, 그리고 실험자의 행동이 자연법칙을 만들어낸다고 말하는 것은 터무니없을 것이기 때문에, 자연법칙은 실험에서 인위적으로 만들어낸 사건들의 연쇄에서 독립되어 있고 그것과 구별되는 것일 수밖에 없다.

바스카의 해명에서, 실험을 통해 발견한 법칙은 기저에 있는 기제의 '경향 tendencies'을 가리킨다. 그 기제가 인위적인 실험의 상황 밖에서 다른 기제들과 상호작용하고 있을 때에는 그것의 작동 결과가 규칙적이고 관찰가능한 사건의 연쇄로 나타날 수도 있고 그렇지 않을 수도 있다. 그러므로 예컨대, 앞서 잠자리 우화의 사례에서 또 다른 연구는 주어진 범위의 온도에 반응한 특정의 호르몬 분비가 거기서의 기저적 기제라는 것을 보여줄 수도 있다. 그렇지만 이러한 호르몬의 작용은 성장 단계, 빛 노출, 동일종이나 다른 종의 개체들과의 접촉 등과 연결된 다른 생리적 기제들의 영향을 받을 수도 있으며, 따라서 흔히 자연 속에 있는 범위의 온도가 잠자리의 우화를 촉발하지 않을 수도 있을 것이다.

법칙을 기제의 경향으로, 즉 과학적 실험을 통해 드러낼 수 있는 것으로 제시하는 이러한 견해는 실험에 대한 분석에서 이끌어내는 핵심적인 '실재론적' 결론이다. 실천으로서의 실험은 탐구하고 있는 기제 및 기제의 경향이 실험자의 활동과 믿음에서 독립하여 존재하지 않는다면 납득할 수 없을 것이다.

실재의 층화

그러나 바스카는 우리가 실험에서 이것보다 더 많은 결론을 이끌어낼 수 있다고 주장한다. 실험을 가능하게 하는 조건의 분석에서 자동적 차원의 기본구조에 관해 무엇인가를 추론할 수 있다는 것이다. 이 분석은 실재의 세 수준을 함축한다.

a. 기제, 힘, 경향 등의 '실재적real' 세계로, 과학은 이것을 발견하고자 한다.
b. 사건들의 흐름이나 연쇄의 '현실적actual' 수준으로, 이것은 실험이라는 조건 아래서 만들어낼 수 있거나 실험실 밖의 더 복잡하고 덜 예측가능한 '국면conjunctures'에서 발생할 수 있다.
c. 관찰한 사건의 '경험적empirical' 수준으로, 이것은 필연적으로 단지 b의 작은 부분집합일 수밖에 없다.

엄격한 경험주의는 오직 c 수준의 현상만을 실재하는 것이라고 인정할 수 있다. 온건한 경험주의는 경험하지 않은 사건의 존재를 인정할 수도 있지만, 여전히 **경험가능한** 사건(b 수준)만을 실재한다고 인정할 것이다. 바스카는 그러한 입장을 '현상주의actualism'라고 부른다. 그렇지만 초월적 — '비판적' — 실재론의 뚜렷한 특징은 제3의, 즉 기제와 그것의 힘과 경향이라는 수준(a 수준)의 독립적인 실재성을 논증한다는 주장이다. 이 제3의 수준은 실험이라는 실천의 납득가능성 그 자체에서 추론할 수 있으며, 또한 당연히 실험을 필요하게 만드는 것에서 추론할 수 있다. 세계에 경험가능한 사건들의 흐름만 존재한다면 실험을 통해 발견해내야 할 것도 없을 것이며, 지식은 단지 그런 사건들을 관찰하고 요약하면 될 것이다. 그렇지만, 실험에 대한 분석은 기저의 인과기제와 힘이 **존재할 수밖에 없다**는 것만을 입증할 뿐이라는 점을 기억하자. 그 기제와 힘이 어떤 것인가에 관해서는, 그 분석은 우리에게 아무것도 말해주지 않는다. 이것은 개별 과학 학문분과의 실질적인 연구가 담당할 사안이다.

그러므로 비판적 실재론이 제기하는 주장은, 우리의 과학적 탐구가 대상으로 삼는, 그 탐구에서 독립된 실재가 존재한다는 것, 그렇지만 또한 이 실재는 층화되어 있다(stratified 또는 layered)는 것이다. 바스카의 철학적 존재론이 찾아낸 실재의 핵심적인 세 수준은, 앞에서 본 것처럼, 실재적인 것, 현실적인 것, 경험적인 것이다. 물론 바스카는 이 수준들 각각이 모두 '실재한다 real'고 인정한다. 그러므로 '실재한다'는 단어를 실재의 한 수준을 가리키는 데도 사용하면서 용어상의 약간의 혼란이 있다. 수준의 비유는 비판적 실재론이 일종의 '심층' 실재론임을, 그리고 과학적 탐구는 사물의 표면적인 외양을 관통하여 그 배후나 아래에 도달하여 그 외양을 발생시킨 원인을 드러내고자 시도하는 활동이라는 것을 함축한다.

층화, 발현, 환원

실재가 층화되어 있다는 생각에 대해 더 자세히 살펴볼 수 있다. 일단 과학이 실재의 수준이나 측면을 구성하는 기제들 — 그 과학이 주제로 삼고 있는 — 을 발견한다면 이 기제들을 발생시키는 더 심층적인 수준의 기제들은 무엇인가를 질문할 수 있다. 그러므로 예를 들어, 생리학적 기제들이 동물과 식물의 여러 가지 특징적인 활동 — 물질대사, 번식, 호흡작용 등 — 을 설명한다. 그렇지만 이러한 생리학적 기제들 자체도 그 생물유기체를 구성하는 복합적인 유기 분자의 화학작용에 입각하여 설명할 수 있다. 자연세계의 미시구조로 점점 더 깊게 탐구해 들어가는 이러한 과정에 명확한 종착점은 없다. 상이한 과학분과들 각각이 실재의 특정 수준을 다루는 한, 그 과학분과들도 수준들의 위계로 정렬할 수 있다. 그러므로 우리는 과학들을 다음과 같은 순서로 정렬할 수 있을 것이다.

사회과학
심리학
생리학/해부학
유기화학/생화학
물리화학
물리학   ↓ **심층적·미시적**

과학을 이런 식으로 정렬하는 것은 각 수준을 특징짓는 기제들을 그것들의 밑에 있는 그다음 수준의 기제들에 입각하여 설명할 수 있는 방식을 통해서 정당화할 수 있다. 이것은 전체를 그것을 구성하는 부분들에 입각하여 설명하는 것을 과학이라고 보는 견해에 상응한다. 일부의 과학분과들은 결코 이러한 위계로 배치할 수 없는 것으로 보인다는 점도 지적할 것이다. 여기에는 생태학, 지리학, 기상학, 해양학, 고생물학 등이 해당하며, 우리는 다음 절에서 그것들을 살펴볼 것이다.

과학이 층화된 실재의 층들을 드러낸다는 일반적인 생각은 아주 널리 공유되지만, 비판적 실재론자들이 자신들을 구분하고 또한 그들과 다른 실재론적 접근들을 구분하는 여러 쟁점들이 남아 있다. 여기서는 이 쟁점들 중 단지 두 가지만을 다룰 지면이 있다. 하나는 수준들 사이의 관계에 관해 우리가 생각하는 방식과 관련된 것이다. 한 수준의 기제가 그것보다 높은 수준에 있는 기제를 설명한다고 주장한다면, 낮은 수준의 과학이 확립되면 그것이 높은 수준의 과학을 대체할 수 있는 것처럼 보일 수도 있다. 예컨대 생화학이 발전하면 생리학은 불필요한 여분이 되는 듯 보일 것이다. 일부의 해석에서는 이것이 궁극적으로 모든 과학이 물리학의 기본 법칙으로 환원될 것이라는 견해로 이어진다(제3장의 이론적 실체와 가설연역적 이론관에 관한 절을 볼 것). 훨씬 더 영향력 있는 견해는 인간의 정신적이고 사회적인 삶을 생리학이나 유전학이나 자연선택에 입각하여 설명한다는 주장이다.

그러나 비판적 실재론은 실재의 층들에 대한 그러한 '환원주의적' 해석을 반대한다. 환원주의가 작동하지 않는 주요한 이유 세 가지가 있다. 첫째, 낮은 수준의 과학은 (기껏해야) 높은 수준에 있는 **기제**의 구성만을 설명한다. 그 과학이 이러한 기제와 함께 확립된 힘이 언제 **행사되고** 어떤 결과를 낳을 것인가를 설명하지는 않는다. 그러므로, 예컨대 정확한 해부학과 생리학(청각기관, 발성기관, 적절하게 구성된 대뇌피질 등)은 인간이 왜 말하는 힘(예컨대, 계통적으로 가까운 영장류를 가지고 있지 못한)을 갖는가를 설명할 수는 있겠지만 특정 개인이 언제 그리고 어떻게 말하기를 배울 것인가, 어떤 언어를 배울 것인가, 무엇을 말할 것인가를 설명하지는 않는다.

둘째, 높은 수준의 기제가 일단 형성되면 그것의 활동은 낮은 수준의 기제에 영향을 미친다. 예를 들어, 정서적인 상흔은 중추신경과 내분비선의 상호작용에 영향을 미치며, 그러므로 호흡작용에 관련된 화학반응의 속도, 근육에 혈액이 공급되는 속도, 세포와 조직의 수준에서의 무기화학반응의 유발 등을 변화시킨다. 그러므로 인과성은 층화의 위계를 올라가는 것만큼이나 내려갈 수도 있는 것이다. (비판적 실재론은 '실재한다'를 '영향을 미친다'와 동일한 것으로 간주하므로) 각 수준에서 구성된 기제는 그것 자체의 특수한 실재성을 갖는다는 이야기가 된다. 또한 낮은 수준의 기제를 다루는 과학은 높은 수준의 기제의 움직임을 설명하는 데 **기여할** 수는 있지만 결코 그것을 **완전히** 설명할 수는 없다는 이야기가 된다.

끝으로, 수준들과 개별 과학들 사이의 결합을, 부분적으로 높은 수준의 실체들이 가지고 있는 속성과 힘을 낮은 수준의 실체들의 속성을 기초로 미리 예측할 수 없다는 점을 근거로 제시할 수 있다. 우리가 생물유기체의 특징을 설명할 때 그것 속에 자리한 유전자라고 불리는 미세분자가 역할을 하지만, 우리가 (우리 자신을 포함한) 생물유기체를 먼저 살펴보지 않는다면 우리는 생물체의 어떤 속성을 유전자에 입각하여 설명할 수 있는가에 관해 아무런 생각도 할 수 없을 것이다. 다시 말하면, 인간의 의식작용은 두뇌와 중추신경체계의 조직과 기능의 복합성이라는 특정 수준에 의존하지만, 무엇이 '의식적인 것'인가를 우리가 먼저 알고 있지 않다면 가장 정교한 신경생리학조차도 '의식'을 예측할 수 없을 것이다. 사실, 모든 지식이 의식적 존재의 활동에 의존하기 때문에, 더 낮은 그리고 기초적인 수준에 대한 발견은 (**의식이라는**) 이러한 더 높은 수준을 전제해야 한다. 제3장에서 살펴본 것처럼, 각 수준의 조직에서 질적으로 새로운 속성이나 힘이 생기는 것은 '발현emergence'이라 부르며, 비판적 실재론자는 흔히 일종의 '발현적 힘 물질론emergent powers materialism'을 주장한다.

상이한 수준들 사이의 관계에 관하여 실재론자들이 제기하는 논쟁의 두 번째 영역은 더 높은 수준에 집중된다. 특히 그것은 인간의 생물학적인 것,

심리적인 것, 사회적인 것 사이의 관계에 관한 것으로, 우리는 이 장의 뒷 절에서 그것을 다시 다룰 것이다. 지금은 앞에 열거한 과학의 위계가 사회적인 것을 가장 높은 수준에 놓고 심리적인 것을 그것의 아래에, 그리고 생물학적인 것을 그것들보다 아래에 놓고 있다는 점을 지적하고자 한다. 이것은 신체의 조직과 기능이 심리적 기제의 기초이며 사회는 개인들의 의식적 행위에 의해 형성된다는 상식적 견해를 반영한다.

그렇지만 이것에 반대하여, 적어도 일부의 심리적 기제(예컨대, 우리 언어의 문법적 규칙에 따라 문장을 형성할 수 있게 해주는 그 어떤 기제)는 오로지 사회적 과정에 입각해서만 (이 경우에는 우리의 언어 학습을) 설명할 수 있다고 주장할 수 있다. 이것은 뒤르켐이나 소쉬르Ferdinand Saussure의 제자들이 제시할 수 있는 종류의 주장이다. 그러한 기초 위에서는, 심리학은 과학의 위계에서 사회학보다 위에 있어야 한다. 왜냐하면 그 경우 심리적 과정을 사회적 과정에 입각해 설명하기 때문이다. 사회는 개인들의 의식적인 결정에 의해 창출되는 것이 아니라 개인들에 앞서 존재하며, 개인들의 정신적 삶을 만든다.

그렇지만 마찬가지로, 만약 인간이 어떤 선천적인 심리적 능력과 성향(예컨대, **어떤** 언어를 배우는 능력과 성향)을 가지고 있지 않다면, 사회가 개인들을 지금 그것이 그렇게 하는 방식으로 형성하기는 불가능할 것이다. 이러한 고려는 심리학과 사회과학이 동일한 수준에 자리하고 있으며, 각각이 서술하는 기제들이 상호의존하는 학문분과의 위계에 있음을 시사한다. 이것은 인간의 진화에 대한 현대의 견해 ― 이것에 따르면 근대적 인간과 그들의 특징적인 사회성의 유형patterns of sociability은 함께 진화했다 ― 와 일치할 것이다(이 쟁점에 관한 대조적인 견해로는 New, 1994, 1996: 제2장; Collier, 1994: 제4장을 볼 것).

그렇지만 인간의 사회적 삶이 단지 개인들만을 포함하는 것으로, 그리고 인간의 정신적 활동에 의해서만 개인들을 포함하는 것으로 보는 견해는 매우 빈약한 것이라고 할 수 있다. 인간사회의 중심적인 특징, 즉 인간이 의·식·주의 생산을 조직하는 방식, 그리고 성과 생식과 자녀양육 등을 규제하는 관계를 만드는 방식은 우리가 인간을 유기체적·기능적 필요와 취약성을 가진 신체적 존재로 이해하지 않는 한 전혀 납득할 수 없다. 그러므로 우리는 우리의 정신적 삶을 통해서뿐 아니라 신체를 통해서도 본질적으로 사회적 존재이다. 그러나 이것을 지적하면서 우리는 또한 신체적 인간을 다른 생물체 및 무생물체들 — 물리적 공간, 원료, 도구와 기계, 가내 및 야생 동식물, 농업 및 반(半)자연적 생태체계, 건물, 도로 등 — 과 묶는 것으로서의 사회를 구성하는 관계들을 이해하게 된다. 이 사물들과 관계들은 모두 사회의 전반적인 신진 대사 속의 요소들로서 생산되고 재생산되거나 변형된다. 그러므로 사회가 그 위계에서 단일한 수준으로 이루어져 있다고 제시하는 것은 합당하지 않다. 오히려 사회는 여러 다른 수준들 — 심리적, 생리적/해부학적, 생태적, 화학적 등 — 에서 끌어낸 기제들의 조합으로 구성되는 기제들과 과정들의 이질적인 복합체이다. 우리는 사회적 삶의 성질에 대한 이러한 견해를 이 장의 후반부에서 다시 살펴볼 것이다.

실재의 분화: 폐쇄체계와 개방체계

잠시 우리는 과학적 실험의 가능성(과 필요성)에 의해, 또한 기술에서 과학의 응용에 의해 드러나는 세계의 또 다른 특징을 살펴보아야 한다. 어떤 기제의 힘과 경향 등을 연구하기 위하여 그 기제를 분리할 수 있는 실험 조건을 설계하는 것은, 실제에서는 대부분의 기제들이 대부분의 시간에 그런 조건 속에 존재하지 않기 때문에 필요한 일이다. 지속적으로 변화하는 (특히 영국의!) 기후 유형은 여러 상이한 기제들의 복합적인 상호작용의 결과이다. 새로운 종의 기원이나 근대 자본주의의 형성 등과 같은 역사적 과정도 그것과 유사하다. 그것을 단일의 기저적인 인과기제의 결과라고 설득력 있게 설명할 수는 없다. 그런 사례들에서 상호작용하는 여러 인과기제들을 실험적으로 어떻게 분리할 수 있는가를 알아내기는 어려우며, 이것은 그런 사례들을 주제로 삼는 학문분과들(기상학, 지리학, 진화생물학 그리고 대부분의 인간과학들)의 과학적 지위에 심각한 문제를 야기한다. 우리는 이 문제도 이 장의 후반부에서 다시 살펴볼 것이다.

그렇지만 화학원소들이 자연에서 일반적으로 존재하는 형태인 혼합물이나 복합물에서 그 원소들의 순수한 표본을 분리해내거나, 인위적으로 통제한 조건 속에서 유기체를 기르는 것 등과 같은 다른 사례들에서는 실험이 실천적으로 가능하다. 기제들이 우연적인 방식으로 공존하고 서로 상호작용하는 경우를 바스카는 '개방open' 체계라고 부른다. 기제들이 자연적으로 분리되어 존재하거나(또는 간섭하는 기제들의 균형이 있거나), 인위적으로 분리해낸 경우를 바스카는 '폐쇄closed' 체계라고 부른다. 모든 기제들이 자연적으로 폐쇄체계 속에서 작동한다면 시험은 가능하지도 않고 필요하지도 않을 것이다. 그 경우 세계는 경험주의의 존재론이 이야기하는 것과 같을 것이다. 마찬가지로, 폐쇄체계를 인위적으로 만들어낼 수 없다면 실험은 불가능할 것이다.

통제한 조건 아래에서 실행한 실험 작업이 특정 물질의 속성과 힘을 드러낸다면 — 예를 들어, 특정한 플라스틱이 뛰어난 전기절연체라거나 전류가 자기장을 발생시킨다거나 — 이러한 지식은 전기 안전장치나 초인종이나 자물쇠 등의 도구를 만드는 데 응용할 수 있다. 그렇지만 이렇게 응용하는 것은 오직, 폐쇄체계 속에서의 연구를 기초로 그 물질이 가졌다고 생각하는 인과적 힘이 개방체계에서도 그 물질의 속성으로 지속되기 때문에 가능한 일이다. 그러므로 과학의 실험과 응용은 인과기제가 개방체계와 폐쇄체계 그 어느 쪽에서나 존재하고 작동할 수 있다는 것, 그리고 자연법칙(이것이 반드시 사건의 규칙적인 연쇄는 아니다)을 '초사실적으로transfactually' — 즉, 개방체계와 폐쇄체계 둘 모두에서 — 응용한다는 것을 전제한다. 바스카는 '자동적 차원'의 이러한 특징을, 실험과 과학의 응용에 대한 분석으로 밝혀낸 것으로, 실재의 '분화differentiated'라고 부른다. 그러므로 세계는 그것에 관한 우리의 믿음에서 **독립하여** 존재하며, **분화되어** 있고, **층화되어** 있다. 과학이 세계를 탐구의 가능한 대상으로 삼고 있다는 것은 세계가 이러한 특징을 가지고 있다는 사실을 드러낸다는 것이 실재론자들이 제시하는 핵심적인 주장이다.

타동적 차원

우리는 이제 '과학이 가능하려면 사정이 어떠해야 하는가?'의 질문에 대한 두 번째 묶음의 답을 살펴볼 수 있게 되었다. 이 답은 과학이 가능하려면 과학의 탐구자들, 그들의 의사소통 양식 그리고 사회가 어떠해야 하는가와 관련되며, 이것들은 함께 바스카가 과학의 '**타동적**' 조건 또는 차원이라고 부른 것을 구성한다. 여기서 비판적 실재론은 (경험주의의 전통에 반대하여) 과학의 사회적·역사적 특성을 인정한다는 점에서 쿤, 파이어아벤트, 그리고 과학사회학자들과 가깝다. 사회적 실천으로서 과학은 과학적 의사소통과 비판의 제도를 전제로 하며, 과학적 추론에서 비유의 역할은 문화 — 과학적 지식의 생산을 위한 개념적 '원료'를 얻기 위해 의지할 수 있는 — 의 존재를 함축한다. 그렇지만 비판적 실재론은 실험이라는 실천도 강조한다. 실험은, 세계에 의도적으로 개입하고, 자신의 개입의 귀결을 추적하며, 이러한 귀결을 어떻게 해석할 것인가에 관한 비판적 대화에 참여할 수 있는 구체적인 행위자로서 인간을 전제한다.

그러므로 과학에 대한 이론으로서 비판적 실재론의 두드러진 특징은 다음과 같다.

(i) 그것은 과학을 사회적 실천으로 인식하며, 과학적 지식을 사회적 생
산물로 인식한다.

(ii) 그것은 과학적 지식의 대상이 지식에 독립적으로 존재한다고 인식한다.

(iii) 그것은 과학의 실험과 발견을 물질적이면서 동시에 사회적인 실천 —
이것에 의해 (i)과 (ii)가 유지되는 — 으로 설명한다.

이와 대조적으로 쿤과 파이어아벤트와 구성주의자의 과학론은 과학의 사
회적 성격은 충분히 인식하지만 과학적 지식에서 대상의 독립적 실재성에
대해서는 일관성 있는 설명을 유지하는 데 큰 어려움을 겪는다. 반면 경험주
의의 과학론은 과학적 실천의 사회적 차원이 자리할 공간을 거의 또는 전혀
갖지 못한다. 물론 이 두 가지 과학론의 어느 것도 과학적 지식의 대상의 독
립적 실재성을 충분히 유지할 수 없다. 기껏해야 그것들은 '표면'에 나타난
사건들의 흐름을 실재라고 보고, 그런 사건들에 대한 요약적인 기록을 과학
으로 보는 견해에 갇혀 있다.

실재론과 사회과학

그렇지만 과학에 대한 실재론의 이러한 견해는 사회과학과 어떤 연관을
갖는가? 사회과학을 위한 모형으로 이 과학론은 실증주의 기획보다 더 받아
들일 만한 것인가? 여기서 실재론자들은 아주 큰 의견 차이를 보이고 있다.
자연과학에 대한 실재론적 접근의 가장 영향력 있는 옹호자의 한 사람인 하
레는 사회과학에서 방법론적 개인주의를 강력하게 주장하며, 사회구조의 실
재성을 부인한다. 탁월한 비판적 실재론자인 콜리어Andrew Collier는 사회과학
에서는 실험적 폐쇄가 불가능하고 측정과 수량화의 사용을 배제하기 때문에

(Collier, 1994: 162) 사회과학은 세계에서 통용되는 본격적인 의미의 과학일 수 없다고 주장한다. 콜리어는 '과학에 미치지 못하는less-than-scientific' 사회과학 학문분과들을 특징짓기 위하여 '인식형태epistemoids'라는 용어를 만들었다 (Collier, 1989: 제4장을 볼 것). 대조적으로 벤턴은 우리가 여러 자연과학들 사이의 다양성을 인식한다면 자연과학과 사회과학 사이에 확실한 구분선을 그을 이유가 없다고 주장했다(Benton, 1981).

바스카는 또 다른 입장을 옹호하는데, 그는 이 입장을 '비판적 자연주의'라고 부른다(Bhaskar, 1998). 이 접근은 실증주의적 형태의 '자연주의(이 맥락에서는 자연과학의 모형에 기초하여 사회를 연구한다는 제안)'에 대한 해석주의적 또는 해석학적 비판의 주요 취지를 받아들인다. 그렇지만 그는 지식의 자연적 대상과 사회적 대상 사이의 근본적인 차이가 있음에도, 심지어는 그 차이 때문에, 자연에 대한 과학과 동일한 의미의, 그러나 반드시 동일한 형태는 아니며 동일한 방법을 사용하는 것도 아닌, 사회에 대한 과학을 갖는 것이 더욱 가능하다고 주장한다.

만들어낼 수 있는 지식의 종류와 그것을 만들어내는 방법은 학문분과의 주제에 따라 다양할 것이다. 그러므로 실재론이 함축하는 한 가지는 '사회에 대한 과학이 가능한가?'라는 질문에 대한 답이 '사회'가 어떤 종류의 것인가에 달려 있다는 것이다. 그러나 사회가 어떤 것인가를 우리에게 이야기해줄 사회과학을 먼저 가지고 있지 않다면 우리는 그 질문에 어떻게 답할 수 있는가? 벤턴은 사회과학의 세 경쟁하는 전통 속의 대표적 인물들의 설명적 이론화에 대한 분석으로 이 문제를 다루었다(Benton, 1977). 각각의 사례에서 그는 핵심적인 실재론적 가성을 찾아냈다. 마르크스, 베버, 뒤르켐 세 사람 모두, 사람들이 그것들에 관해 가지고 있는 믿음에 대해 독립적인 사회적 실재들의 존재, 사회구조와 그것의 외양형태 사이의 차이, 그러므로 외양형태를 그것을 만들어내는 사회구조에 입각하여 설명하는 오류가능한 과정으로서 사회과학적 탐구를 주장하고 있다는 것이다. 그렇지만 세 인물들이 자신의 설명적 작업을 성찰하고 정당화하는 근거가 되는 그들의 지식이론은 흔히 혼란스럽거나 이러한 실재론적 입장의 일부 또는 전부를 배제하고 있다. 이 점은 특히 베버에게서 두드러지는데, 그의 실제의 설명적 작업은 그가 스스로 밝힌 방법론적 개인주의를 체계적으로 무시했다. 각각의 연구전통은 부적절한 인식론적 명령(방법론적 개인주의, 경험주의, 주관적 관념론 등)의 영향 때문에 왜곡과 모순을 가지고 있다는 것이 벤턴의 주장이다. 실재론 철학은 사회에 대한 연구에 더 적절한 인식론을 제공하는 데서 유익한 조수의 역할을 수행할 수 있고, 연구의 정당성을 옹호할 수 있다. 그리고 실질적인 연구 실천의 수준에서는 실재론이 지적하는 특징들이 이미 나타나고 있다.

바스카(Bhaska, 1979, 1998)는 사회과학의 기존 전략들에 대한 회의론의 하나에서 출발했다. 그는 사회에 대한 과학적 연구가 **가능한가**의 여부를 확인해야 한다고 생각했다. 먼저, 사회과학에서 기존의 설명적 작업 자체가 쟁점이 되는 문제를 제기할 것이었다(자연과학과 관련하여 이 전략을 사용할 때에는 그렇게 하지 않는 방식으로). '사회는 과학적으로 연구할 수 있는 종류의 것인가?'의 질문에 대한 바스카의 접근은, 이전과 마찬가지로, 초월적 논증에 의지하는 것이다. 그렇지만 이번에는 그 논증의 전제가 친숙한 사회적 행위와 실천이다. 그는 그런 행위와 실천에 대한 논란의 소지가 없는 서술이라고 받아들여지는 것에서 시작하여, 그것들이 가능하려면 인간사회와 사회적 행위주체가 어떠해야 하는가를 질문한다. 차례로, 이 질문에 대한 답은 그에게 사회의 존재론을 제공하며, 이것을 기초로 그는 그러한 것에 대한 과학이 가능한가의 여부를 고찰할 수 있다. 뒤에서 볼 것처럼, 이것은 우리를 사회이론에서의 '구조/행위주체'라는 친숙하면서도 뜨거운 논쟁이 일어난 영역으로 데려간다.

사회의 존재론: 구조와 행위주체

우리가 앞에서 사용한, 수표를 현금으로 바꾸거나 학생이 되는 사례는 출발점으로 충분할 것이다. 서술한 것처럼 두 행위는 오로지 행위자가 일련의 제도적 관계 ― 그의 행위에 앞서, 그리고 행위에 대해 독립적으로 존재하는 ― 속에 위치한다는 조건 위에서만 가능하다. 어떤 사람이 수표를 현금으로 바꾸려면 화폐경제, 은행체계 등이 있어야 하지만 또한 그 사람도 계좌 보유자로서 그 체계 속에 자리하고 있어야 한다(그 계좌에 잔고나 초과인출 약정을 가지고 있어야 함은 말할 것도 없다!). 이것은 구조주의자가 강조할 종류의 사항이다. 그렇지만 개인들과 그들의 활동들이 없다면 계좌, 수표, 은행, 경제 등의 것들은 있을 수 없다는 것도 참이다. 제도는 사람들의 활동에서 독립하여 존재하는 것이 아니라 도리어 이러한 활동의 집합적 유형화 속의 규칙성에 지나지 않는다. 이것은 방법론적 개인주의자가 강조할 사항이다. 세 번째 가능성은 경쟁하는 이 두 견해를 종합하는 것이다. 바스카는 버거와 그 동료들의 변증법적 견해를 언급한다(특히 Berger and Luckman, 1967을 볼 것). 이 견해에 따르면, 사회는 개인 행위주체의 생산물이며 그다음 개인들에게 반작용을 가한다. 그러나 바스카는 이런 견해도 인간 행위주체의 조건이며 동시에 생산물로서의 사회구조의 지속을 뒷받침하지 못하기 때문에, 또는 사회구조의 가능성의 생산물이며 동시에 조건으로서의 사람들의 지속을 뒷받침하지 못하기 때문에 기각한다. 바스카 자신의 견해는, 사회와 사람들은 구별되는 '수준들' ― 둘 모두 실재하는, 그렇지만 서로 상호의존하며 상호작용하는 ― 이라는 것이다.

그런데 구조/행위주체 문제에 대한 이러한 해결책은 사회구조 ― 사회적 행위자들이 사회적 지위의 점유자이기 때문에 갖는 그들 사이의 관계로 이해되는 ― 가 실재한다는 믿음을 포함하고 있다. 구조는 그것이 아니었다면 불가능했을 행위(수표를 현금으로 바꾸기, 학위를 취득하기 등)를 가능하게 하고 동시에 행위(수표를 발행하기, 제3세계 정부들에 구조조정 정책을 부과하기, 논문 마감날짜를 강요하기 등)를 제약한다는 점에서 인과적으로 효력 있는efficacious 것이다. 사회구조에 대한 이러한 해명을 보완하기 위하여 바스카는 그가 '변형적 사회행위 모형transformational model of social action'이라고 부르는 것을 발전시킨다. 이 견해에 따르면, 사회구조는 사회적 행위자들의 활동들을 통해서만 계속 존재하지만(재생산), 개인적·집합적 행위주체는 또한 사회구조를 수정하거나 변형할 수도 있다. 사회구조를 재생산하거나 변형하는 활동 속에서 사회적 행위의 결과는, 피고용자가 생계비를 벌기 위해 일하러 가지만 그렇게 하면서 자본주의적 생산관계의 재생산을, (보통은) 특별히 그렇게 하려는 생각을 갖지 않은 채 돕는 것처럼, **의도하지 않은 것**일 수 있다. 또는 성공적인 사회운동이나 정치적 동원의 사례에서처럼 **의도한 것**일 수도 있다. 사회구조와 인간 행위자 사이의 관계에 대한 이러한 해명에서 중심적인 것은, 그것들이 존재론적으로 서로 구별된다는 것이다. 이 점에서 바스카(그리고 대부분의 비판적 실재론자들)의 견해는 아처Margaret Archer가 '생략주의적elisionist' 접근이라고 부르는 것 ― 기든스의 '구조화'이론 등과 같은 ― 과 구별된다. 생략주의적 접근은 구조와 행위주체를 함께 무너뜨린다(Archer, 1995; Archer et al., 1998: 제14장; Bryant and Jarry, 1997에 실린 Giddens를 볼 것; 또한 Stones, 1996: 제4장; Craib, 1992도 볼 것).

그들이 제기한 이러한 주장들과 개념들은 (관찰불가능한) 사회구조의 실재성을 부인하는 방법론적 개인주의 경향과 경험주의 경향 둘 모두를 논박하는 데 매우 효과적이다. 그렇지만 사회를 의도적으로 행위를 하는 인간 행위자들과 그들이 재생산하거나 변형하는 사회구조 사이의 지속적인 교류로 보는 바스카의 견해(Bhaska, 1979, 1998)는, 사회적 삶의 참여자로서 인간의 신체적 모습human embodiment, 그리고 인간 이외의 물질들, 과정들, 생물체 등의 중요성 두 가지 모두를 무시하는 것으로 보인다. 명시적으로 이렇게 하는 것은 상당히 다른 사회 존재론에 의지하는 것이고 그러므로 자연과학과 사회과학 사이의 관계에 대한 상당히 다른 견해에 의지하는 것이다. 그러한 전환은 그의 후속 작업 일부에서 확인할 수 있다.

자연주의와 그것의 한계

현재의 맥락에서 '자연주의'라는 용어는 일반적으로 사회적 삶에 대한 과학적 연구 — 자연과학에서의 과학과 동일한 의미의 — 가 가능하다는 견해를 의미한다. 우리가 본 것처럼, 바스카는 자연주의의 입장을 취하지만, 사회구조와 행위주체에 대한 그의 해명은 자연과 사회 사이의 어떤 근본적인 존재론적 차이 및 그 밖의 차이를 함축하며, 이 차이는 그것들에 대한 우리의 지식의 가능성에 대해 함의를 갖는다. 이러한 이유에서 그의 입장은 '비판적 자연주의'로 불린다. 그렇다면 우선 관련된 차이는 무엇이며, 그럼에도 사회과학의 가능성을 주장하는 것은 어떻게 가능한가?

바스카는 자연주의가 세 가지 존재론적 한계와 한 가지 관계적 한계, 그리고 한 가지 인식론적 한계를 가지고 있다고 주장한다. 존재론적 한계는 사회구조와 자연구조 사이에서 상정된 차이와 관련되어 있다. 사회구조는 행위자의 활동을 통해서만 존재를 유지하는 반면(**행위의존성**), 자연의 구조는 그렇지 않다. 사회구조는 행위자들이 자신들이 수행하고 있는 것에 관해 갖는 믿음에 의존해서 재생산된다는 의미에서 **개념의존적**이다(그러나 앞에서 본 것처럼, 구조의 재생산은 행위자가 행위를 하는 이유가 되는 믿음 유형의 일부를 형성하지 않을 수도 있고, 보통은 형성하지 않을 것이다). 끝으로 자연 속의 구조와 달리 사회구조는 오로지 상대적으로만 지속적이다(**공간·시간의존적**이다). 자연주의에 대한 관계적 한계는 사회과학은 그 자체가 사회적 실천이며, 그러므로 그것의 연구주제의 일부라는 사실에서 생겨난다. 이것은 사회과학에서 이른바 자동적 차원(지식에 독립적으로 존재하는 대상)과 타동적 차원(지식생산의 사회적 과정) 사이의 구분을 유지할 수 없게 만드는 것으로 보인다. 자연주의에 대한 인식론적 한계는 사회과학에서는 실험적 폐쇄가 불가능하다는 것이다. 콜리어는 이것을 사회에 대한 과학적 연구의 결정적 장애로 취급한다(Collier, 1994: 162).

용어들은 상이하지만, 자연주의의 이러한 한계의 대부분은 (이미 제5~7장에서 논의한) 해석학적 전통의 반자연주의적 논증에서 매우 친숙하게 등장하는 항목들이다. 콜리어와 벤턴 두 사람 모두 바스카가 자연적 실재와 사회적 실재를 너무 뚜렷하게 구분한다고 주장했다(Collier, 1994: 제8장; Benton, 1981). 예컨대 벤턴은 바스카의 사회구조의 행위의존성 주장이 구조와 행위주체에 대한 그의 존재론적 구분을 거의 훼손하게 된다고 주장한다. 사회과학적 설명은 흔히 행사되지 않은 힘이라는 개념을 사용한다. 예컨대 근대 국민국가는 질서 유지를 위해 폭력을 사용할 수 있는 막대한 힘을 수중에 가지고 있다. 그렇지만 이 힘을 실제로 사용하는 경우는 매우 드물다(적어도 부분적으로는 국가가 그것을 사용할 수 있다는 것을 체제에 대한 도전자들이 알고 있기 때문에). 벤턴은 또한 사회구조의 공간·시간의존성이 사회구조에만 독특한 것이 아니라고 주장한다. 지질학이나 진화생물학 등과 같은 역사적 자연과학도 있으며, 자연적으로 발생하지만 흔히 매우 수명이 짧은 구조를 다루는 발달과학developmental science도 있다. 개념의존성 명제도 오도적일 수 있다. 대부분의 사회적 삶은 의식적 사유나 상징적 의미보다는 체화된 활동을 포함하는 습관적이고 상투적인 것이다. 일부의 중요한 사회학적 지식 — 한쪽의 사회계급 및 직업과 다른 쪽의 조기 사망 및 만성 질환의 가능성 사이의 잘 확인된 연관 등과 같은 — 은 사회에도 인간 행위자의 의식적인 자각에서 독립해 작동하는 인과기제가 있음을 알려준다.

벤턴의 주장은, 바스카가 사회의 존재론과 자연의 존재론을 확실하게 구별하는 것은 부분적으로는 그가 물리학이나 화학 같은 '기초적' 과학을 자연과학의 패러다임으로 취급하는 견해에 기초하고 있기 때문이라는 것이다. 기상학과 진화생물학과 발달생물학 등과 같은 자연과학은 여러 가지 특징을 사회과학과 공유하고 있으며, 사회과학 자체도 매우 다양한 주제들을 다룬다. 강력한 반자연주의적 사회존재론은 사회경제적 과정과 생태학적 변화 사이의 관계 등과 같은 문제를 다루는 연구 기획 — 사회/자연의 구분을 가로지르는 협력이 핵심적인 — 의 발전에 심각한 장애라는 점은 분명해 보인다(Benton, 1991을 볼 것).

그렇지만 바스카는 대체로 반자연주의적인 그의 사회존재론 및 이것과 관련된 논증을 이용하여 여전히 사회적 삶에 대한 과학적 접근을 자연주의적으로 옹호할 수 있다고 주장한다. 어떤 측면에서는, 자연과학적 탐구를 가능하게 하는 특징을 사회세계는 결여하고 있는 점에 대한 대체물이나 보충물이 있기 때문이다. 어떤 측면에서는, 그는 사회과학이 바로 사회적인 것과 자연적인 것의 차이 **때문에** 가능하다고 주장한다.

사회구조의 개념의존성 및 행위의존성은 사회과학적 작업을 제약하는 것이 아니라 가능하게 한다. 이것은 행위자들이 그들 자신의 사회적 삶에 관해 가지고 있는 믿음을 사회과학적 사유를 위한 자원으로 이용할 수 있기 때문이다. 바스카에 따르면 사회적 삶의 이러한 해석학적 차원은 사회과학을 위한 필수적인 출발점이다. 그렇지만 사회적 행위자의 상식적 생각을 최종적인 권위로 간주할 수는 없다. 이론적 논증(특히 초월적 논증의 사용을 포함하는)과 경험적 증거는 사회구조에 대해 보통의 행위자들이 제시하는 것과는 다른, 심지어는 모순되는 해명으로 이어질 수도 있다. 사회구조가 단지 상대적으로만 지속적이라는 사실이 그것이 실재한다는 것을 부정하는 것은 아니며, 또한 그것이 지속하는 기간이나 그것이 발생하는 공간적 한계가 그것을 과학적 탐구의 대상으로 삼는 것을 방해하는 것도 아니다. 사회과학이 그 자체를 연구의 대상으로 삼을 수 있다는 것이 과학의 자동적·타동적 차원의 구분을 말소하는 것은 아니다. 사회과학은 사회과학이 다루는 주제의 전부가 아니라 일부일 뿐이며, 사회과학을 연구대상으로 삼을 때에도 여전히 연구하는 대상과 그것을 연구하는 과정을 구별할 수 있다. 사회학의 자기준거적 특성은 자연과학에서는 잘 드러나지 않는 유익한 방법론적 성찰을 촉진한다고 주장할 수도 있다(이것은 사회과학적 지식에 대한 여성주의의 접근에서 가장 강하게 강조했다 — 제9장을 볼 것).

사회현상이 필연적으로 개방체계에서 발생하며, 그 결과로 실험적 폐쇄가 불가능하다는 것에서 생겨나는 인식론적 한계는 훨씬 더 다루기 힘든 쟁점이다. 앞에서 본 것처럼, 비판적 실재론자 모두가 그 한계를 극복할 수 있다고 생각하는 것은 아니다. 바스카의 대응은 자연과학에서의 실험의 역할에 대한 사회과학에서의 유사물이나 대체물을 찾는 것이다. 한 가지 유사물은 사회질서에서 위기의 발생인데, 그 시기에는 정상적인 기간에는 숨어 있던 구조가 투명하게 나타날 수 있다. 영국의 1984년 광부 파업은 한 가지 사례일 것이다. 파업 광부 전위대에 대해 경찰이 광범위한 물리력을 사용함으로써, 경찰을 공공질서를 유지하는 중립적 힘이라고 생각하는 통상적 견해에 의문이 생겨났다. 그러나 경찰의 행위를 감수해야 하는 쪽에 있는 광부들과 그들의 지원자들에게는 이런 사정이 분명히 드러났지만, 이것에 모두가 동의한 것은 아니었다. 일반적으로 사회적·정치적 위기는 의견의 차이를 해소하는 것이 아니라 사회세계에 대한 대립적인 해석들을 양극화한다.

실험에 대한 또 하나의 대안은 초월적 논증이다. 일상의 사회적 실천 — 이것에 대한 서술에 동의가 형성되어 있는 — 은 그 실천을 가능하게 하는 조건에 입각하여 분석할 수 있으며, 기저의 사회구조에 대한 해명은 그런 식으로 구축할 수 있다. 바스카는, 대체로 경제활동에 관련된 사람들의 경험과 지식에서 자본주의의 기저의 구조와 역학에 대한 해명으로 나아가는 논증으로 구성되어 있다고 보는 것이 마르크스 『자본』에 대한 타당한 해석이라고 생각한다(Bhaskar, 1979, 1998: 65). 그렇지만 이는 사회과학에서 경험적 연구가 매우 제한적인 역할만을 갖는다는 것을 함축하는 것으로 보일 것이다. 마찬가지로, 진정으로 과학적인 사회과학의 가능성에 관한 콜리어의 비관주의는 측정과 통계분석이 실험불가능성의 대체물이 아니라는 그의 견해에 기초를 두고 있다. 그러나 그가 왜 이렇게 믿는가는 분명하지 않으며, 사회과학에서도 통계분석을 비(非)실증주의적이고 비판적 실재론적인 방식으로 사용한 훌륭한 사례들을 찾아볼 수 있다(예컨대 Levitas and Guy, 1996을 볼 것).

비판적 실재론과 인간 해방

비판적 실재론은 사회과학자들 사이에서 (여러 형태의) 마르크스주의가 강하게 주장되던 1970년대에 발전했다. 마르크스주의는 그것의 암묵적인 철학적 입장이 비판적 실재론의 주요 개요와 부합하는 소수의 접근 중의 하나이다. 비판적 실재론은 마르크스주의 사상과 비판적 실재론이 얼마나 지속적으로 결합할 수 있다고 시사하는가, 그리고 이러한 결합이 어디까지나 단순히 우연적 현상인가 하는 것은 여전히 질문할 수 있다. 그렇지만 적어도 바스카의 견해에서 비판적 실재론의 철학과 해방의 정치 사이에는 필연적인 연관이 있다. 이러한 측면에서(다른 측면에서도 반드시 그런 것은 아니지만) 바스카의 실재론은 하버마스의 사회이론과 유사하다(제7장을 볼 것). 둘 모두 자아 및 사회에 대한 지식과 인간 해방 또는 지배에서 벗어난 자유 사이에 밀접한 연관이 있다고 생각한다. 실제로 두 사상가 모두 매우 밀접하게 관련된 기초 위에서 지식과 해방 사이의 연결을 만들어낸다(비판적 실재론과 비판이론과 해석학적 사회이론 사이의 관계에 대한 자세한 논의는 Outhwaite, 1987을 볼 것).

바스카의 논증(Bhaskar, 1979, 1998: 69~91과 Collier, 1994: 제6장을 볼 것)에서 핵심 개념은 '설명적 비판explanatory critique'이라는 개념이다. 이것의 범례적 사례는 임금 형태에 대한 마르크스의 비판이다(『자본』 1권, 제19장). 마르크스는 주어진 양의 노동을 일정액의 임금과 교환한다고 보는 임금 계약에 대한 상식적인 지식을 다룬다. 피고용자와 고용주가 자유로운 행위자이기 때문에 임금 계약을 일반적으로 등가물의 교환이라고 취급하는 통상적 가정을 의심할 이유가 없으며, 그러므로 '공정한 하루 작업량에 공정한 하루 급료'라는 서술이 적어도 이따금은 정확한 서술이라는 것을 의심할 이유가 없다. 그렇지만 자본주의에서 고용주와 피고용자 사이의 이러한 관계의 조건과 귀결은, 피고용자의 작업의 생산물을 고용주가 이윤을 얻기 위하여 판매하는 반면 임금은 단지 피고용자의 생존을 위한 필수품만을 공급한다는 것이다. 자본가는 부유해지고 노동자는 빈곤한 채로 남는다.

이에 대해 마르크스의 분석은 교환하는 것은 노동이 아니라 **노동력**(노동하는 능력)이라고 지적한다. 이 능력을 고용주가 사용하는 것은 임금으로 지불한 것보다 더 많은 가치를 뽑아내는 것을 포함하며, 이러한 착취관계는 생산과정을 규정하는 권력과 지배의 강제관계를 통하여 성취된다. **교환**관계로 보이는 것, 즉 자유롭고 평등한 행위자들 사이의 거래로 보이는 것이 강제적이고 착취적인 **생산**관계로 드러난다. 자유와 평등 등과 같이 자본주의를 정당화하는 이념들은 오로지 시장의 교환관계의 표상에서 그것들의 타당성을 획득하는데, 이 교환관계는 시장에서 교환의 기초를 이루는 자유롭지 못하고 불평등한 생산관계에서 추상한 것이라고 마르크스는 주장한다. 그러므로 임금 형태는 오도적인 것이다. 그것은 사람들의 실재적인 관계에 관한 허위의 믿음을 일으킨다. 그러나 더 중요한 것은, 사실상 사람들의 실재적 관계 그 자체가 이런 허위의 믿음을 발생시키며 따라서 이런 허위의 믿음은, 이데올로기적 정당화로서, 그 믿음이 은폐하는 강제적 관계를 유지하는 데 기여한다는 점이다.

그러므로 이것은, (마르크스의 이론이 참이라면) 사회관계의 구조가 행위자에게 허위의 믿음을 갖도록 만드는 것을 보여주는 사례이다. 그리고 다른 것들이 같다면, 사람들이 허위의 믿음을 갖는 것보다는 참인 믿음을 갖는 것이 더 바람직하기 때문에, 이러한 관계의 구조가 지속하도록 허용하는 것보다 철폐하거나 변형하는 것이 더 바람직할 것이다. 간단히 말하면, 마르크스의 설명은 우리에게 그가 설명하는 현상의 원인에 관해 부정적인 가치판단을 내릴 수 있게 한다. 이러한 논증은, 하버마스의 이상적인 말하기 상황의 개념과 마찬가지로(제7장), 특정한 비판적 가치판단에 객관적 근거를 제공하고자 하며, 그러므로 사회 변동의 해방적 기획을 정당화하고자 한다.

설명적 비판이라는 바스카의 개념의 경우, 논증에서 결정적인 단계는 다른 것들이 같다면 허위의 믿음을 갖는 것보다는 참인 믿음을 갖는 것이 더 바람직하다는 주장이다. 일부의 사람들이 진리를 알지 못하는 것이 더 바람직한 때도 있을 것이라고 인정하지만, 이것은 참인 믿음을 갖는 것이 좋다는 통상적인 가정을 압도하는 어떤 예외적인 상황 때문에 일어난다. 진리를 선호하는 이러한 가정이 단순히 자의적이거나 주관적인 것이 아니라는 점은 언어적 의사소통 자체의 실천이 가능한 조건에 관해 생각해봄으로써 확인할 수 있다. 진리-말하기를 선호하는 규범적 가정이 없다면 그러한 실천은 유지될 수 없을 것이다(이것은 하버마스가 말하기의 '화용론'에 대한 그의 해명에도 포함시킨 것이다). 그러므로 언어 사용에 계속 참여하면서 진리-말하기의 규범을 거부하는 사람의 행위는 논리적 일관성을 결여한 것이다.

물론 우리는 허위의 믿음을 발생시키는 것이 자본주의가 가진 유일한 또는 중심적인 문제는 아니라고 주장할 수도 있다. 그 대신, 우리는 '다른 것들이 같다'는 구절의 안내를 채택하여 자본주의의 혜택이 소수의 허위의 믿음을 발생시키는 불행한 부수효과를 압도한다고 주장할 수도 있다.

이러한 부류의 반대를 다루는 한 가지 방식은 설명적 비판이라는 관념의 범위를 확대하여 (예컨대) 자본주의의 다른 유해한 결과를 폭로하는 것이다. 이것은 바스카(Bhaskar, 1986)와 콜리어(Collier, 1994: 제6장)가 택한 경로이다. 그들은 허위의 믿음을 갖는 것은 (다른 것들이 같다면) 나쁜 것이지만, 자신의 억압 상태(착취 등)에 관한 참인 믿음을 획득한다고 하더라고 그것이 필연적으로 해방으로 이어지는 것은 결코 아니라고 주장한다. 사실 때때로 우리는 단순히 허위의 믿음(예컨대, 실제로는 유괴당한 어린이가 자기 부모한테 버림받고 사랑받지 못하고 있다는 허위의 믿음)을 가지고 살아감으로써 억압될 수도 있다. 이런 부류의 경우 단순히 진리를 찾아내는 것이 그 자체로 해방적일 수도 있다. 그렇지만 더 일반적으로는, 마르크스에서 끌어낸 사례에서처럼 허위의 믿음은 권력 체계의 단지 한 측면일 뿐이다. 그러나 이것은 허위의 믿음을 유포하는 체계의 성향 이외의 다른 이유로, 사회변형을 지지하는 논증을 발생시키는 데 설명적 비판을 사용할 수 있는 가능성을 시사한다.

콜리어와 바스카는 윤리 및 실천이성 일반에 대한 특징적으로 실재론적인 설명의 방향으로 나아가면서 이런 사유노선을 채택한다. 그러한 생각을 자세히 논의하는 것은 이 책의 범위를 넘어서지만 몇 가지는 암시할 수 있다. 설명적 비판 개념의 가장 직접적인 확장은 널리 퍼져 있는 사회관계의 체계가 특정의 인간적 욕구의 좌절을 발생시키고 있음을 보여주는 것일 것이다.

설명적 비판의 대상을 인지적 오류에서 충족되지 못하는 욕구로 확장함으로써, 우리는 허위의 믿음이 우리를 묶는 유일한 족쇄는 아니며, 절박한 인간의 문제들과 관련하여 다른 것들이 훨씬 더 중요하다는 것을 밝힐 수 있다. 자신이 먹지 못하는 곡식을 재배하는 농민, 실업상태의 노동자, 노숙자 가족, 협박받는 아내, 고문 받는 포로 등은 어떻게 하면 자신이 자유롭게 될 것인가를 알고 있을 수도 있지만 자유를 획득할 힘은 갖지 못하고 있다(Collier, 1994: 191).

콜리어의 주장은, 욕구의 좌절이 특정의 사회구조에 의해 일어났다는 것이 사실상 참이라는 것을 입증할 수 있다면, 다른 것들이 같다면, 그 구조를 변동시키거나 철폐해야 한다는 것이다. 허위의 믿음을 발생시키는 사회구조에 대한 설명적 비판에서 그러하듯 이러한 주장, 즉 어떤 것이 필요함에도 그것을 좌절시키는 것 — 그것이 피할 수 있는 것이라면(다른 것이 같다면) — 은 잘못된 것이라는 주장은 가치를 전제하고 있다. 어떤 것이 필요하지만 그것을 충족하지 않는 것이 옳다고 말하는 것은 사실상 자기모순이 아닐 수 있다고 콜리어는 인정하지만, 그것이 '이치에 맞는 것은 아니다(물론, 다른 어떤 가장 중요한 우선순위가 없다면)'라고 생각한다.

가치에 대한 콜리어의 이러한 실재론적 접근은 도덕적 실재론으로 이어지는데, 이것에 따르면 도덕적 이견(異見)은 (주로?) 사실에 관한 것으로 판명되며, 그러므로 사회과학적 지식에서 도덕적 결론을 직접 이끌어낼 수 있다. 이러한 접근의 한 가지 장점은, 그것이 서로 다른 도덕적 관점들 사이의 대화를 불가능하게 또는 무의미하게 만드는 일종의 도덕적 상대주의를 피한다는 것이다. 그것은 도덕적 이견을 합리적 논증 — 강제와 폭력에 대한 선호할 만한 대안 — 의 여지가 있는 것으로 만든다.

그렇지만 그 접근에 대해서는 도덕적 이견의 그러한 합리적 해소를 **지나치게** 간단한 것으로 보이게 만든다고 지적할 수 있다. 첫째, 많은 (그러나 전부는 아닌) 사람들이 (다른 것들이 같다면) 인간의 욕구를 충족해야 한다는 것에 동의할 것이지만, 어떤 것을 인간의 욕구로 취급하려면 우리는 그에 앞서 그것이 충족되어야 할 것인가에 대해 생각해야 할 것이다. 즉, 가치평가에는 이미 어떤 것이 필요하다는 '사실'에 대한 인정이 자리하고 있다. 둘째, 이 문제를 해결할 수 있다고 하더라도, 개방체계에서는 다른 것들이 같을 수가 **결코 없**

다! 인간의 한 가지 욕구를 충족하는 데서의 장애를 제거하는 것은 흔히 다른 곳에서의 좌절을 만들어낼 것이다. 비용이 들지 않는 해방적 사회 변동은 없을 것이다. 빈곤 퇴치나 환경보호는 어떤 측면에서 개인의 자유의 축소 등을 포함할 수도 있다. 욕구 및 욕망 충족에서 우선순위에 대한 질문이 발생하며, 서로 다른 도덕적 전통은 그러한 우선순위의 문제를 서로 다르게, 즉 사실에 호소하는 것만으로는 해결할 수 없는 방식으로 바라볼 것이다.

도덕적 실재론에 반대하여 우리가 도덕적 관점에 해결불가능하고 영구한 차이가 있을지도 모른다는 것을 인정한다고 하더라도, 도덕적 이견이 사실의 문제에 관한 견해의 차이와 늘 결합되어 있는(비록, 이 차이에 의해 완전히 결정되는 것은 결코 아니지만) 정도를 인식하는 것은 여전히 중요하다. 이것은 이성적인 도덕적 대화를 가능하게 만들고 또한 가치 있는 것으로 만들기에 충분하다. 예컨대, 자유시장이 총체적인 사회적 부의 증대를 촉진하며 그러므로 '낙수trickle down' 효과 때문에 빈민들도 그것이 아니었을 경우보다 더 유복한 것이라고 생각하는 사람들이 있다. 이런 사람들의 적어도 일부는 빈곤이 나쁜 것임을 진정으로 믿는다. 그렇지만 정부의 재분배 정책이 없을 경우 자유시장은 빈민을 더욱 가난하게 만든다는 것을 보여주는 사회과학적 증거가 있다면, 자유시장의 옹호자는 그 믿음의 다른 근거를 찾아내거나 아니면 그 믿음을 포기해야 한다.

제안된 모든 해방의 기획에서 우선순위와 균형의 문제는 설명적 비판에 대한 신뢰와 관련된 또 다른 문제를 제기한다. 앤드루 세이어Andrew Sayer가 주장하듯(Sayer, 2000: 제7장, 제8장), 이러한 형태의 논증은 일차적으로 부정적이다. 그것은 왜 기존의 어떤 사회구조를 변화하거나 철폐해야 하는가에 대한 이유를 제공한다. 그렇지만 그러한 논증은 욕구가 좌절되지 않고 허위의 믿음이 사회의 재생산에 핵심적이지 않은 등의 어떤 가능한 형태의 사회를 창출할 수 있다는 가정을 함축하고 있다. 우리는 이 가정을 명시화하고 정당화해야 한다. 달리 말하면, 사회의 해방적 변형을 옹호하는 만족스러운 논증을 제시하기 위해서 우리는 대안적인, 그리고 선호할 만한(더 투명하고 더 충족적인) 사회적 삶의 형태를 성취할 수 있다는 것을 입증해야 할 것이다. 비판적 실재론의 전통에서도 이러한 도전에 대응하려는 시도라고 할 수 있는 작업들이 상당히 많이 있다. 소퍼Kate Soper의 '대안적 쾌락주의alternative hedonism'와 (Soper, 1990, 1998을 볼 것), 멜러(Mellor, 1992), 디킨스(Dickens, 1992, 1996), 오닐(O'Neill, 1993), 벤턴(Benton, 1993) 그리고 그 밖의 수많은 사람들의 작업은 가능한 미래에 관해 생각하는 데 비판적 실재론의 견해를, 흔히 여성주의의 견해, 녹색의 견해, 사회주의의 견해들을 함께 연결하고자 시도하면서, 사용하고 있다(또한 적-녹 연구집단(Red-Green Study Group, 1995)도 볼 것.

더 읽을 거리

아처, 바스카, 콜리어, 로슨, 노리에가 편집한『비판적 실재론: 주요 문헌 Critical Realism: Essential Readings』(Archer et al, 1998)은 우수하고 종합적인(상당히 두껍지만!) 논문집으로 이 장에서 논의한 주요 쟁점들과 그 밖의 것들을 포괄하고 있다. 콜리어의『비판적 실재론Critical Realism』(Collier, 1994)은 이 전통에 대한 최고의 소개서로 명료하고 재치 있고 매우 이해하기 쉽다. 바스카의『자연주의의 가능성Possibility of Naturalism』(Bhaskar, 1998)은 사회과학에 비판적 실재론을 적용하는 문제에 관한 고전적 진술이며, 오드웨이트의『새로운 사회과학철학New Philosophies of Social Science』(Outhwaite, 1987)은 비판적 실재론과 다른 철학적 접근들 사이의 관계를 탐구한다. 세이어의『사회과학방법론Method in Social Science』(Sayer, 1992)은 비판적 실재론의 방법론적 함의에 관한 탁월한 저작이며, 그의 최근의 저작『사회과학에서 실재론Realism in

Social Science』(Sayer, 2000)은 사회과학에서의 탈근대 흐름과 지속적으로 대결하는 점에서, 그리고 비판적이고 해방적인 사회과학에서 중요한 윤리적 쟁점을 더욱 발전시키는 점에서 특별히 가치 있는 것이다.

후기

우리가 이 책의 초판을 쓴 이후 비판적 실재론은 훨씬 더 유명해졌으며, 새로운 문헌들이 쏟아졌다. 이것들 중 대부분은 실재론 철학과 사회과학에서 그 철학의 응용에 대한 명료하고 입문적인 설명을 제공하고 있지만, 개별 학문분과들에서(또는 학문분과의 관점을 가로질러) 실질적인 연구에 몰두하는 연구도 있다. 그런데 넓은 의미의 비판적 실재론 '학파' 안에서, 접근들은 중요한 차이를 보인다. 특히 비판적 실재론의 창설자들 중 일부는 이 접근을 종교적이거나 영적인 믿음을 철학적으로 옹호하는 데까지 확장하고자 시도하면서 이러한 차이를 촉발했다. 다른 논자들은 이러한 시도에 대해 세속의 과학 작업을 위한 '조수'로서 비판적 실재론의 매우 온건한 역할을 손상하는 것이라고 반발했다. 사회이론 형성의 광범한 사회적·정치적 맥락 속에서의 여러 발전도 비판적 실재론이 나아가는 방향에 영향을 미쳤다. 이 접근을 사회경제적 과정과 자연환경 사이의 관계를 이해하는 기초로 삼으려는 관심이 증가했으며, 아울러 사회과학계에서 마르크스적 분석을 명시적으로 따르는 연구의 감소와 함께 비판적 실재론과 마르크스주의 사이의, 그리고 비판적 실재론과 다른 '비판적' 이론들 사이의 관계에 관한 논의도 계속되었다. 이 책의 제12장 '근래의 발전에 대한 논평'에서 나는 이러한 쟁점들의 적어도 일부에 관련된 문헌들을 자세히 검토할 것이다.

9
여성주의, 지식, 사회

서론: 객관성과 문화적 다양성

근대사회이론이 계몽주의에서 기원하기 때문에, 한쪽의 객관적(과학적) 지식에 대한 통념적인 모형과 다른 쪽의 역사적·문화적으로 믿음의 유형이 다양하다는 인식 사이에는 긴장이 있어왔다. 갈릴레이Galileo Galilei와 뉴턴에 결부되는 기계론적 과학의 패러다임은 객관적으로 측정 가능한 현상들을 다루고 수학적으로 특정할 수 있는 법칙의 지배를 받는 세계를 드러내면서 '과학적' 도덕과 법과 정부의 모형으로 널리 받아들여졌다. 경쟁하는 인식론들의 옹호자들 — 경험주의자, 합리주의자, 칸트주의자 — 은 여러 쟁점에 관해 서로 견해가 달랐음에도 중요한 주제에 관해서는 입장을 공유했는데, 가장 특별한 것은 과학적 지식과 방법의 객관성과 보편성을 공통적으로 믿었다는 점이다. 이러한 믿음은 다음의 네 가지 진술의 형태로 요약할 수 있다.

  (a) 과학이라는 개념은 시간과 공간을 가로질러 보편적으로 적용될 수 있어
     야 한다.

(b) 과학의 작업은 연구자가 원하는 세계가 아니라 있는 그대로의 세계에 대한 지식을 추구한다는 의미에서 객관적이어야 한다.

(c) 그러므로 연구자 개인의 특성은 그가 제시하는 지식주장에 대한 평가와 무관해야 하며, 이것을 보장할 수 있도록 과학의 제도를 설계해야 한다 (예를 들어, 학술지 논문과 연구신청서에 대한 익명의 평가제도).

(d) 경쟁하는 지식주장을 평가하는 표준이나 기준은 보편적이어야 하며, 그러므로 평가받는 경쟁적 입장들에 관하여 중립적이어야 한다. 추론, 관찰, 실험적 시험은 가장 일반적으로 사용하는 표준이다.

그렇지만 퍼거슨Adam Ferguson, 헤르더Johann Herder, 몽테스키외Montesquieu, 루소Jean-Jacques Rousseau 비코Giovanni Vico, 볼테르Voltaire 등과 같은 다양한 사상가들은 또한 상이한 문화들에서 나타나는 지배적인 지식과 가치 사이의 심원한 차이를 잘 알고 있었다. 그들은 그들 자신의 사회의 비합리성과 부정의를 폭로하는 도구로 문화적 외부자cultural outsider의 관점을 드물지 않게 사용했다(예컨대, 몽테스키외의 『페르시아인의 편지Persian Letters』). 19세기 초에는 동일한 사회 안에서도 상이한 사회적 위치와 사회적 경험이 사유방식을 상이하게 형성한다는 것도 인식했다. 포이어바흐Ludwig Feuerbach, 마르크스, 엥겔스는 이런 통찰을 체계적인 지식사회학으로 더욱 발전시켰다.

문화적 다양성을 중요하게 취급하는 사람들은 그것이 사회세계에 대한 객관적이고 보편적인 지식의 기획에 도전을 제기한다고 생각했다. 그렇지만, 상이한 문화들은 또한 상이한 방식으로 자연을 이해하기 때문에 문화적 다양성에 대한 인식은 서구의 자연과학적 지식의 특별한 지위에 대해서도 의문을 제기할 수 있는 것이었다. 객관성과 보편성이라는 과학의 표준 자체가 특정 문명의, 즉 역사적·지리적으로 국지화된 문명(근대서구사회)의 생산물이고 보유물이라는 결론에서 우리는 어떻게 벗어날 수 있는가? 근본적으로 상이한 문화들에 과학이라는 형태의 사유를 부과하는 것을 어떻게 정당화할 것인가? 물론 이것은 이 책에서 되풀이되는 주제이다.

위 문장의 끝부분에서 '부과imposing'라는 단어를 사용한 것은 이것이 왜 그렇게 중요한 문제가 되었는가를 보여주는 한 가지 표시이다. 처음에는 우리가 채택하는 믿음의 묶음의 문제처럼 보이는 것 ― 서구 과학의 믿음인가 아니면 다른 문화의 믿음인가 ― 이 이것보다 훨씬 많은 것을 함축하는 것으로 드러난다. 근대 과학은 단지 일련의 권위 있는 믿음과 방법론적 원칙에 그치지 않고 복잡한 권력 장치의 일부로 '문화들'에 확대되는, 그리고 제3세계의 농민과 원주민과 열대우림과 상층대기권과 임신부와 환자와 공업노동자와 가공식품 소비자와 신기술 기계와 소수인종과 성적소수자 ― 즉, 우리 모든 인간과 비인간 세계의 대부분 ― 를 통합하는 장치이다. 이 거대하게 복합적이고 이질적인 권력망web of power은 그것에 상응하는 '하위subaltern' 지위들의 복합적이고 다양한 배열을 만들어내고 이것과 긴장 속에 공존한다. 차례로 이 지위들은 그것들을 점유하고 있는 사람들의 관계와 활동 ― 지배적인 형태의 지식과 이해(理解)에 대한 대안을 제공할 수 있는 ― 을 유지한다. 그러한 하위 집단들의, 그들 자신의 자율성이나 해방, 또는 심지어 단순한 생존을 위한 투쟁은 필연적으로 지배적인 세계관 ― 그것에 대한 '과학적' 정당화를 포함하는 ― 에 대항하여 그들 자신들과 그들을 둘러싼 세계와 그들의 관계를 재정의하려는 투쟁을 포함한다.

문화적 다양성을 환영하는 친절하고 편안한 윤리 ― 지식과 합리성에 대한 상대주의적 접근들이 공통적으로 주장하는 ― 는 그것을 이러한 지식과 권력의 복합체에 적용할 때에는 적합하지 않다. 하위 집단들에게, 지배에 대한 저항은 지식의 형태 ― 변함없이 그러한 체제 속에서 공모하는 ― 에 대한 도전을 포함하게 된다. 이러한 지식 형태는, 근대 서구에 관한 한, 일반적으로 과학의 권위를 이용한다. 그러므로 예를 들어, 저명한 독일 생물학자 헤켈Ernst Haeckel은

1865년에 다음과 같이 말할 수 있었다.

생존투쟁에서 백인종이 다른 인종에 대해 쟁취한 막대한 우월성은 자연선택에서 비롯한다. 자연선택은 생명체 왕국에 있는 종들의 기원의 열쇠인 것처럼 문화에서의 진보 모두와 이른바 역사 모두에서도 열쇠이다. 의심의 여지없이 그 우월성이 미래에는 점점 더 두드러지게 될 것이며, 그러므로 시간이 지나면서 생존투쟁에서 백인과 경쟁할 수 있는 인종은 점점 더 줄어들 것이다 (Haeckel, 1883: 85).

헤켈이 다윈의 견해를 이용하여 '정치는 생물학의 응용'이라고 주장하면서 서구 제국주의의 종족말살적 함의를 정당화한 것은 어떤 의미에서도 예외적인 일이 아니다. 사실 이 인용문은 헤켈이 비교적 자유주의적이고 진보적인 견해를 보이던 시기에 작성했는데, 영국과 그 밖의 서구 열강들에서도 비슷한 견해가 나타나고 있었다. 이러한 증거들은 분명히 과학적 전문지식 — 근대적인 군사적·상업적 기술과학의 등장 훨씬 이전의 — 의 객관성과 가치중립성에 의문을 제기한다. 이러한 지식을 받아들여야 하는 쪽에 있는 사람의 관점에서 볼 때, 이 지식을 단지 비교불가능한 무한히 다양한 담론들의 하나라고 관용적이고 상대주의적으로 승인하는 것은 불충분해 보인다.

그렇다면 어떻게 하는 것이 적절한 도전이 될 것인가? 상대주의적 반응이 충분하지 않다는 데 우리가 동의한다면, 이것에 대해 세 가지 주요한 대안이 있다. 하나는 계몽주의가 전승해준 '좋은 과학'에 대한 (약간 변형된) 견해를 받아들이고, 반대할 만하다고 생각하는 **특수한** 지식주장에 반대하여 그것을 사용하는 것이다. 그러므로 예컨대 헤켈에 반대하여, 그가 종족말살을 포함하도록 자연선택의 개념을 확장하여 사용하는 것은 과학적 탐구의 규범에 의해 허용된 것이 아니라거나 자연선택의 결과로서의 '진보'라는 그의 가정은 그의 '과학'에 가치를 부당하게 끌어들이는 것을 포함한다고 주장할 수 있다. 그러므로 이런 종류의 비판은 과학에 대한 특정의 규범적 개념을 받아들이지만, 그것을 사용하여 '나쁜 과학'이나 과학의 '오용'을 비판한다.

두 번째 종류의 도전은 과학적 지식주장을 포함한 모든 지식주장이 특정 사회집단의 이해관심이나 가치에 기초하고 있다는 것을 받아들이는 것이다. 우리는 '아르키메데스의 관점(Archimedean point: 관찰자가 탐구 주제를 객관적으로 지각할 수 있는 가설적 관점)', 즉 경쟁하는 지식주장들에 대해 그것들이 진리에 얼마나 근접한 것인가를 상대적으로 평가할 수 있는 중립적인 관점을 갖고 있지 않기 때문에, 오로지 그 주장들을 만들어낸 가치와 기획에 의지할 수밖에 없다. 믿음들에 대해 우리는 그것이 공정하고 좋은 사회에 기여하는가의 여부를 기초로 지지하거나 기각해야 한다. 그렇지만 이것은 단지 이렇게 가치에 호소하는 것의 지위와 의미에 관한 또 다른 질문을 제기할 뿐이다.

서구과학의 권위 및 권력관계에 대한 세 번째 도전은 '시각'이나 '관점'의 비유에 중심적인 자리를 부여한다. 믿음의 유형은, 풍경에 대한 견해와 그 풍경을 바라보는 물리적 위치 사이의 관계와 유사한 방식으로, 사회적 지위와 결합되어 있다. 그렇지만 이 비유를 이해하는 또 다른 방식이 있고, 그것은 인식론에서 상당히 다른 입장을 낳는다. 풍경에 대한 견해의 경우 상이한 관점들에 섬으로써 상이한 시각들을 확보할 터인데, 우리는 각각의 시각들에 대해 부분적인 것이지만 지형의 실제 모습에 관한 어떤 종합적인 개념과 서로 양립가능한 것이라고 쉽게 이해할 수 있다. 그리고 이런 개념은 다른 관점에서는 광경이 어떠할 것인가를 예측하는 데 사용할 수 있다. 그 대신, 그리고 더 일반적으로 '시각' 및 '관점'이라는 관념은 실제의 풍경에 접근하는 시각에서 자유롭고 직접적인 통로가 없는 가운데 사회의 상이한 위치에서 유래하는 상이하며 잠재적으로 갈등하는 견해들을 가리키는 데 사용할 수 있다. 이것 역시 비교불가능한 견해들이나 시각들에 대한 상대주의를 지지하는 것으로 취급할 수 있다. 그러나 그것은 어떤 관점이 다른 관점보다 더 좋은 견해를 제공한다는 주장도 지지할 수 있다. 이것이 우리가 이 장에서 가장 중요하게 다루게 될 '관점' 비유의 용법이다.

일련의 근대적인 사회운동 — 동성애자운동, 노동운동, 여성운동, 장애인 차별 반대 투쟁, 반식민주의 및 반인종주의 투쟁 — 에서는 지배적인 지식 및 권력 장치에 도전하는 신뢰할 수 있는 기초를 발견하고자 하는 이러한 여러 시도에 담겨 있는 딜레마를 매우 세련된 방식으로 탐구했으며, 또한 생태운동 및 동물의 권리와 복지운동에서도 이것과는 상당히 다른 방식의 탐구를 이어갔다. 사회운동 연구에서 영향력 있는 한 가지 접근 방법은(Eyerman and Jamison, 1991을 볼 것), 사회운동의 인지적 실천 — 운동과 참여자의 정체성을 정의하는 데서뿐 아니라 광범한 문화를 변형하는 데서 — 에 중심적 지위를 부여한다. "우리가 보기에, 사회운동은 새로운 사상의 담지자이며, 흔히 과학적 이론 및 전체적인 과학적 영역의 원천이었고, 새로운 정치적·사회적 정체성의 원천이었다"(Eyerman and Jamison, 1991: 3).

이 장의 나머지 부분에서 우리는 현대의 여성주의 운동이 상대주의라는 쟁점 그리고 경쟁하는 지식주장들의 지위라는 쟁점을 어떻게 제기하고 이해했는가에 초점을 맞출 것이다. 그렇지만 이러한 다양한 종류의 사회적·정치적 투쟁들을 포괄하는 실질적인 연관과 유사성이 있다는 것을 염두에 두어야 한다.

여성주의 정치와 사회적 지식

모든 대규모 해방투쟁은 기존의 믿음에 대한 도전을 포함하고 있다. 19세기 후반부터 20세기 초반에 이르기까지 영국에서 여성의 투표권 확보를 위한 오랜 투쟁의 사례를 생각해보자. 참정권 운동가들은 가정과 교회와 법원과 감옥과 거리에서 남성 권력에 도전해야 했다. 여성 참정권 운동가들과 그녀들의 남성 지원자들은 공공연한 폭력과 욕설은 물론 훨씬 교묘한 형태의 강압에 부딪힐 수밖에 없었는데, 여성의 본성과 적절한 위치에 관한 가부장적 믿음에 대한 도전은 모든 영역의 투쟁에서 필수적인 한 측면이었다.

신과 자연이 운명으로 정했다는 '분리되었지만 보완적인 영역들'이라는 이데올로기는 여성에게 자신을 가사영역에, 집안일에, 출산과 육아에, 그리고 높은 신분의 여성의 경우 자선활동과 결합된 일에 한정할 것을 요구했다. 이 이데올로기는 노동자계급 여성이 농업, 공업, 가사서비스 분야에서 그리고 임금 가내노동자로서 험난한 저임금의 노동을 수행하는 것은 막지 않았지만, 여성이 고등교육을 받는 것, 또는 선거에 참여하는 것은 가로막았다. 해리슨(Harrison, 1978)이 지적하듯, '과학적' 의학은 참정권 반대 주장에 이론적 뒷받침을 제공하는 직접적 함의를 가지고 있었다. 그 의학은 여성이 남성보다 감성에 사로잡힌다고, 신체적으로 남성보다 허약하다고, 정치적 관심사에 정신을 팔기에는 생식기능에 너무 속박되어 있다고 주장했다. 심지어 투표를 찬성하는 여성 행동주의조차 병리적 징후로 취급했다.

생리학자들은 1908년 12월에 ≪더 타임스The Times≫에, 공공 모임에서 일어난 여성 참정권주의자의 행동을 중세의 무도광dancing mania과 유사한 '무도병Tarantism'의 폭발로 돌리는 박식하지만 기묘한 편지를 썼다. 쇼T. Claye Show는 적절한 조치를 주장하면서 그 현상이 '간질병의 폭발적인 발작'과 유사하다고 덧붙였다(Harrison, 1978: 67).

비슷한 의학 전문가는 여성에게 고등교육을 허용하는 것은 어리석은 일이라고 경고했다. 버크Lynda Birke는 19세기 후반에 하버드대학교 내과 교수였던 클라크E.H. Clarke 박사가, 고등교육의 추가적인 긴장이 월경기간의 여성에게 생리적으로 필요한 휴식을 방해하기 때문에 여성의 건강에 손상을 미칠 것이라고 주장했다고 말한다(Birke, 1986: 27).

더 근래에는 여성주의의 '제2물결'이 이런 것보다 거의 또는 전혀 더 세련되지 않은 가부장제적 믿음에 계속하여 도전하고 있다. '사회생물학'이라는 이름으로 1970년대에 부활한 사회다윈주의는 생식에 대한 남성과 여성의 '투자'의 차이를 사용하여 남성 지배, 가부장제 그리고 성의 이중적 기준을 자연스럽고 불가피한 것이라고 선언했다(Caplan, 1978; Goldberg, 1974; Rose et al., 1984: 제6장; Rose and Rose, 2000을 볼 것). 영국의 채널 4에서 1998년 11월과 12월에 방영한 텔레비전 연속극 〈욕망의 해부Anatomy of Desire〉는 생식에서 남성과 여성의 투자이론이라는 형상의 '과학'이 여성보다 남성이 혼외정사를 더 많이 갖는다는 가상의 사실을 설명해준다고 공언했다. 그렇게 하도록 유전자에 정해져 있다는 것이다! 설명되어야 할 '사실'에 통계적인 변칙이 있을 수 있다는 것은 나중에 알려졌다. 정숙함이 여성의 본성이라면, 문란한 남성은 **누구와** 혼외정사를 갖는가? 로즈Hilary Rose는 새로운 생물학적 결정론이 제기하는 도전을 간명하게 표현했다.

여성을 자연에서 꺼내어 문화 속으로 데려오는 여성주의 운동의 투쟁의 절정기에, 수많은 사회생물학자들 ─ 정도가 덜하기도 하고 더 하기도 한 ─ 과 정보매체에 있는 그들의 지지자들과 신우익 정치가들은 여성이 떠나온 곳으로 여성을 되돌려 보내려는 문화적이고 정치적인 노력에 맹렬히 합류했다(Rose, 1994: 19).

그렇지만 과학이 **전적으로** 남성의 일인 것은 아니다(이 책의 제4장 및 이와 관련된 참고문헌을 볼 것). 근래의 여성주의 연구는 자연과학에서 여성들이, 그 전문분야에 있는 장벽을 무너뜨릴 때 중요한 역할을 수행했다는 것을 훨씬 더 많이 인식하고 있다(Harding, 1991: 제2장; 그리고 Rose, 1994: 제5장~제8장을 볼 것). 행동과학과 사회과학에서도 여성들은 중요한 공헌을 했는데, 영장류 행동생물학, 문화인류학(MacCormack and Strathern, 1980), 사회학, 역사학 등과 같은 분야에서 그녀들이 꼭 의식적인 여성주의적인 연구자로서 그렇게 한 것은 아니다(Rose, 1994: 제3장은 여러 나라와 여러 연구영역에서 여성주의의 영향이 불균등한 점에 대해 유익한 설명을 제공한다).

그러나 사회과학에서의 여성주의적인 연구의 변혁적 힘은 1960년대 후반 이후 사회학에서 가장 극적으로 나타났다. 그 이후의 여성주의의 '제2 물결'과 사회학 연구 의제의 대대적인 구조조정 사이의 연관은 주목할 만한 것이다(당연히, 그 연관은 종료되지 않고 남아 있다). 여성주의의 논증과 증거는 사회계급과 계층을 이론화하고 설명하는 문제에 관한 마르크스주의자들과 신베버주의자들 사이의 지속적인 논쟁을 혼란 속에 몰아넣었다. 이들 두 전통은 계급을 노동과 분업에 연결했지만, 그 분업 — 전반적인 경제영역과 가사영역 둘 모두에서 — 의 성차별적 특성에 대해서는 두 전통 모두, 다른 방식으로, 인식하지 못했던 것이다. 문화연구에서 여성주의자들은 문화적 재현 및 매체의 재현에서 성차별적 정체성의 생산과 재생산을 탐구했으며, 여성주의 저술가와 동성애 저술가들은 친밀한 관계 및 감정의 사회적 구성과 규제를 중심으로 하는 새로운 연구의제를 개척했다. 여성주의자들은 또한 사회학과 그 밖의 사회과학들의 기존의 자료수집 방법에 의문을 제기하는 것에서도 선두에 섰다. 그(녀)들은 연구자와 피연구자 사이의 대화적 관계를 강조했고 연구 실행에 포함되어 있는 권력관계 및 이것에서 유래하는 윤리적 함의에 관한 성찰성을 추구했다(예를 들어, Gelsthrope, 1992; Hammersley, 1992, 1994; Ramazonoglu, 1992; Norgan and Stanley, 1993을 볼 것). 여성연구라는 특징적인 다학문 분야의 형성에서 보듯, 그 과정에서 학문분과의 경계들도 또한 붕괴되거나 변형되었다.

그러므로 분명히 일부의 과학분과들에서는 이미 여성주의적 작업이 단지 새로운 사실 정보를 수집하는 것보다 훨씬 더 멀리 나아갔다. 중심적인 이론적 패러다임과 연구의제에 도전하고 그것을 변혁했으며, 대안들을 토론의 장에 제출했다. 게다가 학문분과의 이러한 변혁은 방법의 문제, 지식과 그것의 주제 사이의 관계의 문제, 즉 학문분과 자체의 성질의 문제를 제기했다. 일부 여성주의 저술가들에 따르면 이것은 **철학적** 질문을 제기한 것이었다. 지식 자체가 성차별의 문제가 아닌가? 지식이 무엇인가에 대한 특징적으로 여성적인 또는 여성주의적인 이해, 즉 여성주의 인식론이 있을 수 있는가?

여성주의와 인식론

이 쟁점에 대해서는 하딩Sandra Harding의 영향력 있는 저서 『여성주의에서 과학의 문제The Science Question in Feminism』 Harding (1986)을 따라 세 가지 접근, 즉 하딩이 '여성주의적 경험주의feminist empiricism', '여성주의적 관점인식론feminist standpoint epistemology', '여성주의적 탈근대주의feminist post-modernism'라고 부른 접근을 구별하는 것이 논의에 편리하다. 하딩의 해명에 따르면, **여성주의적 경험주의**는 특징적으로 과학적 연구 — 자연과학이나 사회과학 — 에 참가하는 데 성공한 여성주의자들의 입장이다. 이 여성주의자들은 과학이 여성을 잘못 재현하고 잘못 대우하고 있다는 점은 인식하지만, 이것이 과학에 본질적은 것은 아니라고 주장한다. 오히려 이것은 남성지배적 과학이 과학적 연구의 규범을 충실하게 준수하지 못한 실패의 결과이다. 과학 자체가 아니라 '나쁜 과학'이 문제인 것이다. 여성주의자는 과학에 참가하기 위해, 그리고 지금 과학에서 여성을 적절히 재현하지 못하는 것에서 생겨나는 부분성과 편향을 정정하기 위해 투쟁해야 한다. 우리는 이 장의 뒷부분에서 이 접근을 다시 살펴볼 것이지만, '여성주의적 경험주의'라는 용어가 주류 과학의 접근에 대한 도전 ─ 사회학과 역사학과 문화인류학 등과 같은 학문분과에서 작업하는 여성주의자들이 보여주는 ─ 의 깊이를 진정으로 포착하고 있는가의 여부에 대해서는 우리가 이미 의문을 제기했다고 할 수 있다.

여성주의적 관점인식론

여성주의와 지식의 문제에 대한 두 번째 종류의 접근은 '여성주의적 관점인식론'이다. 이 접근은 1970년대 후반 자연과학의 '남성주의masculinism'에 관한, 특히 생물학 ─ 여성을 '자연적' 범주로 정의하는 것에 가장 밀접하게 관련되어 있는 과학 ─ 에 관한 여성주의자들 사이의 논쟁에서 등장했다. 플랙스Jane Flax, 하딩, 하트소크Nancy Hartsock, 로즈 등의 선구적 작업은 여성운동의 캠페인 활동과 여성운동이 발생시킨 새로운 이해(理解) 형태, 특히 정통의 생의학적 지식을 비판적으로 다루기 위한 자원으로서 여성의 경험에 대한 재평가에 의존했다. 그러나 새로운 관점인식론은 또한 새로운 이해라는 이러한 근원을 다른 이론적 작업의 전통, 가장 특별한 것으로는 정신분석학의 대상관계이론 ─ 인간의 정신과 행위유형의 형성에서 대상관계가 결정적인 역할을 한다고 파악하는 이론 ─ 의 여성주의적 발전 및 초기 마르크스의 인간주의적 물질론 ─ 헝가리의 마르크스주의자 루카치와 손-레텔Alfred Sohn-Rethel이 발전시킨 것과 같은 ─ 과 종합했다.

하트소크의 여성주의적 물질론

이러한 영향들의 가장 종합적인 융합은 아마도 하트소크의 저작에서 찾을 수 있을 것이다(Hartsock, 1983a, b). 그녀는 인간주의적 마르크스의 전통에서 지식형태와 사회관계 및 실천 사이의 관계에 대한 물질론적 이해를 이끌어낸다. 그가 의지하는 마르크스의 전통에서 사회분업은 상이하고 대립하는 존재론들과 인식론들(단순히 상이하거나 갈등하는 사실적 믿음들뿐 아니라)의 기초이다. 손-레텔은 근대 자본주의 아래에서 강화되고 있는 정신노동과 육체노동 사이의 분업이 근대과학의 추상적 사유의 기초이며 또한 자본주의의 지배적인 사회적·정치적 이데올로기들의 추상화의 기초라고 주장했다. 루카치는 관념과 사회적 분화 사이의 관계에 대한 마르크스주의의 견해를 역사적 '거대서사grand narrative'로 발전시켰다. 이것에 따르면 '사물과 같은' 상품으로 취급받는 노동자계급의 경험은 주체 및 역사적 행위주체에 대한 그 계급의 잠재력과 근본적인 갈등상태에 있는 것이며, 결국에는 폭발적인 의식의 변혁과 사회주의 혁명으로 이어질 것이었다. 노동자계급의 해방은 모든 피억압 및 피압박 집단들의 해방을 나타내며 어떤 의미에서는 이들 집단들의 해방을 포함한다고 믿음으로써 루카치는 그 계급을 '보편'계급이라고, 그리고 그 계급의 혁명적 역할이 인간 역사의 정점이라고 생각하게 되었다. 이런 의미에서 노동자계급의 혁명적 의식은 가장 포괄적인 것이며 그 계급의 관점은 역사의 모든 것을 망라하는 것이기 때문에 그 계급이 가지고 있는 지식은 그것과 경쟁하는 '부르주아적' 믿음보다 우월한 것이 된다.

하트소크는 이런 형태의 관점인식론에 비판적으로 찬성한다. 그녀는 지배적인 자본주의 이데올로기에 대한, 그리고 그것을 정교화하고 발전시키는 강단 이론에 대한 마르크스주의적 비판을 받아들인다. 강단 이론에 따르면, 핵심 개념은 교환이라는 추상적 범주이며, 이 범주는 시장관계의 경험에 뿌리를 두고 있다. 그렇지만 자본주의 아래에서 남성 임금노동자의 경험은 사회적·자연적 실재에 대한 상이하고 경쟁하는 이해의 토대를 제공한다. 이것은 더 기본적인 수준의 사회적 활동 — 시장에서 교환하는 상품의 생산 — 에 대한 노동자의 직접 참여에서 생겨난다. 이 생산활동은 정신노동의 추상화를 벗어나며, 실천의 정신적 측면과 육체적 측면을 통합하고 자연세계와 교류하고 질적 차이에 민감하다(화폐와 이윤에 대한 자본가의 단순히 양적인 관심에 반대되는 것으로).

그렇지만 하트소크는 루카치와 마찬가지로, 노동자의 경험과 의식이 자본의 힘에 예속되어 있으며, 그러므로 이러한 대안적 의식 또는 이해(理解) 형태는 오직 모순적이고 부분적인 상태로만 존재한다고 인정한다. 오히려 그것은 **잠재적** 이해 형태이며, 노동자의 혁명적 의식에 대한 루카치의 재현이 이상화idealization인 것처럼, 루카치 자신의 역사 해석을 기초로 노동자계급에게 '귀속시킨 것imputed'이다. 그러나 하트소크의 견해에서는, 노동자들의 대안적인 지식이 또 다른 이유에서 제한적이고 부분적인 것이다. 마르크스주의 전통은 사회적 분화와 지식 사이의 관계에 대한 자신의 통찰을 그것의 논리적 결론까지 밀고 가지 못했다. 자본과 노동 사이의 분화, 정신노동과 육체노동 사이의 분화는 일차적으로 **남성** 노동자의 분화이다. 이 전통의 성맹목적gender-blind 범주들 속에서, 사회분업에 대한 여성의 기여는 시야에서 사라졌다. 마르크스주의가 시장 교환에 기초를 둔 지식의 제한적이고 왜곡적인 특성을 폭로하는 것과 똑같이 이제 '재생산(생식)'에서 여성의 특징적 역할이라는 관점에서 마르크스주의 이론에 담긴 한계와 왜곡의 폭로가 필요하다.

여기서 하트소크의 논증에는 세 가지 구별되는 단계가 있다. 하나는 사회의 전반적 분업에서 여성이 사실상 특이한 지위를 차지한다는 것을 입증하는 것이다. 두 번째는 그것이 왜 그리고 어떻게, 세계를 알아내고 경험하는 특징적으로 여성적인 또는 여성주의적인 방식의 기초를 형성할 수 있는가를 보이는 것이다. 세 번째는 이것이 단순히 상이한 지식에 그치는 것이 아니라 또한 지식으로서 더 우월한, 더 뛰어난, 또는 더 신뢰할 만한 것임을 입증하는 것이다. 이 세 번째 주장을 적절하게 만들어야 그 접근은 인식론으로 취급될 수 있다.

성별 분업에 관해 하트소크는 임금노동과 가사노동 양쪽에서 여성의 이중적 등장을 지적한다. 임금노동자로서 여성은 생산노동과정의 남성 노동자의 경험을 공유하지만, 또한 여성은 임금노동체계 외부인 가정에서 남성의 지배 아래에서 노동한다. 여기서 여성은 생존의 필수물, 신체적·심리적 회복, 그리고 육아와 출산의 생식활동과 관련 있는 노동을 수행한다. 비록 하트소크는 성별 분업이 인간의 사회적 노동의 일반적 조직에 중심적인 것이라고 주장하지만, 그녀는 자신의 분석을 서구 계급 사회에 한정하는 경향을 보인다. 그녀는 여기서조차 개별 여성의 삶의 경험에는 여러 차이들이 있다고 인정한다. 또한 그녀는 동성애자 여성과 유색인종 여성의 경험의 특수성에도 민감하다. 그러나 그녀의 관심은 여성의 삶에서 이러한 차이가 가로지르는 공통성을 찾아내고, 특징적으로 여성적이거나 여성주의적인 전망의 근거가 될 수도 있는 제도화된 실천에 초점을 맞추는 것이다.

하트소크가 성별 분업을 사회조직의 중심적인 특징이라고 생각하는 한 가지 이유는, 그녀에 따르면 그것이 완전히 사회적으로 구성되는 것은 아니기 때문이다. 비록 여성도 모두가 출산을 하는 것은 아니지만(적어도 지금까지는), 남성은 전혀 출산을 하지 않고 있다. 이 사실은 양성의 신체적 차이에 의존하며, 하트소크는 신체embodiment의 중요성과 사회적 분업 및 삶의 경험의 다른 차원의 성차별화gendering에 대해 그것이 갖는 결과를 강조하기 위해 생물학적 성별sexual — 사회적 성차gender가 아니라 — 분업에 대해 이야기한다. 그러나 이것이 '생물학이 운명이다biology is destiny'라는 것을 수용한다는 이야기는 아니다. 신체적 기능과 성의 차이는 부분적으로 '주어진 것'이지만 사회 관계와 실천에 의해 상이한 방식으로 변혁되고 확장된다는 것이다.

이것은 이미 우리를 논증의 두 번째 단계, 즉 사회적 분업에서 여성의 위치에 결합된 상이한 '앎의 방식way of knowing'으로 데려간다. 경험의 사회적 측면과 신체적 측면 사이의 이러한 교직(交織)은 생물학과 사회의 절대적 이원성에 반대하며, 그러므로 더 통합적이고 전체론적인 이해 형태를 시사한다. 가사영역에서 여성의 노동은 삶의 구체성, 질적 차이, 기본적 물질성과 필수물들 — 흔히 더 광범한 문화적 가치체계 속에서 낮게 취급받고 남성이 회피하는 — 을 인식하는 기술의 발전을 포함한다. 여성의 월경, 수유(授乳), 교접 및 출산의 신체적 경험은 남성의 경우에서보다 여성에게 자신의 신체적 경계에 대해 더 느슨한 느낌을 제공하며, 그러므로 자신을 둘러싼 세계와의 더 큰 연속성의 느낌을 가질 수 있게 한다. 끝으로 출산과 육아에서 여성의 생식활동은 남성의 물질적 생산 참여와는 전혀 다르다. 생식은 태아 — 여성 자신의 신체의 일부로 경험된 — 에서 독립된 인간의 형성으로의 변화를 포함한다. 이 과정은 여러 가지 상이하고 독특한 층위의 경험과 관계성을 포함하는 것이다.

로즈: 손, 머리, 가슴

로즈의 관점인식론(Rose, 1983, 1994)은 분업을 강조하는 하트소크와 많은 공통점을 가지고 있다. 로즈 또한 마르크스주의 접근에 대해, 그것이 분업에 대한 관심을 정신적/육체적 구분에만 한정하고 있으며, 감정노동emotional work — 주로 여성에게 할당되는 돌봄노동과 양육노동 — 을 무시하고 있다고 비판한다(그러므로 그녀의 선구적 논문은 '손, 머리, 가슴'이라는 제목을 붙이고 있다). 로즈는 돌봄노동이, 자연과 문화, 이성과 감정, 자아와 타자 사이의 고정된 대립을 무너뜨리는 방식으로, 생각하기와 느끼기, 신체적 차원과 문화적 차원, 자율성과 관계성을 잠재적으로 사용한다고 주장한다. 잠재적으로 그것은 여성의 삶에서 가부장적 세계의 추상적이며 파괴적으로 양극화하는 합리성에 대한 대안적인 합리성의 기초이다. 로즈는 과학에 특별한 관심을 가짐으로써 여성의 돌봄노동에 관한 이러한 생각과, 인류학, 심리학, 생물학에서의 여성주의 연구자들이 보여주는 특징적인 접근 사이의 연관을 찾아낸다(Carson, 1962; Merchant, 1980; Keller, 1983, 1985; 또한 이 책의 제4장도 볼 것). 이것은 또한 주관적인 것과 객관적인 것, 이성과 감정, 자연적인 것과 인간적인 것의 엄격한 이분법을 무너뜨리고, 과학에서 비환원적이고 더 전체론적인 연구 기획을 강조하는 경향을 보여준다.

여기서 중요한 제한을 명시할 필요가 있다. 하트소크와 로즈 누구도, 여성의 돌봄노동과 재생산노동과 관련해 가부장제 및 자본주의 사회에서 현재 제도화된 것과 같은 낭만적인 찬양을 받아들이지 않는다. 로즈는 어린아이 돌보기와 환자나 고령자 돌보기, 그리고 남편이나 배우자 돌보기의 차이를 지적하며, 이러한 여러 가지 돌보기 역할들이 강제를 통하여 그것들을 왜곡하고 그것들의 가치를 낮게 평가하며 그것들에 자원이나 보상을 제공하지 않는 사회적·문화적 조건 아래서 수행될 때의 그것들의 모순적 특성을 강조한다. 하트소크도 매우 비슷한 주장을 하고 있으며, 가사노동을 집단화함으로써 그것의 고립을 극복하려는 유색인종 여성과 노동자계급 여성의 시도에 대한 남성 지배계급의 저항을 지적한다.

그러므로 관점 이론가들은 기존 지식에 대한 여성주의적 대안이 여성의 실질적인 삶의 경험 속에 이미 존재하고 있고 완전히 형성되어 있다고 주장하는 것이 아니다. 오히려 그 대안은 새로운 종류의 사회관계를 위한 실천적 투쟁을 통해 실현될 잠재력이다. 새로운 형태의 합리성과 이해(理解)는 그런 투쟁을 통하여 등장하는 것으로, 그리고 차례로 그런 투쟁을 위한 자원으로 기여하는 것으로 볼 수 있다. 그러므로 새로운 형태의 지식과 억압적이고 왜곡하는 사회관계에서 해방을 위한 투쟁 사이에는 내적 관계가 있다. 이런 측면에서 관점인식론은 헤겔적·마르크스적 전통 속에 있는 그것의 선조들의 확장과 심화라고 볼 수 있다. 그렇지만 그 유산은 여성의 일상 삶 속에서 해방적 잠재력을 찾아내고 정교화하는 여성주의 이론가들과 그 여성들의 모순적이고 왜곡된 공통의 경험 사이의 관계에 대해 심각한 의문을 제기한다. 하트소크와 로즈 둘 모두 이 쟁점에 대해 명확한 답을 제시한다. 이론화를 위한 핵심적인 자원은 더 광범위한 여성주의 사회운동 자체의 실천을 통하여 발생한 지식 및 경험의 형태일 수밖에 없다는 것이다. 그리고 그녀들이 찾아낸 해방의 지식을 위한 잠재력은 현재의 모순의 한가운데에 있는 소외되지 않은 경험의 예시 이외의 다른 기초를 가질 수 없다.

힐러리 랜드Hilary Land와 내가 강요된 이타주의라고 부른 것 가운데 얼마만큼이 여성의 돌봄노동 부분인가? 다른 형태의 노동과 마찬가지로 돌봄노동 ― 지불노동이거나 부불(不拂)노동이거나 ― 도 현저하게 그것의 소외된 형태로 존재하지만 또한 그 자체 안에 섬광 같은 순간의 소외되지 않은 형태를 포함한다. 소외된 형태 안에 (아무리 순간적이더라도) 소외되지 않은 형태의 존재가 자리하고 있다고 강조하는 것은, 그렇지 않다면 우리는 소외를 극복한 사회의 사회관계와 노동과정을 ― 아무리 예시적으로라도 ― 개념화하는 아무런 수단도 갖지 못하기 때문에 모든 형태의 노동에서 중요하다(Rose, 1994: 40).

심리적 차원: 여성주의적 대상관계

남성과 여성의 상이한 삶의 경험에 대한 이러한 사회구조적 설명은, 성차별적인 앎의 방식에 영향을 미치면서 또한 심리학의 '대상관계object relations' 이론의 전통에서 유래하는 성차별적인 인성 발전에 대한 설명에 의해 보완된다(Craib, 1989, 특히 제8장~제10장을 볼 것). 그 접근은 아주 초기단계 ― 흔히 출생 이전 ― 부터의 인성 형성과정에 초점을 맞추며, 현실 속의 관계에 중심적 역할을 부여하지만, 자주 그리고 더 중요한 것으로, 인성의 발전과 돌봄노동에서 일차적 역할을 수행하는 사람(들) 사이의 환상 속의 관계에도 중심적 역할을 부여한다. 사실상, 우리는 여기서 로즈가 제시하는 관점인식론의 핵심에 자리하고 있는 여성의 돌봄노동을 다루고 있다. 그렇지만 돌봄의 수용자인 젖먹이와 어린아이의 시각에서 다루고 있는 것이다.

여성주의적 형태의 대상관계이론[초도로(Chodorow, 1978)는 가장 빈번하게 인용되는 이론가이다]에서는 소년과 소녀가 독립적이고 (어느 정도는) 안정된 자아의식을 성취하면서 해결해야 하는 내적 갈등의 차이를 강조한다. 일차적인(또는 유일한) 돌보는 사람이 어머니인 경우, 여자 유아는 성인의 독립성을 향하여 더 점진적이고 덜 갈등하는 성장을 겪으며, 그녀의 미래 어머니 역할을 위해 필요한 여성적 정체성을 어머니와의 동일시를 통하여 학습한다. 이와 대조적으로 소년들은 그들의 구별되는 남성적 정체성 학습의 조건으로서 어머니와의 그들의 일차적인 동일시를 초기 단계에 포기해야 한다. 더구나 이것은 그 자체가 아버지의 상대적 부재 — 물질적 의미와 정서적 의미 둘 모두에서 — 에서 기인하는 문젯거리이다. 소년은 구체적이며 실천적으로 존재하는 가사영역에서 성 정체성을 직접 학습하지 — 소녀들에게 가능한 것과 같은 — 못하고 더 의식적인 방식으로, 그리고 공공영역에서 아버지의 외적 역할이라는 더 추상적이고 정형화된 모형의 기초 위에서 남성성을 학습해야 한다.

그 결과로 나타나는 남성적 정체성은 내적 모순을 더 많이 포함하고 있는, 그리고 어머니에 대한 유아기의 의존과 동일시로 퇴보하는 것을 막는 방어물로서 자아와 타자 사이의 더 강력한 경계를 필요로 하는 정체성이다. 일차적으로 이러한 방어적 자아ego는 자신을 어머니와 대립한 것으로, 그리고 정의상 여성 일반과 대립한 것으로 정의하지만, 이차적으로는 더 일반화된 타자, 즉 다른 인종과 문화 그리고 자연과 대립한 것으로 정의한다. '추상적인' 공공적 세계를 선호하여 강한 감정을 회피하고 구체적인 실천적 가사영역의 가치를 낮게 평가하는 경향이 있다.

하트소크와 플랙스(Flax, 1983)는 대상관계이론의 이러한 여성주의적 발전에 의존한다. 하트소크는 그것을 경험적 가설이라고 언급하고, 우리가 논의한 것처럼, 그것을 물질론적 사회이론에서 이끌어낸 논증과 결합하면서 어느 정도의 회의주의를 암시한다. 그것은 그 논쟁에 대한 플랙스의 초기 참여에서 상당히 중심적이다. 그녀는 그것을 사용하여, 인식론을 포함하는 철학의 지배적(남성적) 전통이 자아와 타자, 자연과 문화, 주체와 객체 사이의 대립 등과 같은 문제를, 그것이 사실은 특수하게 남성의 심리적 딜레마에서 도출될 때, 인간의 지식과 존재의 **보편적** 문제로 제기하는 방식을 탐구한다.

관점인식론의 사회구조적 입장에서 그러하듯, 여기서도 지나친 일반화에 관련된 문제가 있다. 그렇지만 대상관계 접근은 그것이 덜 결정론적이라는 점에서 더 정통적인 프로이트 정신분석학과 다르다. 그것은 임상실천을 인성 발전 과정에서 개인들이 직면하는 딜레마와 이용가능한 전략과 자원을 특징짓는 것의 기초로 사용하지만, 각 개인이 독특한 방식으로 문제를 해결하거나 다룰 수 있는 상당한 개방 공간을 남겨둔다. 그러므로 남성의 정체성 형성과 여성의 정체성 형성에 대한 추상적인 특징짓기에 대해서는, 대부분의 개인들은 그 두 가지를 양쪽 극으로 하는 연속선 위의 상이한 지점들에 위치하는, 그렇지만 남성은 남성적 극을 향하고 여성은 여성적 극을 향하는 경향이 있는 이념형으로 간주하는 것이 더 적절하다. 더 정통적인 정신분석학에서 또 다른 이탈을 보여주면서 그 접근은, 돌봄의 책임을 다른 방식으로 할당한다면, 그리고 특히 돌봄노동에서 남성이 더 중심적인 역할을 수행하고 여성은 즉각적인 가족적 맥락을 넘어서는 공공적 영역에서 더 많은 기회를 갖는다면, 기존과는 다른 종류의 성차별적 인성 형성의 가능성이 있음을 인정한다. 그러므로 관점인식론의 사회구조적 견해에서처럼 정신분석적 견해의 그것도 새로운 종류의 이해(理解)를 위한 잠재력과 해방적 방향에서의 사회관계의 변혁을 위한 투쟁 사이의 밀접한 관계를 설정한다.

그것들의 사회적 또는 심리적 분석의 특성들이 무엇이거나 간에, 이러한 관점이론의 견해들은 대안적인, 즉 여성적인 형태의 지식의 성격에 관해서는 뚜렷하게 수렴되는 견해를 산출한다. 그 이론들은 구체성, 그리고 단순한 양적 관계에 대한 추상적 관심에 대립하는 것으로서 질적 차이와 복잡성에 대한 민감성을 선호한다. 그것들은 사물의 관계에 대한 맥락화된 전체론적 이해를 선호하면서 서구의 추상적 이원론(자연과 문화, 주체와 객체, 이성과 감성, 신체와 정신)의 극복, 즉 남성적 사유의 극복을 촉구한다. 그리고 그것들은 지식과 일상의 삶의 경험의 재통합을 제안한다. 끝으로 그것들은 한쪽의 이러한 대안적인 지식 형태와 다른 쪽의 사회적 지배, 배제, 가치절하에 반대하는 종속적 사회집단의(주로 여성집단의, 그렇지만 오로지 여성집단만은 아닌) 투쟁 사이의 관계를 강조한다. 하트소크는 다음과 같이 요약한다.

> 타인들과의, 자연세계와의, 정신과 신체와의 여성의 연속성 및 관계의 경험은 문제가 없는 사회적 종합을 발전시킬 수 있는 존재론적 기초를 제공한다. 그것은 신체에 대한 부인, 자연에 대한 공격, 또는 자아와 타자 사이의 사투(死鬪)를 통해 작동할 필요가 없는 사회적 종합이며, 그 어떤 형태의 추상적 남성성에도 의존하지 않는 사회적 종합이다(Hartsock, 1983b: 246).

이런 식으로 여성주의 관점인식론은 근대 기술과학의 사회적·생태적 파괴성에 대한 설명을 제공하고, 사회적 지배로부터의 해방 및 자연세계의 나머지와의 새로운 조화로운 관계와 관련된 대안적 형태의 이해를 설정한다. 이러한 광범한 사유 유형은, 여성의 성차적 이해관심과 자연보호 사이에 특별한 연관이 있다는 생태여성주의의 주장과 이어져 있다(이것은 여성주의 운동에서도 깊이 논쟁한 주제이다. 광범한 문헌이 있지만, 특히 Shiva, 1989; Biehl, 1991; Mellor, 1992, 1997; Mies and Shiva, 1993; Plumwood, 1993; Salleh, 1994; Jackson, 1995; Soper, 1995: 제4장; Mellor, 1996; Salleh, 1996을 볼 것).

여성주의 관점 논쟁

그렇지만 이것에 관하여 무엇이 인식론적인 것인가의 질문을 여전히 제기할 수 있다. 우리는 여성이 사회적 분업, 그리고 자신의 독립적인 인성을 확립하는 방식 때문에 세계를 남성과 다르게 이해하는 경향이 있을 것이라고 기대할 몇 가지 강한 이유를 제시받았다. 우리는 여성의 대안적인 이해 양식이 자연과 조화로운, 더 평등하고 호혜적이며 애정 깊은 사회의 전망과 연결된다는 것도 믿을 수 있다. 그렇지만 이 중 어느 것이 우리에게 여성주의 사상을 진실이라고 받아들일 이유를 제공하는가? 왜 세계가 존재하는 방식에 대한 설명으로서 그것을 정통과학의 생산물보다 더 신뢰해야 하는가? 확실히, 사회의 지배와 자연의 정복 둘 모두를 확고히 하는 데서 과학과 기술의 성공이야말로 과학 지식의 힘에 대한 증거가 아닌가?

논쟁의 주요 참여자들은 그(녀)들이 이러한 묶음의 질문에 응답하는 방식에서 기초를 상당히 바꿨으며, 중요한 의견의 차이가 남아 있다. 우리가 '고전적' 여성주의 관점 답변이라고 생각할 수 있는 것은, 특징적인 여성의/여성주의의 시점 **그 자체**가 우월한 견해를 제공한다는 것이다. 그 견해를 발생시키는 관점이 바로 그것에 '진실한 것(또는 '더 신뢰할 만한 것', '덜 허위의 것')'이라고 받아들일 권리를 부여하는 것이다. 예컨대, 하트소크의 원래의 입장에서는 여성의 관점에 대한 특권부여를 지탱하기 위하여 '수준들', '심층', '가시성'의 비유를 사용한다.

계급지배의 실재가 오로지 생산이라는 인식론적 수준에서만 분명하게 드러난다면, 우리에게 여성에 대한 체계적 지배를 이해하도록 허용할 수 있는 인식론적 수준은 무엇인가? 나는 한 성의 다른 성 지배가 더욱 심층적인 수준에서만, 즉 재생산에 의해 정의된 인식론적 수준에서만 가시화될 수 있다고 주장한다. 그러므로 마르크스처럼 실재를 두 개의 층으로 이해해야 한다고 주장하지 않고 나는 그것을 3개의 층으로 이해해야 한다고 제안한다(Hartsock, 1993b: 9~10).

이러한 지형학적 용어들은, 비록 그것들이 우리가 최상의 견해를 기대할 수 있는 위치를(사회구조의 정점이 아니라, 그것의 기초에 뚫는 터널로) 흥미롭게 뒤집고 있지만, 기초적인 관점 비유와 잘 조화된다. 이것에 대한 가장 일반적인 정당화는 사회구조의 정점에서 산출하는 견해는 필연적으로, 사회의 지배에 의해 필연적인 것이 되는 기만과 자기기만에 의해 왜곡된다는 것이다. 이는, 우리는 우리 자신이 창출한 것을 이해한다는 르네상스 시대의 사상가 비코의 견해를 되풀이하는 것이다. 여성과 노동자는 사회를 구성하는 사회집단들이며, 그러므로 지배집단들 − 단지 다른 집단들이 창출하는 것에 의존하고 이것을 점유하는 − 이 수행하는 것과는 다른 방식으로 사회를 이해한다.

이것은 '고전적인' 여성주의적 관점 접근이며, '고전적인' 루카치의 마르크스주의적 관점인식론 − 그것이 동일한 문제를 공유하고 있는 − 에 가장 가깝다. 또한 그것은 진리와 거짓의 문제를 진리주장을 만드는 사람의 정체성에서 분리할 것을 강조하는 '전통적인' 인식론(이 책의 앞 장들에서 우리가 고찰한 경험주의적 접근, 칸트주의적 접근 등과 같은)과 가장 극심하게 대조된다. 이것을 주장하는 동기는 바로, 지식으로 취급해야 하는 것을 지시하는 권력자들의 권리를 박탈하려는 것이었다는 점이며(241~242쪽 목록의 요건 (c)를 주목할 것이므로), 그러므로 평등주의적 의도를 가졌다는 점은 지적할 만하다.

마르크스주의적인 것이든 여성주의적인 것이든 고전적인 관점 접근의 핵심적인 어려움은, 선호되는 관점을 식별하고 그것을 점유하고 있는 집단을 특징짓는 데, 그리고 그 집단의 지식 형태에 대해 더 좋은 지식이라고 특권을 부여하는 데 사용하는 이론 **그 자체**가 정당화를 필요로 한다는 것이다.

관점 이론가들은 인식론 — 이것에 입각하여 진리주장을 평가할 — 을 확립하기에 **앞서**, 그리고 인식 확립의 **수단으로**, 역사적 변동, 성별분업, 성차별적 정체성의 형성 등에 관한 지식주장을 만들어야 한다.

이 논변은 직접적이고 강력한 것이다. 그렇지만 그것은 지나치게 강력한 듯하다! 전통적 인식론들을 비판적으로 살펴보면 그것들도 역시 가정 — 인간 정신의 성질, 특정 형태의 추론의 타당성, 자아에 대한 사유의 외부세계에 대한 관계, 감각경험의 신뢰성 등에 관한 — 에 의존한다는 사실이 드러난다. 이러한 가정들은 관점인식론의 가정들과 마찬가지로 도전받을 수 있으며, 독립적인 정당화를 필요로 한다.

그러므로 여기까지는, 관점 이론들은 그것이 순환적이라는 비판에 부딪힐 때 더 많이 확립된 인식론들보다 더 나쁘지는 않은 것으로 보인다. 이 상황을 처리하는 데 두 가지 기본적인 선택지가 있다. 그중 하나는 인식론들 자체에 관해 상대주의적 입장을 취하면서 다른 것 대신 어느 하나를 받아들이는 훌륭한 이유가 있을 수 없다고, 그러므로 선택은 단지 주관적 선호의 사안(정치적 가치, 사회적 이해관심, 동전던지기 또는 그 어떤 것에 기초한)이라고 인정하는 것이다. 이것은 우리를 관점인식론에 대한, 그리고 실은 인식론 그 자체에 대한 탈근대주의적 비판의 방향으로 데려간다. 이 비판을 조금 뒤에서 다시 살펴볼 것이다.

지식이론의 접근을 선행의 가정에 근거 짓고자 하는 시도의 순환성을 다루는 두 번째 방식은 한 묶음의 가정들과 그 가정들이 발생시키는 인식론 — 대안들에 대립하는 것으로서 — 을 선호하는 **훌륭한 이유**를 찾을 수 있는가를 알아보는 것이다. 이것이 가능하기 위해서는, 인식론들 사이에 어떤 공통적인 토대, 즉 인식론들을 서로 간의 대화로 데려가기 위한 어떤 기초가 있어야 한다(즉, 그것들이 완전히 비교불가능하지 않아야 한다―63쪽을 볼 것). 사실상, 여성주의적 관점 이론가들과 전통적인 인식론들이 공통으로 가지고 있는 두 가지 매우 기본적인 특징이 있다. 하나는 논리적 일관성에 대한, 즉 이론을 자기모순이 없는 방식으로 구성하고자 하는 시도에 대한 믿음이다. 두 번째는 비(非)상대주의적 실재론에 대한, 즉 그것에 대한 우리의 사유에서 독립적인 세계가 있다는, 그 세계에 관한 일부의 사유는 더 신뢰할 수 있고 다른 것들보다 진리에 더 근접했다는, 그리고 차이를 말하는 방식을 고안하는 것이 이해된다는 견해에 대한 믿음이다.

전통적 인식론과 관점인식론이 이런 특징들을 공유하고 있다는 것을 지적하면서 우리는 두 인식론의 상대적 장점에 대한 평가를 시작할 수 있다. 둘 모두 일관성을 추구하기 때문에, 예를 들어 우리는 그것들 각각이 이러한 믿음을 얼마나 잘 실행하는가를 고찰할 수 있다. 우리가 제2장과 제3장에서 보았던 것처럼, 과학의 합리성을 옹호하는 경험주의 인식론은 과학적 설명의 불가피한 특징으로 보이는 것들 — 이론 선택에서 가치와 이해관심의 역할, 경험적 증거의 이론 의존성, 관찰불가능한 실체들의 역할 등 — 과 모순된다. 이와 대조적으로 여성주의 관점인식론은 지식창조의 성차별적 과정에 대해 그것의 인식론과 명백하게 일관성 있는 사회-역사적 설명을 제공한다. 이것은 분명히 훨씬 더 다룰 수 있는 논쟁 영역이지만, 여성주의 관점 이론들이 더 나은 위치에 있는 것으로 보인다.

실재론에 대한 공통의 믿음은 경쟁하는 인식론들을 평가하는 또 다른 기초를 제공한다. 전통적 인식론과 여성주의 관점인식론은 더 혹은 덜 신뢰할 만한 지식주장들을 구별하는 방식을 제공하며, 일반적으로 덜 신뢰할 만한 주장 대신 더 신뢰할 만한 주장에 도달하기 위해 따라야 하는 절차에 입각하여 그렇게 한다. 두 인식론은 실재에 관한 지식주장을 만들어내고 평가하는 절차로서의 지식이론을 함축하고 있다. 제2장과 제3장에서 우리는 이 과정에 대해 경험주의자들이 제시하는 설명을 논의했으며, 이 장의 첫머리(241~242쪽)에서 우리는 모든 전통적 인식론이 공유하는 핵심적 특징을 네 가지 요점으로 요약했다. 우리는 이제 신뢰할 만한 지식의 창출을 해명하고 그런 지식의 창출을 위한 규칙을 제공하고자 하는 그것들의 공통의 믿음의 측면에서 여성주의 관점인식론과 전통적 인식론을 비교할 수 있다.

과학 개념의 공표된 보편성은 어떻게 되는가? 현대 자연과학에서도 이것이 논란의 소지가 없는 것은 아니지만, 역사과학과 사회과학에서는 제5~7장을 논의한 이유 때문에 이것은 더욱 문젯거리이다. 분명히 인간의 사회적 삶과 문화적 실천의 형태들은 장소에 따라, 그리고 시간에 따라 서로 다르다. 그러므로 사회과학과 역사과학은 특수성과 차이성에 민감한 이론들을 발전시켜야 한다. 그렇지만 차이를 탐지해내기 위해서는 비교대상이 되는 상이한 문화들을 포괄하는 적어도 어느 정도의 개념들을 가지고 있어야 한다. 우리가 다른 문화들을 조금이라도 이해할 수 있으려면 우리는 인간의 보편성에 대한 어느 정도의 기본적인 개념들(예컨대 출생, 죽음, 노동, 성)을 필요로 할 것이다(제6장, 173쪽을 볼 것).

여성주의 인식론은 그러한 인간의 보편성들(성의 차이, 어머니 됨, 몇몇 형태의 사회적 분업 등)을 상정하지만, 동시에 사회문화적 과정이 그것들과 결합하여 다양성과 특수성을 만들어낸다고 주장한다. 이와 대조적으로, 경험주의와 합리주의와 칸트주의 인식론이 보편성에 대해 중심적 관심을 가지고 있다는 사실은 자연과학이 개별성과 차이를 설명할 때 겪는 어려움을 부분적으로 설명해준다. 추상적이고 일반적인 과학적·기술적 지식을 매우 상이한 구체적 상황들(대규모 댐 계획과 녹색혁명 농업은 충분히 연구된 사례이다)에 적용하려는 시도는 원하지 않는, 그리고 재앙적인 사회적·생태학적 결과를 자주 만들어낸다.

가장 영향력 있는 관점인식론자들과 전통적인 인식론은 모두 외부세계의 존재 — 그것의 특징에 의해 우리의 믿음을 정당화하거나 또는 정당화하지 못하는 — 를 인정한다는 의미에서 객관성에 대한 관심을 공유한다. 그렇지만 그것들은, 신뢰할 만한 또는 정당화된 믿음에 도달하는 가장 유리한 조건을 서술하는 방식에서는 뚜렷한 차이를 보여준다. 우리가 보았다시피, 경험주의적 모형은 과학에서 가치판단을 배제한다. 경험주의의 비판자들은 심지어 가치판단 배제가 가능한가를 의심한다. 여성주의 관점인식론자들은 가치판단 배제가 **바람직하지도** 않다고 주장한다. 정치적·도덕적 가치는 사회운동 투쟁을 고취하는데, 이 투쟁이 지식의 성장에 핵심적이라는 것이다. 또한 이 주장은 개인적 정체성이나 사회적 정체성은 과학에 적합하지 않은 것이라는 전통적 인식론자들의 믿음에 도전한다. 어떤 것들은 오로지 특정한 관점 또는 '주체 위치'에서만 볼 수 있다는 것이다.

그렇다면, 누가 옳은가? 우리는 제2장에서 경험주의가 진정한 지식(정당화된 믿음 등)을 허위('가짜 과학' 등)와 구별할 수 있는 기준을 고안하는 데 초점을 두었으며, 이것에 대한 경험주의의 설명에서 관찰과 실험에 의한 시험가능성이 중심 역할을 한다고 지적했다. 경험주의는 과학에서 질 통제quality control를 강조한다. 또한 우리가(제3장, 67~70쪽) 보았던 것처럼 이러한 강조는 합리성에 대한 그들의 매우 협소한 견해와 함께 경험주의자들(과 포퍼)을 새로운 과학적 관념들과 가설들의 **창조** 과정에 담겨 있는 합리성을 무시하게 이끈다. 경험주의자에 따르면 그것들의 창조는 '심리학'의 문제이며, 포퍼에 따르면 상상적인 '추측conjectures'의 문제이다. 그렇지만 경험주의의 비판자들은 과학적 이론의 창조에 포함되어 있는 비유의 고안과 개발, 적합성과 설득성의 기준 적용 등이 얼마나 합리적인 과정인가를 입증했다. 이러한 과정이 없다면 경험과 관찰을 통해 시험해야 할 이론이나 지식주장은 없을 것이다! 과학을 역동적이고 창조적인 인간 활동으로 이해하는 데 이러한 과정이 절대적으로 중심적이라는 점을 충분히 주장할 수 있다.

이와 대조적으로 여성주의 관점인식론 및 이것과 연결된 과학에 대한 사회학적 설명은, 전통적 인식론들이 공유하고 있는 '추상적 개인주의'의 한계를 폭로한다. 지식의 창조는 전적으로 사회적 과정이라는 것이다. 더욱이 여성주의 관점인식론들은 과학에서의 창조적 작업에 이용할 수 있는 잠재적인 자원을, 여성 및 다른 집단들을 지식 창조에 능동적으로 참여하는 것에서 일반적으로 배제함으로써 배제되거나 억압되는 다양한 경험, 시각, 문화적 의미에 입각하여 설명한다.

그러므로 여성주의 인식론은 지식 **창조** 과정을 이해하고 그것의 개선을 제안하는 방식에서 전통적 인식론들보다 훨씬 뛰어나다(이것은 Harding, 1991: 제6장이 발전시킨 입장에 가깝다). 그렇다고 하더라도, 일단 경쟁하는 지식주장들을 만들어냈을 때 그것들을 **평가하고 시험하는** 문제는 여전히 남아 있다. 과학의 이런(종종, '발견의 맥락'에 대비되는 것으로 '정당화의 맥락'으로 불리는) 측면과 관련하여 가치중립성, 보편성, 비개인성, 그리고 경험적 시험을 주장하는 점에서 전통적 인식론들은 옳은가?

첫째, 이러한 구분이, 종종 주장되는 것처럼, 명확한 것이 아니라는 점을 지적해야 한다. 이론이나 가설을 고안하는 창조적 과정에서 이미 아주 많은 '시험'을 흔히 '사유 실험'의 형태로 진행한다(이러한 오래 지속되는 정신적인 '시행착오' 과정의 특별한 사례로는 다윈의 노트(Darwin, 1987)를 볼 것). 둘째, 무엇을 '증거'로 취급하는가에 관해 여러 과학학문분과들 사이에 중요한 차이가 있다. 여성주의 관점인식론이 매우 분명하게 제시하는 것은, 하나의 동일한 사회를 그 속에서 상이한 위치에 있는 사람들의 삶의 경험과 사회적 실천을 기초로 매우 상이하게 볼 수 있다는 것이다. 대중교통을 이용하고자 시도하는 '장애인'의 경험은 과학실험에서 온도계를 읽는 경험과 다르다. 후자는 원칙적으로 '표준적' 관찰자에 — 그가 누구인가, 어디서 실험을 수행하는가와 무관하게 — 의해 반복할 수 있는 것이다. 이와 대조적으로 교통수단 접근과 관련한 장애인의 경험은 불가피하게 국지적이고 개별적이다. 사회에 관한 지식에 대한 기여로서 그것의 지위의 진실성은 그러한 개별적인 경험주체의 정체성과 특성에서 도출된다. 여성주의 관점인식론이 포착하는 것은 역사학적·사회과학적인 작업에서 증거와 경험의 역할의 바로 이러한 측면이다.

그렇지만 사회과학자와 역사학자가 사용하는 모든 증거가 이러한 것은 아니다. 증거의 대부분은 국가 관료제, 여론조사, 대규모 양적 조사 사업 등에 의해 제공된다. 더구나 그것의 신뢰성, 타당성, 이론적 중요성은 여전히 논쟁거리로 남아 있다. 이러한 논쟁의 수행을 위한 규칙을 제공하게 될 때, 확실히 고전적 인식론은 여성주의 관점인식론보다 앞서는가? 이것과 관련해서 이야기하려면 우리에게 허용된 지면으로는 부족하지만, 예를 들어 전통적 인식론의 익명성과 비개인성 요구를 받아들인다면, 이것은 그 속에 타당한 이유를 가지고 있다. 이러한 규칙에 대한 정당화는(여기서 우리는 실제의 과학 제도에서 그것이 정말 준수되는가의 문제는 제쳐놓는다) 그것이 지식주장을 평가하는 맥락 — 그 속에서 그 논쟁의 참여자들 사이의 권력과 지위 위계와 무관하게 증거와 논증의 자격을 고려할 수 있는 — 을 제공한다는 것이다.

그렇지만 이러한 목표를 성취하는 또 다른 더 급진적인 방법이 있다. 그것은 과학적 논쟁을, 더 다양하고 포괄적인 범위의 참여자들에게 개방하고 동시에 기존의 권력과 지위의 위계에 저항하는 방식으로 재제도화하는 것이다. 모든 참여자의 공헌을 동등하게 평가하고 존중한다면, 익명성과 비개인성이라는 방패는 더 이상 그렇게 결정적이지 않다. 이것은 이른바 '여성주의적 경험주의'와 관점인식론 양쪽의 주요 옹호자들이 공유하는, 과학의 개혁적 실천에의 여성 참여 증대의 기획과 크게 부합하는 것이다. 그것은 또한, 부분적이더라도, '이상적인 발화상황'이라는 하버마스의 이념과 흥미롭게 수렴한다(제7장을 볼 것). 물론 중요한 차이는 '관점'의 이념이, 가장 평등주의적인 대화를 통한다고 하더라도 견해들의 다양성은 지속될 가능성을 시사한다는 것이다.

앞의 고찰은 여성주의 관점인식론의 주장을 정당화할 수 있는 적어도 한 가지 방식을 보여준다. 그렇지만 그 과정에서 기초는 어느 정도 변한다. 여기서 정당화되는 접근은, 고전적인 관점인식론이 아니다(관점 자체가 그 관점이 제공하는 시각을 정당화할 수는 없기 때문에). 여성주의 인식론은 단지, 그리고 오로지 그것이 여성 또는 여성주의자의 시각으로부터 도달되기 때문에 정당화되는 것이 아니다. 오히려 우리가 도달하는 입장은, 여성주의 인식론이 전통적 인식론들과 잘 비교되며, 전통적 인식론에서는 상상할 수 없었던 개혁을 위한 통찰과 가능성을 제공한다는 것이다. 이것은(예컨대, 현대 과학의 실제 실천에 관한) 이유를 제시하고 증거를 인용함으로써 입증할 수 있다. 이러한 논증을 여성주의자들이 공표하기 때문에만 사람들이 받아들일 것으로 기대하는 것은 아니지만, 마찬가지로 그것을 여성주의자가 발전시키는 것도 단순히 우연은 아니다. 여성주의 관점 이론은 이러한 사실에 대한 (성별분업, 성차별적 인성발달 등에 입각하여 시험가능한) 설명을 제공한다.

이것은 우리를 하딩의 '여성주의적 경험주의'의 방향으로 되돌아가게 한다(250~251쪽). 우리는 앞에서, 일부 사회과학 학문분과들에서 작업하는 여성주의자들은, 어느 정도는 경멸적인 이러한 용어가 함축하는 것보다 훨씬 더 광범하게 보이는 변혁을 이미 성취했다고 제시했다(Holmwood, 1995를 볼 것). 방금 논의한 '수정된' 관점 접근의 함의는, '나쁜 과학'에 대항하는 투쟁은 사실적 편견과 오류를 폭로하는 데 한정되어야 하는 것이 아니라, 지배적인 연구 기획, 즉 '좋은 증거'로 취급되는 것, 방법론적 절차, 사회관계와 제도적 형태, 과학적 작업과 대중적 사회운동의 관계에 대한 견해에 훨씬 더 광범한 도전으로 확대될 수 있으며, 또한 지금까지 배제되거나 주변적이던 집단 쪽에서의 과학적 작업에 대해서도 동등한 조건에서 접근할 수 있다는 것이다.

탈근대적 여성주의

지금까지 우리는 여성주의 관점인식론을, 그것이 여성주의적 경험주의 및 전통적 인식론들과 공유하는 것에 입각하여 정당화할 수 있는 방식을 논의했다. 그렇지만 여성주의 관점인식론이 발전되어온 기간에 또한 '탈근대주의'로 알려진 반계몽주의적 사상도 쇄도했다. 관점인식론의 창조에 참여한 여성주의자 몇몇을 포함하는 일부의 여성주의자들도 몇 가지 탈근대 명제에 매력을 느꼈다. 많은 경우, 그(녀)들은 여성주의적 형태의 탈근대주의가 제공하는 중요한 통찰이라고 그(녀)들이 생각하는 것을 끌어들이면서 (수정된) 관점 접근을 유지했던 반면, 자신을 탈근대주의와 더 가깝다고 동일시하는 사람들은 그 통찰이 관점인식론의 핵심적 믿음과 양립할 수 없는 것이라고 이해했다.

탈근대주의가 제기하는 쟁점의 다수는 그것의 여성주의적 형태도 공유하고 있으며, 우리는 제10장에서 탈근대주의를 더 자세히 다룰 것이다. 그러므로 우리는 여기서는 관점인식론에 대한 여성주의적 탈근대주의의 비판을 매우 제한적으로만 다루고자 한다. 이 비판의 가장 중요한 요점은 두 가지이다. 첫째는 하트소크가 관점 접근에 대한 그녀의 원래의 진술에서 형성한 고백에서 출발한다. 이것은 여성의 공통성 강조가 다양한 사회적 위치에 있는 여성들 ― 백인과 유색인, 이성애자와 동성애자, 중간계급과 노동자계급, 식민자와 피식민자 등 ― 의 삶의 경험들 사이의 중요한 차이를 주변화하거나 억압하는 위험을 갖는다는 것이었다. '여성'이라는 범주 안에서의 차이에 대한 이러한 인식은, 여성주의 운동이 단지 고학력, 백인, 중간계급, 서구 여성의 이해관심만을 대표하게 되었다는 일부 여성 집단의 주장과 함께, 훨씬 더 큰 도덕적이고 정치적인 의미를 띠었다. 사회적 정체성의 다양성에 대한 계속되는 관심은 정체성의 파편화 및 유동성에 관하여, 그리고 어떤 고정되거나 일반적인 범주를 가리키는 언어 — '여성' 등과 같은 — 의 필연적 실패에 관하여 탈근대주의자들이 제기한 훨씬 더 일반적인 주장과 부합한다. 일부 여성주의자들은 다양성의 주장에 대하여, 여성주의를 차이-인지적인 쪽으로 개정하자는 제안으로 응답했으며, 이런 여성주의를 피억압 및 피착취 집단들의 더 광범한 연합체들과 연결했다(Harding, 1986, 1991, 1998). 다른 사람들은 '본질주의'에 대한 탈근대주의의 반대에 발맞추어 '여성'이라는 범주 자체의 훨씬 광범한 '해체deconstruction'를 선택했다(탈근대주의적 반본질주의에 대한 비판적 실재론의 탁월한 논의로는 Sayer, 2000: 제4장을 볼 것). 물론 '여성'이라는 범주를 해체하면 여성주의자에게 무엇이 남을 것인가는 납득하기 어렵다.

관점인식론에 대한 여성주의적 비판자들이 받아들인, 밀접하게 관련된 두 번째의 탈근대주의적 주제는 인식론 자체에 대한 거부, 즉 지식주장을 평가하려는 모든 시도의 포기, 심지어는 그것에 대한 지식을 획득할 수 있는 독립된 실재라는 개념의 포기였다. 우리가 다음에 볼 것처럼, 부분적으로 이러한 형태의 급진적 상대주의는 소쉬르의 언어학 이론에 대한 특정한 (의심스러운) 읽기에서 유래하며(제10장을 볼 것), 부분적으로는 진리주장('진리의 체제regimes of truth')이 피할 수 없게 권력이나 지배의 전략과 연결되어 있다는 푸코의 견해에서 유래한다. 관점 이론의 비판자들에 따르면, 관점 이론은 진리와 객관성에 대한 믿음이라는 계몽주의의 유산을 받아들이는 점에서 '가부장제적인' 과학적 합리성에 너무 근접해 있다. 필요한 것은 더 좋은 과학이나 더 신뢰할 만한 지식이 아니다. 왜냐하면 이런 것들은 또 다른 '진리의 체제'를 의미할 뿐이기 때문이다. 그 대신, 관점 이론은 어느 한 지식의 진리성을 확립하고자 시도하지 않고, 문화와 이해(理解)의 다양성을 적극적으로 환영하는 것에 길을 내주어야 한다. 그렇지만 이렇게 실재론을 포기할 때의 한계는 로즈가 명확히 적고 있다.

'언어적 전환'이라고 불리는 것은 지식의 구성 및 지식과 권력의 결합을 듣는 우리의 귀를 날카롭게 하는 데서 참으로 여성주의의 협력자인 탈근대주의에 감사할 훌륭한 이유이지만, 이러한 감사가 진리주장의 포기에 대한 필연적인 믿음을 동반하는 것은 아니다. 역사가는 자연과학을, 진리주장이라는 위험하지만 해결되지 않은 문제는 과학자 자신에게 남겨둔 채, 이야기로 읽을 수 있지만, 건강 투쟁에 참여하는 자연과학자 그리고/또는 여성주의자는 실재론자가 되어야 하며, '엄연한 사실hard facts'에 관심을 가져야 한다(Rose, 1994: 81).

더 읽을 거리

하딩의 『여성주의에서 과학의 문제』(1986)와 『누구의 과학? 누구의 지식?Whose Science? Whose Knowledge?』(Harding, 1991)은 이제 로즈의 「손, 가슴, 머리Hand, Heart and Brain」(Rose, 1983)와 하트소크의 『돈, 성, 권력Money, Sex and Power』(Hartsock, 1983b)과 함께 고전적 저술이다. 로즈의 최근의 저서 『사랑, 권력, 지식Love, Power and Knowledge』(Rose, 1994)은 논쟁에 대한 탁월한 안내서이다. 여성주의 인식론과 탈근대주의에 관한 많은 읽을거리로는 로즈(Rose, 1994: 제4장), 하딩(Harding, 1986, 1991: 제2장, 제3장), 니콜슨(Nicholson, 1990), 소퍼(Soper, 1991; 1995), 로비본드(Lovibond, 1989)와 매클레넌(McLennan, 1995)을 볼 것.

후기

하딩(Harding, 2004)은 관점이론과 관련된 논문들의 유용한 편저서이다.

그 중에는 이론의 고전적 진술도 있고, 다양한 논증과 비판도 있다. 하딩의 서론(그리고 Turner and Roth, 2003에 수록한 그녀의 논문)은 관점 이론의 발전을 검토하고, 그것의 중심 주장을 제시하며 일련의 친숙한 비판들에 대응하여 그것을 옹호한다. 계속해서 그녀는 연구 실행을 위해 그 이론에 담긴 실천적 규정들을 개관한다. 하트소크(Hartsock, 1998)는 물질론적 관점 이론을 옹호하는 그녀의 선구적 논문(원래 발표는 1983년)과 아울러 여성주의 이론에 관한 그녀의 다른 논문들도 수록하고 있다.

여성주의에 대한 탈구조주의적 사유 양식들의 도전은, 지금까지 이해하고 실행한 것처럼, 다수의 반응을 야기했다. 뉴(New, 1998, 2003)는 비판적 실재론의 관점에서 제기하는 쟁점들에 대한 유익한 평가를 제공한다. 로슨(Lawson, 1999, 2003b)은 학술지 ≪여성주의 경제학Feminist Economics≫에서 여성주의적 연구에 대해 비판적 실재론이 갖는 가치에 관한 생생한 논쟁을 촉발했다. 바커(Barker, 2003), 하딩(Harding, 1999), 피터(Peter, 2003)와 이 책의 '근래의 발전에 대한 논평'도 볼 것.

10
탈구조주의와 탈근대주의

서론

이 장의 제목 아래 열거할 수 있는 여러 접근과 생각을 철저히 다루기는 어렵다. '탈구조주의'는 처음에는 이러저러한 종류의 구조주의자들로 간주되던 사상가들, 그리고/또는 구조주의 입장에서 더 유연하고 복합적인 일련의 논증으로 발전한 사상가들의 저작으로 그 용어를 제한할 수 있다는 의미에서 비교적 간단하다. 이것은 무엇보다도 푸코, 라캉Jacques Lacan, 데리다Jacques Derrida — 사상사학자, 정신분석학자 그리고 철학자 — 를 포함할 것이다. '탈근대주의'라는 용어는, 이러한 사상가들의 발상에 더하여, 프랑스 사회학자 보드리야르Jean Baudrillard와 리오타르Jean-Francoise Lyotard, 미국의 사회심리학자 거겐Kenneth Gergen, 그리고 여러 덜 유명한 사회심리학자들과 사회학자들의 사상을 포함할 것이다. 탈근대주의적 생각은 여러 학문분과 — 사회학, 심리학, 사회심리학, 역사학, 문학, 인문학, 그리고 문화연구 — 를 가로질러 영향을 미쳤으며, 비록 대학 밖에서는 탈구조주의자들에 대해 아는 사람이 많지 않을 테지만, 적어도 '탈근대적'이라는 용어의 사용을 통해 어느 정도는 대중의 의식에 침투했다.

'탈근대적'이라는 용어가 정확히 무엇을 가리키는가도 명확하지 않다. 그것은 건축양식인가, 문학과 예술양식인가, 현대문화의 형식인가, 사회의 형태인가, 개인적 정체성의 형태인가 아니면 무엇인가? 그리고 우리는 실질적으로 탈근대적 철학에 관해 이야기할 수 있는가, 아니면 그것은 용어의 모순인가?

이러한 사상을 다루는 가장 단순한 방법은 구조주의 ─ 1960년대 프랑스 학계를 지배한 운동이며, 우리가 이 책의 앞에서 연구한 접근들과 연결시킬 수 있는 운동 ─ 발상의 일부를 채택하는 것이다. 구조주의는 부분적으로는 제4장에서 논의한 프랑스 인식론 학파에서 발전한 것으로 볼 수 있는데, 비판적 실재론도 이것에서 발전했다(제8장). 그것은 여러 학문분과들을 가로지른다. 인류학(Lévi-Strauss, 1966, 1968), 역사학과 사상사(초기 Foucault, 1970, 1972), 문학(Culler, 1975), 지금은 문화분석으로 알려져 있는 분석형태(Barthes, 1967), 정신분석학(Lacan, 1968), 그리고(알튀세르의 마르크스주의를 통한) 사회학(Althusser, 1969)이 그것이다.

이들 저술가들에게 공통적인 것은 기저의 구조underlying structures에 대한 강조(흔히 과잉강조)와 행위 하는 주체에 대한 과소강조, 심지어는 행위 하는 주체의 중요성에 대한 전면적 기각이었다. 자주, 행위주체의 힘은 구조에 귀속되었으며, 사람들은 책에 의해 읽히고 언어에 의해 말해졌다(그 반대가 아니다). 이런 입장은 해석적 접근에 관한 장들에서 논의했던 입장들과 정반대되는 것이다. 이 저술가들은 사회과학의 적절한 대상은 사람들과 그들의 의미가 아니라 그러한 의미를 발생시키는, 그리고 어떤 의미에서는 사람들 자신을 발생시키는 기저의 구조라고 주장한다. 더욱이 이 저술가들은 일련의 주요한 사상가들이 사실은 인간 존재를 '탈중심화했다decentred'고 자주 주장한다. 갈릴레이는 지구가 우주의 중심이 아니라는 것을 입증했고, 다윈은 인간이 창조의 중심이 아니라는 것을, 마르크스는 사람이 그들 사회의 중심이 아니라는 것을, 그리고 프로이트는 개인들이 단순히 행위 하는 주체가 아니라 무의식적 충동의 산물이기도 하다는 것을 입증했다.

이를 위한 모형은 언어학에서 얻었으며, 마르크스주의와 정신분석학 등과 같은 다른 이론들 속으로 들어가 그 이론들을 다시 읽는다. 그것은 서구 사상에서 언어적 전환의 중심인물인 소쉬르가 발전시킨 이론이다(Saussure, 1959). 같은 경로를 따라, 소쉬르는 사람들이 그들의 언어의 발화자가 아니며, 오히려 어떤 의미에서 사람들은 그들의 언어에 의해 말해진다는 것을 입증했다고 인정받는다. 20세기 초반에 활동하면서 소쉬르는 과학적 언어학의 발전을 가능하게 한 일련의 방법론적 전략을 제시했다. 또한 개별 발화행위와 언어의 역사를 다루는 한 과학적 언어학의 발전은 일어날 수 없었을 것이라고 소쉬르는 주장했다. 개인의 개별 발화행위('parole')는, 간단히 말하면, 전체로서 언어('langue')에 관해 우리가 무엇인가를 이해할 수 있게, 또는 설명할 수 있게 하기에는 너무 가변적이다. 그리고 언어는 개인의 개별 발화행위에 의해 변화하지 않으며, 그러므로 그것에 초점을 맞추는 것으로는 언어의 역사를 이해할 수 없다.

언어의 구조를 찾아내기 위해서 소쉬르는 몇 단계를 밟는다. 첫 번째는 우리가 제5장에서 논의한 현상학적 환원phenomenological reduction과 유사한 것이다. 우리는 단어가 그것이 가리키는 것으로 보이는 대상에 어느 정도는 자연적으로 부여된다는 상식적 가정을 버린다. 단어 '손hand'과 내 팔의 끝에 자리한 내가 원고를 입력할 때 사용하는 상당히 다섯 갈래의 가늘고 긴 살 사이에는 아무런 필연적 연관도 없다는 것이다. 오히려 그 연관은 협약convention이다. 영어 사용자들은 '손'이 의미하는 것이 이것이라는 것에 동의한다고 할 수 있다. 물론 우리가 실제로 다른 사람들과 협상하는 것은 아니다. 영어를 발화하고 그것의 협약들을 사용하는 것은 우리가 영국에 태어났다면, 그리고 우리 주변의 사람들과 대화하기를 원한다면, 우리가 거부할 수 없는 제공물이다. 우리가 발화하는 언어는 우리가 태어나기 전에 이미 존재하고 있으며 우리가 죽은 뒤에도 계속 존재할 것이다. 그리고 개인으로서 우리는 그것의 기저적 구조에 영향을 미칠 수 없다.

언어를 그것의 지시체referent에서 분리함으로써 소쉬르는 기호의 기저적 구조와 기호들의 조합을 지배하는 규칙을 찾아낼 수 있었다. **기호**sign는 **기표** signifier — 물질적 요소, 종이 위에 기록한 표시나 말을 할 때 우리가 만들어내는 소리 — 와 **기의**signified — 그 표시나 소리가 나타내는 개념이나 관념 — 의 조합으로 간주된다. 기의는 대상이 아니라 개념이라는 것, 그리고 기표와 기의의 관계는 협약이라는 점을 기억하는 것이 중요하다.

구조주의자에 따르면, 과학은 그것이 기저의 구조를 찾아내는 일관성 있는 이론적 개념틀을 발전시킬 때 비로소 과학이 된다. 언어의 구조는 기호, 그리고 기호의 조합을 지배하는 규칙으로 구성된다. 어떤 기호의 의미는 그 기호의 지시체, 즉 외부의 대상에 의해 규정되는 것이 아니라 그 기호와 다른 기호들 사이의 관계에 의해 규정된다.

소쉬르는 이 관계를 두 차원을 따라 분석할 수 있다고 제시한다. 첫째, **통합체**syntagm는 수평적 축이며, 기호들이 서로 이어지는 방식을 지배하는 규칙으로 구성된다. 소쉬르는 언어의 가장 작은 단위들에 관해 이야기하고 있으며, 그래서 우리는 영어에서 소리 [h] 다음에는 소리 [b]가 이어질 수 없지만 그 반대는 가능하다(예컨대, 단어 'abhor'에서)고 이야기할 수 있다. 두 번째는 기호들을 연관 짓는 수직적 축으로 소리나 의미에서의 유사성들을 통하여 서로를 대체할 수 있다(**계열체**paradigm). 그러므로 '나는 양손(hands)을 탁자 위에 올려놓는다'는 문장에서 '손'을 나의 다른 지체(肢體)인 '발'로 바꿀 수 있으며, 내가 만일 남아프리카의 화폐를 가지고 있다면 'h'를 'r'로 바꿔 나의 'rands(남아프리카 화폐 단위)'를 탁자 위에 올려놓을 수 있을 것이다. 인류학자 레비스트로스Claude Lévi-Strauss는, 한 항을 다른 항으로 대체할 수 있는, 그렇지만 둘을 함께 사용할 수는 없는 이항대립(손/발, h/r)에 입각하여 언어와 문화를 서술하고자 시도했다. 그는 인간의 두뇌는 그러한 대립들의 형성을 통해 작동하며, 이것이 인간이 자신의 세계를 조직하는 기본 방식이라고 제시했다. 오늘날 그런 생각을 유지하는 사람은 많지 않지만, 변증법적 사유와의 친화성은 지적할 만하다.

우리는 또한 제6장에서 윈치 및 비트겐슈타인과 관련하여 언어와 규칙의 개념을 살펴보았지만, 두 이론체계가 양립가능한가 하는 것은 결코 분명하지 않으며, 소쉬르가 윈치보다 더 심층적인 구조 – 윈치가 관심을 갖는 의도적 진술의 수준 밑의 – 를 서술하는 것으로 보는 것이 가장 적절하다. 둘 모두 어떤 단어나 기호에 대한 절대적인 정의는 없다는 함의를 공유하고 있다. 소쉬르에 따르면, 기호의 의미는 그 기호와 다른 기호들의 관계 속에, 즉 단어 자체가 아니라 단어들 사이에 자리하고 있다. 우리는 탈구조주의로 나아갈수록 '차이'라는 관념이 점점 더 중요해진다는 것을 보게 될 것이다.

반복하면, 대부분의 구조주의자들은 강력한 의미의 '과학'을 주장하면서, 과학을 '이론적 대상'의 구성으로, 또는 기저의 기제에 대한 이론적 파악으로 정의한다. 과학자의 작업은 그러므로 이러한 구조를 가능한 한 엄격하게 상술하는 것이다. 특정 이론이 과학적인 것인가의 여부에 대한 기준은 (실증주의자들이 주장하듯) 그 개념과 경험적 실재 사이의 관계에 자리하는 것도 아니고, (해석적 접근이 주장하듯) 그 이론이 개인적이거나 문화적인 의미를 파악하는 정도에 있는 것도 아니다. 그것은 그 구조의 엄격한 합리적 일관성에 있다. 과학은 경험적 실재 자체에 관한 것이 아니라, 경험적 실재를 판별하는 개념들에 관한 것이다. 다시 말하면, 이것은 철학에서 언어적 전환의 관념론이지만, 여기서는 언어 자체가 아니라 이론이 세계를 창조한다.

이러한 접근은 그것의 가장 순수한 형태로 오래 지속될 수는 없었다. 우리는 온갖 종류의 엄격한, 즉 합리적인 이론들을 구성할 수 있지만 그렇다고 해서 그 이론들이 엄격하고 합리적이기 때문에 옳은 것이 되지는 않는다. 이렇게 된다면 편집증으로 고통을 겪는 많은 사람들을 뛰어난 과학자로 취급해야 할 것이다. 영국에서 비판적 실재론의 발전(제8장을 볼 것)은 훨씬 더 정통의 철학에 가까운 관념들을 받아들였지만, 프랑스의 발전은 전혀 다른 것을 만들어냈다.

탈구조주의: 기표로 가는 운동

탈구조주의는 일단의 학문분과들 — 오로지 그런 것은 아니지만 주로 언어중심적 관심을 가진 — 을 결합한다. 소쉬르를 정신분석학적으로 발전시킨 라캉은 이런 일을 진행하는 한 가지 방식을 보여준다. 알튀세르가 원래의 마르크스로 돌아갈 것을 주장하듯 라캉은 원래의 프로이트로 돌아갈 것을 주장하는데, 그들은 각각 과학 — 정신분석학과 마르크스주의 — 의 토대를 드러내고자 한다. 과학의 토대는 그 과학의 이론적 대상 — 정신분석학의 경우에는 무의식, 마르크스주의의 경우에는 생산양식 — 의 발견 또는 창조의 순간이라는 것을 기억하자.

여기는 정신분석학의 개요를 제시하는 자리가 아니라, 프로이트가 무의식으로 의미한 것에 대한 생각이 중요하다 — 많은 탈구조주의자들이 무의식을 그들의 세계관 속에 포함시키고 있기 때문에 — 는 것을 제시하는 자리이다. 프로이트(Freud, 1982)에 따르면, 무의식은 많은 사람들이 생각하는 듯한 것과는 달리 느낌이나 기억이 아니라 '받아들일 수 없는 **관념들**unacceptable ideas'로 구성된다. 관념을 받아들일 수 없는 까닭은, 그것이 개인적 위협을 수반하거나(어릴 적에 나는 어머니를 살해할 생각을 가졌을 수도 있지만, 나는 내 생명을 어머니의 보살핌에 의존한다고 느끼기 때문에 그런 생각을 인지하기 어렵다), 강력한 사회적 비난을 받기(부모에 대해 성적 감정을 느끼는 경우처럼) 때문이다. 이런 관념들은 무의식 속에 억압되고, 거기서 그것들은 논리학의 법칙에 지배받지 않고 시간과 함께 발전하지 않는, 그러나 온갖 종류의 비합리적인 방식 ─ 소쉬르의 이론에서 계열체의 축에 있는 관계를 지배하는 의미와 소리의 결합 같은 종류를 포함하는 ─ 으로 서로 계속 결합되는 낯선 세계를 형성한다.

라캉은 무의식이 언어처럼 구조 지어진다고 주장하지만, 소쉬르의 이론에 대한 그의 해석에서 중요한 것은 기표 ─ 의미를 표현하거나 운반하는 것 ─ 이다. 프로이트의 꿈작용과 자유연상 이론은 무한한 치환endless displacement 이론으로 볼 수 있다. 정신분석학에는 하나의 꿈 해석이 있는 것이 아니라 지속적인 재해석이 있다. 그 까닭은 우리가 온갖 종류의 비합리적 연상들 ─ 그것의 일부는 비유와 환유라는 문학적 형태를 통하여 이해할 수 있는 ─ 에 따라 상이한 기표들 사이를 미끄러지면서 하나의 기표에서 다음의 기표로 움직이기 때문이다(Lacan 1968).

문학과 정신분석학에 친숙하지 않은 사람들은 이것을 이해하기 어렵겠지만, 이것은 더 친숙한 관념으로 대략적으로 번역할 수 있으며, 그렇게 되면 이 관념은 친숙하지 않은 것을 강조할 수 있게 한다. 라캉은 언어가 우리에게 주어지는 세계를 규정한다고, 우리는 언어를 벗어나서 외부의 실재에 도달할 수 없다고 주장하고 있다. 우리는 그러한 의견을 가진 다른 이론가들을 논의했지만, 그 이론가들은 모두 우리가 문화들과 행위들을 어떻게 이해할 수 있는가를 설명하면서 몇몇 합리성 개념에 의지하고 있었다. 라캉은 우리가 합리성 개념에 의지할 수 없다고, 즉 언어는 규칙의 도움에 의해 작동할 뿐 아니라 무의식에 뿌리를 둔 온갖 종류의 연상과 미끄러짐slippages에 의해 작동한다고 주장한다. 인간 언어 사용의 '자연'상태(이것은 용어의 모순이다)는 정신분열증 환자의 '단어 뒤섞기word salad'이다(탈근대 저작들에서는 비유로서 정신분열증을 되풀이하여 자주 사용한다). 라캉에 따르면, 우리가 이러한 극단적인 형태의 혼돈에서 벗어나는 길은 우리의 욕망을 고정하는 것이며, 이것은 일차적으로 프로이트가 서술한 것과 같은 성욕sexuality의 발전을 통해 일어난다.

정체성에 관한 이런 사유 방식은 특히 정신분석학의 여성주의적 작업 — 섹슈얼리티sexuality와 성차 정체성gender identity에 관한 상식과 더 정교한 이론적 견해 둘 모두에 대해 의문을 제기하는 — 의 풍부한 광맥으로 이어지며, 자아정체성의 유동성과 다중성에 대한 강조로 이어진다. 구조주의에서 탈구조조의로의 전환은 구조의 엄밀한 정교화에서 기표의 힘에 대한 강조로의 이동이다. 그렇지만 탈구조주의의 주요한 철학적 기여를 살펴보기 위해서는 푸코의 작업으로 옮겨 가야 하며, 이것은 정체성에 대한 더 엄밀한 개념화로, 그리고 무엇보다도 데리다에 대한 더 엄밀한 개념화로 이어진다.

푸코: 주체의 구성

분명히 푸코는, '실존주의자'라는 이름 아래 열거되는 19세기 후반/20세기 초반의 독일 철학자 니체 저작의 영향을 받았다. 니체의 철학은 그 이름표 아래에서 발견되는 다른 철학자들과 쉽게 들어맞지 않지만, 또한 서구 철학의 주류에도 쉽게 들어맞지 않는다. 니체는 그가 '계보학genealogy'이라고 부르는 역사학을 발전시키는데, 여기서는 발전을 앞으로 나아가는 순조롭거나 변증법적인 과정으로 보지 않고, 일련의 불연속적인 전환들로 본다. 알튀세르는 이러한 관점에서 역사에 대한 마르크스의 견해를 재해석했고(Althusser, 1969; Altusser and Balibar, 1970), 푸코는 구조주의적 사상사를 발전시켰는데 (Foucault, 1972), 여기서는 관념들('인식소epistemes')의 구조가 이전의 구조 안에 있는 이용가능한 모든 위치들이 소모되었을 때 서로를 대체하는 것으로 본다. 이것은 '담론분석discourse analysis' — 비록 일부 논자들은 푸코보다 언어학에 더 빚지고 있지만 — 이라는 이름으로 통용되는 일련의 연구와 정체성 및 주체성에 관해 사유하는 또 다른 방식을 만들어냈다. 처음에는 주체성을 특정 담론의 생산물인 개인 주체에 입각하여 보았으나, 푸코와 그의 해석자들은 그것을 더 복합적인 형태로 발전시켰다. 푸코 등은 주체성이나 정체성을, 상이한 담론들이 '봉합선suture'의 한 점에서 합쳐지는 바로 그 점으로 간주한다. 여기서의 비유는 상처의 가장자리the edges of a wound — 외과 수술의 유추로, 실제의 외과 수술의 정밀함이라는 의미와 간극, 즉 구조언어학에서 의미의 발생에 중요한 단어들 사이의 공간 두 가지 모두를 포착한다 — 를 함께 묶는다는 것이다. 이것은 앞 장들에서 논의한 해석적 접근들을 뒤집는다. 개인 주체subject는 특정한 담론이나 특정한 담론들에 예속됨being subjected에 의해 창조된다. 알튀세르의 틀에서는 생산양식이나 이데올로기적 장치들에 예속된다. 두 경우 모두에서 '주체(행위의 주체인 사람과, 무엇인가에 예속된 것)'라는 단어의 이용은 이런 종류의 접근을 위해 선호하는 전략이다.

푸코에게서 분명히 나타나는 니체 철학의 두 번째 측면은 지식과 권력과 자유 사이의 관계에 대한 관례적인, 즉 계몽주의에 기반을 둔 견해의 전복이다. 적어도 서구의 상식에 깊이 뿌리를 둔 관례적인 견해는 지식이, 자연세계 및 우리 자신 둘 모두에 대한 관계에서 우리의 자유를 증진시킨다는 것이다. 우리가 더 많이 알수록 더 많은 것을 할 수 있다고 계몽주의자들은 주장했다. 우리는 이것에 대해 프랑크푸르트학파 이론가들이 의문을 제기하는 것을 보았다. 그들은 근대과학의 발전이 해방과 지배 둘 모두를 포함하는 변증법적 과정이라고 제시했다. 니체에 따르면 그것은 일차적으로 지배의 과정이며, 푸코는 19세기와 20세기에 과학적 담론을 일탈자들 — 광인, 범죄자, 그리고 지금 우리가 성적 일탈자라고 부를 사람들 — 에게 적용하는 방식에 대한 일련의 연구에서 이런 견해를 채택했다(Foucault, 1973, 1977, 1977).

이 연구들에서는, 주체를 창조하는 것은 인식소, 즉 거대서사가 아니라, 범죄학, 심리학, 사회학 등과 같은 사회과학의 담론이며, 정신질환 및 섹슈얼리티sexuality의 이론들이다. 그 이론들은, 어떤 의미에서는 이전에는 존재하지 않았던 다양한 유형의 사람들을 정리하고 분류하고 정의한다. 예를 들어, 동성애 행위에 참여하는 사람 — 어떤 사회에서는 처벌받고 어떤 사회에서는 그렇지 않은 — 은 분명 늘 존재했지만, '동성애자'를 독특한 성격구조 및 삶의 양식 보유자로 상정하는 것은 오로지 심리학(특히 정신분석학)이라는 과학과 섹슈얼리티에 관한 근대 의학적 담론의 발전과 함께 일어났다.

사회과학에서 많은 지식의 발전은 이런 식으로 볼 수 있으며, '통치성governmentality'이란 제목 아래 묶을 수 있는 여러 연구들 — 한때 전문직의 사회학이라는 제목 아래 다뤘던 쟁점을 취급하는 — 의 근원에는 푸코의 작업이 자리하고 있다. 특히 푸코와 그의 제자들이 만든 책 하나가 이것을 잘 예시하고 있다. 그것은 19세기 프랑스 농민 피에르 리비에르Pierre Riviere의 자백과 재판에 대한 연구이다. 그는 자신의 여러 명의 직계 가족을 향해 도끼를 휘둘렀다. 연구는 리비에르가 나쁜 놈인가 아니면 미친놈인가에 관한 법 전문가와 신흥의 정신병 전문가 사이의 논쟁을 찾아낸다. 그것은 갈등하는 담론들 각각의 외부에 있고 그것에 비추어 두 담론을 평가할 수 있는 외부적이거나 절대적인 기준에 따라 확립할 수 있는 어떤 것에 관한 논쟁이 아니다. 오히려 한쪽 담론은 그를 자신의 죄에 대해 처벌받아야 하는 책임 있는 행위자로 구성하는 반면, 다른 담론은 동일한 자료를 사용하여 그를 어떤 치료를 필요로 하는 정신병자로 구성한다. 그런 다음 두 담론은 각 전문직의 판결권한을 둘러싼 권력투쟁을 벌인다. 당연히 정신병학이라는 새로운 전문직은 잘 확립되어 있는 법 전문직에 대한 위협을 나타낸다(Foucault, 1978b).

푸코에 관해 생각하는 한 가지 방식은, 그가 이성과 무이성unreason 사이의 관계에 관심을 가지고 있으며, 전자가 후자를 창조하는 방식 — 과학과 이성이 필연적으로 그것의 대립물인 '비과학non-science'과 '무이성'을 함축하는 방식, 이성적인 것이 '비이성적인 것'을 함축하는 방식 — 을 지속적으로 탐구한다고 생각하는 것이다. 정치적 관점에서는 이것을 사회집단들에 대한 배제가 어떻게 일어나는가에 관해 사유하는 것이라고 번역할 수 있으며, 우리는 한편으로는 과학과 이성과 권력자 — 백인 남성 — 와 다른 한편으로는 비권력자 — 유색인 집단, 여성, 예술과 감정 — 의 병치를 자주 발견한다. 그러한 사유는 흔히 경직된 변증법, 즉 두 대립물은 있지만 관통이나 운동은 없는 변증법을 형성하는 듯하다. 이것은 뒤에서 다시 살펴볼 것이다. 라캉의 저작에서 발전한 정체성·주체성 이론과는 달리, 여기서는 정체성의 다중성을 덜 강조하고 엄격한 형태의 구성된 정체성을 더 강조한다 — 기술적technological 비유를 자주 사용한다(Craib, 1998).

푸코의 중심적인 주제 중 하나는 근대세계의 사회질서가 외부의 힘과 단속에 덜 의존하고 개인의 내적 훈육에 더 의존한다는 것이다. 우리는 특정한 방식으로 행위 하도록 만들어지는 것이 아니라, 우리가 우리 자신을 그런 방식으로 행위 하도록 만든다. 우리는 합리적 선택이론에서 상정하는 어느 정도 자유롭게 선택하는 행위주체도 아니고 해석적 접근에서 상정하는 그것과 다른 행위주체도 아니다. 오히려 이러한 선택과 자유라는 바로 그 관념이 우리의 예속을 보증한다는 것이다.

데리다와 해체

탈구조주의의 가장 복잡한 철학자는 데리다이다. 그의 영향은 광범위하며, 아마도 철학과 문학연구의 모든 분야에서 가장 분명할 것이지만, 경제학과 인지심리학을 제외한 거의 모든 사회과학들에 대해서도 암묵적 또는 명시적인 영향을 미쳤다. 이제 학계에서는 '해체deconstruction'라는 용어가 상당히 일반적이지만 그의 철학의 정신은 흔히 그 용어보다 훨씬 더 분명하다.

데리다는 니체와 하이데거Martin Heidegger(실존주의자로 공통적으로 지목되는 또 다른 독일 철학자)의 전통에 가장 알맞게 위치한다. 그의 저작의 초점은 다시 언어 그리고 언어가 우리의 세계 및 경험과 연결되는 방식이다. 이 장에서 우리는 소쉬르에 대한 라캉의 해석과 라캉이 기표에 부여하는 우선성을 살펴보는 경로를 거쳤다. 그렇지만 라캉이 의미화 연쇄 ― 이런 표현이 괜찮다면 ― 를 따르는 기표들을 통한 지속적인 운동을 인식하면서도 또한 그 운동이 고정되는 지점이 있다고 주장했다는 것을 기억할 것이다. 데리다에 따르면, 고정된 지점이 없다. 그는 없음absence의 철학자이다. 우리가 제시한 것은 소쉬르에게는 방법론적 전략인 것이 데리다에게는 단지 형이상학적 가정이라고 부를 수 있는 것이 된다는 것이었다(물론 그는 틀림없이 그것을 부인할 것인데 그 까닭은 형이상학은 오직 다른 사람들이 저지르는 범죄이기 때문이다).

형이상학을 받아들이는 다른 사람들에는 서구 철학에 기여한 거의 모든 사람이 포함되며, 데리다가 비판하는 형이상학적 가정은 어떤 최종적인 있음presence ― 의미화되는 ― 이 있다는 가정이다. 다시 우리는 우리가 라캉에게서 보았던 생각, 즉 우리가 어떤 단어에 최종적인 의미를 제공하고자 할 때 우리는 기표들을 둘러싼 여행이라는 끝없는 (그리고 순환적인) 과제에 착수한다는 생각을 발견한다. 이것을 보여주는 한 방법으로 데리다는 몇 가지 개념들을 '삭제erasure' ― 즉, 개념을 기록하고 그것을 통하여 대문자 X를 제출하는 교란적인 습관 ― 아래에 놓는다. 의미는 늘 다른 어떤 곳elsewhere에 있는 것이지 우리가 사용하는 단어들 속에 있는 것이 아니다. 그것은 늘 없지만, 대부분의 철학자들은 현존하는present 의미를 상정하거나 추구한다.

데리다는 여러 철학자들이 두 수준에서 '있음'을 상정하는 과오를 범한다고 간주하고, 이들에 대한 일련의 비판을 발전시킨다(Derrida, 1973, 1976, 1978). 첫 번째 수준은 '**음성중심주의**phonocentrism'에 대한, 즉 글로 쓰인 단어보다 발화된 단어에 우위를 부여하는 것에 대한 비판이다. 소쉬르가 이런 과오를 범하는 것으로 간주된다. 말하기는 글쓰기는 할 수 없는 방식으로 자아 정체성이라는 인상이나 환상을 제공할 수 있다. 내가 말할 때 나는 나의 진정한 자아를 표현하고 있다고 생각할 수 있다는 것이다. 오로지 책상에 앉아 쓰고자 시도할 때에만 나는 내가 이야기하는 것에 대해 의문을 제기하기 시작한다. 강의실에 있는 학생이 내게, '음성중심주의'로 데리다가 무엇을 의미하는가를 묻는다면 나는 내가 충분하다고 느낄 수 있는 간단한 답, 예를 들어 '그는 쓰인 언어보다 말해진 언어에 우선성을 부여한다는 것을 의미한다'라는 답을 제시할 수 있다. 그렇지만 내 컴퓨터 화면을 보면서 그 개념을 정교화하고자 하면, 나는 이것이 그가 진정으로 의미하는 것인가를 질문하고 있다는 것을 깨닫게 된다. 글로 써진 언어가 말하기보다 역사적으로 앞서기 때문에, 또는 글로 써진 언어가 말하기보다 개념적 위계에서 더 높기 때문에, 그가 이렇게 말하고 있다고 할 수는 없는 것 아닌가(데리다는 바로 이러한 종류의 위계에 이의를 제기하고 있다는 점에서). 또는 그의 논증에서 약점을 발견했는가 등을 물을 수 있다.

두 번째 수준은 '이성중심성logocentricity'에 대한 비판, 즉 있음 — 단어가 가리키는 어떤 것, 어떤 확고하고 한정된 의미 — 에 대한 전면적인 믿음에 대한 비판이다. 이성중심적 사유는 지식의 기초를 찾거나(후설이 현상학적 환원에 의해 수행하는 것), 또는 지식의 목표를 찾는다(예를 들어, 사유의 발전은 역사의 종언, 즉 최종적인 총체화로 이어진다고 헤겔이 주장할 때 그가 실행하는 것). 그리고 이성중심적 사유는 또한 관념들을 위계 속에 조직할 수 있는 원칙을 찾는다. 데리다에 따르면 언어는 비유적이며, 우리는 비유에서 결코 자유로울 수 없다. 여기서 벗어날 길은 없다.

이제는 탈구조주의의 경계를 벗어나서 널리 사용되는 용어인 해체는 있음이라는 암묵적이거나 명시적인 관념에 대한 지속적인 질문과 분해 그리고 비유의 놀이, 즉 언어의 놀이에 대한 집중을 포함한다. 저자는 하나의 수단, 즉 비유들이 그 자체를 재생산하고 확장하는 수단이 된다. 그러므로 데리다의 저작을 설명하려는 여기서의 시도는 아마도 그것의 목표를 성취할 수 없을 것이다. 왜냐하면 엄밀히 말해 설명해야 할 저작이 없기 때문에, 그의 책 속에 순수한 의미가 존재하고 있고, (또는 그 어떤 사람이거나) 그것에 접근하는 통로를 얻을 수 있는 것이 아니기 때문에 그러하다. 내가 할 수 있는 것은 텍스트들의 서로에 대한 끝없는 놀이 속에 있는 그의 비유에 대한 비유를 만들어내는 것이 전부이다. 문학 비평에서 볼 수 있는 특징적으로 데리다적인 관념은 '상호텍스트성intertextuality'이라는 관념이다. 즉, 서로에 관해 그리고 서로의 위에 쓰이는 문학 텍스트들은 그것들 사이에서 지속적인 상호침투라는 것이다. 소설이나 철학체계나 심지어 과학이론에 하나의 의미 또는 한 묶음의 의미가 있는 것은 아니다. 우리는 원하면 우리의 컴퓨터 설명서를 시로 읽을 수 있다. 고인이 된 사럽Madan Sarup은 다른 사람들과 마찬가지로 이 모든 것을, 해체에 의해 '동일성에서 차이성으로, 통일성에서 파편화로, 존재론에서 언어철학으로, 인식론에서 수사학으로, 있음에서 없음으로의' 전환이 일어났다고 요약한다(Sarup, 1993: 59).

탈근대주의: 철학의 상실

탈구조주의는 우리를 없음, 차이, 파편화, 수사학 등의 낯선 장소에 남겨둔다. 이것의 어느 것도 지식 — 우리가 이 책에서 지금까지 고찰한 다른 모든 철학자의 그리고 다른 모든 철학적 입장의 관심사인 — 과 관련을 갖지 않는다. 그렇지만 웨스트David West는 푸코와 데리다의 작업에는 여전히 어느 정도의 모호함이 있다고 제시한다. 그 두 사람은 여전히 그들이 비판하는 전통과 연결되어 있으며, 특히 데리다는 그것을 벗어나는 것이 불가능함을 알고 있었다. 웨스트는 베케트Samuel Beckett의 소설 『이름 붙일 수 없는 자The Unnamable』의 마지막 구절을 인용하는 것으로 데리다를 가장 잘 요약할 수 있다고 제시한다. 서구 철학은 '계속할 수 없다, 계속해야 한다'(West, 1996; Beckett, 1965). 이것은 아도르노가 인식했었을, 그리고 그가 말년에 보여준 그 자신의 입장에서 아마도 멀리 떨어지지 않은 역설이다.

탈근대주의는 이것보다 더 멀리 나아가며, 지식의 기초를 찾거나 확립하려는 시도를 모두 포기한다. 그러므로 우리가 그것을 도대체 철학으로 보아야 할 것인가를 질문할 수 있다. 이러한 입장들은 후기 자본주의나 후기 근대성이나 탈근대성의 중요 부분으로 보이는 급속한 사회 변동에 대한 분석에서 발전했기 때문에, 그것들을 현대의 지식사회학으로 간주해야 한다는 주장도 가능하다. 현대 서구 사회들을 규정하는 이들 세 가지 개념은 상이한 함의를 담고 있지만, 그것들이 상호배타적인 것은 아니다. '후기 자본주의'라는 용어는 19세기 사회들과의 연속성에, 즉 현대의 지구화를 자본주의적 생산관계의 가장 근래의 표출로 이해할 수 있는 방식에 주목한다. 실제로, 탈근대주의를 후기 자본주의의 이데올로기로 간주하는 것이 가장 적절하다는 주장이 있으며(Harvey, 1990; Jameson, 1991), 이 주장은 뒤에서 다시 살펴볼 것이다.

탈근대주의 이론가로서 보드리야르와 리오타르가 철학적으로 중요하다고 할 수 있는 것을 가지고 있다. 둘 모두 전(前) 마르크스주의자ex-Marxists이며, 보드리야르는 리오타르 — 여기서 먼저 다루고자 하는 — 보다 더 분명하게 마르크스주의에서 발전한 것으로 이해할 수 있다. 둘 모두 경험의 세계를 분쇄하는 급진적 사회 변동의 관념을 가지고 작업하며(탈근대주의는 사회과학만큼이나 예술과 인문학에도 관련을 갖는다는 점을 상기할 것), 정신분열증과 혼성

모방을 탈근대주의적 비유로 선호한다고 자주 지적된다. 분명한 것은 없으며, 판별해내기에 충분할 만큼 오래 정지해 있는 것도 없고, 그 어떤 과학적 의미에서의 지식이나 그 어떤 총체화의 의미에서의 철학 같은 것도 없다. 합리적 사유는 있을 수 있지만, 그것이 비합리적인 것에 대해 우위를 갖는 것은 아니며, 결국 그것은 비합리적인 것 속으로 합병된다. 우리가 볼 것처럼, 합리적으로 사유하고자 하는 시도는 흔히 정치적 억압과 동일시된다.

리오타르에 따르면, 이러한 변동을 가져오는 것은 정보의 급속한 성장이다. 권력은 이제 자본의 소유가 아니라 정보나 지식의 소유에서 나오며, 이용가능한 지식이 매우 많기 때문에 우리는 더 이상 어떤 한 사람이 진리를 소유하고 있다고 주장할 수 없다. 그는 우리가 해석적 사회학에 관한 장들에서 살펴본 개념들, 즉 비트겐슈타인의 '언어게임' 개념과 '서사' 개념에 의지하여, 중첩적인 게임들과 서사들 — 이동하는 초점을 가지고 있어서, 모든 서사들과 게임들을 그것 속으로 번역할 수 있는 하나의 '거대서사grand narrative' 또는 '메타서사meta-narrative'를 발견하는 것은 불가능한 — 의 세계를 조명한다. 그의 주요 저작인 『탈근대의 조건The Postmodern Condition』(Lyotard, 1984)은 객체들이나 구조들의 세계가 아니라 유동적, 그리고 언어적 실재 사유reality thought — 우리가 한 언어 게임에서 다른 언어게임으로 이동하는 — 를 조명한다. 자본주의 시장의 효과에 대한 마르크스의 서술 — '견고한 모든 것이 공중으로 녹아 사라진다' — 이 이제는 전체 실재를 서술하는 것과 마찬가지이다. 그렇지만 비트겐슈타인과 마르크스를 논의하면서 내가 제시한 것처럼, 철학(또는 다른 모든 것)의 종언에 대한 확고한 선언은 그것과 함께, 이른바 종언을 고했다고 하는 아주 많은 것들을 동반한다.

보드리야르(Baudrillard, 1985)는 결코 많은 것을 동반하지 않는다. 그의 뿌리는 마르크스주의와, 제2차 세계대전 이후 수십 년 동안 유행했던 소비자본주의(생산에 기초한 자본주의를 대체하는) 이론에 있다. 그런데, 보드리야르에 따르면, 탈근대 사회는 생산보다 훨씬 앞에 나아가 있다. 이제 중요한 것은 재생산이다. 우리는 실재 객체를 복사하는 것(르네상스 시대)에서 실재 객체를 재생산하는 것(소비자본주의)으로, 복사과정 자체를 재생산하는 것으로 이동했다. 이것은 우리를 **초실재**hyperreal로, 즉 진정한 탈근대로 데려간다. 우리는 이미지들의 세계, 복사물들의 세계에 살고 있으며, 이 세계는 실재적인 것 – 그것이 무엇이거나 – 을, 진리 및 안정성을 암시할 수 있는 다른 모든 것들과 함께 저 뒤에 남겨두고 있다. 오로지 남겨진 표면적 외양만 있을 뿐 기저의 실재는 없다. 보드리야르는 '걸프전Gulf War은 실제로 일어난 것이 아니다'라는 그의 논평으로 유명하다, 아니 악명 높다. 그것은 분명히, 자신이 죽었다고 생각하는 이라크 사람들에게는 아주 큰 위안이었을 것이다. 이것의 심리학적 등가물은 게르겐의 저작이다(Gergen, 1991). 그는 탈근대적 정체성들이 무한하게 유동적이라고, 우리는 우리가 원하는 것이면 무엇이나 될 수 있다고 주장한다.

탈구조주의와 탈근대주의의 정치학

이 두 가지 접근을 철학적 관점에서 검토하기에 앞서, 우리는 이 접근과 결합한 정치적 입장을 살펴볼 것이다. 실재 – 주로 언어적이거나 상징적인 것으로 보이는 – 의 운동, 유동성 그리고 역설적인 복합성을 강조하는 이론들에 따르면, 이들이 일련의 정치적 입장과 결합할 수 있다는 것은 놀랍지 않다.

두 입장 모두 계몽, 합리성, 과학을 위계와 억압의 표현으로 간주한다. 두 입장을 가장 단순한 형태로 나타내면, 한쪽의 과학, 지식, 합리성, 있음, 동일성, 위계, 지배, 백인 유럽 남성과 다른 쪽의 해체, 없음, 차이, 여성, 소수자, (과거) 식민지 민중이 대치하고 있다. 이것은 분명히 여러 입장을 지나치게 단순화한 것이다. 특히 민족해방운동의 형성으로, 그리고 흔히 식민지 민중의 승리로 이어진 담론들과 여성주의 및 인종평등을 위한 운동을 발생시킨 담론들이 계몽주의의 합리적 담론이었다는 점을 상기할 때 그러하다.

차이를 찬양하는 형태의 탈구조주의는 다문화주의, 즉 일종의 정치적 상대주의나 우리가 앞에서 윈치의 저작에 연결했던 것과 유사한 그러나 최종적인 분석에서는 윈치가 피하고자 애썼던 입장 — 즉, 우리는 상이한 문화들 사이의 좋고 나쁨을 판단할 수 없으며, 오직 차이를 즐겨야 한다는 — 으로 이어질 수 있다. 그렇지만 그러한 즐김을 독일의 국가사회주의(나치)의 문화나 여성할례를 실행하는 사회의 문화에까지 확장할 수 있는가는 또 다른 문제이다. 논의대상이 될 '있음'이 없다면, 진리가 없다면, 도덕이 없다면 우리가 어떻게 홀로코스트를, 또는 여성이나 소수인종 억압을 비난할 수 있는가를 알기는 어렵다. 우리가 탈근대주의 혹은 탈구조주의의 진리나 도덕 개념을 받아들인다면, 우리는 우리가 비난하는 위계체계가 우리가 제안하는 그것보다 더 나쁘다거나 더 억압적이라고 주장할 수 없고, 단지 그것들이 다를 뿐이라고 할 수밖에 없는 역설적인 결론에 도달할 것이다.

차이를 찬양하는 주장에 대해서는, 또한 제2차 세계대전 종전 이후 유럽의 정치에서 발전한 또 다른 형태의 좌파 자유주의라고, 즉 상호관용을 옹호하는 진통제 같은 주장이라고, 비록 많은 탈근대주의자들은 이것에 만족하지 않겠지만, 해석할 수 있다.

끝으로 프랑크푸르트학파, 특히 아도르노의 후기 저작과 연결할 수 있는 비판적인 탈근대주의가 있다. 지식과 진리에 대한 주장의 항구적인 해체는 긍정적인 것the positive에 대한 비판으로, 지배에 대한 비판으로 볼 수 있으며, 메타서사에 대한 거부는 총체화하는 이론 및 이것과 전체주의와의 결합에 대한 아도르노의 거부와 동등한 것으로 볼 수 있다. 그러나 그것은 비판이론의 변증법적 이성의 단지 한 측면일 뿐이며, 이 때문에 우리는 그러한 입장에 관한 철학적 논의로 옮겨 간다.

우리는 '탈'을 가지고 무엇을 하는가?

탈구조주의와 탈근대주의에 대한 가장 지적인 철학적 비판은 하버마스 (Habermas, 1990)가 제공하며, 우리가 여기서 이야기하는 것도 대부분 그의 주장에 대한 주석이다. 제1장에서 우리는 철학사상의 양대 주류 학파 모두 사회의 급진민주적 재조직을 시사한다고 제시했다. 하버마스는 이것을 계몽 사상의 해방의 기획이라고 부른다. 프랑크푸르트학파의 선배들과 마찬가지로 그도 이 기획이 그 반대물로 바뀔 수 있다는 것을 알고 있지만, 그의 저작의 주된 흐름은 지배를 향한 경향을 비판하는 것이 아니라 해방의 기획을 **끝나지 않은 기획**으로 강조하는 것이었다. 하버마스는 양 측면을 결합하고 계몽을 끝나지 않은 기획으로 보고자 하는 반면, 이 장에서 논의한 사상가들은 이것을 포기한 것으로 보인다.

방대하고 복잡한 사상체를 포기하고자 하는 시도가 갖는 문제는 그것을 실행할 수 없다는 것이다. 우리는 무(無)에서 새로운 사상을 생각해낼 수 없으며, 그러므로 계몽에 대한 비판은 오직 계몽 안에서만 나올 수 있고 계몽의 원칙에만 기초할 수 있다. 예를 들어 이 장에서 논의한 사상가들 모두가 그들 자신의 입장을 **옹호한다.** 달리 말하면 그들은 **이성**을, 즉 그들 자신이 비판하고 있는 바로 그 이성을 채용하며, 그러므로 그들은 그들이 비판하고 있는 전통 안에 아주 확고하게 위치한다. 게다가 그들의 일부가 옹호하는 급진정치, 즉 민주주의, 관용, 다문화주의, 양성평등의 개념, 이 모든 것은 그들이 비판하는 전통 안에서 옹호할 수 있으며, 많은 경우 이런 이상은 이 전통에서 발생했다.

변증법적 사유의 과정은, 있음에 관해 사유하지 않고서는 또한 우리가 없음에 관해 사유할 수 없다는 것, 그 자체의 가능성을 불합리하게 부인하는 메타서사를 상정하는 것에 의하지 않고서는 메타서사의 존재를 논박할 수 없다는 것을 알려준다. 바로 그 사유과정이 대상들을 연결하고 그것들의 서로에 대한 관계를 탐구하는 쪽으로 움직이며, 결국에는 대상들의 총체성을 파악하는 쪽으로 움직인다. 이 책의 맥락에서 사유는 우리를 외부의 객체들의 세계에서, 즉 자연과학에서 인간의 의식과 사유의 여러 수준으로 그리고 이것을 거쳐서 기저의 사회구조라는 관념으로 데려간다. 이 장에서 논의한 사상가들은 이러한 모든 것들을 사용하여, 이러한 것들이 그다지 적합성을 갖지 않는 공간 속으로 그들 자신을 출범시킨다. 그러나 출발점을 살펴보고 그들을 온전한 과정으로 되돌려놓는 것도 가능하다.

도약의 지점은 소쉬르가 언어를 과학적 탐구의 대상으로 확립한 방법론적 조치, 즉 언어가 지시체를 갖는다는 생각의 포기이다. 그런데 기호들은 기호들 사이의 관계에서 그 의미를 획득한다는 것, **그리고** 기호들은 그것들 외부의 어떤 것을 가리킨다는 것 둘 모두를 인정하는 것도 가능하다. 이것을 부인하는 것은 삶 자체를 가능하게 만드는 일상의 경험을 부인하는 것이다. '음식'이라는 단어가 우리가 먹는 것에 부여하는 협약적인 호칭이라는 것, 그리고 그 단어의 의미는 그것이 속한 기호들의 협약체계에 의해 정의된다는 것은 의심의 여지가 없다. 또한 그 단어가, 부엌에 있으며 사람이 살아가는 데 없어서는 안 되는 실재하는 빵과 치즈(와 그 밖의 것들)를 가리킨다는 사실도 의심의 여지가 없다. 이것들은 서로 배타적인 가능성들이 아니다.

우리는 여기서 언어를 사용하는 두 가지(아마도 여러 가지 중의 두 가지) 방식, 즉 도구적 방식과 시적(詩的) 방식에 관해 이야기하고 있다고 할 수 있다. 우리 집 보일러와 함께 오는 설명서는 도구적 언어로 써 있다. 그 설명서를 다시 시로 읽을 수 있지만, 그것이 오래갈 수 있는 가치를 가진 시라고 하기는 어려울 것이며, 그것을 시로 읽는다면 보일러가 고장 났을 때에는 쓸모가 없을 것이다. 반면 우리는 『로미오와 줄리엣』을 우리가 사랑할 때 어떻게 행동해야 하는가에 관한 일련의 설명서로 읽을 수 있지만, 그것은 우리를 바보처럼 보이게 하거나 죽음으로 몰고 갈 것이다. 그렇지만 언어의 두 가지 용법은 인간 실존에 필수적인 부분이다. 언어의 일부 용법은, 특히 일부 철학자들의 용법은 이 두 가지를 상당히 평등한 방식으로 조합한다.

탈구조주의자와 탈근대주의자에 대해 진리, 아름다움, 지식 등을 부인하면서 서구세계에서의 현대적 경험의 특정한 차원을 파악하고 있다는 평가도 가능하다. 사회 변동에 대한 리오타르와 보드리야르의 서술은 철저한 것은 아니지만, 붕괴하고 있다는 느낌, 변화의 속도에서 생기는 현기증의 느낌, 통제불능의 느낌, 그리고 단절의 느낌 ― 그들의 저작은 이것을 이론적으로 정식화하고 있다 ― 을 생산하고 있다. 그렇지만 그것들은 그러한 경험을 생산하는 사회의 심층적인 구조적 변동에 대해서는 파악하지 않고 있으며 또한 파악할 수도 없다. 그것들이 현대의 실재의 단지 부분만을 파악한다는 의미에서 우리는 그것들을 철학적 이데올로기들로 볼 수 있다.

더 읽을 거리

제임슨Frederic Jameson의 『언어의 감옥The Prison House of Language』(Jameson, 1972)은 여전히 구조주의에 대한 최고의 소개서이다. 탈구조주의와 탈근대주의의 발전에 대해서는 사럽의 『탈구조주의와 탈근대주의의 안내Introductory Guide to Post-Structuralism and Post-Modernism』를 볼 것. 또한 웨스트의 『현대철학의 소개An Introduction to Contemporary Philosophy』(West, 1996: 제6장, 제7장)와 크레이브의 『근대사회이론Modern Social Theory』(Craib, 1992: 제8~10장)도 볼 것.

초기의 구조주의 문헌으로는 소쉬르 『일반 언어학 강의Course in General Linguistics』(Saussure, 1959), 바르트Roland Barthes『의미론 기초Elements of Semiology』(Barthes, 1967)와 레비-스트로스『구조인류학Structural Anthropology』(Levi-Strauss, 1968)을 볼 것.

이해하기 쉬운 탈구조주의 또는 탈근대주의 문헌은 없지만, 가장 접근하기 쉬운 것으로는 푸코의 『감시과 처벌Discipline and Punish』(Foucault, 1977)과 『성의 역사History of Sexuality』 제1권(Foucault, 1978a), 그리고 리오타르의 『탈근대의 조건』(Lyotard, 1984)이 있다. 용기가 있다면 보드리야르의 『생산의 거울The Mirror of Production』(Baudrillard, 1985)과 데리다의 『서기법학에 관해On Grammatology』(Derrida, 1973)도 읽기를 시도할 것.

후기

극단적인 형태의 탈구조주의적·탈근대주의적 회의주의의 직접적 영향력은 근래 쇠퇴하고 있지만, 그것들의 유산은 언어와 문화에 초점을 맞추는 연구와 사회문제에 대한 '구성주의적' 접근의 형태로 강하게 남아 있다. 이 책의 초판은 '탈' 가운데 중요하고 여전히 영향력 있는 한 흐름을 다루지 않았다. 라클라우와 무페(Laclau and Mouffe, 1985)가 선도한 '탈마르크스주의'의 흐름이 그것이다. 그 흐름은 일차적으로 사회이론 및 실질적 연구에 대한 새로운 접근으로 제시되지만, 분명히 철학적 기초를 가지고 있다. 바스카와 라클라우 사이의 논쟁(Laclau and Bhaskar, 1998)은 이 점을 어느 정도 탐구하고 있지만, 유용한 자세한 논의는 글리노스와 하워스(Glynos and Howarth, 2007)에서 볼 수 있다. 이 책의 '근래의 발전에 대한 논평'에서도 이것에 대한 평가와 비판적 토론을 제시하고 있다.

11
결론
철학을 옹호하며

이 책에서 우리는 다수의 상이한, 그러나 자주 관련되는 철학적 입장들을 상술했고, 우리 자신의 여러 입장을 주장했다. 이제 이러한 입장들과 주장들을, 미진한 부분을 다듬고 우리가 제시하고자 하는 가장 중요한 점을 강조하는(우리는 그러길 희망한다) 방식으로 되돌아볼 시간이다. 먼저, 철학적 논증의 가치에 관해 매우 일반적인 사항을 지적하는 것이 중요할 것이다. 현대 철학자인 테일러는 현대의 자아개념에 관한 그의 저작에서, 근대세계에서 도구적 사유의 지배 증가를 지적하고 있는데, 우리가 이 책에서 제시한 철학적 논의에서 배울 수 있는 한 가지는 지적인 삶에는 단순한 도구성 이상의 것이 있다는 것이다. 우리는 어떤 것을 수행하는, 즉 어떤 실천적인 목적을 성취하는 가장 효율적인 방법을 찾아내기 위해서만 사물에 관해 논의하는 것은 아니다. 우리는 또한 가치, '선(善)'이나 바람직한 삶의 방식이라고 할 수 있는 것에 관해 논의한다. 우리가 아도르노나 가다머나 매킨타이어에게서 찾아낼 수 있는 세계를 바라보는 방식을 선택하고, 그것을 더 엄격한 평태의 합리적 선택이론과 비교한다면, 우리가 무엇에 관해 이야기하고 있는가를 알 수 있을 것이다.

우리가 여기서 탐구한 논증들은 특별한 가치들을 담고 있다. 하나는 과학적·철학적 탐구 ─ 자연과학이나 사회과학에서 ─ 의 복잡성에 대한 존중이다. 사회과학은 자연과학과 조금도 유사하지 않다고 말하는 것은 사회과학과 자연과학이 어떤 공통점을 갖는지, 그리고 어디에 차이점이 있는지를 질문하는 것보다 훨씬 쉽다. 자연과학과 사회과학 둘 모두에 관해 협약주의적 입장을 채택하고, 논증과 증거로 우리의 견해를 뒷받침하는 것에 관해 고려하는 일을 회피하기는 아주 쉽다. 사람들이 우리에게 말하는 것을 어떻게 해석하며 어떻게 이해하는가를 질문하지 않고 해석주의적 또는 현상학적 입장을 채택하기는 너무 쉽다. 우리는 그들이 말하는 것을 당연한 것으로 받아들여야 하는가? 우리는 그들의 진술을 더 넓은 맥락 속에 위치시켜야 하는가? 그리고 사회적 실재의 성질에 관한 난해한 존재론적 질문을 제기하지 않고 해석주의적 입장을 채택하기는 아주 쉽다. 이것의 메시지는 사유 그 자체에, 우리가 사용하는 관념들에, 그리고 우리가 연구하는 세계의 미묘함과 깊이와 역설들을 인식하는 것에, 그것들에 대한 명확한 답이 없기 때문에 난해한 쟁점들을 피하지 않는 것에 가치가 있다는 것이다.

　우리는 사회과학들에 대한 복잡한 그림을 분명히 집합적으로 제시했지만, 또한 우리는 개별적으로도 마찬가지로 주장할 것이다. 사회과학들은 상이한 방법들, 상이한 지식 형태들, 상이한 지식판단 기준들을 가지고 작업한다. 더 중요한 것은 사회세계 자체가, 어느 한 사회과학분과의 영역에 쉽게 속하지 않는 다수의 상이한 대상들을 포함하는 복잡한 것이라는 사실이다. 경제학, 역사학, 사회학, 사회심리학, 심리학 등은 모두 상이한 시각에서 그리고 상이한 목표를 고려하면서 인간들 사이의 상호작용을 연구한다. 인간은 또한 생물학과 그 밖의 자연과학들 ─ 사회세계에 대한 그것들 자체의 지식을 생산하는 ─ 의 대상이기도 하다.

　제2장과 제3장에서 우리는 자연과학에 대한 실증주의적 접근을 상술하고,

그러한 접근을 사회과학자가 사용하는 방식 — 뒤르켐은 고전적인 사례이다 — 을 검토했다. 이러한 종류의 탐구의 실행을 무시하기는 어려울 것이다. 그것은 사회에서 진행되고 있는 것들을 발견해내는 방식들의 하나이다(물론 그것이 사회에서 진행되고 있는 일을 반드시 설명하는 것은 아니지만). 역사적으로 그러한 연구들은 정치개혁과 사회문제의 개선에서 중요한 안내자였으며, 실증주의의 노선을 따라 조직된 사회연구가 수행할 역할은 여전히 존재한다.

우리가 제3장과 제4장에서 검토한 실증주의 비판은 실증주의적 탐구가 무의미한 것이라거나 그 탐구가 생산하는 지식이 상당히 그릇된 것이라는 결론으로 나아가는 것이 아니다. 오히려 그 비판은 그 탐구가 생산하는 정보를 설명할 때 우리가 조심해야 한다는 것을 의미한다. 예를 들어, 영국사회에서 성과 정신질환 사이의 연관을 드러내는 탐구 — 여성은 우울증에 걸리는 경향이 크고 남성은 분열증에 걸리는 경향이 크다 — 를 남성과 여성에게서 다르게 나타나는 정신질환의 생물학적 원인을 찾아내는 것으로 취급하는 것은 부적절하다. 그 정보는 출발점이다. 모든 여성이 우울증에 걸리는 것이 아니고 모든 남성이 분열증에 걸리는 것이 아니며, 그러므로 고려해야 하는 심리학적 변수들이 있을 수 있다. 남성과 여성이 불행에 대처하는 방식에서 문화적 차이가 있을 수 있으며, 불행한 남성과 여성을 그들의 가족과 의료인 및 그 밖의 돌봄 전문가들이 인식하는 방식에서 문화적 차이가 있을 수 있다. 달리 말하면, 실증주의에 기초한 연구에서 우리가 알아내는 것에 대한 탐구는 우리를 해석주의적 이론화로 인도하지만, 실증주의적 연구가 없다면 우리는 생각해볼 대상이 없게 된다. 물론 우리는 우리에게 해석적 이론화의 적합성에 대한 안내물을 제공할 수 있는 다른 연구를 설계할 수도 있다.

쟁점을 흑과 백의 이분법으로 보는 것을 피하는 것은 늘 중요하다. 자연과학은 언제 어디서나 어느 정도는 절대적으로, 그리고 확실하게 참인 지식을 생산한다고 생각하는 경향이 아마도 학생들과 대부분의 대중들 사이에 여전히 존재하는 듯하다. 불행하게도 일부 자연과학자들도 그런 가정을 공유하는 것으로 보이지만, 우리가 경청할 만한 자연과학자들 중에는 자신이 제안하는 것에 대해 그러한 절대적 지위를 주장할 사람이 없을 것이다. 지식은 자연과학자가 생산했거나 사회과학자가 생산했거나 간에 항상 잠정적이며, 늘 더 질문하고 더 탐구할 것을 포함하고 있다.

과학적 지식은, 어떤 의미에서도 최종적이거나 절대적인 것이 아니라는 것 그리고 주위의 문화의 가치들에 영향 받는다는 것을 입증할 수 있기 때문에, 세계를 바라보는 다른 방식들과 아무런 차이도 없는 것이라고 생각하는 사람들이 이제는, 특히 사회학자들 사이에, 많이 있다. 이러한 견해의 일부 세련된 형태는 제4장에서 검토했으며, 우리는 거기서 모든 것을 담론이나 문화 속에 집어넣을 수 없는 명백한 사례가 있다고 주장했다. 우리의 현대 문화는 자연세계에 대한 그 자체의 견해를 가지고 있지만, 그 자연세계는 그것에 대한 우리의 견해에 독립해서 존재한다. 뉴턴 이전에도 중력의 법칙은 존재했으며, 미래에 어떤 이상한 새로운 질병에 의해 인류 전체가 갑자기 사라진다고 하더라도 여전히 존재할 것이다.

우리는 이런 종류의 쟁점을 지금은 비판적 실재론의 발전 속에서, 즉 지식의 자동적 차원과 타동적 차원을 구분하는 식의 전제가정 위에서 가장 잘 이해할 수 있다고 주장했다. 과학활동이 존재한다는 사실은 **자동적** 실재, 즉 우리의 견해에서 독립된 여러 수준의 실재들이 존재한다는 것을 함축하며 또한 **타동적** 영역, 즉 협약주의자들이 지적하듯 과학적 탐구와 설명의 성질에 영향을 미치는 문화적 영역이 있음을 함축한다. 사회과학에서 협약주의적·구성주의적 주장의 지배의 증가라고 볼 수 있는 것을 고려하면, 아마도 이것은 여기서 우리가 지적해야 할 가장 중요한 요점의 하나일 것이다. 중요한 것은, 그것이 어떤 한 학문분과나 과학의 경험적 탐구에 의존하는 것이 아니라 과학자들이 수행하는 것에 대한 성찰을 통하여 제시할 실질적인 철학적 논증에 의존하는 요점이라는 것이다.

제5장에서 우리가 해석적 전통으로 옮겨 갈 때 우리는 이 전통을 자연과학에 대한 철학으로서 실증주의의 적합성 또는 부적합성이 무엇이든, 사회과학은 자연과학과 다르다는 입장을 유지하는 것으로 제시했다. 이것은 학생들에게 사회과학을 제시하는 일반적인 방식이며 절반은 진실이지만, 우리가 발전시킨 종류의 비판과 그들 자신의 논증의 논리를 고려하면 이해에는 문화적 또는 담론적 차원 이상의 것이 작용한다는 것이 분명해졌을 것이다. 도구적 합리성을 채용하고 있다고 우리가 제시한 이론가들은 실재하는 외부 세계, 우리의 개념에 대해 독립적인 세계의 존재를 암시한다. 즉, 상식 수준에서 저기에 세계가 있다고 생각한다. 실용주의자들에 따르면, 예를 들어, 우리는 지식에 대해, 우리가 세계 속에서 어떤 목표를 성취하고자 할 때 그 지식이 효과를 낳는다면 참이라고 인정한다. 의미와 인과적 적합성에 대한 베버의 구분은 사회과학에 설명의 일관성과 문화적 승인 이상의 것이 있다는 것을 나타낸다. 현상학자들은 의식에 의해 생산되는 것이 아니라 의식에 의해 작동하는 기본적인 감각 경험에서 시작한다.

우리가 더 정교한 해석학적 접근 ― 지식의 기초로서 문화나 전통이나 공동체의 권위를 호출하는 ― 으로 나아갈 때 우리는 자연과학의 관심에서 훨씬 더 멀리 벗어나게 되며 더 쉽게 모든 지식을 담론의 생산물로 볼 수도 있다. 그렇지만 여기에서조차 이러한 접근은 문제점 또는 함의를 가지고 있으며, 이런 사실은 훨씬 더 많은 것을 고려해야 한다는 걸 나타낸다. 예를 들어 윈치는 출생, 사망, 성적 관계를 문화들 사이의 접촉점들로 찾아내는데, 이것은 초문화적 지식 영역을 구축하는 것이 가능하다는 점을 보여주며, 그의 목록에 우리가 생산 양식을 첨가한다면 이 점은 더욱 그렇게 될 것이다. 우리가, 예를 들어 아잔데 부족은 그 문화 속에 사는 구성원들의 개인적 삶에 일관성 있는 정체성들을 제공하는 데서 훨씬 뛰어난 반면 서구 사회는 물리적 세계를 이해하고 통제하는 데서 훨씬 뛰어나다는 테일러의 주장을, 그리고 윈치 자신의 암시를 받아들인다면, 원칙적으로 이러한 판단을 내릴 수 있는 공유하는 표준이 있어야 한다. 그리고 이러한 공유한 표준은 이 책에서 제기한 모든 쟁점들을 해결해야 할 것이다.

가다머의 해석학과 변증법적 사유는 세계와 지식의 성질에 관한 동의에 도달할 때까지 논증하는 것이 가능하다고 일반적으로 주장하는데, 우리는 이것을 조금 뒤에서 다시 논의할 것이다. 우선 이런 입장에는 또 다른 함의가 있다. 우리는 베버와 실용주의자들과 합리적 선택이론의 개인주의적 주장을 살펴보는 것을 통하여 그 입장에 다가갔다. 그렇지만 베버를 제외하고는 그들은 모두 개인의 위에, 개인 너머에 무엇인가가, 즉 문화나 전통 또는 공동체 — 가다머의 경우 이것과의 관계에서 개인은 근본적으로 중요하지 않다 — 가 존재함을 암시한다. 그렇지만 제3의 영역이 있는데, 이것은 19세기 이래 사회학자들이 다뤄왔고 우리가 사회학에서의 실증주의에 대한 논의에서 이미 다룬 것이다. '사회적 사실', 또는 다른 견해에서 말하는 '사회' 또는 '사회구조'가 그것인데, 이것은 문화와 같이 개인의 위에, 개인 너머에 있지만 문화와 달리 언어나 관념의 사안은 아니다. 콩트와 뒤르켐의 실증주의는, 그리고 마르크스 저작의 도구주의적 측면은 그러한 영역의 존재를 판별하는 데 필수적이라고 할 수 있는데, 우리는 그것을 제7장에서 비판이론과 하버마스 저작의 후기 발전을 살펴보면서 다뤘다. 하버마스는 우리가 개략적으로 문화의 영역이라고 말할 수 있는, 즉 한 사회의 구성원들이 공유하며 어느 정도의 자유를 가지고 함께 작동하는 세계에 관한 사유방식 및 가치의 영역과, 사회체게, 즉 도구적 합리성에 의지하는 사회구조 사이의 모순과 투쟁을 찾아낸다.

사실상 하버마스는 자연과학과 사회과학 사이의 관계에 관해 복잡하고 미묘한 사유방식을 제시하는데, 각각의 과학은 다양한 인지적 관심에 근원을 두고 있지만 여러 점에서 서로 겹쳐진다. 사회과학의 일부 측면은 자연과학과 유사할 것이며, 자연과학도 당연히 사회과학이 연결되는 것과 동일한 문화에 연결될 것이다. 그렇지만 그는 앞서 진행한 작업 위에 구축된 다양한 영역들의 존재를 상정한다. 문화와 구별되는 '사회'라는 개념에 대한 가장 엄격한 철학적 보증은 비판적 실재론에서 찾을 수 있다.

우리는 이미 지식의 자동적 차원과 타동적 차원의 구분을 언급했다. 비판적 실재론은 또한 사회세계에 다양한 유형의 존재들이 있다는 것을 이야기한다. 이런 표현이 괜찮다면, 사회세계에 대한 '다채로운variegated' 존재론이 있을 것이다. 사회세계는 한 가지 유형의 사물로 구성되는 것이 아니며, 다수의 상이한 층위들이 있다. 세계에 있는 것을 우리가 다 볼 수는 없다. 하지만 대부분의 해석주의적 접근은 우리가 보는 것이 곧 우리가 알아내는 것이라고 주장한다.

제1장에서 우리는 철학과 정치 사이의 친밀한 연관에 관해 이야기했다. 이것은 우리의 논의 과정의 여러 곳에서 등장했다. 비판이론과 비판적 실재론은 도덕적·정치적 주장에 기초를, 각각 옹호하고자 하는 기초는 상이하더라도, 제공할 수 있다고 주장한다. 비판적 실재론은 사회세계에 대한 우리의 지식이 확고할수록 우리가 발전시킬 수 있는 도덕적·정치적 주장도 확고하다고 주장하는 점에서 경험주의적 전통의 급진적 추동력에 접근해 있다. 비판이론은 이러저러한 형태의 합리성 이념 자체를 도덕적 주장의 기초로 사용한다. 비판적 실재론은 존재에 더 뿌리를 두고 있고 비판이론은 당위에 더 뿌리를 두고 있다고 이야기할 수 있지만, 양쪽 모두 사회과학은 어떤 식으로든 비판적인 것이라고 간주한다.

사회과학은 정치적인 것이라고 주장하는 또 다른 방식은 특정 사회집단의 이익을 대변하는 지식에 기초를 두고 있다. 마르크스주의자인 루카치는 노동자계급이 그 계급의 사회적 위치와 이해관계의 보편성 때문에 더 우월한 지식을 발전시킬 수 있다고 주장했고, 20세기 전반기에는 사회학자인 만하임(Mannheim, 1936)이 '자유부동의 지식인free floating intellectuals'에 대해 동일한 주장을 했다. 이 책 제9장에서는 일부 현대 여성주의자들의 비슷한 주장을 논의했다. 분명히 사회과학은 일부 집단 ─ 여성, 인종적·성적 소수자 등 ─ 의 관심사를 은폐하거나 무시할 수 있으며, 사회과학이 그들 자신의 삶에 대한 그들의 경험과 지식을 고려해야 한다는 것이 중요하다. 단순히 그 지식이 특정 집단에서 나왔다는 것을 근거로 그것을 더 우월한 지식으로 취급할 수 없는 것과 마찬가지로, 그 집단에서 나왔다는 이유로 그 지식을 경시하는 것도 옳지 않다. 이들 집단에서 나온 경험과 생각을 우리가 아는 것에 관한, 그리고 우리가 그것을 어떻게 아는가에 관한 논의에 포함시켜야 한다.

이 논쟁의 의미는 이 책의 가장 중요한 메시지일 것이며, 우리를 탈구조주의와 탈근대주의가 보여주는 모호한 정치와 철학에 대한 모호한 태도로 데려간다. 철학에 대한 데리다의 태도에 대한 웨스트의 진술 ─ '계속할 수 없다, 계속해야 한다' ─ 은 우리가 보기에 아주 정확하다. 데리다는 자신이 그것의 전제가정을 비판하는 논쟁에 참여하는데, 이것은 자신에게는 발이 없다고 부인하면서 길을 걷는 사람과 매우 흡사하다. 탈구조주의의 여러 가지 역설 중의 하나는 철학적 쟁점에 대한 많은 학도들의 관심을 부활시키고 현대 철학에서 매우 흥미로운 논쟁의 하나인 하버마스와의 논쟁을 촉발한 점이다. 그렇지만 일부 탈근대주의자들의 태도는 더 혼란스럽다. 그들은 철학자이기보다는 사회학자나 사회심리학자라고 할 수 있는데, 이 책에서 다룬 종류의 철학적 논증이 더 이상 적합하지 않다고 주장하는 경향을 보인다. 그것은 논증에 요점이 없다는 주장을 포함하는데, 이것은 자기 논박적인 입장이다. 철학자 데리다는 자신의 입장의 역설적 함의를 잘 인식하고 이것을 해결하고자 시도하고 있는 반면, 사회심리학자 게르겐Kenneth Gergen이나 제4장에서 논의한 일부의 과학적 지식의 사회학자들은 논증의 가능성이나 유용성을 부인하는 입장을 기꺼이 옹호하는 것으로 보인다. 철학적 쟁점을 사회학적 분석으로 용해하고자 하는 시도는 우리가 제2장에서 발견의 맥락과 정당화의 맥락이라고 부른 것을 혼동하고 있다. 정당화의 맥락은 생각들을 그것의 원래의 맥락에서 끄집어내어 시험 — 논증의 시험을 포함한 — 에 부치는 것이다.

하버마스의 성과 중 하나는 사회과학과 관련하여 논증 활동을 철학적 무대의 중심에 되돌려 놓고 좋은 삶과 정당한 사회에 관한 논증을 사회이론의 중심에 되돌려 놓은 것이다. 변증법론자들과 해석학주의자들이 제시하는 논증의 구조는 우리가 메타서사를 피할 수 없으며 특수한 것의 복잡성을 피할 수 없다는 것을 보여준다. 그들 양쪽 모두 헬레니즘 철학에서 찾을 수 있는 견해, 즉 논증 자체가 공동체와 개인에게 유익한 것이라는 견해를 보존하고 있는데, 사회과학이 그러한 통찰을 유지하는 것이 중요하다. 이 책에서 우리가 논의한 주장들은 어느 것도 결코 종료되지 않는다. 우리 자신의 견해에 대한 응답들이 있고, 우리는 그것들에 관해 계속 생각해보아야 한다. 그러므로 우리는 경험적 학문분과들에서 때때로 철학으로 통용되는 기술적인 부속품들technical nuts and bolts이 아니라 더 큰 쟁점들, 즉 존재론과 인식론과 윤리와 정치에 집중했다. 많이 언급되고 있는, 현대 세계에서 경험과 논증의 파편화를 고려하면 이것은 그 자체로 정치적 행위이며, 우리는 이 행위에 즐겁게 가담했다.

12
근래의 발전에 대한 논평

철학 등과 같은 오래된 학문분과에서는 변화의 속도가 빠르지 않다. 그렇지만 사회과학철학에서는 이언과 내가 이 책의 초판을 쓴 이후 적지 않은 발전이 있었다. 근래의 발전에 대해 논평하는 상황에서 나는 논쟁의 또 다른 영역을 개척하거나 이 분야를 어떤 방식으로든 재조직할 가능성이 있는 소수의 새로운 업적들과 주제들을 선택했다. 나는 두 가지 실질적인 연구에 더 집중적인 토론이 필요하다고 생각한다. 허친슨 등(Hutchinson et al., 2008)은 사회에 대한 '과학'이라는 이상은 잘못이라는 윈치의 공격을 강력하게 옹호했는데, 나는 그 책을 검토하면서 우리(주로 이언)가 초판에서 윈치의 중심 저작을 다룬 것보다 훨씬 자세하게 윈치를 논의할 기회로 삼는다. 마찬가지로 의미의 해석에 대한 '윈치파Winchian'의 강조에 영향을 받은 글리노스와 하워스(Glynos and Howarth, 2007)는 라클라우와 무페(Laclau and Mouffe, 1985)가 개척한 낡마르크스주의 담론이론의 철학적 토대를 엄밀하게 발전시켰다. 확실히 이것은 사회적·정치적 분석에서 새로운 중요한 발전이며 글리노스Jason Glynos와 하워스David Howarth가 이 분석에 제공한 철학적 발전은 '탈'에 대한 제10장의 논의에서 이언과 내가 제공할 수 있었던 것보다 더 자세한 논의를 요청한다.

1970년대 후반 이래, 비판적 실재론의 발전을 (이 책의 공저자인 이언과 나를 포함한) 여러 사람들은 사회연구에 대한 해석학적 입장과 '과학적' 또는 자연주의적 입장 사이의 매우 무익한 대립을 극복할 수 있는 유망한 길로 생각해왔다. 비판적 실재론자들은 자연과학의 역사와 설명적 방법에 대한 새로운 지식에 의존하여, 널리 비판받는 '실증주의'를 승인하지 않은 채 사회연구도 객관적일 수 있고 심지어 과학적일 수 있다고 주장한다. 그렇지만 이러한 전망을 어떻게 밀고 나갈 것인가에 관해서는 비판적 실재론의 접근을 따르는 사람들 사이에서도 의견이 다르다. 이 책의 초판 출판 이후 10여 년 동안 광범한 문헌이 나타났으며, 이 속에서 비판적 실재론의 경쟁하는 유파들이 서로를 비판하면서 등장했다. 동시에 여러 유파의 비판적 실재론자들은 사회과학철학의 다른 전통들과 조우해왔고, 더 실질적인 수준에서는 사회과학의 설명에서 오랫동안 확립해온 이론적 쟁점들의 일부와 조우해왔다. 나는 이런 문헌들에서의 주요한 주제들과 발전들의 일부를 개관하는 것으로 현재의 논평을 결론짓고자 한다. 불가피하게 이것은 허친슨Phil Hutchinson 등의 저작과 글리노스와 하워스의 저작을 다루는 것보다 덜 자세할 수밖에 없다. 그리고 더 심층적인 탐구를 원하는 독자들에게 읽을 거리를 안내하려 한다.

이 책의 서문에서 언급한 것처럼, 나는 초판에 대한 한 서평자의 제안을 수용했다. 지금의 논평은 이 책의 본문 부분에서 이언과 내가 드러냈던 (그리고 여전히 남아 있는) 것보다는 훨씬 더 명확하게 입장을 드러낸다. 그럼에도 나는, 적어도 내가 동의하지 않는 입장들을 가능한 한 존중하고 관대하게 다루고자 하는 의도를 가지고 있다. 부분적으로는 이 논평이 상당히 입장을 드러내는 양식을 취하기 때문에 독자들은 이 새로운 부분의 내용이 이 책의 다른 부분보다 벅차다고 느낄 수도 있다. 이 책의 본문과 관련된 부분을 먼저 읽는 것, 또는 되풀이하여 읽는 것이 도움이 될 것이다.

윈치와 해석학

제6장(규칙 준수로서 합리성)에서 이언이 저술한 부분은 윈치의 철학적 논변을 다루고 있다. 이언의 논의는 윈치의 역설적인 저서 『사회과학이라는 이상』(Winch, 1958: 『이상』으로 줄여 적음)과 그의 고전적인 논문 「원시사회의 이해Understanding a primitive society」(Winch, 1974: 「이해」로 줄여적음), 그리고 윈치에 대한 테일러와 매킨타이어 등의 논평을 중심으로 삼고 있다. 윈치는 『이상』의 제2판에 붙인 그의 서문에서 자신에 대한 몇 가지 논평을 제시했고, 가이타Raimond Gaita는 2007년에 나온 그 책의 50주년 기념판에 통찰력 있는 서문을 덧붙였다. 1997년에 윈치가 별세한 뒤 그의 저작에 대한 관심이 되살아났으며, 간단하게 『피터 윈치Peter Winch』라는 제목을 붙인 리아스(Lyas, 1999)의 책은 이러한 관심의 특히 중요한 결과물이다. 최근에는 사회적 삶에 대한 '과학'의 가능성을 부인하는 윈치의 논변을 간략하지만 날카롭게, 우상파괴적으로 옹호하는 저서가 등장하여, 윈치의 원래 공략의 폭발력을 사회과학계에 다시 점화했다(Hutchinson et al., 2008). 그들은 그들 자신의 윈치(그리고 그의 철학적 스승인 비트겐슈타인) 독해를 기초로, 윈치의 독해에서 사회과학자들이 보여주는 과도한 일반화, '이론주의', '과학주의' 그리고 '지성주의'에 강력한 적대감을 표현하고 있다. 윈치에 대한 그들의 해석에 따르면, 대부분의 윈치 논평자들은 심각한 오독의 잘못을 범했다고 할 수 있다. 그들의 윈치 읽기에 관해서는, 그리고 그들이 사회과학자로 간주하는 사람들이 수행한 것들 거의 전부를 전면적으로 거부하는 것에 관해서는 나는 논의를 보류하고자 한다. 그렇지만 사회과학의 가능성에 관한 윈치의 비판

적 견해의 단순한 힘, 그리고 커다란 문화적 차이를 가로지르는 상호이해의 가능성에 대해 윈치가 제기하는 심층적인 질문은 매우 도전적인 것이다. 윈치의 견해는 모든 세대의 사회과학도들이 대결해볼 만한 가치를 가지고 있다. 그러므로 나는 논의를 보류하지만, 윈치의 견해가 제기한 강력한 도전을 우리에게 상기시킨다는 점에서 그 새로운 저서는 환영받아야 한다.

의미, 행위 그리고 설명

초판에서 윈치에 대한 이언의 논의는 윈치에 공감하는 것이었다. 그는 사회과학도들이 그들이 연구하는 사회적 의미를 그들이 선호하는 사회과학 이론이나 전통의 범주들로 해석하는 곳으로 (너무 빨리?) 옮겨 갈 것이 아니라 그것을 이해하고자 애써야 한다는 주장의 중요성을 받아들인다. 윈치의 주장 가운데 일부에 대해 어떤 독자들은 문화를 가로지르는 이해 같은 것은 있을 수 없다는, 심지어 기존의 '관행'이나 '삶의 형식'에 대한 합리적 근거를 갖는 사회적 또는 정치적 비판의 가능성은 없다는 것을 함축한다고 해석했지만, 윈치 자신은 결코 그러한 결론을 지지하지 않았다. 허친슨 등은 이 점에서는 확실히 정확하다. 윈치는 사회적 행위의 의미와 정체성은 무엇보다도 그것을 사용하는 맥락이 제공하는 관점에서 이해해야 한다는 것을 보여주기 위하여 '규칙'과 '언어게임'이라는 개념을 사용한다. 이언은 이 점을 인식하지만 행위의 '의미를 이해하는 것'이 사회과학자가 수행하는 일의 전부일 수는 없다는 주장으로 나아간다. 우리는 누가 규칙을 만들었는가, 상이한 사람들은 그 규칙과의 관계에서 어떻게 위치하는가 등을 알고 싶어 할 수 있다. 게다가 윈치는, 행위의 의미에 관해 명확하게 알아내는 것이 중요한 도전일 수 있지만, 의미가 일상의 삶에 자리 잡고 있을 때에는 그 의미에 '투명한' 것이 있다는 걸 시사한다. 이언이 언급하듯, '우리가 이해하기 위해 애쓰는, 그리고 그것에 대한 우리의 생각이 자주 부적합하게 보이는 온갖 종류의 일들이 우리에게 일어난다(이 책 172쪽을 볼 것)'.

다시 돌아가서, 나는 윈치에 대한 이언의 독해가 허친슨 등이 열거한 오해들을 (가지고 있다 해도) 거의 가지고 있지 않다고 생각하지만, 이언은 그들이 허용할 듯한 것보다 더 야심찬 사회과학의 강령을 지지하는 주장을 제시한다. 나는 사회과학에 대한 (비환원주의적인) 자연주의적 강령을 이언보다 훨씬 강하게 옹호하고자 하기 때문에 이언이 멈춘 곳에서 논의를 시작할 것이다.

윈치나 허친슨 등의 어느 쪽도 자연과학에 대해서는 진지한 설명을 제공하지 않는다. 윈치도 자신의 견해가 자연과학에 대한 설명에서는 한계를 갖고 있다는 점을 인정했다는 지적이 있다(Lyas, 1999: 52). 그렇지만 허친슨 등의 논의는 사회연구에서 일반화하는 모든 이론적 접근들을 거부하는 것으로 보이기 때문에, 자연과학의 철학이라는 영역 속으로 너무 멀리 탈선할 필요가 없었을 수도 있다. 하버마스, 바스카, 기든스, 부르디외Pierre Bourdieu 그리고 일반적으로 탈근대주의자들 모두를, 이들 누구에 대해서도 비판적으로 검토하지 않지만, 반복하여 기각의 대상으로 줄 세운다.

허친슨 등이 전개하는 논증은 사회적 행위를 특징지을 때 실천 속에 자리하고 있는 의미를 파악하는 것이 우선이라는 윈치의 주장을 중심으로 삼고 있다. 때때로 그들은 이것 ― 사회적 행위나 실천의 의미를 명료하게 제시하는 것 ― 이 사회연구가 정당하게 수행할 수 있는 일의 전부라는 강력한 입장을 취하는 것으로 보인다. 그러므로 예컨대, 그들은 95쪽에서 '사람들이 **무엇**을 수행하고 있는가에 대한 이해는 "**왜?**"라는 질문의 필요를 제거하거나, 달리 말해서 사람들의 행위에 대한 서술은 모든 **진정한**bona fide "**왜?**"라는 질문의 필요를 제거한다. 이러한 진정한 "왜" 질문은 이론가의 질문이 아니라 예컨대 초심자, 학습자 그리고 문외한의 질문이다'라고 말한다. 이것은 분명히, 사회연구자로서 우리가 실천에 관해 제기할 수 있는 그 이상의 질문 — 이언이 지적하는 — 이 '진정한' 질문일 수 없다는 것을 함축한다.

그렇지만 다른 곳에서는 그들은 훨씬 덜 제한적인 입장을 취하는 것으로 보인다. 종종 그들은 '어떤 일반적이고 통합하는 이론'을 전제하지 않는 한, 그리고 이것이 어떤 사람의 행위를 설명하는 것으로서 실천 자체를 '대체'하지 않는 한 실천의 기원이나 조건에 관하여 질문을 제기하는 것을 받아들일 수 있다고 인정하는 듯 보인다(82쪽). 그러나 이것은 잠재적으로 매우 큰 양보이다. 우리가 단순히 어떤 실천에 자리 잡은 의미를 드러내는 것을 넘어서 실천의 기원이나 조건에 관해 질문을 제기할 수 있다면, 우리는 어떤 종류의 답을 정당하게 제시할 수 있을 것인가, 그 답을 어떻게 점검하고 토론할 수 있을 것인가 등에 관해 무엇인가 더 이야기해야 한다. 그리고 일반이론을 **전제하지 않는다**고 하더라도, 다른 실천들에 대한 또 다른 탐구에서 그것이 **등장하지 않을 것인가**? 그들은 이것이 '터무니없는' 것이라는 점을 선험적으로 어떻게 알 수 있는가? 사회적 행위에 대한, 사회적 실천에 참여하는 사람들이 이용할 수 있는 의미에 입각한 해명이, 거기서 **시작하지만** 더 깊이 탐사하고 다른 종류의 실천들과 연결되며, 심지어 온건한 일반화를 만들어내는 이해 및 설명과 왜 공존할 수 없는가에 대해 윈치나 그의 후대의 옹호자들은 타당한 이유를 제공하지 않는다. 아마도 그 저자들은 덜 논쟁적인 순간에는 이것을 인정하는 듯 보인다. 그러나 그것은 그들의 입장을, 그들의 산문체의 제목('사회과학 같은 것은 없다!')을 보고 독자들이 상상하게 되는 것보다 훨씬 더 온건한 것으로 만든다. 그리고 그것은 사회과학의 다른 접근들 — 그들이 즉각 기각하는 — 과의 실질적인 대화의 가능성을 열어놓는다.

그러나 이언이 충분히 인식하듯, 참여자 자신의 이해가 우선이라는 윈치파의 주장을 받아들이더라도, 이것이 그 이해를 어떻게 파악하고 제시할 것인가의 문제를 해결한다는 이야기가 되는 것은 결코 아니다. 사회적 실천 및 삶의 형식의 '투명성'에 대한 윈치의 가정과 관련한 이언의 논점은 더 발전시킬 수 있다. 첫째, '어떻게 나아가야 하는가를 안다'는 의미에서 규칙을 이해한다는 것과 그 규칙에 대한 명시적인 해명을 제공할 수 있다는 것 사이에는 틈이 있다. '지능의 마력에 대항한, 언어를 수단으로 하는 싸움'이라는 비트겐슈타인의 철학 개념은 이 점에 주목한다. 그리고 사회과학자들은(비판적 방향의 시민도) 자주 이와 관련된 싸움에 참여한다(Wittgenstein, 1958, 1997, 문장 109). 사회적 실천과 거기에 자리 잡고 있는 의미가 오도적인 표면 형태를 가질 수 있다는 것이 문제의 일부이지만(이것이 비트겐슈타인이 염두에 둔 것이다), 여러 사회적 실천의 의미를 두고 참여자들 자신이 논쟁하는 것도 문제이다. '참여자들의 이해'라고 권위 있게 취급할 수 있는 단일한 의미 묶음이 있는 것은 아니다.

비트겐슈타인 철학과 마르크스주의 사이의 관계를 토의하기 위한 연구모임에서 일어난 사건은 이런 점들을 예시해줄 것이다. 케임브리지대학교의 킹스칼리지에서 일어난 그 사건은(적절한 비율의 참여자들의 정치적 견해들은 논외로 하고), 주제를 고려할 때, 일종의 역설을 담고 있다. 그 칼리지에는 식사 시간에, 펠로우fellow들이 들어와 각자의 자리를 잡을 때 서 있어야 하고 라틴어로 식사기도를 할 때에도 서 있어야 하며 식사를 마친 뒤 펠로우들이 자리를 뜰 때에도 서 있어야 하는 필수적인 의례가 있다. 흥미롭게도, 우리 일행 거의 모두가 그 의례를 순순히 따랐다. 한 사람을 제외하고는 의례에 동참했으며, 그러므로 우리는 행위 속에서 손님으로서 우리 자신과 그 칼리지의 구성원들 사이의 사회적 관계를 승인했다. 그렇지만 나중에 그 일을 회상해보니, 이러한 공통의 참여는 아주 상이한 다수의 생각들의 '표현'인 것으로 드러났다. 일부는 그들이 진심으로 존경하는 공동체에서 인정받고 싶은 소망을 표현했다. 일부는 자신이 손님이라는 점을 감안하여 그들의 주인의 기대에 따르는 것을 의무로 생각했다. 일부는 우리의 주문에 따라 음식을 제공하는 칼리지 종업원들이 당황할 것을 염려하여 의례를 지켰다. 일부는 계산을 해보니 우리의 주문이, 항의의 행위로 보일 수 있는 일을 하기에는 너무 약소하다고 생각했다. 일부는 다른 사람들이 일어섰기 때문에 별 생각 없이 일어서서 대강당의 벽면을 장식하고 있는 커다란 초상화들을 건성으로 바라보았다. 그러므로 생각과 사회적 행위나 관계는 동일한 것이 아니며, 행위자들은 그들 자신이 무엇을 하고 있는가에 관해 일련의 다양한 생각을 가지고, 또는 아마도 특별한 아무런 생각도 갖지 않은 채 동일한 하나의 행위나 실천을 일관되게 실행할 수도 있는 것이다.

그러나 윈치는 그의 논변에 대한 반응으로는 이것이 너무 순진하다고 생각한 듯하다. 그가 언급하는 '생각'은 참여자의 머릿속에 있는 내용이 아니라, 제도적 실천 및 관계에 부여된 확립된 사회적 의미이다. 생각은, 개별 참여자가 특정한 순간에 우연히 생각하게 되는 것과는 무관하게, 그것이 속한 문화적 전통 속에서 생명을 가지고 있다. 그러나 이런 견해에도 문제는 있다. 그 칼리지의 식사시간 의례가 표현하는 생각과 그 의례가 확인하는 사회적 관계는 무엇인가? 윈치의 사례는 한편으로는 그러한 실천 및 관계의 의미와, 다른 한편으로는 언어적 수행의 의미 사이의 함축된 유사성에 크게 의존한다. 어떤 경우 비언어적 행위가 다소간 만족스러운 언어적 등가물을 갖는다. 그런 경우, 언어적 의미에 대한 비트겐슈타인의 논의를 그것에까지 확장하는 것은 별 다른 문제가 없는 일이다. 그렇지만 식사 의례 등과 같은 경우 그것의 의미는 언어적 실천과의 유추에 의해서보다는 일련의 상호작용 형식 — 이것들을 통해 권력과 예속의, 또는 높은 지위와 낮은 지위의 위계적 관계를 상징적으로 인식하고 확인하는 — 에 대한 언급에 의해 훨씬 더 잘 이해할 수 있다. 그러한 의례를 해석하면서 우리는 우리가 지키는 규칙에 대한 명료한 해명을 제공하는 것 이상의 일에 관여할 수도 있다. 우리는 채택된 의례형태의 계보에 관심을 가질 수도 있다. 왜 다른 형태가 아니라 바로 이런 형태인가? 칼리지들은 언제 이러한 독특한 조합체를 형성했는가, 단번에 그렇게 되었는가 아니면 오랜 시간에 걸쳐 그렇게 되었는가? 표시되고 확인되는 사회적 구별 짓기는 어떻게 발생하는가? 어떤 종류의 경제적 또는 문화적 자원에 대한 어떤 유형의 지시 또는 어떤 종류의 후원관계가 이러한 독특한 상황에서 이러한 독특한 위계적 형태의 관계를 등장할 수 있게 하고 승인할 수 있게 하는가? 의례의 참여자들은 이러한 질문들의 답에 관심을 가질 수도 있고 갖지 않을 수도 있다. 그리고 거의 확실하게 그들은 참여 행위 자체를 통하여 이미 암묵적으로 이해하고 있는 것을 단순히 '상기하는 사람들'이 아니라 그들의 실천에 관한 정보나 발견들을 구성할 것이다. 실제 이런 식으로 (무엇에 관해) 알게 되는 것은 참여자들의 태도를 역전불가능하게 바꿀 수 있으며, 심지어 그들은 그 실천을 더 이상 계속할 수 없다고 느낄 수도 있다.

그렇지만 여기서 이언의 또 다른 논지를 발전시킬 수 있다. 그가 '우리가 이해하고자 애쓰는 온갖 종류의 일들이 우리에게 일어난다'고 말할 때, 그는 심층심리학에 대한 오랜 기간의 연구 그리고 개인의 사회적 삶 참여는 '규칙 준수' 학습의 명료하고 순조로운 과정이 아니라는 그의 관련된 생각을 암시하고 있다(Craib, 1989, 1994). 허친슨 등은, 사회적 실천의 일상적인 참여들은 전형적으로 '무반성적인' 통상적, 즉 당연시되는 실천적 이해를 포함하고 있다는 점을 고려하여, 우리가 성찰적 '해석'에 호소할 필요가 있는 경우들을 예외라고 간주하는 듯하다. 그렇지만 복잡한 사회(아마도 모든 사회!)에서는 개인들은, 가족구성원들과 관계 유지하기, 학교 다니기의 복잡한 요구, 일자리 찾기, 배우자와 관계 맺기, 가구 구성하기, 부모나 양육자 되기 등에 대응하면서 그들 자신의 삶의 길을 넘어서고 거대하게 다양한 도전들을 헤쳐 나가야 한다. 이것들 대부분은 일련의 '경험 규칙적' 인과지식의 획득과 시험을 동반한다. 대체로 이 지식은 충분하게 정교한 것은 아니지만, 그럼에도 흔히 상당한 숙련과 함께 전개된다. 그렇지만 중요한 윤리적 딜레마에 직면하거나 중심적인 관계의 파탄에 부딪히거나 사랑하는 사람의 죽음을 맞는 등의 중요한 순간에는, 우리는 우리의 삶을 지탱하고 있는 암묵적인 버팀목들에 의문을 제기하게 된다. 그러한 순간에 우리는 우리의 사회적 삶을 일반화하고 비판적으로 사유하는 종류의 일을 수행하는 보통의 '사회이론가들'이다. 그런데 허친슨 등은 그것을, 그런 종류의 일의 수행을 직업으로 삼는 사람들이 그것을 수행할 때의 정당한 활동이라고 간단히 처리한다. 이것은 이탈리아 마르크스주의자 그람시Antonio Gramsci가 [간접적으로는 스라파Piero Sraffa와 공동으로 비트겐슈타인에게 미친 영향을 통하여(예컨대, Monk 1990: 260; Davis: 2002를 볼 것)] '누구나 철학자이다'(Gramsci, 1971)라는 경구로 표현한 것이기도 하다.

여기서 핵심은 우리가 사회과학도로서 우리의 작업을, 허친슨 등이 옹호하듯, 우리가 연구하는 사회적 실천의 참여자들의 이해의 형태에 긴밀하게 결합시켜야 한다고 하더라도, 그 이해는 그들이 제시하는 것처럼 그렇게 제한적이지 않다는 것이다. 이것을 명확하게 보여주는 사례가 있다. 컴퓨터가 보급된 지 얼마 안 된 시기에 영국 남부의 한 대학교에서 경영진이 앞으로 피고용자들과는 이메일을 통해서 의사소통하겠다고 발표했다. 그러자 육체노동에 종사하는 피고용자 한 사람이 '사내신문'에서 응답했다.

대학교 직원 대부분은 컴퓨터 단말기나 이메일에 접근할 수 없다는 점을 지적하고자 한다. 전기기사, 배관기사, 기계기사, 목수, 청소원, 수위, 기술자, 정원사, 토목기사, 그리고 나도 여기에 포함된다. 컴퓨터화된 행정업무의 고위직에 있는 분들은 우리 같은 하급 신분 사람들의 정보나 의견을 들을 가치가 없다고 생각하고 우리 육체노동자단을 주변화하는 것인가? …… 우리는 컴퓨터 기술은 부족할지 모르지만 실질적인 기술을 가지고 있으며, 그중에는 전기 공급을 끊는 기술도 있다.

자신들이 선호하는 의사소통 수단에 대한 접근의 차이를 기초로 배타적 권력을 행사하는 고위관리직과, 이들이 의존해야 하는 업무의 수행을 통해 상반되는 권력을 보유하게 되는 '육체노동자단' 사이의 구별은, 대학교의 사회구조와 기술의 역할, 그리고 그 안에서 의사소통 수단의 접근에 대한 복잡한 인과적 해명을 응축한다. 그렇지만 이것은 참여자 이해의 한 사례일 뿐이다. 적어도 일부의 참여자들은 그들의 사회적 삶에 대한 그들 자신의 일상적 해석 속에서 인과적 일반화와 이론적 착상 ─ 사회과학자들은 발전시킬 수 없다고 허친슨 등이 주장하는 ─ 을 발전시킬 수 있다.

허친슨 등은 아마도 위의 진술에 대한 나의 해석을 인과적 지식주장을 구현하는 것이라며 간단히 기각하는 것으로 이에 대응할 것이다. 사회연구에서 인과적 지식의 가능성에 반대하는 그들의 주장은 윈치의 주장을 따르고 있다. 윈치의 주장은 인간의 사회적 규칙준수에 포함된 규범적 규칙성과 과학적 인과법칙의 기초를 형성하는 사건규칙성의 구별에 의존한다. 그렇지만 이러한 구별은, 그리고 이 구별을 허친슨 등이 빈번하게 사용하는 것은 과학적 법칙을 사건들의 '일정한 결합constant conjunctions'으로 해석하는 견해에 의존한다. 일정한 결합으로서 법칙이라는 견해에 대해서는 비판적 실재론 등과 같은 새로운 과학철학들이 오랫동안 강력하게 비판해왔다(이 책의 제2~4장, 그리고 제8장을 볼 것). 그러나 앞에 인용한 이메일 사건에 대해 인과적 지식을 구현하는 것이라고 생각하는 것을 나는 이것보다 훨씬 더 단순하게 정당화한다. 그것은 '상식', 즉 '원인'을 일어난 일과 일어나지 않은 일 사이에 어떤 차이를 만드는 것이라고 간주하는 발생적 원인 개념에 대한 암묵적인 인정에 의존한다. 여기서 나의 주장은, 이것이 일상의 사회적 참여는 이러한 의미에서의 상당량의 인과적 지식과 함께 복잡한 묶음의 규범적 정향을 전제한다는 것을 보여주는 한 가지 사례라는 것이다. 이러한 인과적 지식 그리고 관련된 규범적 정향은 사실상 먼저 우리가 참여하는 사회적 실천에 자리 잡은 '의미를 이해할 것'을 전제한다. 그것들은 의미의 이해를 '대체'하는 것이 아니며 또한 이것으로 환원할 수도 없다. 오히려 그것들에 의해 우리는 일정 정도의 일관성과 자율성을 가지고 행위 할 수 있으며, 또한 적절한 곳에서는 일정 정도의 비판적 거리를 확보하고 변화를 일으킬 능력을 갖게 된다. 사실, 허친슨 등은 원치(와 원치파)의 철학이 필연적으로 보수적이라는 오해에 반대하여 그 철학을 옹호한다. 그러나 그들은 변화를 위한 신중한 전략들이 어떻게 등장하고 합리적 근거를 갖는가를 더 적극적으로 보여주지는 못하고 있다.

다른 문화를 이해하고 자기 문화를 비판하기

근본적으로 상이한 문화들을 자기 자신의 문화의 관점에서 이해하는 것이 어떻게 가능한가, 또는 이와 관련하여 자신이 속한 사회의 실천과 믿음 유형들을 어떻게 해석하고 이것들에 대해 비판적 관계를 어떻게 형성할 것인가에 관한 일련의 심층적인 질문은 원치 철학의 지속적인 유산이었다. 원치는 『이상』에서 상대주의적 관점을 지향하는 듯한 논변도 제시했다. 우리는 '낯선' 문화를 이해할 수도 없고 그것의 실천들을 평가할 문화적으로 중립적인 근거도 가질 수 없다는 주장 같은 것이 그것이다. 그것은 다른 문화에서 여성 할례나 노예제도나 사형제도 등의 관행을 나름의 이유로 문제 삼지 않고 실행한다면 우리는 그것들에 대해 반대할 정당한 근거를 갖고 있지 않다는 것을 의미할 것이다. 또한 그것은 생명의 기원, 종의 특수 창조 또는 신의 섭리에 의한 우연 현상에 관한 종교적 믿음에 대해 과학적 증거에 기초하여 반론을 제기할 정당한 근거를 갖고 있지 않다는 것을 의미할 것이다. 이런 함의들은, 사회연구에서 이해는 늘 참여자 자신의 이해와 결합되어 있다는,

그리고 한 문화나 실천의 표준을 다른 문화의 해석에 적용하는 것은 부적절하다는 윈치의 주장에서 추론할 수 있고 또 그렇게 추론해왔다.

이런 노선의 주장은 『이상』의 논변에서 중요한 역할을 하고 있으며, 또한 에번스프리처드 — 자기 문화의 과학적 관점을 적용하여 주술에 대한 아잔데 부족의 믿음을 거부한 — 에 대한 윈치의 비판에서도 나타나는 것으로 보인다. 그렇지만 허친슨 등은 이것은 윈치의 입장을 잘못 제시하는 것이라고 주장한다. 첫째, 그들은 (비트겐슈타인을 따라) 윈치가 단지 '문법적 조언grammatical reminders'만을 제공하고 있는 것으로 읽어야 한다고, 그리고 윈치가 사회과학을 위한 적극적인 지침을 제공하고자 하는 것은 아니라고 주장한다. 오히려 윈치의 주장은 완전히 부정적인 취지로, 즉 우리가 엉뚱한 오해에 빠지지 않도록 돕는 데 목적을 둔, 치료상의 지침으로 받아들여야 한다는 것이다. 그들은 윈치에 대해(그리고 쿤에 대해서도 — 104~108쪽을 볼 것) '이들은 (적극적인 지침에 관한) 견해를 갖지 않았으며 갖지 않고 있고, 아무런 주장도 하지 않는다'고 주장한다(Hutchinson et al., 2008: 60). 그러나 이런 주장은 윈치나 그들 자신의 실천 그 어느 것에 대해서도 타당하지 않을 것이다. 사회연구에서 정당하게 수행할 수 없는 것에 관해 그들은 분명히 견해, 그것도 매우 뚜렷한 견해를 가지고 있다. 그리고 그 견해를 사회적 실천의 성질, 이해, 언어 사용 및 의미에 관한 강력한 실질적인 주장으로 보강하고 있다. 이러한 실질적인 주장의 핵심에는 '인간'과 '사물('사물'은 때로는 다른 동물들을 포함하기도 하고 때로는 포함하지 않기도 한다)' 사이의 근본적인 범주적 대립이 자리하고 있다. 그러므로 사회연구자와 자연과학자 사이의 핵심적인 차이는 사회연구자는 그의 탐구 대상을, 그리고 서로를 이해해야 하지만 자연과학자는 서로를 이해하기만 하면 된다(자연과학적 지식의 '대상'은 자기이해를 갖고 있지 않으며, 그것의 움직임은 '의미'를 포함하지 않는다 등등)는 것이라고 그들은 제시한다. '사물'은 단지 저기에 존재하며 우리는 그것에 대해 관찰과 측정과 실험과 이론화를 하면 된다. 다음의 인용에서 이러한 존재론적 구분에 대한 그들의 믿음을 느낄 수 있다.

아마도 그(Schatzki)*는 우리가 다른 문화들과 만났을 때, 만약 우리가 그 만남을 생물학자와 실험실 표본의 만남과 같은 것이 아니라 진정한 만남으로 허락한다면, 다른 사람들에게서 배울 수 있고 우리 자신이 변화할 수 있으며 그리고 때로는 그렇게 하고 있다는 것을 인정할 것이다(Hutchinson et al., 2008: 49).

…… 사회세계에 관해 우리가 이야기하는 것은 그것이 어떤 것이든 사회적 행위자들에게, 물리과학에는 유사한 것이 없는 방식으로, 책임을 져야한다 (Hutchinson et al., 2008: 52).

우리가 위험을 무릅쓰고 일반화를 해야 한다면, 규칙준수 등의 행위가 생명 없는 객체의 움직임이라고 부르는 것과 전혀 다르다는 점을 고려할 때, 우리는 인간의 행위/행동에 대한, 설명은 말할 것도 없고 해석도 아닌, 서술이나 표현의 생산만이 그 행위를 '포착'하는 데 엉뚱하게 실패하는 것을 피하는 유일한 길이라고 말해야 한다. 다시 말하면 '자기-이해' 등은 물질적 대상이나 심지어 (다양한 대부분의 비인간적) 동물이 아니라 인간적 동물로서 인간을 이해하는 데 필수적으로 중요하다 …… (Hutchinson et al., 2008: 61).

허친슨 등은 이러한 강력한 존재론적 반자연주의를 윈치와 공유하고 있으며, 윈치 독자의 대부분은 이것을 기초로 그의 저작에서 인지적·도덕적

---

* 시어도어 샤츠키(Theodore Schatzki): '비트겐슈타인의 관점에서 윈치를 비판한다'고 표방하는 학자. — 옮긴이 주

상대주의의 경향을 읽는다. 그들에 따르면, 우리는 상이한 문화들, 실천들, 믿음 유형들 등을 우리가 물리적 대상과 과정 그리고 (대부분의) 다른 동물들을 다루는 것과 같은 방식으로 측정하거나 조정하거나 실험하거나 일반화할 수 없으며 심지어 분류하거나 비교할 수 없다. 다른 사람들과의 조우는 (정도의 차이가 아니라) 종류에서의 차이이고, 우리는 우리가 그들의 활동들을 특징짓는 방식에서 그들에 대해 '책임'을 가져야 하고, 우리는 그 조우에서 배우는 것에 개방적이어야 하며 심지어 그 조우에 의해 변화될 수 있어야 한다.

그런데 이것을 단순한 '문법적 조언'이라거나 약간의 방법론적, 또는 치유적 충고라고 할 수는 없다. 그것은 실질적인 존재론적 주장이며, 경험적 증거에 개방되어 있는 주장이다. 앞의 세 번째 인용문의 삽화의 구절은 이것을 암시한다. 이제 우리는 일부의 영장류 동물이 자아의식을 가지고 있다는 충분한 증거를 가지고 있으며, 허친슨 등도 이 점을 부분적으로 인식하고 있는 것으로 보인다. 다른 여러 종들도 사회적 특성을 갖고 있다는 것 또한 사실이다. 그리고 우리는 그 종들에 관해 여러 가지 질문을 제기할 수 있다. 그것들은 관습적인 규칙을 기초로 그것들의 사회적 삶을 조직한다는 의미에서 사회적인가? 그것들이 의미를 갖는 상호작용을 한다고 말할 수 있는가? 우리는 그것들을 이해하는 것을 배울 수 있는가? 그것들 가운데 우리가 '문화'라고 부를 수 있는 것을 가진 종이 있는가? 과학자들은 그것들에 대해서도 '책임을 가져야' 하는가? 모든 흥미로운 질문들은 허친슨 등의 중심적인 존재론적 교의인 인간/자연 이분법에 의해 간단히 종결된다.

그렇지만 다른 문화 이해하기에 관해서는 어떠한가? 허친슨 등은 윈치나 비트겐슈타인 누구도 그것의 가능성을 부인하지 않았다고 (정확하게) 주장한다. 언제나 그러하듯, 허친슨 등은 (그들이 읽은) 윈치와 비트겐슈타인에 동의한다. 통속적인 오해와 반대로, 이들 두 철학자들은 문화를 가로지르는 이해가 가능하다고 생각했으며, 다른 문화의 실천과 믿음을 비판하기 위하여 자기 문화에서 이끌어낸 기준을 사용하는 것을 결국에는 정당하다고 생각했다(예컨대, Hutchinson et al., 2008: 119~121). 그러므로 그들은 윈치가 에번스프리처드의 **민족지**ethnography에 반대하지 않았다는 견해를 받아들인다. 윈치의 비판은 오히려 자기 문화의 부적절한 기준(즉, 과학의 기준)을 적용한 에반스-프리차드의 거부적 **해석**을 겨냥했다. 아잔데 부족의 주술 실천에 대한 그것 자체의 관점에서의 적절한 이해는, 그것이 단순히 생산성을 높이기 위한 또는 질병의 원천을 드러내기 위한 도구적 방법이 아니라는 것을 인식하는 것이다. 오히려 그것은 우리 사회의 의례적·종교적 실천과 상당한 유사성을 갖는 것으로 보아야 할 것이다. 그리고 이렇게 보는 것이 서구 과학을 원천으로 하는 비판적 평가보다 더 나을 것이다. 허친슨 등은 그들의 저서 다른 곳에서 문화들 사이에서 있을 수 있는 '공약불가능성'의 문제는 실제로는 문제가 아니라는 주장을 제시하는 것으로 보인다. 문화들이 얼마나 다를 것인가에 관한 질문과 함께 문화들의 개별화는, 그리고 '상대주의자'와 '합리주의자' 사이의 관련된 논쟁은, 그것들에 대해 결정 절차를 제공할 수 있는 특정한 맥락을 벗어나서 발생하기 때문에 해결할 수 없는 것이다.

허친슨 등에 따르면, 대부분의 독자들이 윈치(그리고 비트겐슈타인)가 제기한 것으로 이해하고 있는 종류의 질문은 실제로는 결코 발생하지 않는 것으로(그러므로 우리는 그러한 '지성주의적' 놀이를 하는 것을 피해야 하는 것으로), 또는 그렇지 않다면, 그것이 발생하기는 하지만 '타자들'에게 달려 있는 것을 진지하게 이해하기 위해 우리가 노력하는 수고를 한다면 해결할 수 있는 것으로 보인다. 이것은 우리가 타자의 문화를 우리 자신의 문화 속으로 통합하지도 않고 다른 문화적 세계 속으로 뛰어들어가기 위하여 우리 자신의 문화를 포기하지도 않는 과정이다. 오히려 그것은 타자의 문화와의 조우에 의해 우리가 변화하고 우리 자신의 문화도 변화시키는 참여의 과정이다.

의사결정의 기준을 제공할 특정한 맥락이 없기 때문에 문화들의 '공약불가능성'에 관한 질문은 발생하지 않는다는 주장은 그러한 맥락이 궁극적으로는 존재한다는 인식에 의해 반격을 받을 수 있다. 문화들의 동일성과 차이성, 상대주의, 공약불가능성 등에 관한 질문은 제기되고 **있고** (비록 일반적으로는 논란거리이지만) 답을 찾고 **있다.** 이것이 발생하는 맥락은 철학 및 사회과학 학문분과들의 전통과 개념적 실천에 의해 형성된 그런 것이다! 허친슨 등이 제시하는 두 번째 선택지는 훨씬 더 유망한 것이지만, 몇 가지 중대한 질문을 회피하는 것으로 보인다. 윈치를 '보수주의자'와 상대주의자로 읽는 오독에 반격하면서 그들은 **너무** 훌륭하게 성공한다. 아마도 윈치의 저작에서 흥미롭고 도전적인 것은 그의 주장이 우리가, 그리고 그가 **틀림없이** 받아들일 수 없다고 알고 있는 결론을 가리키는 것으로 보인다는 점이다. 그러므로 도전은 문화들을 가로지르는 이해, 합리적 비판 등이, 반대방향을 가리키는 몇 가지 강력한 논증이 존재하지만, **어떻게** 가능한가를 알아보는 것이다.

윈치는, 에번스프리처드가 '제시하는' 아잔데 문화 등과 같이, 자기 문화와 근본적으로 다른 문화를 이해하는 것이 어떻게 가능한가에 관하여 진심으로 당혹했다고 나는 생각한다. 허친슨 등은 윈치의 문제를 해결하려고 시도하는 홀리스Martin Hollis와 데이비드슨Donald Davidson 같은 윈치 비판자들에 대항하는 주장을 제시한다. 홀리스(Holllis, 1970)에 따르면, 문화들 사이의 상호이해는 공유하는 믿음(이 경우에는 공유하는 합리성)이라는 '교두보'가 있다는 조건에서 가능하다. 반면 데이비드슨(Davidson, 2001)은 우리의 공통적인 인간성humanity 속에 존재하는 가능한 이해의 '초월적' 조건에 호소한다. 허친슨 등은 이러한 활동을 터무니없는 것으로 간주한다. 그 까닭은 서로 다른 문화들이 서로 어떻게 다른가를 판정할 맥락이나 표준이 없기 때문이라는 것이다. 이것은 실망스러운 견해인데, 윈치 자신이 분명히 문제가 있다고 생각했을 뿐 아니라 실제로 무엇이 필요한 '교두보'일 것인가에 관해 매우 흥미로운 제안을 했기 때문이다.

'구획 짓는 관념들', 인간의 본성 그리고 사회과학 자연주의

「이해」에서 윈치는 다른 문화와의 조우에 비추어 자기 자신의 문화를 재평가하는 창조적 과정을 옹호함으로써 근본적으로 상이한 문화들 사이의 공약불가능성 개념이 함축하는 상대주의를 피한다. "또 하나의 삶의 방식을 진지하게 연구하는 것은 필연적으로 우리 자신의 방식의 확장을 추구하는 것이다"(Winch, 「이해」, Wilson(ed.) 1974: 99). 그렇지만 이것조차 문제를 회피하는 것으로 보인다. 우리가 이러한 창조적 과정을 시작할 수 있는 공통의 지점이 없다면 어떻게 되는가? 먼저 윈치는 모든 문화는 언어를 가지고 있으며 그러므로 일정한 형태의 합리성을 가지고 있다는 매킨타이어의 주장을 받아들이는 것으로 보인다. 그러나 이것 역시 다른 문화들의 합리성이 우리의 그것과 근본적으로 공약불가능한지의 문제는 회피한다. 「이해」의 마지막 흥미로운 부분에서 윈치는 마침내 그 자신의 '교두보'를 제시하게 된다. 이것은 그가 '구획 짓는 관념들limiting notions'이라고 부르는 것의 세 요소, 즉 출생, 성, 죽음으로 이루어진다. 이것들은 '우리가 알고 있는 모든 사회들의 삶에 피할 수 없게 관련되어 있으며, 우리가 낯선 제도들의 체계와의 접촉점에 관해 고심할 때 이러한 관련된 방식에서 무엇을 살펴볼 것인가에 관한 단서를 얻을 수 있다'(Winch, 1974: 107). 윈치는 여기서 우리에게 인간사회들에 관한 경험적 일반화를 제시하고 있는 듯한데, 이것을 허친슨 등은 인지하지 못하는 것으로 보인다.

윈치가 '구획 짓는 관념들'로 무엇을 의미하는가를 완전히 명확하게 밝히는 것은 아니다. 그는 그것들이 '삶에서의 사건들events in life'을 가리키는 것이 아니라 삶의 외부적 한계나 경계를 표시한다고 말한다. 이것은 출생과 죽음의 경우에는 상당히 간명하게 적용할 수 있다. 그러나 '성'에 관해서는 어떠한가? 윈치가 '성sex'으로 의미하는 것은, 우리가 지금 '성차gender'라고 부르는 것이라는 점은 분명해진다. 그가 성차를 '구획 짓는' 관념으로 다루는 것은, 그가 우리에게 "남성의 삶은 남성의 삶이고 여성의 삶은 여성의 삶이다, 남성성과 여성성은 삶에서 단지 **구성요소**components일 뿐 아니라 그들의 삶의 **양식**mode이다"(Winch, 1974: 110)라고 말하기 때문에, 우리 자신의 문화의 기준에서 어느 정도는 전통주의적인 것으로 읽는다. '여성이 남성을 필요로 한다는 것은 물고기가 자전거를 필요로 하는 것과 같다'라는 구호에 대해 그가 무슨 생각을 했을지는 의문이다.

이것은 윈치가 취한 흥미로운 조치이지만, 몇 가지 상당히 분명한 문제를 가지고 있다. 하나는 그것이 일종의 생물학적 환원주의로 읽힐 수 있는 위험을 가지고 있다는 것이다. 윈치의 반과학주의를 고려할 때 이것은 가장 달갑지 않은 것이다. 그렇지만 우리가 출생, 죽음 그리고 성/성차를 각 사회들에서 공유하는 문화적 의미들의 원천이나 소재지라는 의미에서 모든 사회들에 존재하는 '관념'으로 취급한다면, 상호이해 가능성의 문제가 다시 발생한다. '성차'는 모든 사회들에 존재하며 사람들의 삶에서의 경험과 의미부여 방식을 제공하지만, 그것은 상이한 사회들에서 (그리고 자주 각 사회의 상이한 집단들에 의해서) 상이하게 '실행된다'. 허친슨 등이 좋아하는 방식으로 말하자면, 그러한 맥락은 무엇인가 그리고 우리가 상이한 문화들에서 각각 '성차'를 실행하는 것으로 판별할 수 있는 기준은 어디에 있는가?

우리가 '구획 짓는 관념'을 다른 문화(그리고 당연히 우리 자신의 문화)의 당혹스러운 측면들을 이해가능하게 만드는 수단으로 사용하고자 한다면, 우리는 출생과 죽음과 성을 우리 자신에 관한 '엄정한', 관찰가능한, '자연적' 사실로 판별할 수 있고, 아울러 인간의 문화가 매우 상이한, 그렇지만 여전히 잠재적으로 추적가능한 방식으로 이런 엄정한 사실들을 둘러싸고 있으며 이 사실들을 납득한다는 것을 인정할 수 있어야 한다. 달리 말하면 우리는 한편으로는 삶의 자연적 사실들과 다른 한편으로는 상이한 문화적 전통을 이어

받고 그 전통에 참여하는 사람들이 그 사실들을 살아가고 그것에 의미를 부여하는 독특한 방식들 사이의 **연결** – 그것들 사이의 독단적인 **공백**이 아니라 – 을 만들 수 있어야 한다.

그렇지만 윈치와 허친슨 등의 쪽으로 조금 다가가 본다면, '자연적 사실들'을 생물학자들이 우리에게 이야기할 수 있는 것과 동일시해야 하는 것은 아니다(초다윈주의적 이데올로그는 말할 것도 없고, 허친슨 등도 진화심리학의 주장을 실질적으로 예비would-be 사회과학으로 취급한다). 인류를 진화한 영장류라고 적절하게 규정할 수 있다는 것은 사실이다. 그렇지만 다른 영장류 못지않게 우리는 우리 자신의 종(種) 특수적 속성들을 가지고 있다. 윈치 그리고 윈치처럼 생각하는 사람들은 언어 사용에 초점을 맞추고 있으며, 이것에 관해서는 이야기할 것이 많이 있다. 그렇지만 우리는 독특한 양식의 사회적 결속 – 그것을 통해 인간들이 그들 자신을 재생산하는 – 과 매우 유연하고 가변적인 형태의 사회적 협력 – 그것을 통해 사람들이 자신들의 물질적이고 문화적인 필요를 충족하면서 자연의 나머지 부분과 상호작용하는 – 이라는 맥락 속에서 언어 자체의 진화와 언어 획득의 중요성을 이해할 수 있다. 이것들 또한 삶의 사실들이지만, 이것이 그 사실들에 관해 생물학(또는 일반적으로 '생명과학들')이 유일하게 권위 있는 관점을 갖는다는 것을 인정하는 것은 아니다.

이것에 이르면, 나는 더욱더 도발적인 자연주의로 진격하고 싶은 유혹에 저항할 수가 없다. '삶의 사실들'로 간주하는 윈치의 세 요소는 (그리고 그 밖의 것들 또한) '알고 있는 모든 인간사회들의 삶에 피할 수 없게 관련되어 있을' 뿐 아니라, 인간 아닌 대부분의 동물 종들(무엇이든 성을 통하여 번식하는 종들)의 삶에도 똑같이 피할 수 없게 관련되어 있다. 방금 내가 제시한 것처럼 이해한 윈치의 '구획 짓는 관념들'은 아마도 우리가 다른 문화들을 이해할 수 있는 것으로 만들 수 있는 데 더하여 우리가 지구에서 함께 살아가는 다른 종들의 삶의 양식들을 이해할 수 있게 만드는 '교두보'를 제공할 것이다.

아마도 그 종들의 삶의 양식은 우리의 삶의 양식과 마찬가지로 생태학적 긴급 사태들에 직면하여 삶을 지속하는 문제들을 해결하는 여러 가지 상이한 (진화한) 방식들로 이해할 수 있을 것이다. 그리고 그것들을 다루는 노력 속에서, 아마도 우리는 그들의 독특한 삶의 양식들에 비추어 우리 자신의 (역사적으로 발현한) 사회-문화적 삶의 양식들을 재평가할 수도 있고 그러므로 우리의 지평을 확대하고, 그것들에 대해 '책임'을 인정하게 ─ 허친슨 등이 다른 (인간) 사회적 행위자들에 대해 책임을 인정하듯 ─ 될 수도 있다. 아마도 자연과학들은 윈치나 그의 신봉자들이 인식하는 것보다 훨씬 더 윈치파의 사회연구 관행과 (그것들이 종종 그러하듯) 유사할 수 있다.

이런 종류의 자연주의는 결국 윈치의 조언자인 비트겐슈타인의 몇 가지 주장에서 그다지 멀리 벗어나지 않는다. 『철학적 탐구Philosophical Investigations』(다음부터는 『탐구』로 줄여 적음)에서 비트겐슈타인(Wittgenstein: 1958, 1997)은 낯선 언어를 가지고 있는 우리가 알지 못하는 나라에서의 여러 가지 활동들을 어떻게 이해할 수 있는가를 묻는다. 그의 답은 이렇다. "인류의 공통적인 행위 방식은, 우리가 우리에게 낯선 언어를 해석할 때 의거하는 준거체계이다(『탐구』, 글 206)". 다른 곳에서, 그는 '명령, 질문, 열거, 잡담' 등과 같은 언어 활동들은 '걷기, 먹기, 마시기, 놀기 등과 대체로 같은 우리의 자연사의 부분'이라고 언급한다(『탐구』, 글 25). 정신적 삶에 대한 비트겐슈타인의 후기 철학의 중심 주장은 사실상, 자연적으로 외부를 향하는 표현이 없다면 우리가 우리의 '내적' 정신의 삶에 관해 이야기하는 언어를 가르치거나 배울 수 없을 것이라는 것이다. 비트겐슈타인이 말하듯, "만약 사물들의 상태가 실제의 그것들의 상대와 전혀 다르냐면, 예컨대 고통, 공포, 환희의 특징적인 표현이 존재하지 않는다거나, 규칙이 예외가 되고 예외가 규칙이 된다거나, 또는 이 두 가지가 대체로 동등한 빈도로 일어나는 현상이 된다면, 우리의 정상적인 언어게임은 그것의 요체를 상실하게 될 것이다"(『탐구』, 글 142).

내가 앞에서 제시한 종류의, 종들을 가로지르는 자연주의를 비트겐슈타인이 지지하는 사례도 있다. 비트겐슈타인은 고통의 자연적 표현을 위해서는 우리가 고통에 관해 이야기하는 언어를 가지고 있어야 한다는 자신의 주장을 설명하면서, "지금 바동거리는 파리 한 마리를 보라. 그러면 이러한 어려움은 즉각 사라지고 고통은 여기서 손에 잡힐 수 있는 것처럼 보인다"고 말한다(『탐구』, 글 284). 그리고 의도라는 개념에 대해 다시 말한다. "의도의 자연적 표현은 무엇인가? 새 한 마리에 살금살금 다가가는 고양이를 보라, 또는 도망가려고 할 때의 짐승을 보라"(『탐구』, 글 647). 이러한 정향은 사회과학에 대해, 인간을 다른 종들과 전혀 다른 것으로 구별하는 특징들에 관해 사유하는 새로운 방식을 위한 배경으로서, 우리가 다른 종들과 공유하고 있는 것들을 살펴보는 새로운 방식으로서 가치를 가질 것이다. 또한 그것은 인간의 사회적 삶이 필연적으로 자연의 나머지 부분들 — 생물체들과 무생물체들 — 에 자리 잡고 이것들에 의존하고 있다는 점을, 그 삶에 대한 우리의 설명 속에 더 풍부하게 포함하는 과정을 진전시킬 것이다(이 논증 및 관련된 논증에 대한 더 많은 토론은 Benton, 1993; Moog and Stones, 2009를 볼 것).

탈마르크스주의와 탈구조주의

허친슨 등은 (그들이 해석한) 윈치가 주장하는 사회과학에서의 반과학주의를 강력하게 옹호하지만, 일부의 사회과학들에서는, 특히 대규모 자료 덩어리의 통계적 조작으로 결론을 이끌어내는 정치학과 경제학의 접근에서는, 철학이나 사회이론의 더 기초적인 질문에 그다지 '몰두하지navel-gazing' 않은 채 대부분의 연구활동을 수행한다. 이런 연구는 대부분 느슨한 형태의 실증주의적 과학관을 받아들이고 있다(그러나 늘 그런 것은 분명히 아니다). 양극화한 사회과학철학들 — '해석학'과 '실증주의' — 은 여전히 경쟁하는 연구전통들을 형성하는 데 중요하게 작동하는 것으로 보이며, 사회학과 인류학의 대부분을 지배하는 해석학적 접근에서는 사회적 삶의 참여자들이 전개하는 의미를 이해하는 데 집중하고 있다. 시간과 돈이라는 자원의 제약을 받는 개인 학자들이 수행하는 연구에서는 특히 그러하며, 이와 대조적으로 외부의 재정 지원을 받는 대규모의 연구집단에서는 대량의 경험자료의 수집과 분석이 실질적으로 가능하며 규범적으로 필요하다.

그렇지만 이언과 내가 이 책을 쓰면서 공유한 중요한 동기에는 의미와 원인, 개별과 보편, 질적방법과 양적방법 사이의 상당히 쓸모없고 결말 없는 대립을 극복하려는 것도 있었다. 우리가 이 책을 쓸 무렵의 10여 년 또는 그 이상에 걸쳐 지적 유행이던 이러한 대립을 넘어서는 한 가지 방법은, 사회과학에서(아울러 철학, 문학 그리고 일반적인 창조적 예술에서) 현상status quo의 집약이라고 할 수 있는 전통이나 논쟁묶음 — 그것이 무엇이든 — 을 자신이 '벗어났다post'고 선언하는 것이었다. 이것은 자신을 역사적 진보의 선봉에 위치시키고(하지만 역설적이게도 대부분의 '탈'들은 역사적 진보를 부정한다!), 동시에 과거의 지적 작업과 그것의 문제들을 폐물로 만드는 전략적으로 만족스러운 효과를 가지고 있었다. 이언은 우리가 사용할 수 있었던 제한된 지면에서 이런 운동의 몇몇 핵심적인 지적 봉우리들을 붙잡고 훌륭하게 씨름했으며, 그들의 작업에서 가치 있는 것들을 찾아냈지만 궁극적으로는 그가 하버마스의 비판에서 이끌어낸 관점에 입각하여 그들의 사상에 담긴 내적 모순성과 부분성을 폭로했다(이 책 제10장).

우리가 '탈'들을 따를 의향이 없다면, 이제 사회적 실재의 성질에 대한 그리고 그 실재를 이해하는 우리의 능력에 대한 주목할 만한 철학적 접근은 세 가지가 남는다. 그것들은 다음의 두 기준을 충족한다.

1. 그것들은 자연과학의 역사 및 철학에서의 새로운 발전들 — 우리가 진정한 진보를 형성한다고 생각하는 — 에 대해 알고 이를 사회과학에 관한 그것들의 견해의 내용에 포함한다.
2. 그것들은 사회연구에서 의미중심적 접근을 옹호하는 윈치와 그 밖의 논자들의 주장을 진지하게 받아들이지만, 이 주장에 나타난 통찰과 부합하는 더 야심차고 비판적 연구 기획을 발전시키는 방법을 찾고자 한다.

이 세 가지 접근은 하버마스 및 그의 일부 동료들과 관련된 비판적 합리주의(이 책 제7장), 여러 경향의 여성주의를 철학과 연결하는 새로운 작업(이 책 제9장) 그리고 바스카, 콜리어 등의 저작과 연결되는 여러 형태의 '비판적 실재론'이다(이 책 제8장).

우리 두 사람은 이 세 가지 접근 모두의 상이한 측면들에 공감하고 있었다. 그렇지만 나는 오랫동안 비판적 실재론 진영에 가담했으며, 이언도 또한 자신을 그 스펙트럼 안에서 상당히 다르게(해석학적, 주체-중심적 입장에 더 가깝게) 위치시키면서 그렇게 생각했을 것이다. 우리가 이 책을 쓴 이후, (특히 영국의 맥락에서) 후속의 사회과학철학 저작들에서는 여러 형태의 비판적 실재론과 그것들 사이의 논쟁이 한 가지 중요한 특징을 가졌고, 이것은 실질적인 사회과학 연구에 중대한 영향을 미쳤다. 그러나 일부의 '탈'들에서도 진지하게 검토할 만한 (그리고 참으로 위에 제시한 두 기준을 충족하는) 새로운 발전이 나타났다. 한 가지 사례는 라클라우와 무페(Laclau and Mouffe, 1985)가 개척한 '탈마르크스주의'의 철학적 측면의 발전이다.

글리노스와 하워스는 『사회 · 정치이론에서 비판적 설명의 논리Logics of Critical Explanation in Social and Political Theory』(Glynos and Howarth, 2007)에서, 라클라우Ernesto Laclau와 무페Chantal Mouffe 그리고 이언이 제10장에서 논의한 탈구조주의 사상가들(특히 데리다, 소쉬르, 라캉 그리고 푸코)의 작업에 의지하여,

사회과학과 정치학에 대한 비실증주의적인, 그렇지만 여전히 설명적인 비판적인 접근을 위한 철학적 기초를 제공하고자 한다. 그들의 철학적 주장은 실증주의/해석학 대립의 곤경을 넘어서는 길을 보여주려는 의도를 가지고 있지만, 그들의 비판적 화살은 그들이 보기에 정치학 분야에서 여전히 왕성하고 탄탄하게 작동하고 있는 실증주의를 가장 맹렬하게 겨냥하고 있다. 그들에 따르면, 실증주의가 제안하는 과학적 설명의 이상은 개별 사건들(활동들, 과정들 등)을 보편법칙 아래 '포섭subsumption'하고, 그 법칙에서 예측을 연역하여 그 법칙에 담겨 있는 진리주장을 시험하고자 시도하는 것이다.

이러한 설명과 이론시험의 모형을 사회세계에 이전하는 것은 근본적으로 잘못 안내된 것이라는 점이 그들의 견해인데, 윈치 그리고 사회연구에서 의미의 중심성을 강조하는 다른 옹호자들도 이 견해를 공유하고 있다. 그들이 실증주의에 반대하는 까닭은, 인간의 사회적 행위와 상호작용에는 환원불가능한 해석학적 차원이 있으며, 그러므로 그러한 행위와 상호작용을 대상으로 삼는 모든 해석적이고 설명적이고자 하는 작업은 이것을 인식하고 존중해야 한다는 것이다. 차례로 이것은 인간이 '의미를 생산하는' 또는 '자기 해석적인' 동물이라는 기본적인 존재론적 '사실'에서 유래한다(Glynos and Howarth, 2007: 23). 그들은 과학적 설명의 '포괄법칙' 모형을 사회연구에 적용할 수 없다는 주장을 사회연구 학문분과들의 주제를 형성하는 존재, 과정, 활동 등이(자연과학의 그것과는) 종류가 다르다는 견해와 연결한다. 이것으로 그들은 그 설명 모형이 자연과학이라는 그것의 원래의 영역에서는 (일반적으로) 적용가능한가라는 더 기본적인 질문을 비켜 가고 있다. 사실상, 그들은 자연과학에 대한 비실증주의적인 새로운 견해가 있다는 것을, 특히 '역행추론'이라고 부르는 추론 형태의 중요성에 대한 그들의 흥미로운 논의에서 인식하고 있다(이 책 68~69쪽을 볼 것). 그렇지만 그들의 요점은 자연과학에 대한 설명으로서 그러한 새로운 견해의 지위가 어떠하든 그 견해는 여전히 대부분의 사회과학연구를 강력하게, 그리고 그들이 보기에, 유해하게 장악하고 있다는 것이다. 정치학과 경제학 같은 학문분과들에서는 특히 그러하다. 그리고 이 때문에 그것은 여전히 비판할 필요가 있다는 것이다. 내가 뒤에서 논의할 것처럼, 자연과학에 대한 철학적 토론을 회피하는 이러한 경향은 그들이 논의의 나중 단계에서 드러내는 몇 가지 문제점들의 뿌리가 된다.

사회과학에서 포괄법칙 설명모형을 거부하고 모든 사회과학적 설명에서 해석학적 측면의 필요를 강조하는 점에서 그들은 윈치 및 다른 해석학자들에 동조하지만, 글리노스와 하워스는 사회관계와 실천들에 대한 설명과 비판적 평가가 그런 것들과 모순 없이 가능하다고 믿는다. 그들은 (허친슨 등이 제시한 독해에서 본 것처럼) 윈치나 비트겐슈타인 그 누구도 설명이나 비판을 포기하지 않았다고 인식한다. 그렇지만 그들의 주장은, 그들이 논의하는 이 전통 속의 저자들이 사회연구의 이러한 두 가지 열망의 어느 하나를 어떻게 충족할 것인가에 대해 논의를 발전시키지 않았거나 불확실하다는 것이다.

그들의 견해에 따르면 사회과학에서 더 야심찬 설명적이고 비판적인 연구 기획을 철학적으로 정당화할 수 있는 것은 두 가지 접근뿐이다. 첫째, 탈구조주의 통찰의 일부를 발전시키는 그들 자신의 방식이 있고, 둘째, 그들이 사회적 삶에서 '인과기제'를 찾는 접근과 동일시하는 또 다른 전통이 있다. 이것은 비판적 실재론과의 결합을 시사하지만, 불행하게도 그들은 이 전통 가운데 바스카의 저작만을 매우 간략하고 불완전하게 다루고 있다. 그리고 그들은 엘스터John Elster의 방법론적 개인주의 사회철학에 대해서는 그들의 비판적 논의의 대부분을 보류한다(우리가 관련된 개인주의적 '합리적 선택'이론을 간략하게만 다루고 있다는 것은 우리의 책에 대해서도 정당한 비판이다. 그러나 여기서 이것을 수행하는 것은 이러한 논평의 범위를 넘어서게 될 것이다. 합리적 선택이론이 타당하다고 생각하고 그것을 더 자세히 살펴보고자 하는 사람은 아처와 트리터(Archer and Tritter, 2000)에 실려 있는 그 이론에 대한 일련의 비판적 접근을 볼 수 있다.

　글리노스와 하워스는 사회과학철학이라면 어느 것이거나 존재론의 문제에 주목해야 한다는 비판적 실재론자들의 주장에 동의한다. 그리고 그들에 따르면, 이것은 단순히 사회세계에 어떤 종류의 객체들이 존재한다고 말하는 것 뿐 아니라, 그 객체들의 존재가능성을 해명하면서 가져야 하는 가정들을 밝히고 그 객체들을 이해하고 설명하는 방법을 고안하는 것을 의미한다. 그렇지만 바스카와 달리 그들은 몇 가지 친숙한 사회적 행위에 대한 문제없는 서술에서 역행추론적 또는 초월적 논증을 통하여 그들 자신의 존재론을 도출하고자 시도하지는 않는다(이 책 제4장 68~69쪽과 제8장 211쪽을 볼 것). 대신 그들은 단지 사회세계의 핵심적인 '구성적' 특징들 ― 종종 라클라우와 무페에 대한 그들 자신의 개정을 통해 일부의 탈구조주의 사상가들의 저작에서 그들이 도출하는 ― 을 제시할 뿐이다. 그들은 대부분의 탈구조주의적 사상의 경향에 반대하면서, '실재하는 것'을 궁극적으로 '개념'으로 환원할 수는 없다는 라클라우와 무페의 견해에 찬동한다. 달리 말하면, 우리가 언어적으로 구성하는 개념 장치가 늘 그리고 필연적으로 외부의 실재를 완전히 포착할 수는 없다는 것이다. 글리노스와 하워스는 이것을 물질론적 존재론으로 부르는데, 나는 그것을 오히려 최소한의 실재론적 존재론이라고 생각한다. 여러 형태의 물질론이 있지만 그들은 일반적으로 우리의 사유를 넘어서는 환원불가능한 실재를 단순하게 확인하는 것을 넘어서, 어떤 종류의 객체들이 '실재하는 것'을 구성하게 되는가에 관하여 실질적인 주장을 한다. 바스카와 라클라우 사이의 논쟁에는 비판적 실재론과 담론이론 사이에서 쟁점이 되는 것에 대한 상당히 기술적(技術的)이고 비결론적인 토론이 있다(Laclau and Bhaskar, 1998). 그 핵심에서, 두 사람의 차이는 있는 그대로의 세계 ― 그 세계에 관한 우리의 사유에서 독립하여 존재하는 ― 에 관해 우리가 정당하게 추론할 수 있는가의 여부에 달려 있다. 바스카(와 아마도 대부분의 비판적 실재론자들)에 따르면, 우리는 인간의 사회적이고 담론적인 실천이 존재한다는 사실에서, 이런 실천이 가능하려면 무엇이 '초담론적으로' 있어야 하는가를 정당하게 추론할 수 있다. 담론이론의 옹호자들에 따르면, 그러한 추론의 결론은 그 자체가 담론적 성격을 가질 수밖에 없다. 담론이론 안에는, 한편으로 실재는 그것에 관한 우리의 사유에서 독립적인 어떤 것이라고 주장하고자 하는 욕망과, 다른 한편으로 실재를 그것에 대한 담론적 구성에 통합하고자 하는 욕망 사이의 긴장이 있는 것으로 보인다. 그렇지만 두 접근은 사회연구를 위해 기저의 존재론을 밝히려는 입장을 공유하고 있다.

글리노스와 하워스는 사회연구를 위한 그들 자신의 존재론에 포함하는 내용에서 그들이 '사회관계와 정체성의 근본적 불확정성radical contingency of social relations and identities'이라고 부르는 것을 강조한다. 그들은 종종 이것을 '결여의 존재론ontology of lack'이라고 요약한다. 사회과학 실천에 대해 이 존재론이 갖는 의미와 함의를 자세히 다루는 것은 여기서의 논의의 범위를 크게 벗어난다. 그렇지만 나는 적어도 그것의 핵심적인 난점이라고 내가 생각하는 것에 대해서는 강조할 수 있을 것이다. 글리노스와 하워스가 사용하는 '불확정성'의 개념은 종종 그 어떤 사회적 실천(또는 '체제regime')에 대해서도 늘 가능한 대안이 존재한다는 것을 의미하는 것으로 받아들여진다. 그렇지만 '근본적' 불확정성은, 모든 사회적 실천에는 그리고 모든 주관적 정체성에도, 또한 필연적 또는 '구성적constitutive' 불완전성이 존재한다는 의미에서 이것 이상을 의미한다. 그들에 따르면, 그것은 실천의 불완전성, 그것의 고유한 '결함이나 균열'이 그것의 주체들에게 드러나게 되는 '탈구dislocation'의 순간이 발생할 가능성이 언제나 존재한다는 이야기가 된다(이때 주체들의 반응은 예측하기 어려운 방식으로 다양할 것이다). 이것은 글리노스와 하워스가 주의 깊게 작업한 일련의 개념 — '체제와 실천의 변형 그리고/또는 안정화'시킬 가능성의 조건을 이해하기 위한 접근으로 발전시키는 — 에 대한 정교화의 시작이다(Glynos and Howarth, 2007: 103).

대체로, 이것은 그람시의 헤게모니 및 대항헤게모니 투쟁 개념에 대한 복잡한 철학적 재조정이며, 그람시 자신의 이론적 질문을 그것의 연구과제에 대한 광범한 정의로 삼는다. 그렇지만 이것은 단지 부분적으로만 그러하다. 그들의 존재론을 형성하는 한 가지 중요한 이론적 혁신은 그들이 보유하고 있는 해석학적 통찰에 대한 그들의 해석이다. 그들에 따르면, 모든 사회적 과정은, 우리가 그것을 비의도적으로 설명하고자 할 수 있는 경우에조차도, **"주체의 담론적 활동이 그것을 구성적으로 유지하고 매개한다는 의미에서 인간의 실천에 기생한다"**(Glynos and Howarth, 2007: 97 – 강조는 원문). 탈구조주의자들(특히 소쉬르와 푸코)의 영향 아래, '의미'와 '해석'이라는 해석학적 개념은 '담론'이라는 미묘하고 논란의 여지가 있는 관념으로 변형된다. 일부 논자들에 따르면, 이것은 사회적 (그리고 심지어 심리적) 과정이 늘 언어적이라는, '언어와 유사하다'는 것을 함축한다. 다른 일부 논자들은 담론의 개념을 형태를 가진 사회적 실천들에, 이 실천들에 대해 문화적으로 제공된 규칙과 규범에 입각하여 어떤 측면에서 의미 있는 것이라고, 이해할 수 있는 것이라고 말할 수 있는 한, 확장할 수 있다고 주장한다. 글리노스와 하워스는 라클라우와 무폐를 따라, '모든 행위, 실천 그리고 사회구성체'는 성질에서 담론적이라고 주장한다. 그들에 따르면, "대상의 정체성은 특정의 담론이나 의미체계 — 그 안에서 그 정체성이 구성되는 — 에 의해 부여되며", "담론의 개념은 실천에 대한 의미의 중심성을 표시한다"(Glynos and Howarth, 2007: 109쪽).

우리가 담론 개념을 어떤 방식으로 해석하든 간에, 라클라우와 무폐 및 그들의 동료들이 옹호하는 사회적 존재론에서는 자연과학의 대상들 — 의미를 생산하지 않는 또는 '자기해석적'이지 않은 — 과의 대비가 중심적이라는 점은 분명하다.

흥미롭게도, 이런 측면에서 그들의 입장은 바스카의 초기작업의 입장과 매우 유사하다. 바스카 역시 인간 행위주체 및 사회구조와 자연과학의 대상을 존재론적으로 아주 강력하게 구별했다(이 책 제8장 224~225쪽, 그리고 Benton, 1981). 이것에 대해 의문을 제기하는 한 가지 방식은, 인간 행위주체는 종종 '의미를 생산하는 **동물**'로 규정된다고 지적하는 것이다(Glynos and Howarth, 2007: 23). 그들은 사회과학이, 이러한 매우 특수한 '인간' 동물의 사회적 삶에 대한 연구와 관련하여, 의미를 생산하는 속성이 우리가 고려해야 하는 것의 전부라고 상정하고 작업을 진행할 수 있다고 생각하는 듯하다. 체제의 안정화 또는 변형의 조건에 관해 명확히 밝히는 그들의 신그람시주의적 문제틀에 따르더라도, 물질적 양보의 역할과 함께, 직접적인 물리적 폭력의 사용을 포함하는 강제의 역할 또는 강제의 위협의 역할을 인정할 필요가 있다. 이것들 각각은 불가피하게 인간의 신체화, 물질적 필요와 요구, 그리고 물리적 (화학적 등) 기술 — 이것의 기능은 자연과학적 지식에 의존하거나 또는 자연과학적 지식을 통해서만 해명할 수 있다 — 의 이용가능성 등에 대한 인식을 포함한다. 더 일반적으로, 그 어떤 형태의 사회적 삶에 대해서도 그것을 가능하게 하는 가장 기초적인 조건은 인간의 실천과 그것의 물질적 수단, 에너지원, 물질, 폐기물/오염물 흡수장치 사이의 지속적인 '물질대사'이다.

담론적 실천은 인간 — 그것이 무엇이거나 간에 생물유기체인 — 이 수행할 뿐 아니라, 인간이 수립하거나 변형하는 사회관계는 인간의 사회적 삶의 형태에 매우 중심적인 많은 것들 — 인간 주체들 사이의 사회적 관계일 뿐 아니라 인간들과 물질적 대상들, 물리적·화학적·생물학적 과정들, 다른 생물유기체 종들 등 사이의 관계이기도 한 — 을 포함한다. 인간의 사회적 삶에 등장하는 이러한 '타자들'의 인과적 힘은, 종종 담론 및 주관적 인식에 의해 '매개되는' 방식으로, 그 삶을 형성하고 유지하거나 소거하는 데서 특징적인 역할을 수행한다. 그렇지만 결코 이것이 이야기의 전부는 아니다. 물리적·화학적·생물학적 기제들이 인간의 실천과 개인의 삶에 영향을 미치는 인과적 연결망의 대다수는 의식적인 행위자의 '배후에서' 담론으로 표현되지 않은 채 작동한다. 프레온가스CFC나 이산화탄소CO. 배출이 자외선 노출의 증가나 기후변화의 원인이라고 과학적으로 판별하기 이전에도 그것의 결과는 존재했다. 콜레라나 다른 전염병들의 창궐은, 세균이 그것에서 어떤 인과적 역할을 하는가에 대해 과학적으로 이해하기에 훨씬 앞서서, 그리고 과학적 이해와 별개로 그것의 가공할 결과를 보여주었다.

흥미롭게도, 글리노스와 하워스는(Glynos and Howarth, 2007의 연구에 의지하여) 근대적인 환경운동을 사회적 실천의 변화를 촉발하는 정치적 동원의 사례로 사용한다. 사용하는 전술과 도전받는 실천에 대한 명확하고 통찰력 있는 서술에도, 그들은 그 운동을 지배적인 언어에 대한 도전이라고 해석하는 것으로 결론짓는다.

> 일부의 기표들 또는 언어적 표현들 ― '지속가능한 환경', '건강', '모두를 위한 정의' 등등 ― 은 탈구된 공동체나 삶의 결여된 완전성을 나타내는 이름으로 기능한다. 그것들은 상응하는 사실이 없는 비유들이지만 ― 그것들은 급진적 의미에서 이름 붙이기의 계기들이다 ― 그것들은 기호체계나 언어의 실패를 나타내려고 노력한다(Glynos and Howarth, 2007: 122).

첫째, 여기서 글리노스와 하워스는 환경운동가들이 자신들이 수행하고 있다고 제시하는 것에 대해 아주 강력하게 논박하는데, 글리노스와 하워스가 주체가 가진 의미의 중심성을 강조한다는 사실을 고려하면 이들이 주장하는 해석에 의문을 제기할 수 있다. 그 운동가들의 활동이 '기호체계의 실패를 재현하려는' 시도라는 것에 동의할 사람은 거의 없으며, 건강과 지속가능성이 '상응하는 사실이 없는 공허한 기표'라는 것에 동의할 사람은 더욱 없다고 나는 생각한다. 아마도, 이것은 환경운동이나 그 밖의 사회운동을 해석하는 다소 특이한 방식일 뿐 아니라 사회적 설명에 대한 이러한 접근에서 채택한 존재론이 체계적으로 만들어낸 결과일 것이다. 부분적으로 이것은 소쉬르에 기초하여 언어와 담론에 대한 견해를 이끌어내는 탈구조주의자들이 언어를 언어 밖의 무엇인가를 지시하는 데 사용할 수 있다는 생각을 다루는 데 어려움을 겪는 경향이 있다는 점에서 기인할 것이다 — 언어는 (여러 가지 가운데) 그 무엇인가에 관해 사유하고 탐색하거나 이야기하는 수단이 아니라 우리를 세계에서 격리하는 장막이 된다. 그러므로 정치적 동원은 사실상 삼림파괴, 기후변화 그리고 과도한 소비주의에 '관한' 것일 수 없고(이러한 관심에 상응하는 '사실이 존재하지 않기' 때문에), 단지 기후변화와 삼림파괴 등의 **언어**에 대한 도전일 수 있을 뿐이다.

진리주장에 관한 탈구조주의의 회의주의는 그러한 정치적 동원에서 인식의 역할을 주변화하는 경향에서도 또한 작동한다. 예컨대, 일부 기후 관련 학술지의 심사과정의 공정성에 대한 이의제기가 '기후변화 회의주의자'에게 강력한 무기를 제공하는 방식을 생각해보자. 사실 정치활동가를 포함한 사회적 행위자들은 '의미생산자'이며, 또한 그들은 공포, 욕망 등과 같은 일련의 정서적 성향과 능력을 가지고 있다(이 점에 대해서는 글리노스와 하워스도 탈구조주의 정신분석학자 자크 라캉의 '향유juissance/enjoyment' 개념을 기술적으로 사용하면서 상당히 완곡하게 인정했다 — 이 책 제10장: 279~280쪽). 그렇지만 인간 행위주체들은 **단순한** 의미의 생산자이며 욕망(등)의 주체일 뿐 아니라 지식을 가질 수 있는 주체이다. 그들이 알고 있는 것의 적어도 일부는 그들 자신이 살고 있는 사회, 그들의 실질적이거나 예기적인 개입, 열망, 삶의 전략 등에 대한 사회의 상대적 개방성이나 저항성에 관하여 축적된 인과적 믿음을 포함한다. 그러나 글리노스와 하워스는 이 맥락에서 '포괄법칙' 인과성 모형에 적절하게 도전한다. 이러한 인과적 지식의 대부분은 암묵적이며, 표현할 때에는 '경험법칙적rule of thumb' 일반화와 예상의 형태를 띠는 경우가 많다. 그들은 또한 강력한 근거 위에서, 사회과학에서 인과적 설명을 옹호하는 우리 같은 (비판적 실재론자를 포함한) 사람들이 전형적으로 사용하는 언어에 담긴 '기계론적인mechanistic' 함의를 지적한다. 사회적 삶의 인과과정에 관한 더 분화되고 맥락에 민감한 사유방식은 분명히 필요하다.

끝으로, 담론 실천에 초점 맞추기는 체제의 안정화 그리고/또는 변형 과정의 핵심 측면을 조명한다. 그렇지만 내가 위에서 제시하고자 했던 것처럼, '공동체 삶'과 그것의 '탈구'를 오로지 담론 실천에만 입각해서 제시하는 것은, 사회적·문화적 변동을 저지하거나 촉진하거나 형성하는 데서 식량작물, 가축, 질병미생물 등과 같은 생물유기체, 공업 및 소비 기술 그리고 인간과 생산자원과 오염물 흡수장치의 지리적 배치 등의 인과적 역할을 부당하게 주변화하는 것이다(또는 심지어 생각할 수 없는 것으로 만드는 것이다). 물론, 이러한 인간 이외의 존재들과 관계들의 대부분(분명히 전부는 아니다)은 (신체적 모습을 가진) 인간들의 활동, 그들의 주관적 상태 그리고 담론 전략들을 통하여 그것들의 인과적 힘을 행사한다. 그렇지만 요점은 이것이 그러한 곳에서조차 다양한 '물질성들'이라는 더 광범한 맥락을 사회과학적 분석 속으로 충분히 끌어들이지 않고서는 이러한 상태와 전략들은 거의 이해할 수 없다는 것이다.

비판적 실재론과 사회과학

글리노스와 하워스가 (초기의 바스카의 비판적 실재론과 거리를 두고 있지만, 그들의 접근은 이것과 많은 것을 공유하고 있다. 자연과 인간사회의 강력한 대립, 이와 관련된 것으로 사회과학적 연구에서 해석학적 접근에 대한 그들의 제한적인 공감은 특히 그러하다. 이 책(제8장)에서 비판적 실재론을 살펴보면서 나는 비판적 실재론의 발전에서 바스카의 막대한 공헌에 합당한 무게를 부여했다. 그렇지만 동시에 나는 비판적 실재론을, 그것의 원래의 시작을 수많은 이론가들(과 활동가들) — 그들의 대부분은 여러 쟁점에 대해 바스카와 상당한 의견 차이를 보인다 — 을 포함하는 광범한 합동 '연구 기획'으로 인식했다. 부분적으로, 이것은 내가 당시 바스카의 견해가 그의 이전의 작업이 가진 중요한 통찰력을 위태롭게 하는 방향으로 이동하고 있다는 인상을 받은 데서 기인하는 것이었다. 원래, 비판적 실재론자들은 그들 자신을 사회과학을 위한 '조수'로 생각했으며, 실제 연구에서 발생하는 개념적 쟁점들을 뽑아내어 명료하게 정리하는 한편, 실증주의와 급진적 해석학의 두 입장 모두가 배제하는 종류의 설명적이고 이론적인 움직임들을 옹호하고자 했다. 그 뒤, 바스카의 후기 작업은 한층 더 정교하고 도식화된 형이상학적 철학이 되었으며, 결국에는 상당히 과도한 새 시대 종교new-age religion가 되었다. 그의 가장 가까운 일부 숭배자들은 이러한 '영성적 전환spiritual turn'에서 그를 따랐지만, 비판적 실재론을 '비판적' 사회과학을 명료화하고 옹호하는 데 도움을 주는 유용한 자원으로 생각하는 사람들 대부분은 후기 바스카의 승화를 대체로 언급하지 않은 채 그들의 작업을 계속해왔다.

　부분적으로는, 비판적 실재론 내부에서 등장하는 이러한 상당히 중심적인 도전의 결과로, 이언과 내가 이 책을 쓴 이후에 비판적 실재론자들이 매우 광범한 쟁점들에 관해 서로 논쟁하고, 또한 이전에는 비판적 실재론과 양립불가능할 것으로 생각했던 접근들과 비판적 실재론 사이의 관계를 살펴보고자 하는 새로운 저작들이 쏟아졌다. 이런 논쟁에 가담한 작업들 가운데 포터(Potter, 2000), 세이어(Sayer, 2000), 딘 등(Dean et al., 2006), 로페즈와 포터(Lopez and Potter, 2001), 프롤리와 피어스(Frauley and Pearce, 2007) 그리고 크루이크생크(Cruickshank, 2003) 등의 논의는 비판적 실재론에 대한 접근하기 쉬운 안내를 제공하고 있다. 나는 현재의 간략한 소개에서 이러한 새로운 저작들을 공정하게 다룰 수는 없지만, 적어도 제기된 핵심적 쟁점들과 이 쟁점들을 다룬 책들과 논문들의 일부에 대해서는 주의를 기울일 수 있다.

21세기의 첫 10여 년 동안 가장 크게 주목받은 쟁점들은 대략 6가지 주제로 정리할 수 있다.

1. 바스카의 '영성적 전환'을 비판적 실재론자들은 어떻게 생각해야 하는가?
2. 비판적 실재론은 방법론과 사회이론의 오래된 쟁점들을 해결하는 데 도움을 줄 수 있는가?
3. 비판적 실재론은 사회과학과 자연과학의 분리를 연결하는 데 도움을 줄 수 있는가?
4. 비판적 실재론과 마르크스주의(그리고 그 밖의 실질적 접근들) 사이의 관계는 무엇인가?
5. 비판적 실재론에서 '비판적'이란 무엇인가(비판적 실재론, 도덕성, '해방')?
6. 비판적 실재론은 여성주의 사회과학에 제공할 것을 가지고 있는가?

바스카의 '영성적 전환'을 비판적 실재론자들은 어떻게 생각해야 하는가?

바스카의 『변증법Dialectic』 이후의 저술들이 독자에게 다루기 힘든 광석이라는 점은 인정해야겠지만, 우리를 위해 일부의 실재론자들이 그것들을 진지하게 비판적으로 검토하는 수고를 했다. 포터(Potter, 2007)도 이들 가운데 하나인데, 그는 '신God'에 대한 바스카의 새로운 논변(과 정의)를 끈기 있게 분해했다. 또한 매우 신중한 한 논문집의 저자들은 바스카의 새로운 저술들과 특히 '메타실재meta-reality' ― 과학의 범위를 벗어나는 그리고 인간 개인들의 자기실현적 성찰에 의해서만 접근가능한 ― 을 옹호하는 그의 주장을 비판적으로 다루고 있다(Dean et al., 2006). 일부 저자들은, 바스카의 후기 저작이 초기의 비판적 실재론이 상정한 사회과학을 위한 '조수'라는 중요한 역할을 전복할 우려가 있다고 지적한다. 또한 일부 저자들은 그 위협이 매우 심층적인 것으로, 바스카가 개인의 자기실현에 대한 '새 시대' 영성적 관심을 강조함으로써 비판적이고 해방적인 활동을 독특한 형태의 억압들에 대항한 집합적 투쟁으로 보는 이전의 견해를 포기하고 있다고 주장한다. 그렇지만 그 책의 저자들은 그들이 '곧 로이 바스카의 최근의 저술에 대한 지속적인 비판에 참여할 가치는 없다는 결론에 도달했다'고 말한다(Dean et al., 2006: 148). 더 최근에, 매클레넌(McLennan, 2009)은 바스카와 그 밖의 논자들 ― 그가 저명한 사회학자라고 부르는 아처 등과 같은 ― 이 비판적 실재론을 종교적 이데올로기로 변형하는 상황을 보면서 이 입장이 지속적으로 가치를 가지고 있는가에 의문을 제기했다(또한 Archer et al., 2004도 볼 것).

사회과학에서 설명적이고 비판적인 작업을 유지하려는 다원론적인 협동 노력으로서 비판적 실재론을 그것의 정반대, 즉 형이상학적-종교적 믿음체계로 변형하는 작업에 대한 내 자신의 반응은 당황이었다. 사회과학 연구의 잠정적이고 오류가능하며 종종 재미없는 성과는 '해방'을 열망하는 사람의 인내력을 시험하는 것이라고 할 수 있으며, 그러므로 종교적 믿음의 확실성의 유혹에 빠지는 것도 충분히 이해할 수 있다. 당연히, 그 유혹에 굴복하는 사람들은 그것의 편안함과 위안을 공유할 자격을 갖는다. 내 요점은 형이상학적 체계구성과 신학적 사변으로의 전환을 사회과학에 대한 비판적 철학으로서 비판적 실재론의 원래의 모습과 혼동하지 말아야 한다는 것이다. 비판적 실재론은 사회과학들의 쟁점들을 해명하는 데서 여전히 매우 중요한 역할을 하고 있으며, 단순히 그것의 가장 재능 있고 영향력 있는 창설자들 가운데 한 사람이 그 역할을 포기했다고 해서 그것을 포기해서는 안 된다는 것이다.

비판적 실재론은 방법론과 사회이론의 오래된 쟁점들을 해결하는 데 도움을 줄 수 있는가?

비판적 실재론의 가장 유익한 몇 가지 발전은 철학자들이 아니라 그들 자신의 실질적인 연구 경험을 반성하는 사회이론가들이 만든 것이다. 그 사례로는, 도시사회학과 정치경제학에서의 연구 경험에 기초하여 사회이론에서 공간적 관계를 통합하는 것의 중요성을 지적한 세이어(Sayer, 2000), 지역과 도시의 사회적 과정에 대한 그녀 자신의 연구에 의지해 논의를 전개한 멜러(Mellor, 1998 그리고 Huchinson et al., 2002), 정부의 의사결정과 미디어 보도에 대한 연구를 반영하는 스톤스(Stones, 2005) 등을 들 수 있다. 경제학에서 로슨은 그 학문분과의 '주류'를 지배해온 형식적 모형구성에 대한 강력한 비판을 전개하고, 자신이 발전시킨 비판적 실재론의 관념에 입각하여 그 모형의 예측적 실패를 설명했다(Lawson, 1997, 1999, 2003a). 로페즈와 포터의 책(Lopez and Potter, 2001)에 실린 몇몇 논문들은 개별 탐구 분야들에서의 연구에 대해 비판적 실재론 철학이 갖는 가치를 보여준다. 흡연 및 건강과 관련한 사회정책(Ford), 문학 해석(Tew), 정체성과 사이버공간(Higham), 컴퓨터 사용에서 성차별(Clegg) 그리고 연구방법에 관한 더 일반적인 성찰(Porpora) 등이 그것이다. 카터와 뉴(Carter and New, 2004)와 다네르마르크 등(Danermark et al., 2001)은 비판적 실재론의 철학적 관념들을 실질적인 연구방법에 적용하는 사안에 대해 중요한 통찰을 제공한다.

사회이론에서 가장 난감하고 오래된, 그리고 경쟁하는 메타이론적 전통들과 학문분과들 양쪽 모두에 걸쳐 있는 문제 중 하나는 사회구조의 성질, 그리고 '구조'와 '행위주체' 사이의 관계이다(Lopez and Scott, 2001; Scott, 2001). 딘 등(Dean et al., 2006)에 실린 논문들은 이 주제를 상당히 다른 방식으로 다루고 있는데, 그 책은 이것에 초점을 맞춘 저자들 사이의 흥미로운 논쟁을 결론으로 제시한다. 몇몇 저자들은 사회구조가 실재하며 인간 행위자들 — 그들의 행위는 구조들에 의해 제약받거나 가능하게 될 것이지만, 또한 구조들을 (의도적으로 또는 의도하지 않고) 재생산하거나 변형할 것이다 — 의 활동과 구별되는 것으로 개념화해야 한다는 통상적인 비판적 실재론의 견해를 받아들인다. 그렇지만 와이트C. Wight는 구조와 행위주체의 이러한 '이분법'(Archer, 1995)이 설명적 '공백gap'을 남겨두고 있다고 주장한다. 그는 구조적 결정요인들을 개인들의 무반성적인 실천 속에 새겨 넣는 방식으로, 통상적인 행위수행을 체득하는 사회화 과정을 가리키는 부르디외의 '아비투스habitus' 개념에 의지할 것을 제안한다. 그렇지만 넓은 의미에서 마르크스주의적 비판적 실재론 안에서 작업하는 딘Kathryn Dean은 '구조들'을 행위주체에 외부적인 것으로 개념화하는 아처와 와이트에 반대한다. 그녀에 따르면 이 개념화는, 화폐와 인쇄물이 물상화된 형태의 사회관계를 만들어내고 그 관계 속에서 '구조들'을 초인간적인 힘으로 경험하고 '행위주체들'을 강하게 개별화된 '합리적' 존재로 경험하는 자본주의 사회들에 고유한 것이다.

구조와 행위주체의 이원성에 대한 아처의 강조는 기든스의 구조의 '이중성'이라는 가장 영향력 있는 대안적 견해에서 나타나는 구조의 행위주체 속으로의 '생략elision' — 아처의 표현으로 — 에 반대하여 내놓은 것이었다. 기든스(그리고 딘)에 따르면, 사회구조는 행위주체의 구성에 들어가며, 거기서부터 행위주체의 사회적 실천에 들어가지만, 또한 행위주체의 실천의 산물이기도 하다. 구조는 그러므로 사회적 실천의 매개이며 동시에 산물이다. 스톤스(Stons, 2005)는 구조화이론에 대한 제한적인 옹호와 발전을 제공하는데, 여기서는 현상학과 해석학을 사회적 실천에 대한 해석의 중심에 놓고, 그러므로 구조화 개념의 강점인 구조와 행위주체의 상호의존을 강조한다. 그렇지만 스톤스Rob Stones는 '강한' 구조화를 옹호하면서도 더 큰 규모의 '외부적' 사회구조들의 중요성을 인정한다. 이 논쟁은 계속되고 있다! 엘더-바스(Elder-Vass, 2007a, 2007b), 킹(King, 2007), 포르포라(Porpora, 2007), 바렐라(Varela,

2007) 등을 예로 들 수 있다.

비판적 실재론은 사회과학과 자연과학의 분리를 연결하는 데 도움을 줄 수 있는가?

내 자신의 글(Benton, 1981; Archer et al., 1998에 재수록)은 자연과학들이 매우 다양하며(지질학, 자연지리학, 기상학, 생리학, 진화생물학, 생물지리학, 유기체 성장 및 발전학 등등) 각 분과학문들이 그 자체의 고유한 방법론적 접근들과 문제들, 설명 형태들 그리고 평가양식들을 가지고 있음을 지적함으로써 이 질문에 답할 수 있다는 것을 보여주고자 한 초기의 시도였다. 이러한 다양성을 고려하면 자연과학과 사회과학 사이의 절대적인 존재론적·방법론적 분리를 옹호하기는 매우 어렵다. 수많은 저자들이 다양한 방식으로 비판적 실재론에 의지해서 사회와 자연 사이의 관계에 관한 철학적이고 실질적인 문제들을 다뤄왔다. 막대한 문헌 가운데에는, 콜리어(Andrew Collier, 1994a, 1994b, 1999, 2003), 오닐(O'Neill, 1993, 2007), 오닐 등(O'Neill et al., 2008), 머피(Murphy, 2002a, 2002b, 2007), 멜러(Mellor, 1998), 허친슨 등(Hutchinson et al., 2002), 디킨스(Dickens, 2004), 디킨스와 옴로드(Dickens and Ormrod, 2007), 소퍼(Soper, 1995, 2000, 2004, 2009), 소퍼 등(Soper et al., 2009), 그리고 내 자신의 글(Benton, 1989, 1991, 2001)이 포함된다. 간략한 논평으로 이 문헌들을 공정하게 다룰 수는 없지만, 나는 적어도 이것들이 다루고 있는 질문들의 범위는 보여줄 수 있을 것이다.

콜리어의 『비판적 실재론』(Collier, 1994a: 제8장)은 비판적 실재론적 사회이론에서 자연/사회 이원론에 반대했다. 그리고 그의 다른 글(Collier, 1994b)에서는 시장 거래에 포함된 종류의 합리성과 환경파괴 사이의 관계를 탐구하면서 마르크스의 사용가치와 교환가치의 구분을 이용했다. 그의 『존재와 가치Being and Worth』(Collier, 1999)는 성 아우구스티누스의 신학에서 이끌어낸 객관적 환경철학을 옹호했으며, 그 뒤에 쓴 『객관성의 옹호In Defence of Objectivity』(Collier, 2003)는 비슷하게, 자연이 인간의 경험이나 지식에서 독립하여 실재한다는 견해, 그리고 (인간 이외의) 자연의 가치가 객관성을 갖는다는 관련된 견해를 다뤘다. 콜리어의 철학적 작업을 기리는 헌정 논문집에 실은 글에서 소퍼(Soper, 2004)와 나(Benton, 2004)는 자연의 의미와 가치에 대한 인간의 인식에서 문화적 자원의 이용가능성이 중요함을 주장하면서 자연에 관한 콜리어의 실재론을 지지했다. 가치의 객관적 실재성의 문제는 조금 뒤에 다룰 것이다.

소퍼는 『자연은 무엇인가What is Nature』(Soper, 1995)라는 뛰어난 저서를 발표한 이후 강력한 환경적 관심에 입각하여 그녀 자신의 인간주의 철학을 계속 발전시키고 옹호해왔으며, 소비주의 문화 및 즐거움과 행복의 대안적 원천에 대한 철학적 및 경험적 탐구를 수행해왔다. 소비주의적 삶의 양식의 포기가 궁핍을 포함한다는 상식적인 가정과 씨름하면서 그녀는 '대안적 쾌락주의alternative hedonism'라는 영향력 있는, 그리고 정치적으로 중요한 개념을 소개했다(예컨대, Soper, 2000, 2004 그리고 Soper et al., 2009를 볼 것). 오닐은 그의 선도적인 『생태학, 정책 그리고 정치Ecology, Policy and Politics』(O'Neill, 1993) 발표 이후 계속해서, 그의 철학적 작업을 숙의민주주의 및 환경정책 등의 분야 — 질적으로 상이한 고려들에 대해 비교하여 판단해야 하는 — 에서 이성적 판단의 가능성의 문제와 관련지어 왔다. 그는 이것을 자본주의 시장이 그러한 고려들을 단일한 양적 차원으로 환원하는 방식과 비교한다(예컨대, O'Neill, 2007; O'Neill et al., 2008을 볼 것). 디킨스Peter Dickens 역시 1990년대의 그의 주요한 저술 이후 계속하여 자본주의 정치경제에서의 새로운 발전(이른바 '지식경제' 등과 같은)과 그것이 노동자들과 소비자들의 주관적 삶에 미친 영향을 탐구해왔다(예컨대, Dickens, 2004). 옴로드James Ormrod와 함께 그는 『우주적 사회Cosmic Society』(Dickens and Ormrod, 2007)에서 문자 그대로 인간과 자연 사이의 관계에 대한 비판적 실재론의 관심을 외계에까지 돌렸다. 멜러 Mary Mellor는 녹색 여성주의 및 사회주의 사상을 종합하는 노력을 계속하면서, 시장의 안과 밖에서 여성들의 노동이 사회적이고 자연적인 지속가능성에 대해, 그리고 급진적 대안의 구상에 대해 갖는 중요성에 초점을 맞춰왔다(Hutchinson et al., 2002; Mellor, 1998). 최근에 그녀는 도시 맥락에서 지역공동체와 지속가능성에 초점을 맞추면서 화폐와 금융의 성질에 관한 매우 독창적인 작업을 계속하고 있다(Mellor, 2010).

인식론과 방법에 선행하는 존재론의 문제에 대한 비판적 실재론의 관심과 함께, 사회과학과 자연과학 사이의 관계 및 환경적 쟁점들에 대한 이러한 탐구는 인간의 자연이라는 오래된 주제에 주목해왔다. 대부분의 탈구조주의적 사상가들과 다수의 '사회구성주의자들'은 '인간의 자연(본성)human nature'에 관한 질문을 그릇된 '본질주의적인 것'이라고 일축하는 경향이 있는 반면, 대부분의 비판적 실재론자들은 이 문제를 사회과학에 필수적인 것으로 간주해왔다.

내가 쓴 『자연적 관계Natural Relations』(Benton, 1993)는 부분적으로, 인간 이외의 동물들에 대한 우리의 대응에 관련된 규범적 문제에 답하는 것이었지만, 또한 인간과 다른 종들의 진화적 친족관계를 전적으로 인정하면서 이것을 기초로 인간의 자연에 대한 자연주의적 견해를 발전시키려는 시도도 포함하고 있다(나는 이것을 '인간/동물 연속주의human/animal continuism'라고 불렀다). 한편으로 이것은 인간의 신체적 구현, 질병과 신체장애에 대한 인간의 취약성, 인간의 자연과의 지속적인 상호교환에 대한 의존성, 인간의 특징적인 재생산 행위유형, 확대된 청소년기의 의존성 등에 대한 인식이 사회과학에 대해 갖는 중요성을 강조한다. 또 다른 한편으로 이것은 신다윈주의의 유전자 중심적 견해에서 도출한 일반성들을 직접 그리고 무매개적으로 적용하여 인간의 사회적·개인적 삶을 설명하고자 하는 일부 생물학적 결정론(특히 '사회생물학'뿐 아니라 훨씬 더 복잡한 '진화생물학')의 환원주의적 경향에 반대한다.

사람이라는 동물의 진화에서 문화와 언어라는 발현적 속성들은 참으로 사람을 다른 종들과 구별하는 것이지만, 이러한 차이의 성질과 중요성은 다른 종들과의 비교를 통하여 가장 잘 이해할 수 있다고 나는 주장했다. 달리 말하면, 문화와 언어는 그것 자체의 관점에서 배타적으로 이해되어야 하는 '독자적sui generis' 속성이 아니라, 인간이 다른 종들과 공유하는 필요를 충족하는 진화된 방식으로 보는 것이 더 적절할 것이다. 물론 이것이 그러한 속성들이 발현한 결과로 생기는 근본적으로 새로운 필요의 발현, 그리고 새로운 종류의 피해와 고통에 대한 취약성의 발현을 배제하는 것은 아니다(예컨대, Maslow, 1970가 '자아실현self-actualization'의 욕구라고 부른 것 ― 그것은 존재가 자아라는 지속적인 개념을 갖지 않았다면, 그리고 존재의 더욱 발전할 수 있을 아직 실현되지 않은 가능성을 상상할 수 없었다면 생길 수 없을 것이다).

여러 사람 가운데 특히 디킨스와 세이어는 이런 접근을 대체로 공유했지만, 소퍼는 훨씬 더 강력한 의미에서 인간의 독특성을 주장했다. 이것은 부분적으로는, 자연과의 관계에 관해 독특하게 성찰하고 그것을 숙의적으로 변형하는 인간의 능력에 의존하는 환경정치를 지속하려는 것이다. 세이어도 또한 내가 그러했던 것보다 더 강하게 인간의 독특성을 강조하는 경향을 보여준다. 부분적으로 인간의 자연에 관한 이러한 견해 차이들은 인간 이외의 동물들을 재현하는 방식의 차이와 관련될 것이다. 예컨대 소퍼는 동물의 욕구를 '생물학적 필수물biological requirements', '본능instincts' 등으로 부른다. 반면 나는 사람을, 상당히 복잡하고 유연한 심리적 능력과 학습역량, 여러 형태의 사회성, 부모의 자식양육 등을 인간과 공유하는 종들과 비교했다(이러한 논쟁에 관한 더 자세한 사항은 Moog and Stones, 2009에 실려 있는 Dickens, Soper, Sayer, Benton을 볼 것).

비판적 실재론과 마르크스주의(그리고 그 밖의 실질적 접근들) 사이의 관계는 무엇인가?

사회과학철학에서 독자적인 접근으로서 비판적 실재론은 1970년대에 발전하기 시작했다. 이 시기에는 여러 종류의 마르크스(주의)적 관점이 사회학 및 그 밖의 사회과학 학문분과들에서 강하게 영향을 미치고 있었다. 그렇지만 키트와 어리(Keat and Urry, 1975), 바스카(Bhaskar, 1978) 그리고 내 자신(Benton, 1977)의 초기 작업들은 마르크스주의에 대한 우리의 다양한 입장과 별개로 사회과학에서 실재론을 옹호했다. 내가 쓴 책은, 베버와 뒤르켐이 그들 자신의 방법론적 원칙에 관해 명시적으로 제시한 견해는 종종 실재론의 그것과 전혀 다르더라도, 그들의 고전적 저작에서 실제로 사용한 설명 전략들은 실재론적 특성을 가지고 있다는 것을 보여주려는 시도였다. 그렇지만 마르크스주의의 역사적 물질론이 비판적 실재론의 설명 '모형'에 특히 잘 들어맞는다는 것은 금방 분명해졌다. 그리고 마르크스주의자들이 비판적 실재론을 그들의 연구 실천을 안내하고 평가하는 수단으로 가장 많이 사용한다는 것도 아마 사실일 것이다.

최근에는, 비판적 실재론에 대한 관심의 증가와 마르크스주의에 대한 선호의 감소가 결합하여 여러 가지 다른 이론적 접근들을 낳았는데, 이것들은 비판적 실재론의 '처방treatment'이라고 부를 수 있다. 스톤스(Stones, 2005)는 비판적 실재론에 의지하여 구조화이론을 비판적으로 재구성했다. 피어스와 우디위스(Pearce and Woodiwiss, 2001), 프롤리(Frauley, 2007)는 푸코를 실재론자로 해석했다. 또한 피어스Frank Pearce는 뒤르켐의 실재론을 강하게 주장했으며(Pearce, 2001, 2007), 머피(Murphy, 2002a)는 베버에 대해 그렇게 주장했다. 초도스 등(Chodos et al., 2007)은 가다머에 대한 최소한의 실재론적 읽기를 주장했지만, 진리 개념에 관해서는 가다머를 이용하여 비판적 실재론을 부분적으로 비판했다.

마르크스주의 이외의 이론가들에 대한 이러한 다양한 비판적 실재론적 읽기도 있지만, 비판적 실재론에는 철학과 사회이론에서 탈구조주의 및 탈근대주의적 추세의 이른바 상대주의, 존재론에 대한 반발 그리고 그에 수반하는 비판적 지향의 결여를 고려하여 이 추세에 반대하는 뚜렷한 경향이 있다. 로페즈와 포터가 편집한 논문집(Lopez and Potter, 2001)은 『탈근대주의 이후After Post-Modernism』라는 도발적인 제목을 붙였는데, '탈'들의 반계몽주의적 입장에 반대하는 개입을 의도한 것이었다. 그렇지만 스톤스(Stones, 1996)는 극단적 형태의 '탈'들과는 거리를 두면서도 비판적 실재론의 관점에서 '근대주의적' 이론에 대한 그것들의 비판에 대해서는 매우 공감하는 설명을 제시했다. 세이어 역시 비판적 실재론이 몇몇 탈근대주의적 주제들의 힘을 인정할 것을 주장했지만, 또한 그가 '패배주의적 탈근대주의defeatist postmodernism'라고 부른 것에 대한 중요한 비판을 제공하고, 탈근대주의자/탈구조주의자들이 '본질주의essentialism'라고 거부한 추론양식들의 사용을 매우 효과적으로 옹호했다(Sayer, 2000: 제4장). 데이(Day, 2007)도 또한 실재론과 탈구조주의의 더 섬세하고 공감적인 비판적 결합을 주장했다(위에 언급한, 피어스, 우디위스Tony Woodiwiss 그리고 프롤리의 푸코 읽기에서 볼 수 있는 것과 같은). 글리노스와 하워스가 제시하는 형태의 탈마르크스주의는 비판적 실재론과 많은 공통점을 가지고 있다는 것도 지적해둘 만하다.

비판적 실재론의 비마르크스주의적 사용이 이렇게 번성하는 것은 환영할 일이지만, 비판적 실재론과 (일부 형태의) 마르크스주의 사이에 '친화성affinity'을 주장할 강력한 이유들이 있다고 나는 생각한다. 이 연결의 유익함은 여러 연구에서 주장하거나 예증했는데, 프롤리와 피어스(Frauley and Pearce, 2007)에 실린 알브리턴, 엥겔스키르첸 그리고 에르바(Albrotton, Engelskirchen and Ehrbar)의 글, 제숍Bob Jessop, 디킨스, 멜러 등과 그 밖의 많은 비판적 실재론자들의 실질적인 사회과학적 작업이 여기에 해당한다. 조지프Jonathan Joseph

(Joseph, 2001)는 일련의 상이한 형태의 마르크스주의들과 비판이론들을 평가하는 데 비판적 실재론을 이용하여 상당한 성과를 거두었으며, 딘, 로버츠 그리고 와이트와 함께 비판적 실재론과 마르크스주의의 연결에서 발생하는 이론적 쟁점들을 모범적으로 탐구했다(Dean et al., 2006). 그들은 바스카의 후기 작업의 가치에 관해 회의적인 반면, '조수적' 양식의 비판적 실재론이 마르크스적 역사연구에서의 개념적 문제들을 정정하고 해결하는 수단으로 중요하다고 논증한다.

나는 다른 곳에서 비판적 실재론과 마르크스주의의 연결이 세 가지 주요한 이유에서 계속 중요하다고 주장했다. 첫째, 마르크스와 엥겔스가 개척한 개념구성과 역사적 설명의 접근 방법은 비판적 실재론의 지침과 대체로 일치할 뿐 아니라, 이러한 접근에 대한 그들 자신의 철학적 성찰도 비판적 실재론과 많은 공통점을 가지고 있다. 다른 고전 이론가들의 저작에도 실재론적 설명의 요소들이 분명히 나타나지만, 이들 이론가들의 경우 부적절한 철학적 고려에 의해 발전이 제한되었다(Benton, 1977). 둘째, 20세기 서구 마르크스주의는 마르크스의 문화 및 정치이론을 발전시키는 데 많은 주의를 기울였으며, 그러므로 마르크스주의를 '경제적 환원주의'라고 지적하는 오래된 비판은 진지한 설득력을 (예전에는 가졌더라도) 갖지 못하게 되었다. 이 점을 고려하면, 이제 자본주의 정치경제의 역학에 대한 분석으로 돌아가는 것도 '안전하다'. 사회경제적 삶의 형식으로서 자본주의는 경제활동의 지리적 분포, 모든 범주의 사람들의 삶의 기회, 긴박한 경제적, 사회적 및 생태적 문제들을 다루는 데 이용할 수 있는 정책 선택지 등을 형성하는 것에서 계속해서 압도적인 인과적 중요성을 가지고 있다. 신자유주의의 지배와 자본주의적 지구화의 결과로 이것은 훨씬 더 불가피하게 되었다. 마르크스의 유산이 전체 체계로서 자본주의와 그것의 역학에 대해 가장 충실하게 발전하고 이론적으로 정교한 비판적 해명을 제공한다는 것은 여전히 사실이다. 셋째, 비판적 실재론의 일관된 명제인 '자연주의'에 대한 믿음은 인간의 사회적·경제적·개인적 삶과 자연이 제공한 조건과 과정 — 삶과 건강과 인간의 번성을 지탱하는 — 사이의 상호연관을 비환원주의적인 방식으로 탐구하는 연구에 불가결한 방법론적 지지물을 제공한다. 아마도, 그 어떤 접근보다도 비판적 실재론과 현대 마르크스주의 두 가지가 가능하게 만드는 현재의 작업(그것의 일부는 앞에서 언급했다)에 의해 우리는 이러한 열망을 더 추구할 수 있을 것이다. 그리고 그러한 연구가 획득할 수 있는 종류의 지식에 의지하여, 현대 자본주의와 우리의 생태적 생명 지탱체계의 관계에서 증가하는 위기를 다룰 수 있는 희망을 가진 해방적 정치도 등장할 수 있을 것이다.

그렇지만 이것에서 우리는 비판적 실재론에 관한 또 다른 일련의 질문, 그리고 당연히 사회과학 자체의 목적과 의미에 관한 더 넓은 질문을 제기하게 된다.

비판적 실재론에서 '비판적'이란 무엇인가(비판적 실재론, 도덕성, '해방')?

이언과 내가 초판에서 지적했듯, 비판적 실재론을 매력적이라고 생각하는 한 가지 이유는 '비판적'이라는 형용사와 관련이 있다. 이는 비판적 실재론의 안내를 받음으로써 사회연구는 연구하고 있는 일의 상태에 관한 규범적(윤리적, 도덕적, 정치적) 판단을 정당화할 수 있고, 그것을 통하여 이러한 상태를 보존하거나 변동하려는 정치적 활동을 정당화할 수 있다는 것을 의미한다. 사회과학의 설명에 대한 비판적 실재론의 견해와 도덕 및 정치를 연결하는 데 가장 많이 사용하는 개념은 '설명적 비판explanatory critique'이라는 개념이다. 특히 바스카와 콜리어의 저작에서는 이 개념을 일부의 사회구조들이 허위의 믿음을 발생시키는 방식에 적용했으며, 또한 일부의 사회구조들이 그 구조가 아니라면 피할 수 있는 고통이나 결핍을 발생시키는 방식에 적용했다. 만약 특정한 사회구조들이 이러한 결과를 만들어낸다는 것을 입중할 수 있다면, 우리는 그 구조들에 대해 부정적인 판단을 선고할 수 있고 그것들의 제거/변형을 정당화할 수 있다. 이런 견해는, 단순한 사실 진술에서 도덕적 판단을 이끌어낼 수 없다는 전통적인 철학자들의 주장 — 그것을 이끌어내는 것은 '자연주의적 오류naturalistic fallacy'를 범하는 것이라고 지적된다 — 을 극복한다는 인상을 준다. 그러나 설명적 비판 개념의 옹호자들에 따르면, 사실 진술에서 규범적 판단을 이끌어낸다는 의미를 형식적 도출의 개념으로는 포착할 수 없다. 오히려 요점은 누군가가 굶주린다고 말하면서 식량을 제공해야 한다고 말하지 않는 것은 납득할 수 없다는 것이다. 물론, 굶주리는 사람에게 식량을 제공하지 않는 것을 납득할 수 **있을** 예외적 상황도 있을 수 있으며(예컨대, 식량은 극히 제한되어 있는 반면 많은 사람들이 굶주리고 있어서 우선순위에 관한 결정을 내리기 어려운 상황도 있을 수 있다), 그러므로 굶주림과 식량제공 사이의 연관을 '**다른 조건이 동일하다면**ceteris paribus'이라는 조건절로 제한해야 한다. 즉, '다른 조건이 동일하다면' 우리는 굶주리는 사람에게 식량을 제공해야 한다.

이런 종류의 논변에 대한 한 가지 명백한 반론은, 사람들의 충족되지 않은 필요, 고통, 망상 등에 대한 서술이 그 자체로 암묵적으로 평가적이라는 것이며, 그러므로 설명적 비판은 우리가 그것에서 이끌어낸 가치들을 이미 구현하고 있는 '사실' 주장에서 가치판단을 이끌어낼 뿐이라는 것이다. 가치 관여의 쟁점은 우리가 사회구조, 일의 상태 등을 서술하는 데 사용하는 개념들의 문제를 한 걸음 더 뒤로 밀어붙일 뿐이다. 이런 반론을 다루는 주요한 방식에는 두 가지가 있다. 하나는 실증주의가 선언하는 것처럼 사회적 삶에 대한 가치사유적 서술의 '성배'를 추구하는 것이고, 다른 하나는 사회적 삶에 대한 모든 의미 있는 특징짓기가 가진 근절불가능한 '가치적' 성질을 인정하는 것이다. 앞의 선택지는, 그것의 극한까지 간다면, 이 주제에 관하여 우리가 납득할 수 있는 것을 거의 또는 전혀 이야기하지 않는 서술들을 전달할 것이다. 이것은 부분적으로(그렇지만 전적으로는 아니다), 사회적 행위자들의 자기이해가 근절할 수 없을 만큼 평가적이며 그 자체가(부분적으로) 사회적 삶의 구성요소이기 때문에 그러하다. 그러므로 이제 남아 있는 것은 두 번째 선택지뿐이라고 할 수 있다. 즉, 사회적 실천, 구조 등에 대한 가치 있는 특징짓기는 어느 것이든 필연적으로 그 속에 가치함축을 담고 있을 것이라고 인정하는 것이다.

그런데 설명적 비판 개념이 **그 자체로** 가치판단을 정당화한다고 주장하거나 더 나아가 고통이나 망상의 원인으로 추정하는 사회구조나 실천을 변형하고자 하는 정치적 활동에 객관적 기초를 제공한다고 주장한다면, 이것은 그 개념에 문제를 야기한다. 특히 바스카와 콜리어가 그렇게 하듯, 가치의 '실재성'이나 '객관성'을 주장하는 쪽으로 나아가는 것을 설명적 비판의 모형에 호소함으로써 지탱할 수는 없다(그것을 신학으로 보증할 수 있는가의 여부는 별개의 문제이다). 물론 어떤 의미에서는 가치는 '실재적인 것'이고 '객관적인 것'이다. 가치는 사회적 삶 자체의 내용의 일부로 실제로 존재한다. 그것은 사람들과 사회들이 자신들이 수행하는 것을 이해하고, 자신들의 정체성을 형성하고 자신들의 희망과 열망을 정의하며, 어려운 시기에 결정을 내리는 등의 상황에서 사용하는 수단이다. 이것은 대부분의 사회학이 일상의 삶의 '평범한 규범성lay normativity'에 담긴 합리성을 인식하지 못하는 방식에 대한 세이어의 능숙한 비판 내용의 일부이다(Sayer, 2009). 그렇지만 우리가 연구하는 사회적 실천에 가치가 존재한다는 것을 인식하는 것은 또한 경험적 사회과학이 밝혀내는 매우 다양한 가치 지향들을 인식하는 것이기도 하다. 우리는 가치 상대주의 및 사회적 삶에 관한 독립적인 비판적 판단의 포기 ─ 흔히, 해석학적 전통이 함축한다고 생각해온! ─ 와 함께 후퇴할 것으로 보인다.

그러나 설명적 비판 개념에는 또 다른 문제도 있다(특히 Sayer, 2000; Benton, 2004; 이 책 233~238쪽을 볼 것). 예를 들어, 고통이나 불의를 만들어내는 인과기제가 인간의 안녕을 촉진하는 또 다른 결과를 낳을 수도 있는 것이다. 그 기제가 만들어내는 고통이 나쁜 것이라고 우리가 인정한다 하더라도, 그것을 상쇄하는 좋은 결과와 관련하여, 우리가 알고 있는 것에 비추어 볼 때 그 기제를 제거할 것인가의 문제는 여전히 쟁점이 될 수 있다. 관광이 그 사례일 것이다. 관광이 환경의 지속가능성에 미치는 부정적인 결과는 그것의 금지나 제한을 정당화한다고 생각할 수 있다. 그렇지만 이것에 대해서는 낯선 장소 및 문화와의 접촉이라는, 그리고 개인의 자유라는 그것의 긍정적 가치도 고려하여 평가해야 할 것이다. 이 쟁점은 '다른 조건이 동일하다면'이라는 조건에 의해 다룰 수 있지만, 이 경우에도 다른 것들이 결코 동일하지 않다는 어려움이 있다. 난감한 선택을 해야 하는 복잡한 상황에서는, 어떤 행위의 결과도 한 가지 이상의 축을 따라 발생할 것이며, 그러므로 매우 다양하고 흔히 공약불가능한 고려가 가능할 것이다. 관광이라는 인기 있는 활동을 금지할 경우 발생할 자유의 제한, 시장 유인책을 사용하여 그것의 향유를 구매력 있는 사람들에게만 허용할 경우 발생할 불의, 탄소 배출 감소의 효과, 타 문화에 대한 이해의 증가, 지역공동체 일부 구성원들의 소득 증가, 관광지의 사회적·생태적 악화와 사회적 불평등 심화 등의 비중을 우리는 어떻게 평가할 것인가? 설명적 비판의 개념이 이런 쟁점들을 해결하지 못한 채 우리에게 얼마나 도움이 될 수 있을지 알기 어렵다.

세이어(Sayer, 1995, 2000)는 '패배주의적' 탈근대주의가 이런 것에 직면하여 비판의 기획을 포기한다고 지적한다. 그렇지만 그는 비판적 관점을 무반성적으로 채택하는 것을 포기하고, 대안으로 규범적 주장을 명시적으로 제시할 것을 설득력 있게 주장한다. 비판적인 사회이론가나 사회연구자가 지배적인 사회적 실천 및 그 실천을 지탱하는 관념과 갈등을 일으킨다면, 연구자는 자신의 원래 가치 입장에 관해 밝히고 논란의 대상인 가치에 대해 비판적 대화를 전개하라는 것이다. 이것은 지금까지 비판적 실재론이 제공해온 것보다 훨씬 더 발전한 규범적 담론을 동반할 것이다. 여기서 나는, 우리가 규범적 담론 — 가치 관여, 도덕적 판단의 근거, '훌륭한 삶' 등에 관한 — 에 대해 생각하면서 두 가지 대립적인 극단에 빠지지 않는 길을 찾아야 한다고 믿는다. '아무것이나 좋다'는 도덕적 상대주의는 인간의 삶의 중심적인 특징을 무시하고 경시하기 때문에 그 자체로 도덕적으로 수용불가능한 것일 뿐 아니라, **그 자체가** 하나의 도덕적 주장이기 때문에 자기논박적인 것이다. 정반대의 입장, 즉 객관적인 도덕적 진리가 존재한다는 주장도 철학적으로(세속적 관점에서) 옹호할 수 없고 잠재적으로 강압적이거나 비관용적일 수 있다.

이러한 대립적인 양극단 사이에서, 우리는 도덕적 문제들에 관해 — 예컨대, 낙태, 자살방조, 동성애, 사형제도 등이나 우리의 사회관계의 도덕적 질서나 인간 이외의 자연과의 관계 등과 관련된 더 폭넓은 문제들의 정당화 여부에 관해 — 합리적인reasoned 논증을 할 수 있고 또한 해왔다는 사실을 깨닫게 된다. 사람들은 이런 쟁점들에 관해, 흔히 열정적으로 고심하며, (학문적인 사회이론의 형태가 아니더라도) 실천 속에서 그들 자신이 옳고, 반대 입장에 있는 사람이 그르다(심지어 '사악하다evil')고 믿는다. 비록 실제의 공공 논쟁은 자주 상호존중하는 합리적 논의에 도달하지 못하지만, 그렇다고 하더라도 논쟁은 가능하다(그리고 바람직하다!). 실제 도덕 논쟁은 다양한 종류의 증거 원천 — 사회과학적 종류의 경험적 증거를 포함한 — 과 아울러, 실용적 고려, 도덕적 원칙, 도덕적 원칙에 대한 대립적 해석들 및 적용, 인간의 본성에 대한 어느 정도 일관성 있거나 근거 있는 일반적 견해, 모순이나 위선의 지적, 일반적인 인간의 정서와 도덕 감정에 대한 고려 등에 호소한다. 우리가 '이상적 발화 상황'이라는 하버마스의 개념이 규정하는 조건 아래서 수행하는(이 책 제7장과 제8장 268쪽을 볼 것), 그리고 시간의 제한 없이 진행하는 도덕적 논쟁을 상정하더라도 사회 전체가 도덕적 동의에 도달할 수 있으리라고 기대하기는 어렵다. 우리가 복잡하고 세계주의적인 사회에서 서로에 대한 관계를 질서 있게 정리해야 하는 조건에 관해 진지하게 생각한다면, 아마도 환원불가능한 근원적 도덕적 다원주의가 성취할 수 있는 가장 현명한 가정일 것이다.

그렇지만 동의가 최종적 결과일 것이라고 우리가 **가정하지** 않는다고 하더라도, 합리적인 규범적 담론이 자리할 공간은 여전히 남아 있다. 때로는 정말로 동의에 도달하기도 할 것이다. 때로는 대립하는 입장들이 서로의 견해를 존중하면서 설득하고, 그것을 통해 어떤 형태의 타협점이나 공존의 양식을 찾을 수도 있다. 때로는 그 안에서 지속적인 갈등을 제어하거나 건설적인 목표에 맞게 유도할 수 있는 틀에 관한 '이차적' 동의에 도달할 수도 있다.

앞의 두 문단에 의해 우리는 '비판적' 사회이론과 그것에 대한 정당화를 넘어설 수 있다. 많은 비판적 실재론자들은 일부 형태의 사회이론을 '해방적인 것'이라고 말하는데, 이것은 비판적 실재론과 마르크스주의 사이의 중요한 한 가지 연결고리이다. 그렇지만 사회이론에 대한 또 다른 방향 ― 노동운동 이외의, 여성주의, 반인종주의, 녹색운동 등과 같은 사회운동과 연결된 ― 도 또한 비판적 사회이론과 광범한 '해방'의 기획 사이에서 연결고리를 찾는다. 앞에서 논의한 것처럼, 사회세계를 '개방체계'로 이해하는 비판적 실재론의 견해는 사회적 삶이 상호작용하는 수많은 구조들과 실천들을 포함하고 있다는 것, 그러므로 특정 형태의 불이나 고통의 한 가지 구조적 원인의 변경이, 개입이 이루어지는 지점을 넘어서는 파문을 일으키는 결과를 낳을 수 있다는 것, 그리고 어떤 유익함을 훼손하거나 또 다른 문제를 일으킬 수 있다는 것을 함축한다. 예를 들어, 이윤을 추구하는 새로운 투자를 효과적으로 받아들이기 위해 의료서비스 신탁의 재정 목표를 설정하는 것은 의료의 우선순위를 왜곡하고 환자의 치료를 방해하는 의도하지 않은 결과를 낳을 수도 있다.

그런 것들은 권력관계나 제도적 구조 등의 '당연시되는' 광범한 틀 안에서 제안되고 실행되어 결과를 낳는 특정의 정책 유인책이 직면하는 잘 알려진 문제들이다. 그렇지만 해방의 개념은 일반적으로, 사회관계의 더 근본적이고 광범한 변혁을 포함하는 것으로 여겨진다. 통상적으로 그것은 지배와 종속의 체제 — 어떤 의미에서 사회질서의 작동의 핵심에 자리하고 있는 — 의 전복을 의미하는 것으로 받아들여진다. 물론 고전적으로는 그것이 노예체제의 전복을 가리키지만, 마르크스주의의 입장에서는 자본가와 임금노동자 사이의 관계에도 적용하고 있다. 여성주의 사상에서 기본적인 억압관계는 여성의 삶에 대해 남성이 휘두르는 권력이고, 반제국주의 투쟁의 경우 그것은 피압박 민족이나 문화에 대한 제국주의 권력의 강압적이고 착취를 일삼는 지배이다. 해방을 향한 투쟁이 도전하는 권력관계를 기존 질서의 작동에 중심적인 것으로 간주하기 때문에, 해방 운동은 질적으로 상이한 전체적인 삶의 양식에 대한 전망을 암묵적으로나 명시적으로 제시한다.

그렇지만 세이어(Sayer, 1995, 2000)는 대부분의 비판적 사회과학, 특히 비판적 실재론이 재구성한 사회과학에 대해 필수적인 비판적 작업을 단지 부분적으로만 수행했다고 비판한다. 특정한 구조를 비판하는 것, 또는 훨씬 더 심각한 것으로, 사회적 권력관계의 전체유형 및 관련 제도를 고통이나 불의나 충족되지 않은 필요의 원천으로 비판하는 것은 사회질서 — 바람직하고도 실행가능한 — 형성을 위한 대안적인 방안이 있을 경우에만 영향력을 갖는다. 그것은 실현할 수 있고 또한 비판의 대상인 상태보다 더 나쁜 해악을 만들어내지 않으면서 현 상태의 부정적 측면을 개선할 것이라고 합리적으로 기대할 수 있는 삶의 양식이다. 간단히 말해, 우리의 현재 체계가 나쁠 수도 있지만, 다른 모든 대안적인 체계들보다는 덜 나쁠 수 있는 것이다! 세이어는 비판적 실재론이 자주 의존하는 해방 개념, 즉 원하지 않는 결정관계를 원하고 필요한 결정관계로 대체하는 것이라는 해방 개념에 대해 비판적이다. 비록 해방이 어떤 절대적이고 조건 없는 '자유'로의 도약을 의미할 수는 없다는 것을 인정한다고 하더라도, 그것은 사회의 근본적인 변혁에서 고려하고 재편성해야 할 필요, 열망, 가치, 이해관심 등의 다양성을 적절히 다루지 못한다. 또한 그것은 인간의 사회관계에서 나오는 의무와 책임의 역할도 인식하지 못하고, 나머지 자연에 대한 인간적이고 실천적인 관계의 질적 재구성에서 나오는 제약도 인식하지 못하는 것으로 보인다. 물론 이것은 급진적인 해방적 변동의 전망 그 자체에 대한 비판은 아니다. 오히려 그것은 관련되어 있는 것들에 대한 더 복합적이고 정교한 이해를 요구하는 것이다.

딘 등(Dean et al., 2006)은 특별히 후기 바스카의 변증법과 '영성적 전환'의 측면들을 문제 삼는다(Bhaskar, 1993, 2002). 그들이 보기에, 해방은 사회변혁의 창조적이고 집합적인 기획으로 이해해야 하는데 바스카의 후기 작업은 해방 개념을 명상활동을 통한 개인의 '자기해방'으로 축소한다. 특히 조지프(Joseph, 2006)는 해방적 실천을, 보편화하는 추상적 개념들에 나타난 것이 아니라 역사적으로 주어진 구체적 상황이 제공하는 가능성들에 입각하여 이해해야 한다고 논평한다. 그렇지만 딘은 바스카도 마르크스와 마찬가지로 인간의 특징적인 잠재력을 실현할 수 있는 대안적인 사회적 삶의 양식을 구상하고 있다고 인정한다. 그러므로 세이어가 제기한 도전, 즉 현재 우리의 자본주의적 삶의 방식의 좌절과 '부재absences'를 뛰어넘을 인간사회의 가능한 형태의 윤곽을 밝히고자 하는 시도에 대한 응답이 있다는 것이다. 인간은 본능적으로 미결정적인 존재이며, 그러므로 오로지 특정 문화 속에서 성장함으로써만 그들의 잠재력을 실현할 수 있다고 딘은 주장한다. 그녀는 아리스토텔레스의 '안녕eudaimonia' 개념 — 시민의 실천에 의해 미덕과 '실천적 지혜phronesis'를 양성하는 사회적 존재의 상태 — 을 끌어들인다. 이것은 시민들이 공공선에 관해 숙고하면서 판단을 실행하는 공적 영역을 함축한다. 아리스토텔레스는 시민의 범위에서 여성과 노예와 그 밖의 사람들을 부당하게 배제했는데, 이것을 제거하면 '훌륭한 삶'에 대한 이러한 견해는 자본주의 체제 아래서 개인적 자아를 형성하는 과정의 개인화 및 탈정치화 특성과 대비되는 모습을 제시한다.

우리가 실행가능한 대안들에 관해 거의 또는 전혀 말할 수 없다면 비판은 심각하게 약화된다는 인식이 비판적 사회과학자들 사이에서 증가하고 있으며, 이것은 유토피아 사상 ― 문학적 허구, 영화 또는 철학적-정치적 고찰 등의 형태의 ― 에 대한 관심의 부활로 이어졌다. 흥미롭게도, 문학이나 영화에서 볼 수 있는 상업적으로 대중적인 미래의 모습은 단호하게 디스토피아이다. 예컨대 자본주의의 종말을 상상하는 것보다 세계의 종말을 상상하는 것이 더 쉽다고 말할 정도이다. 그렇지만 레비타스Ruth Levitas, 소퍼, 라일Martin Ryle, 고르즈Andre Gorz, 오닐John O'Neill, 드바인 Pat Devine, 나 자신 그리고 그 밖의 논자들은 인간 잠재력의 실현을 가능하게 하는 그리고 사회정의, 유쾌함, 인간 이외의 세계에 대한 존중에 기초한 미래 사회를 상상하는 도전에 응답할 것을 주장했다. 이것과 관련하여 그들은 적어도 아리스토텔레스까지 거슬러 올라가는, 그리고 영국내전 시기의 개간파Diggers와 수평파Levellers, 미술가이며 신비주의자인 블레이크William Blake, 디자이너이자 혁명가인 모리스William Morris와 그 밖의 여러 사람들을 포함하는 유토피아 사상의 오랜 역사에 의지할 수 있다. 물론 대안적인 사회적 삶의 양식에 관한 이러한 모든 사상적 유산은 그것의 시대와 장소의 흔적을 담고 있으며, 그러므로 아무리 상상력이 뛰어난 사상가라고 하더라도 그(녀)가 살던 역사적 순간의 편견과 가정에서 벗어나는 것은 쉽지 않다는 것을 유익하게 상기시킨다. 그럼에도 우리 자신의 정치문화의 지평을, 지금까지는 우리의 공적 담론에서 체계적으로 배제해온 가능한 대안들에 개방하려면, 과거의 업적들에 의지하는 한편 협동기업, 코뮌, 지역적 교환거래기구 등과 같은 사회적 실험 속에서 가능한 미래의 특징을 실제로 '예시'하고자 하는 시도들을 고려하는 이론적 상상력이 필요하다. 비판적 실재론자들이 이러한 상상력의 모든 작업을 수행하는 것은 결코 아니지만, 비판적 실재론은 그러한 작업의 합리성을 지탱하는 데 그리고 그것의 결과를 평가하는 기준을 제시하는 데 기여할 것이 많다고 주장할 수 있다.

비판적 실재론은 여성주의 사회과학에 제공할 것을 가지고 있는가?

비판적 실재론의 영향을 받은 여성주의자들로는 소퍼와 멜러를 들 수 있다. 그녀들의 작업은 이미 언급했다. 뉴(New, 1998, 2003)는 여성이 공동의 이해관심을 가지고 있다는 가정에 기초한 여성주의적 연구와 정치적 동원을 비판하는 몇몇 형태의 탈구조주의에 대항하여 여성주의적 연구를 옹호하는 데 비판적 실재론이 유익하다고 주장했다.

비판적 실재론의 경제학자 로슨도 또한 학술지 ≪여성주의 경제학Feminist Economics≫(Lawson, 1999, 2003b)에서 여성주의 이론가들 사이에서 사회적 존재론으로의 비판적 실재론적 전환은 경제학의 해방적 잠재력에 제공할 것을 많이 가지고 있다고 주장함으로써 활발한 논쟁을 촉발했다. 그가 개관한 존재론은 개방적이고 구조화되었고(구조들을 개인들의 활동으로 환원할 수 없다는 의미에서) 역동적 또는 '과정적processual'이며 압도적으로 내적 관계들로 구성되는 인간사회라는 존재론이다. 해방에 대해 그가 제시하는 견해는 (성차는 물론 타자들의) '차이'의 중요성을 인정하지만, 이 차이를 우리의 번성을 위해 필요한 조건 속에 있는 모든 인간이 공유하는 공통점들이 있다는 심층적인 의미맥락 속에 위치시킨다. 여기에는 언어 등과 같은 종-특수적 능력을 발전시킬 우리의 필요가 포함된다. 이 설명에 따르면, 해방은 '각자의 번성이 모두의 번성의 조건이며 그 역도 성립하는' 사회의 등장이라고 할 수 있다(Lawson, 1999: 125). 이런 논증 과정에서 로슨은 또한 그가 해석하는 비판적 실재론과 여성주의 관점인식론(이 책 제9장을 볼 것)의 수렴도 지적한다. 만일 우리가 비판적 실재론을 따라 사회를 개방체계로 생각한다면, 그것은 이해를 위한 유일한 특권적인 접근 관점은 없다는 이야기가 된다. 탐구자의 이해관심이나 '관점'은 필연적으로 그가 연구주제로 선택하는 특정 현상 및 관련된 인과기제를 형성할 것이다.

하딩(Harding, 1999), 바커(Barker, 2003), 피터(Peter, 2003) 등은 로슨에 응답하면서 몇 가지 쟁점을 제기한다. 바커Drucilla Barker는 비판적 실재론이 '주류' 경제학의 실패를 해명하는 중요한 방법론적 통찰을 보여준다는 것에 동의하면서 로슨이 해석하는 비판적 실재론과 관점인식론 사이의 수렴을 언급한다. 그렇지만 그녀는 비판적 실재론이 인간의 차이에서 나오는 관점의 분리를 극복할 수 있는 인간의 본성에 대한 일반적 해명('철학적 인간학 philosophical anthropology')을 제공할 수 있다는 핵심 주장에 관해서는 회의적이다. 탈구조주의 및 탈식민주의 사상가들(그녀는 특히 해러웨이를 인용한다)에 따르면, 지식은 늘 '상황 지어져situated' 있으며 그러므로 우리가 경험하는 차이들을 뛰어넘는 어떤 기저적인 또는 잠재적인 통일성이 있다는 주장은 늘 회의적으로 다뤄야 한다. 이러한 '보편화' 주장은 **누구의** 이해관심을 표현하는가, 제안된 행위 경로에 의해 **누가** 해방될 것인가 등의 질문을 제기해야 한다. 하딩과 피터는 과학에 대한 비판적 실재론의 설명에 의문을 제기한다. 그녀들의 주장은, 초기의 바스카가 주장한 비판적 실재론의 사회적 존재론은 성공적인 과학적 설명이 있다는 가정에 기초하기 때문에 과학을 권력관계 — 가장 뚜렷한 것으로는 여성들의 공헌을 배제하거나 주변화하는 권력관계 — 가 추동하는 사회적 실천으로 파악하는 과학에 대한 여성주의의 **비판**을 비판적 실재론은 고려할 수 없다는 것이다. 바커와 마찬가지로 피터Fabienne Peter는 비판적 실재론의 도덕적 실재론을, 그리고 인간이 어떤 보편적 필요를 공유하고 있는가를 알 수 있다는 그것의 주장을 논박한다.

이러한 논쟁은 지금도 분명히 진행 중이며 여러 가지 미해결의 쟁점을 남겨두고 있지만, 여기서 몇 가지는 논평할 수 있다. 첫째, 비판적 실재론이 과학적 설명의 성공을 가정하고 있으며, 그러므로 과학의 불공정한 제도화를 사실상 비판할 수 없다는 주장은, 특히 물리학을 중심으로 한 바스카의 초기의 초월적 논증에 대하여 상당한 설득력을 가지고 있다. 그렇지만 바스카의 과학관이 과학을 사회적 실천으로 이론화하고 ― 이전의 '주류' 과학철학들에서는 없었던 방식으로 ― 있는 것도 사실이다. 불행하게도 그는 과학적 실천과 제도에 대한 역사적이고 사회학적인 탐구에서 그러한 통찰을, 여성주의적 비판자들이 제시하는 요건을 충족할 수 있는 종류의 비판적 탐구까지 밀고 나아가지 못했다. 그러나 로슨의 비판적 실재론은 일련의 친숙한 경험들에 명시적으로 의존하고 있으며, 그러므로 바스카가 과학의 성공에서 이끌어내는 논증에 의지하는 그러한 방식에 의지하지 않는다.

비판적 실재론과 연결된 '철학적 인간학'이 이해관심의 체계적 차이와 분리에서 발생하는 어려움을 극복할 수 있는 인간의 공통성들을 보여줄 수 있다는 로슨의 제안은 여러 가지 중요한, 그렇지만 도전적인 쟁점들을 제기한다. 진지한 비판적 사회연구는, 특히 그것이 '해방적' 기획을 지원한다고 주장하는 경우에는, 현재 상태에서 실행가능하고 바람직한 대안을 옹호할 수 있게 설명할 필요가 있다는 것을 앞에서 보았다. 유토피아적 전망에 대한 표준적인 보수주의의 한 가지 반응은 그 전망이 '인간의 본성을 고려하지 않는다'는 것이다. 그러므로 현재의 사회와 근본적으로 전혀 다른 미래 사회에 대한 설득력 있는 전망은 인간의 본성에 대한 해명을 바탕에 두고 있어야 할 것이다. 그리고 그 해명은 우리의 환원불가능한 차이, 심리적 성향, 감정의 목록, 학습 능력, 일차적 애정, 유기체적 필요, 발달적 적응력 등을 행사하고 충족할 수 있는 영역을 찾는 것이어야 할 것이다. 그러므로 이런 의미에서 '철학적 인간학'은 거의 틀림없이 해방의 기획에 대한 충실하게 발전된 주장의 필수 요소일 것이다. 그렇지만 피터는 모든 형태의 그러한 철학적 인간학을 위한 객관적 진리 주장을 아주 정확하게 거부한다. 그런 주장이 논쟁의 대상이 되지 않는다면 억압적으로 적용될 위험이 분명히 있을 것이며, 그러므로 제안된 모든 대안적 전망들은 '필요가 갖는 잠재적인 논쟁성'을 수용해야 할 것이다(Peter, 2003: 99).

그렇지만 이것이 인간의 본성에 대한 설명을 구성하면서 우리의 상상력과 (여러 학문분과에서 나온) 증거와 추론을 사용하고자 하는 노력이 쓸모없다거나, 또는 실제로 이것들 가운데 어느 하나가 다른 것들보다 더 좋거나 나쁘다는 것을 뜻하는 것은 아니다. 개방적이고 포용적인 토론을 통하여 우리는 더 훌륭한 전망, 즉 지금까지 권력이 없거나 주변적이었던 삶의 경험에 기반을 둔 시각을 대표하는 전망을 확보할 수 있을 것이라는 희망을 가질 수 있다. 또한 이것은, 폭넓은 기초를 가진 해방 투쟁을 위한 충분히 다양하고 포용적인 동맹 속에서 그러한 설명을 정당화하고 그러한 설명이 담고 있는 대안적인 사회적 전망을 정당화하는 데도 중요한 역할을 할 것이다. 그러나 여기에는 두 가지 또 다른 단서가 있다. 변동을 위한 운동의 정치학을 자극하기 위해서는 인간의 공통적인 번성에 대하여 공유하는 광범한 견해가 필요할 것이지만, 그러한 운동이 내적 차이나 분리를 극복하거나 경시해야 한다는 요건이 있는 것은 아니다. 로슨의 비판자들은 로슨이 운동에서 동원은 필연적으로 공유한 공통의 이해관심이라는 개념에 의존한다고 주장하는 것으로 받아들인다. 사실상 가장 성공적인 많은 사회운동들은 폭넓은 동맹을 포함하고 있는데, 이 동맹의 중요한 참여자는 그것이 추구하는 변동에서 직접적 혜택을 받는 입장에 있지 않은 활동가들이었다. 인종차별에 반대하는 세계적 투쟁, 여성 및 그 밖의 소외집단에게까지 참정권을 확대하기 위한 동맹, 정치범을 지원하는 연대운동 그리고 그 밖의 여러 사례들을 인용할 수 있다.

내가 생각하는 두 번째 단서는 비판적 사회과학의 해방적 목표를 옹호하는 주요 논자들의 '인간주의적' 가정에 의문을 제기한다. 두 가지 사례가 요점을 예시한다. 하나는 동물의 권리운동으로, 이 운동을 주도하는 선구자는 이 운동을 여성, 소수인종 그리고 피압박 민족의 해방을 넘어서는 그다음의 논리적 단계라고 주장했다(Singer, 1976). 다른 하나는 열대우림 지키기 국제운동이다. 참으로, 열대우림에 대해서는 흔히 삼림의 생물다양성 속에 자리하고 있는 생태계가 제공하는 혜택과 잠재적인 의료자원의 관점에서 언급한다. 그렇지만 우려와 분노의 가장 심층적인 원천은 이러한 독특하고 대체불가능한 자연형성체 – 대부분의 활동가들은 방문한 적이 없는 – 에 대한 도덕적이고 미학적인 경모와 그곳에 거주하는 토착민 거주자들과의 연대에서 유래한다. 여기서 나의 제안은, 현재의 우리의 지구적인 사회경제적 체계의 지속불가능성을 인식함으로써 우리는 우리가 (여전히) 지구를 함께 써야 하는 다른 종들과의 관계 속에서 질적으로 새로운 사회적, 경제적 및 도덕적 삶의 양식을 그것의 중심에 놓는 대안을 구상해야 한다는 것이다. 단순한 '인간주의'로는 더 이상 충분하지 않다.

테드 벤턴 2010년 5월

보론 1: 개인적 결론

테드 벤턴

우리의 원래의 의도는 우리 두 사람이 쓴 부분들에 대해 서로 논평하고 우리 자신의 개별 '입장'을 진술하는 두 개의 결론을 쓰는 것이었다. 하지만 나는 이것이 어려운 일이라는 것을 깨달았다. 그것은 부분적으로는 이언이 쓴 장들을 읽으면서 나와 의견이 다른 것이 많지 않다는 것을 알았기 때문이었다. 내가 이견을 가진 곳에서조차 나의 논평이 이 책이 이미 가지고 있는 유익함에 더할 것이 별로 없을 것이라고 생각했다. 그러므로 우리는 결론을 쓰는 대신 우리가 지금 생각하고 있는 것에 대해 그렇게 생각하게 된 과정과 경험에 관한 개인적인, 심지어는 자서전적인 논평을 덧붙이는 데 동의했다.

나는 나의 경력을 중학교 과학 및 수학 교사로 시작했지만, 대학 수준의 철학 공부에 대한 나의 열정을 추구할 수 있는 기회를 얻었다(그 옛날에 연구비를 받았던 것이다!). 이것은 내게 대학에서 강의를 담당할 가능성을 제공했으며, 나는 사회학과에서 철학을 가르치는 자리를 얻는 믿을 수 없는 행운을 누렸다. 더 큰 행운은, 그 자리가 에식스대학교에 있었다는 점이며, 나는 지금도 더 좋은 곳이 있으리라고는 생각하지 않는다! 당시(1970년대 초) 대학의 분위기는 상당히 정치화되었고, 매우 다양한 유파의 마르크스주의들, 여성주의 사상 그리고 자유주의 사상의 옹호자들 사이에서는 논쟁이 끊이지 않고 있었다. 얼마 후 이언이 교수진에 (로이 엔필드Roy Enfield의 후임으로) 합류했다. 그리고 나와 이언은 사회학과의 과학철학 강의를 나눠 맡았다. 아주 적절하게도 우리 두 사람 모두 철학과 사회과학의 관계에 관심을 가졌고 이 관계가 사회과학에 매우 중요한 것이라고 생각했다.

또한 우리는 마르크스주의 사상에 대해서도 똑같이 매력을 느꼈다. 그렇지만 이 공통점은 그다지 큰 것이 아니었다. 당시는 마르크스 유산의 '인간주의적' 유파와 '구조주의적' 유파 사이의 격렬한 논쟁이 벌어지던 시기였으며, 우리는 서로에 대해 그 논쟁의 상대 진영에 속한 것으로 경험했기 때문이었다. 내가 이처럼 말하는 것은 실제로 그렇게 생각했기 때문이다. 이언은 사르트르Jean Paul Sartre의 저작에 강하게 관심을 가졌으며(Craib, 1976), 그때, 그리고 그 이후로도 개인들의 내적 삶과 사회적 삶의 해석학적 차원을 진지하게 다루는 사회과학의 관행을 강하게 따르고 있었다. 그의 입장은 인간주의적이고 반자연주의적이라고 서술하더라도 부당한 것은 아니었다. 반면 나는 내가 설명할 수 있다고 생각하는 이유 때문에 그 논쟁의 구조주의적 진영에 매력을 느끼고 있었다. 부분적으로 이것은, 내가 이미 상당한 정도로 비정통주의 마르크스주의자였으며, 마르크스주의는 개방적인 연구 기획 ─ 통째로 채택하거나 기각해야 하는 교의의 종결적인 총체가 아니라 ─ 이라는 알튀세르파의 선언에 동의했기 때문이었다. 나는 철학에 배경을 가지고 있었기 때문에 마르크스주의 사상의 재구성에서 이론적 엄격성을 중시하고 있었다. 또한 나는 알튀세르파의 접근에서 확인할 수 있는, 사회구조가 사람들의 삶의 기회에 미치는 영향의 문제에 강한 관심을 가지고 있었다.

그렇지만 이언은 그것에 가까운 것을 표현할 수 있는 개념들을 '인간주의적' 마르크스주의의 전통 속에서 찾아냈다. 그의 인간주의는 억압적인 사회구조 속에서의 사람들의 위치가 그들의 삶과 가능성을 어떻게 만들거나 제약하거나 저해하는가에 대한 인식을 결코 놓치지 않았다. 논쟁에서 내가 가담한 진영과 관련하여(이언은 이것을 다르게 기억하지만 나는 당시 내가 썼던 것을 참고할 수 있다!), 개인들을 사회구조들의 '담지자들bearers'의 지위로 환원하는 알튀세르의 경향을 나는 받아들일 수 없었고, 이데올로기를 지배이데 올로기와 (사실상) 동일시하는 것도 믿을 수 없었다. 알튀세르파의 마르크스 주의는 자발적인 저항과 '밑에서부터의' 투쟁을 해명할 수 없다는 점에서 심 각한 결함을 가지고 있었다.

부분적으로는 이언과 내가 마르크스의 이론적 유산의 다른 유파에 관심을 가지고 있던 결과로, 우리는 또 다른 묶음의 쟁점들에 관해서도 대립적인 진 영에 서는 경향이 있었다. 이 쟁점들은 이 책에서 우리의 관심사의 중심을 차 지하고 있다. 당시 이언은, 주관성과 사회적 삶의 심리적 측면에 초점을 맞추 는 입장과 그가 주로 의거하는 문헌들 때문에, 사회과학에 대해 반자연주의 적 견해를 표현하게 되었다. 사회과학을 기본적으로 자연과학적 방법론에 통 합하라는 실증주의의 명령은 받아들일 수 없는 것이었다. 인간 주체와 그들 이 창출하는 의미관계는 자연과학의 그것과는 완전히 상이한 정신에서 접근 해야 했다. 대조적으로 나는 자연과학의 작업에 대하여 존경심을 가지고 있 었으며, 사회과학을 적어도 일부의 자연과학들(생명과학, 특히 생태학)과 실질 적으로, 그리고 방법론적으로 연결해야 할 강력한 이유가 있다고 생각했다.

자연주의적 접근을 채택하는 내 입장에는 두 가지 주요한 근원이 있었다. 첫째, 나는 자연사 분야에, 즉 그것들의 서식지에 살고 있는 놀랍게 다양한 동물들과 식물들을 관찰하고 연구하는 작업에 평생의 열정을 가지고 있었 다. 이것은 과학으로서 생물학에 대한 나의 존중(그 학문분과에 대한 현재의 내 감정은, 그 분과의 연구 기획을 농업 관련 산업과 의약 관련 산업의 이해관심이 장악하고 있기 때문에, 매우 착잡하다)과 관련되어 있으며, 또한 생태적 파괴와 인간의 사회적 실천 사이의 상호연관에 대한 인식의 증가와도 관련되어 있 다. 오늘날 '생물학적 다양성'이라고 부르는 것의 파괴를 우려하고 그러한 시 대를 살아온 사람으로서 '발전'의 압력이 만들어내는, 무엇보다도 농업의 산 업화가 만들어내는 자연적·반(牛)자연적 서식지들의 황폐화를 혐오하지 않는 사람은 없을 것이다. 인간사회와 자연의 나머지 부분 사이의 '물질대사 metabolism'라고 마르크스가 부른 것의 '물질적' 차원을 진지하게 다루지 못하는 사회과학은 이런 쟁점들을 처리할 방안을 제시할 수 없을 것이다.

나의 '자연주의'의 두 번째 동기는 당시에 내가 완전히 분리된 것으로 경험한 것(돌아보면, 아주 놀랍게도)과 관련된다. 나는 1970년대와 1980년대 초에 노동운동의 정치에 깊숙이 관여하고 있었다. 거칠게 말하면, 그때 나는 임금노동의 전체 체계가 착취적일 뿐 아니라 소외를 낳는 것이며, 부유한 소수의 이익을 위해 흔히 영혼 없고 반복적인 직무를 수행하게 하는 강제가 사람들이 가진 인간적 잠재력을 억압하고 고갈시킨다고 믿었다. 그러므로 인간주의적 사회주의가 일차적으로 도덕적 고발을 강조하는 것(당시 나는 그렇게 생각했다)은 잘못 짚은 것이라고 생각했다. 오히려 필요한 것은, 반대 투쟁을 위한 믿을 만한 전략적 안내지침을 제공할 수 있는, 사회구조와 실천에 대한 엄격하고 경험적 근거가 확고한 과학적 지식이었다.

학문적 관점에서 말하면, 나는 초기에 생명과학을 열심히 공부했었고 자연과학에 대한 반(反)실증주의적(실재론적, 사회역사적) 해명에 친숙했기 때문에 실증주의를 거부하면서도 사회과학에 대한 그러한 자연주의적 접근을 옹호할 수 있었다. 그러므로 사실상 이언과 나는 계속해서 상당한 정도로 공동의 철학적 기초를 가지고 있으면서도 자연주의라는 쟁점에 관해 서로 근본적으로 다른 의견을 가지고 있었다. 나는 과학을 미신적이고 권위주의적으로 부과된 믿음체계를 극복하는 활동으로 보는 '영웅적heroic' 과학관을 받아들이고 있었으며, 우리를 둘러싼 세계에 관하여 알아낼 수 있는 우리 인간의 이성과 경험의 힘을 민주적으로 사용해야 한다고 믿었다.

거대자본과 국가가 착취, 군사적 정복 그리고 사회통제에 사용하기 위하여(당시는 미국이 동남아시아에서 전쟁을 벌이고 중남미에서 독재정권을 지원하던 시기였다) 과학과 기술을 더욱더 명백하게 장악하더라도, 나는 과학이란 지배적인 사회적 이해관심과 문화적 가치를 확실하지 않거나 알 수 없는 '자연'에 투사하는 것에 지나지 않는다고 주장하는 '구성주의자'의 견해에는 여전히 동의하지 않았다. 과학의 연구 기획, 과학이 제기하는 질문과 제기하지 않는 질문, 심지어 '기초'과학의 연구 기획과 상업적 또는 군사적 이해관심 사이의 연관은 부인할 수 없는 것이며, 이것들이 과학의 작업을 왜곡한다는 것도 매우 명확하다. 그렇지만 이 모든 단점들에도, 자연세계의 온갖 복잡함과 놀라움을 이해하고 자연 속에서 우리의 위치에 관해 통찰력을 제공하고자 하는 영웅적 투쟁이라는 과학의 대중적인 자화상은 여전히 매력의 원천이었다. 나는 어린 시절에 읽은 진화론에 관한 인기서적(기억에 따르면 『진화는 왜?The Reason Why? Evolution』라는 제목의 책이다)과 그 뒤에 읽은 다윈의 『종의 기원Origin of Species』을 생생하게 기억한다. 그것은 혁명이었지만, 종교적 의미에서 그런 것은 아니었다. 그런 독서와 그 후의 인기 있는 과학서적의 독서를 통해, 내가 누구인가, 그리고 나를 둘러싼 세계에 나는 어떻게 연결되는가에 대한 나의 생각은 근본적으로 변화했다(다윈주의 경우에 가장 분명하게 그러했으며, 나는 인간과 다른 생명체들 사이의 친족관계를 인식했다). 그렇지만 이런 변화는 신성한 교과서의 매력에 의해서가 아니라 때로는 내 자신이 점검할 수 있었던 증거와 논증에 호소함으로써 일어났다. 이것을 지식 주장의 근거로 삼는 것은, 그 주장을 다루는 사람들의 지능과 자율성을 존중하는 것이었다. 그러므로 과학의 유산에 대해 현재의 권력관계가 어떠한 왜곡과 배반을 만들어냈거나 간에 나는 우리의 세계와 그 속에서 우리의 위치를 이해하고자 하는 과학의 투쟁에는 해방적인 것이 담겨 있다는 생각을 결코 버리지 않았다. 최선의 경우, 그리고 아마도 가능한 미래에 과학은 이것을 추구할 수 있을 것이다.

그 당시(1970년대 후반의 언젠가) 이언의 삶과 나의 삶은 대단히 달랐다. 그는 아버지 역할에 시간을 쏟으면서 정신분석과 치료에 점점 더 몰두했다. 그

동안 나 또한 아버지 노릇과 '가정영역'을 이유로 적극적인 정치참여에서 일시적으로 벗어나 있었다. 나는 이미 1970년대 초에 싹튼 여성주의운동의 영향을 강하게 받고 있었지만, 아버지 역할이 나를 사로잡기 전까지는 그것의 중요성을 본격적으로 깨닫지 못했다. 그 역할, 그리고 그 역할의 요구에 따른 적극적 정치참여에서의 이탈은 내게 그때까지의 여러 가지 활동들에 대해 정치라는 공적 영역의 관점에서 그리고 학문적 쟁점의 관점에서 다시 생각할 시간을 제공했다. 정치적이고 이데올로기적인 무대를 대처주의자들이 지배하던 이 시기에, 나는 당시의 지배적인 형태의 노동운동이 효과적으로 저항할 수 있을 것인가에 대해 아무런 희망도 가질 수 없었다. 나의 이런 인식에 대해 노동운동 활동가 일부는 내가 사회주의적 열망을 포기하고 대처주의자들의 가치를 대규모로 흡수한 공중에게 호소하는 것으로 판단했을 것이다. 하지만 내게는 자본주의에 대한 좌파의 전통적인 비판적 이해를 어떻게 심화하고 그것의 대중적 호소력을 어떻게 확대할 것인가를 모색하는 것이었다. 가능한 미래에 대한 전통적인 좌파의 분석과 전망의 대부분을 어떻게 변혁해야 할 것인가를 알아보기 시작했다는 의미에서, 나는 이 시기에 여성주의와 녹색운동의 비판의 깊이와 중요성을 깨달았다고 생각한다. 행운으로, 이런 진단을 공유하는 사람들이 있었고, 함께 대화하고 작업하면서 우리는 여성주의, 녹색, 반인종주의 그리고 사회주의 사상들을 연결하여, '자본주의는 이 땅의 유일한 게임capitalism is the only game in town'이라는 절망적인 합의에 궁극적으로 도전하는 전망을 만들어내려는 활동가들과 학자들의 국제적인 공동체라고 할 수 있는 것을 조직했다. 그것은 내 가정에 한꺼번에 밀려온 두 가지 걱정, 즉 아버지 되기와 우리의 미래가 오랫동안 지속할 것인가에 관한 우려에 대처하는 것 이상의 일이라고 할 수 있었다.

그 대화에 참여한 모든 사람이 그것에 '자연주의'가 필요하다고 동의한 것은 아니다. 특히 소퍼는 자연주의에 반대하는 주장을 강력하게 제시했다. 철학적 견해와 정치적 입장을 너무 밀접하게 연결하고자 하는 시도를 경계해야 한다는 것에는 나도 동의한다. 그럼에도 일관성 있게 반환원주의를 유지하는 자연주의가 사회적이고 정치적인 삶에 관한 새로운 방식의 사유를 촉진할 것이라고 나는 생각한다. 특히 나는 일부 여성주의자들을 따라, 인간이 신체적 모습을 형성하는 (다르거나 유사한) 방식들, 질병에 대한 인간의 취약성, 죽음의 불가피성 등은 모든 진지한 해방적 정치와 모든 적절한 사회이론 둘 모두에 근본적으로 중요하다고 주장했다. 인간에게 신진대사가 필수적이라는 사실도 유사하게 유기적·비유기적 자연과 밀접하게 관련되어 있다. 인간이란 무엇인가에 대한 우리의 이해를, 자칭 '다원주의자'인 환원주의자가 하는 것처럼, 인간의 생화학적 구성이나 유전 형질로 환원하는 것은 재앙일 것이다. 그렇지만 똑같이, 우리의 신체적 모습, 죽음, 다른 생명체들과의 계통관계 및 상호의존성에 적절한 주의를 기울이지 않는 사회이론은 우리의 '문명'이 직면하고 있는 몇몇 중심 쟁점들을 다룰 수 없을 것이다.

그러므로 이 책의 주제로 되돌아가서, 내가 쓴 장들에서는 위의 입장의 특색이 여성주의와 함께, 그리고 생태학적 정치와 함께 분명하게 나타났을 것이다. 이러한 두 가지 사상의 흐름은 자연주의에 대한 나의 믿음 그리고 과학의 가치와 중요성에 대한 반(反)실증주의적 이해에 대한 나의 믿음 둘 모두를 심화시켰다. 자연에 대한 비(非)도구주의적 과학 ― 그것의 대상을 존중하고, 그것의 대상의 불가해한 복합성을 인정하는 겸손을 받아들이고 인간의 오류 가능한 사회적 기획으로서 그 자체의 위치를 충분히 인식하는 ― 은 가치 있는 모든 인간사회의 필수적 차원이다. '객관성'의 추구를 포기하지 않고 그것에 새로운 위미를 부여하고자 한 로즈, 켈러 그리고 그 밖의 여성주의자들은 이러한 특징을 가진 '대안' 과학의 전망을 제시한다. 생태학적 정치를 위한 것도 있다. 이것은 한편으로는 환경주의적 지식주장에 권위를 제공하기 위하여 과학과 기술에 의지하는 논변과, 다른 편으로는 과학 및 기술에 대한 적대감

사이의 어느 정도는 불편한 동요를 특징으로 했다. 과학에 대한 비실증주의적 해명들은, 그것들 각각의 방식으로, 이러한 딜레마를 넘어서는 길을 개척한다. 과학적 작업이 권력의 이해관심과 문화적 힘에서 오는 현재의 지배에서 자유로울 수 있다면, 이것은 과학 및 기술의 발전에 대해, 그리고 이것들이 사회적 삶과 자연세계에 대해 갖는 관계에 대해 완전히 다른 가능성들을 개척할 수 있을 것이다. 생태중심적인 생태주의의 윤리적 직관 — 인간 이외의 자연을 그 자체로 가치 평가할 것을 우리에게 요청하는 — 은 여성주의 인식론이 선호하는 '역동적 객관성'에서 그것의 보완물을 발견한다. 과학의 성질에 관한 비판적 실재론의 연구는 또한 과학이 사회적 실천이며 **동시에** 그 자체를 넘어서는 실재에 대한(오류가능한) 지식을 추구하는 실천일 수 있다는 이러한 인식에 수렴한다.

이 책에서 내가 쓴 장들은 책들과 논문들과 '생생한' 논쟁들의 산맥 전체를 헤쳐 나아가는 꼬불꼬불한(돌아보면, 아마도 필요 이상으로 꼬불꼬불한 듯하다) 등산로를 그리고 있다. 나의 임시 정류장으로 가까스로 조립한 입장은 이러한 일대기의 생산물이다. 내가 맺어온 절친한 관계들(그것에 관해서는 여기서 밝히지 않을 것이다!), 이언과 이 대학의 학생들을 포함한 동료들과의 지속적인 창조적 대화, 나의 여러 가지 정치 참여, 자연을 향한 나의 지속적인 열망, 국내외의 학자들 및 활동가들과의 협력 작업 등을 통해 나는 그 입장을 형성했다. 간단하게 내가 지금 생각하고 있는 것의 증거와 이유를 만들어낼 수 있었지만 그럼에도 그것은 매우 독특한 생애사의 산물이다. 나는 이 책의 모든 독자들이 내게 동의할 것이라고 기대할 충분한 이유를 가지고 있지 않다. 그러므로 이언과 내가 여러 산들을 넘는 아주 상이한 등산로를 거쳐서 서로 매우 가까이 접근했다는 사실은 내게는 약간은 놀라운 일이다.

지금 내가 알고 있는 한 가지 사실은, 우리 두 사람이 '사회학적 제국주의 sociological imperialism'라고 부를 수 있는 것을 거부했다는 점이다. 그런 입장은 일부 형태의 '사회구성주의'에서 찾아볼 수 있다. 극단적인 형태의 구성주의에서는 개인의 주관적 삶이 사회적 과정에 의해 완전히 구성된다고 보거나, 또는 우리가 접근하는 모든 것은 '자연'에 대한 문화적으로 생산한 담론이라고 주장하면서 독립적인 자연이라는 관념을 삼켜버리는 경향이 있다. 이언은 개인의 정신적 삶('사회화'가 그 자리에 형성하는 것으로 환원할 수 없는)을 그 자체의 고유한 기제와 과정을 가진 영역으로 인식할 필요를 강조해왔다. 이것과 유사하게 나도, 우리의 신체적 모습 그리고 인간 이외의 자연과 우리의 상호의존을 중요하게 취급하는 사회과학적 유산을 재구성할 필요가 있다는 입장을 가지고 있다. 역사적으로 사회과학들과 생명과학들이 대체로 서로에 대해 무지한 가운데 발전해왔기 때문에, 그 둘 사이의 바람직한 조화를 위해서는 두 집단의 학문분과들이 그것들의 가장 기본적인 가정들의 일부를 개정할 수도 있는 장기간의 대화가 필요할 것이다. 사회과학자들은 우리의 막대하게 복잡한 세계를 이해하는 데서 자신들의 관점의 불가결성을 당연히 주장할 수 있다. 그렇지만 그들은 그와 똑같이 생명과학들의 막대한 공헌을, 물론 비판적으로, 존중할 수 있도록 개방적이어야 한다(Benton, 1991, 1994).

그러나 이것은 우리 두 사람 사이의 두 번째의 공동의 기초로 이어진다. 우리는 인간의 해방 또는 인간의 삶의 개선에는 지식과 이해가 필수적이라는, 지금으로서는 상당히 유행에 뒤처진 견해를 고집스럽게 공유했다. 여기에는 두 측면이 있다고 나는 생각한다. 하나는, 근대의 경제적, 기술적, 군사적 권력 및 이것들과 함께 성장한 문화적 형태들이 고삐를 풀어놓은 거대한 규모의 파괴성과 사회적 해체에 맞서서 아직도 저항할 의지를 가지고 있는 사람들에게는 전략적 자원을 제공해줄 시험가능한 훌륭한 이론이 필요하다는 것이다. 도덕적 비난의 수사학이 중요한 역할을 수행할 것(이라고 나도 이제는 인정한다)이지만, 그것으로는 충분하지 않다. 더 심층적이고 아마도 더 광범하게 공유하고 있는 관점에서는 지식과 이해를 위한 싸움이 해방적이라고 할 수 있다. 여기서 우리는 이 책의 서론으로 되돌아가서, 그람시가 자주 말하듯 '누구나 철학자이다'라는 사실을 상기하게 된다. 삶을 영위하기 위해서는 어느 누구도, 자신이 헤쳐 나아가야 할 세계를 이해하고 자신을 그 속의 어딘가에 위치시키고 그것의 모순적인 경향들과 연관 지어 자신을 조정하고 그럼으로써 가치를 채택해야 하는 도전을 피할 수 없다. 주변 세계를 이해하고 그 세계와 관계 맺는 투쟁으로서의 삶의 이러한 측면은 사람됨의 일부분이다. 내가 알고 있는 한, 이것에 대해서는 청년 마르크스가 그의 파리 수고에 제시한 것보다 더 뛰어난 진술은 없다.

식물과 동물, 돌과 공기와 빛 등이, 부분적으로는 자연과학의 대상으로서, 부분적으로는 예술의 대상으로서, 이론적 측면에서 인간 의식의 일부분을 구성하는 것과 똑같이, 그것들이 인간의 정신적인 비유기적 본성, 즉 정신적 자양분 — 향유와 소화를 위해서는 먼저 준비해야 하는 — 인 것과 똑같이, 그것들은 또한 실천적 측면에서 인간의 삶의 일부분을 그리고 인간활동의 일부분을 형성한다 …… 자연은 인간의 비유기적인 몸inorganic body이다. 즉, 그것이 자체로 인간의 몸이 아닌 한에서 자연은 자연이다. 인간은 자연에 의지하여 살아가며, 이것은 자연이 인간의 몸이고 인간이 죽지 않기 위해서는 자연과의 항구적인 상호교환 속에 머물러 있어야 한다는 것을 의미한다. 인간의 신체적 · 정신적 삶이 자연과 연관되어 있다는 것은 단순히 자연이 그 자체와 연관되어 있다는 것을 의미하는데, 이는 인간이 자연의 일부분이기 때문이다(Marx, [1844] 1975: 276, Collier, 1991도 볼 것).

그렇지만 세계를 이해하려는, 그리고 세계와 우리의 연관을 이해하려는 노력은 또 다른 이유에서 고유한 가치를 갖는다. 이것은 그러한 노력의 사회적 성격에 대한 우리의 뒤늦은 인식과 관련된다. 여성주의 인식론들은 지금까지 그 노력이 여성에 대해 배타적인 특성에 의해 심하게 손상되어온 사회적 사업이라는 것을 가장 명확하게 입증했다. 그 인식론들은 남성이 과학을 독점한 정도를 보여준다. 급진과학 운동은 여기에 자본과 군부에 대한 과학의 굴종을 추가할 것이며, 탈식민주의 이론가들은 과학과 제국주의 및 인종주의의 공모를 강조할 것이고, 녹색 비평가들은 자연 지배라는 근대의 파괴적인 기획과 과학의 공모를 탄핵할 것이다. 관점을 고려하고 기준 — 끊임없는 재협상의 대상인 — 에 비추어 이루어지는 대등한 사람들의 포용적인 대화를 통해 수행하는 과학의 실천이 필요하다는 여성주의 인식론자들의 요청은 경쟁하는 사상 전통들 사이의 상호존중과 이해의 전망을 제공한다. 이것은 그 자체로 진정한 인간적 미덕일 것이다. 우리는 일상에서, 그리고 더러는 대학의 강의실이나 휴게실에서 운 좋게도 잠깐잠깐 진솔한 대화를 나누면서 그러한 상호존중과 이해의 대화에 가까운 것을 예시적으로 경험한다. 그리고 이 경험은 그런 대화가 공상적인 것이 아니라는 점을 증명한다.

그렇지만 모든 진정한 인간적 미덕이 그러하듯, 핵심적인 문제는 그 미덕을 선별적인 맥락에서만 향유할 수 있도록 제한하지 않고, 참여하기를 원하고 또한 참여할 수 있는 사람 모두가 그 미덕을 향유할 수 있도록 그것을 어떻게 확장할 것인가 하는 것이다. 지성적인 삶의 진정한 민주화를 어떻게 실현할 것인가? 이것은 분명히, 제도적 상황에서 지금까지 배제되고 주변화되었던 집단들에게 기회를 확대한다는 것을 의미한다. 그러나 이것은 또한 호기심과 이해의 추구를 소중하게 여기며 대담한 시민들에게 이러한 가치를 추구할 수 있는 기회와 시간과 공간을 제공하는 원칙을 지키기 위해 더 넓은 문화 속에서 싸우는 것을 의미한다. 이것은 탈근대의 빈정거림과 이것에 대한 경제주의적 경멸의 거부를 의미하며, 계속 확장되는 상업화 및 우리 공동 문화의 유산의 상업화와 '타락'에 반대하는 것을 의미한다.

이언 크레이브

내가 쓴 장들에 대한 테드의 반응에 답할 수 있다는 것은 상당히 즐거운 일이다. 그의 글을 자세히 읽으면서 나는 우리 두 사람 사이에 의견의 차이가 거의 없다는 것, 그리고 의견 차이를 제시하는 것이 아무런 유용성도 갖지 못한다는 것을 확인했다. 나는 우리가 서로 다른 지적 기획에 따라 작업했고 지금도 작업하고 있다고 생각하지만, 우리의 논의들에서는 그리고 서로를 이해하려는 시도에서는 (가다머가 말하는 의미의) 지평의 융합이 있다. 나는 테드가 내 입장을 규정하는 것에 아무런 문제도 없다고 생각하며, 그러므로 테드에게서 내가 배운 것을 말하는 것에서 시작하고자 한다.

첫째, 나는 내가 과학철학 및 사회과학철학의 매우 지루한 차원이라고 생각하는 것을 안내하는 법을 배웠다. 논리와 의미에 관한 논변이 그것인데, 이제는 내 자신이 학생들과 동료들에게 그것을 옹호하게 되었다. 테드가 서론과 실증주의에 관한 논의에서 다룬 몇 가지 매우 기본적인 관념들이 있는데, 그것들은 악기 연주를 배우는 데서 핵심적인 것 ― 악보를 읽고 음계와 화음을 연주하는 것의 학습 ― 에 비유할 수 있으며, 그것들을 익히지 않고서는 우리는 철학에서 그에 해당하는 것들을 끔찍한 소음으로 취급하게 될 것이다. 사회학자들은 철학적 영역에 들어가는 모험을 할 때 흔히 끔찍한 소음을 만드는데, 에식스대학교 사회학과는 다른 학문분과나 사회학의 변두리 출신자(여기서 나는 내 자신에 대해 말하고 있다)를 주저 없이 충원해왔으며, 그러므로 비상(非常)한 창조적인 대항 흐름을 만들어냈다는 찬사를 들을 만하다. 우리는 다른 학문분과들을 배제하는 방식으로 이론화함으로써 안전을 확보하지 않아도 괜찮은 학과에서 근무하고 있는 것이다.

둘째, 비실증주의 과학철학들의 발전 ―테드도 이것에 주요하게 기여했다 ―으로 내가 이전까지는 자연주의에 연결하지 않았던 일련의 가능성이 나타났으며, 나는 이제 자연과학에서 사회과학으로의 경계 넘기를 흥미로운, 그리고 때로는 흥분되는 영역으로 생각하고 있다. 그리고 사회학의 기획에 자연과학에서 많은 것을 배울 수 있는 차원이 있다고 점점 강하게 생각한다.

셋째, 그리고 이 책의 맥락에서 가장 중요한 것으로, 테드의 글에 관해 나는 특히 자신의 생각을 추구하고 옹호하는 그의 열정과 자연과학에 대한 그의 애정에 감사한다. 나는 그와 대화하고 그의 이야기를 들으면서 자연과학에 대해 내가 무지하다는 것을 느꼈다.

그렇지만 우리는 서로 다른 지적 기획을 가지고 있으며, 나는 그 차이가 정확하게 무엇인지를 말하기는 어렵다는 것을 늘 깨닫고 있다. 나는 테드가 보여주는 방식으로 내 자신의 지적 궤적을 제시할 수 없다. 나는 내가 여러 이론가들, 여러 철학자들, 여러 접근들 속에서 허우적거리며, 그 모든 것들을 헤겔이 그의 『정신현상학』 서문에서 서술하는 방식으로 경험해왔다고 생각한다. 조금 고쳐 쓰면 이렇다. '진리는 그 자리에 참석한 모두가 흠뻑 취하는 술잔치 같다. 이따금 어느 한 사람이 그 잔치에서 벗어나더라도 곧바로 도취상태에 되돌아가 빠져들게 되어 있다.' 나의 정치적 **견해**는 그다지 극적으로 변하지 않았다. 나는 사회주의 노동당의, 그리고 뒤에는 노동당 좌파의 진지한 마르크스주의자이고자 했지만 나는 언제나 그다지 진지하지 못한 마르크스주의자였으며, 아마도 노동무정부주의anarcho-syndicalism에 더 경도되었다고 할 것이다(물론 그곳에 도대체 어떤 노동무정부주의자들이 있는가에 대해 그리고 그것이 무엇인가에 대해 누가 더 알고 있는가를 알 수는 없지만). 사실상, 나는 그것이 무엇인가에 대해 **내가** 조금이라도 더 많이 알고 있다고 생각하지 않는다. 이 모든 것에서 내가 추출하는 것은 중요한 것은 **반대**opposition, **논쟁**argument 그리고 **사유**thought라는 것이다. 이 세 가지 모두 여러 영역에서 지속적으로 공격받고 있는데, 나는 그런 일이, 내가 기억하는 한 줄곧 있었다고, 그리고 아마도 그 싸움은 계몽주의 이래 언제나 우리에게 있어왔다고 생각한다. 정치에서, 우리는 우리가 지금 누리고 있는 제한적인 자유라고 할 수 있는 것조차 바로 반대와 논쟁과 사유를 통해서 쟁취해왔다. 내유년 시절의 영웅들 가운데 한 사람의 충고는 여전히 유효하다. '지도자를 따르지 마라.'

믿거나 말거나, 내가 이 책의 생각들에 접근하는 방식도 이것과 관련이 있다. 우선, 나는 우리가 여기서 고려하는 모든 견해를 진지하게 다뤄야 하며, 그 견해들이 사회과학에서 전반적인 적합성을 갖는다고 생각한다. 사회과학 전체와 개별적인 각각은 다중적인 객체들을 다중적인 분석 수준에서 다루는 복잡한 동물이다. 어느 한 접근이, 그리고 어느 한 작업 방식이 **유일한** 방식일 수는 없다. 이 점은 많은 동료들도 인정할 것이며, 그러므로 그들은 별 다른 고심 없이 그들이 선호하는 방식으로 작업을 진행한다. 사회과학에서 진보가 가능하다고 하더라도 그것이 협소한 초점을 통해서 이루어지지는 않을 것이다. 우리 자신이 지식을 모두 가질 때까지 지식을 축적하고 있고, 그런 다음 그 지식을 포장해서 집으로 가지고 온다고 생각할 수 있는 영역은, 무엇보다도 우리가 연구하는 대상이 계속 변화하고 있기 — 흔히 우리가 그 대상을 연구하기 — **때문에**, (있다고 하더라도) 거의 없을 것이다.

여기서 우리가 제시하는 것은 **하나의** 메타서사가 아니라 일련의 보충적이고 모순적인 메타서사이며, 이것들은 이론적 수준과 경험적 수준 둘 모두에서 접근들 사이에서 창조적이고 비판적인 토론을 전개할 수 있게 한다. 바로이러한 토론의 존재 때문에 우리는 통계와 이야기의 수집가를 넘어설 수 있다. 반대나 논쟁이 없는 과학은 죽은 과학이다.

이것은 내가 주관성에 관심을 가지고 있다고 테드가 지적한 것, 그리고 우리의 기획이 갈라지는 지점에 대한 논의로 이어진다. 나는 늘 지적 수준에서 주관성에 관심을 가졌지만, 좌절을 느끼기 시작한 시점은 테드가 지목한 날짜 — 1970년대 후반 — 보다 앞선다. 당시 나의 학교생활과 내가 속한 정치조직은 마치 감옥 같았으며, 나의 개인생활은 수많은 격변을 겪고 있었다. 좌절 때문에 나는 우선은 환자로서, 그리고 1980년대 중반에는 집단 정신분석 치료의 수습생으로서 정신분석과 관계를 맺었다. 치료사로서 내가 수행하는 작업은 테드가 자연세계에서 발견하는 것들에 견줄 수 있는 놀라움의 원천이 되었다. 나는 외부세계가 아니라, 사람들 — 내가 영국의 국립의료서비스 National Health Service: NHS를 위해 일하면서 만난 — 의 내부세계와 일상적 삶의 창조성에서 온갖 놀라운 것들을 발견했다. 나는 사람들이 그들의 일상적 삶에서, 아직도 내게는 신비롭기만 한 일련의 과정을 통해서, 난관들을 견뎌가며 생존하고 또한 으레 생존을 넘어설 수 있다는 것을 목격하는 특혜를 누렸다. 내게 찾아온 환자들이 내 도움이 없이 만들어낸 비유 중의 하나는 우리는 한 패의 카드를 가지고 태어났으며, 그 패가 아무리 나쁘더라도 그것을 가지고 게임을 해야 한다는 것, 그리고 우리는 게임을 잘할 수도 있고 못할 수도 있다는 것이었다.

내가 관심을 가진 주관성은 카드 패를 가지고 게임을 하는 방식에 담긴 것이다. 어떤 사람들은 형편없는 패를 들고 있는 것으로 취급받는다. 아마도 그들은 어린 시절에 지속적인 고문이라고밖에 표현할 수 없는 대접을 받았을 것이다. 그럼에도 그들은, 흔히 그들의 이른바 '징후'를 사용하여, 스스로 삶을 구축하고 사랑하는 관계를 오래 지속하며 애정 있는 방식으로 자녀들을 양육할 수 있었다. 그들은 피해자이지만, 그들 자신의 '피해성victimhood'에 집중함으로써가 아니라 행위주체의 내적 능력을 특정한 방식으로 포착함으로써 이것을 수행한다. 어떤 사람들은 평균적이거나 좋은 패를 들고 있는 것으로 취급받는다. 그렇지만 그들도 자신들이 가진 패 때문에 또 다른 어려움에 빠진다. 그들은 서로 다른 방식으로 자신의 내적 능력을 사용한다.

과학에 대한 현대적 이해의 복잡성을 고려하면 우리는 모든 것들에 대한 과학적 또는 합리적 설명과 이해를 카드게임 이야기 수준까지는 발전시킬 수 있다고 나는 주장하고자 한다. 그것을 넘어서면 우리가 헤아릴 수 없는 것이 있다. 그렇지만 환자로서 그리고 치료사로서 내 자신의 경험을 요약하면 가장 훌륭하게 생존하는 사람, 자신의 패를 가지고 자신과 다른 사람들에게 지나친 고통을 일으키지 않으면서 게임을 하는 사람은 스스로 생각하는 사람이라는 것이다. 정신분석을 흔히 사람을 감정과 접촉하게 만드는 것이라고 간주한다. 그러나 더 흔하게는, 사람들에게 감정에 관해 생각하고 감정을 조절하는 것을 배우도록 안내하는 것이라고 간주한다. 정신분석은 근심이나 고민을 치료하는 것이 아니라 사람들에게 더 창조적인 방식으로 근심하고 고민할 수 있게 해주는 것이다. 어떤 사람은 그것을 이런 방식으로 실현하고 어떤 사람은 저런 방식으로 실현하는가를 우리가 설명하거나 예측할 수는 없다. 그것을 실현하는 방식의 수는 그것을 실현하는 사람들의 숫자보다 훨씬 더 많다. 우리는, 우리가 원한다면, 무한한 목록의 내적 실현물들 — 우리의 꿈에서부터 우리의 수학적 능력에 이르기까지, 농지 경작에서 얻는 즐거움에 이르기까지 — 에 접근할 수 있다.

온갖 형태의 과학 또는 합리적 이해는 바로 여기서 멈춘다고 나는 생각한다. 그리고 내 지배적인 지적 관심은 자연과학이나 사회과학에서 이 영역을 남김없이 폐쇄하고자 시도하는 견해들에 대한 비판을 발전시키는 것이다. 왜냐하면 그러한 견해들이, 우리가 자주 목격하듯, 정치적이고 사회적인 정책들 속으로 퍼져나간다면 그것은 인간이 가진 가능성을 폐쇄하는 데 기여하기 때문이다. 이러한 가능성들을 실현하는 것은 언제나 투쟁이다. 정신치료에서 최선을 다하는 사람은 자신의 내적 삶에 관해 생각하고, 종종 생각할 수 없는 것을 생각하는 방법을 배울 수 있는 사람, 근심, 모순, 역설 그리고 불확실성과 내적 갈등을 견뎌내고 그 모든 것에서 무엇인가를 만들어내는 방법을 배울 수 있는 사람이다. 정확히, 좋은 사회과학을 만들어내는 데도 똑같은 능력이 필요하다. 반대, 논쟁, 사유는 외부적 과정인 만큼이나 내부적 과정이기도 하다. 이런 맥락에서, 창조성과 내적 혼동이라는 저 헤아릴 수 없는 영역을 설명해버리고자 시도하는 사회과학은 형편없는 사회과학이다. 그리고 탐구와 논쟁을 한 가지 특정한 방법과 영역에 가둬버리는 사회과학도 마찬가지이다. 살아 있는 사회과학은, 그리고 아마도 살아 있는 자연과학도 마찬가지로, 여러 가지 다양한 방식들로 생각해야 한다.

보론 2: 이언 크레이브 교수(1945~2002) 추모사*

이언 크레이브는 애석하게도 57세의 이른 나이에 별세했다. 그는 1973년에 에식스대학교 사회학과에 교수로 부임했고 1997년에는 학과장으로 승진했다. 겸손한 품성을 지녔지만, 그는 25년 이상에 걸쳐 끊임없이 책과 논문과 논평을 발표했으며, 이를 통하여 학계 안에서는 물론 학계 밖에서도 크게 존경받았다. 그가 학문분과의 경계를 넘어서야 하는 크고 중요한 질문들을 제기하는 데 몰두해왔다는 점은 그의 독창성의 표지이다. 이언의 경우, 철학, 문학, 정신분석 그리고 사회이론의 분야에서 특별한 공헌을 했다. 그는 자신이 사회학의 주변부에 위치하고 있다고 생각했지만, 아마도 이 때문에, 사회학의 불가결성과 한계를 그 누구보다도 깊이 이해했다. 그의 초기 연구 — 가장 유명한 것으로는 그의 최초의 저서 『실존주의와 사회학Existentialism and Sociology』 — 는 철학과 사회학의 관계를 탐구했는데, 이 연관은 그의 평생에 걸친 연구주제가 되었다. 이 점은, 그의 오랜 기간에 걸친 정치적 관심과 함께, 그가 학술지 ≪급진철학≫과 오랫동안 관계를 유지해온 사실에서도 나타난다. 그는 이 학술지에 광범한 글을 게재했는데, 특히 논평을 많이 썼으며, 초기에는 편집진의 일원으로 활동했다. 1970년대에 그는 사르트르의 실존주의에 영감을 받은 인간주의적 마르크스주의를 옹호했고, 이것에 기초하여 처음에는 '국제사회주의자International Socialists'에서 그리고 그 뒤에는 노동당 안에서(불편하게) 정치적 활동에 참여했다. 사회학 교수와 저술가로 활동하면서 그는 당시 인문학

---

* 이 글은 2003년 테드 벤턴이 ≪급진철학≫에 게재한 것이다. 허락을 받고 수록한다.

과 사회과학을 휩쓴 구조주의 물결에 저항했다. 벤턴에 대한 특징적인 비판에서 그는 다음과 같이 주장했다.

> 이론의 힘은 사람들의 의식을 변화시키는 그것의 능력, 즉 반드시 지적 신념에 의해서가 아니라 사람들에게 자신의 세계와 자신의 경험을 근본적으로 새로운 방식으로 파악할 수 있게 해주고 세계를 변화시킬 방법에 대해 깨닫기 시작할 수 있게 해주는 것에 의해 그들을 변화시키는 능력이다. 마르크스주의 이론이 이것을 수행해야 한다면 그것은 세계에 대한 일상의 재현 내부에 살아 있을 수 있어야 하며, 그 재현을 논쟁의 출발점으로 삼아야 하고 그 재현을 세계에 대한 적절한 이해로 전환할 수 있어야 한다(≪급진철학≫ 10, Spring 1975: 29).

1970년대 말, 그는 개인적 어려움과 정치적 좌절을 함께 겪으면서 조직적인 정치활동에서 후퇴하여, 오랫동안 개인적으로 그리고 지적으로 정신분석에 몰두하게 되었다.

1980년대 중반, 이언은 수습 정신치료사가 되었다. 그렇지만 사회이론화의 추구도 포기하지 않았다. 그의 『정신분석과 사회이론Psychoanalysis and Social Theory』(Craib, 1989)은 이런 양쪽 방면의 노력의 최초의 종합이었다. 이 책에 붙인 '사회학의 한계'라는 부제는 이언의 가장 지속적인 사회학적 주장을 알려준다. 실존주의에서 정신분석으로의 전환은 인간주의에 대한 그의 초기의 중심적인 관심을 유지하면서 새로운 지적 자원을 활용하는 방법이라고 할 수 있다. 그는 개인의 내적 삶을 존중하면서, 환원적 단순화에 대항하여 이를 지켜야 한다고 주장한다. 그의 환자 한 사람이 제공한 이미지를 사용하여 그는 사회학자로서 우리가 결국에는 각각의 사람들이 삶이라는 카드 게임에서 '손에 들고 있는 패'를 설명할 수 있을 것이라고 인정했다. 그렇지만 많은 것들은 그 패를 가지고 어떻게 게임을 하는가에 달려 있으며, 개인들이 난관을 헤치고 생존하면서 보여주는 창조성에는 헤아릴 수 없고 놀라운 어떤 것이 있다. 이것을 인식하지 못하는 지적 접근은 인간의 가능성을 폐쇄하겠다고 협박하는 것이기 때문에 반대해야 한다.

1980년대에 이언은 다시 유력한 지적 흐름을 거슬러 헤엄쳐 나아갔다. 대규모 이론화에 대한 비난이 유행하고 사회학 고전을 전위적으로 기각하는 풍조에 직면하여 이언은 사회이론에 관한 글을 폭넓게 발표했다. 그의 『근대사회이론Modern Social Theory』(Craib, 1984)은 복잡하고 난해한 견해들을 직접적이고 이해하기 쉬운 방식으로 의사소통할 수 있는 이언의 능력을 보여주는, 그렇지만 그것들을 결코 완전히 파악할 수는 없다는 점에 대한 흥분과 당혹의 느낌을 여전히 담고 있는 뛰어난 사례이다. 학생의 교과서로 사용할 것을 염두에 둔 책으로 그것은 대단히 성공적이었으며 그 자체로 높은 가치를 가졌지만, 또한 이것에 그치지 않는다고 널리 인정받았다. 이언은 우리가 현재와 현대사상 두 가지를 이해하고자 한다면 과거의 주요 사상가들에 대한 이해에서 시작하는 것이 중요하다고 주장하고 이것을 입증했다. 그의 『고전사회이론Classical Social Theory』(Craib, 1997)은 이 점을 훌륭하게 보여주었다. 그러나 그것들은 또 다른 중요한 의미에서 교과서 이상의 가치를 가졌다. 그것들은 선생으로서 자신의 역할을 매우 중요하게 여기는 이언의 입장의 연장선에 있는 것이었다. 그 책들에서 우리는 이언의 매우 특별하고 도전적인 그렇지만 여전히 공감할 수 있는 교육철학의 증거를 볼 수 있다.

이와 동시에 그의 정신분석에 대한 관심도 심화되었다. 그는 정신분석에서 훈련을 쌓고 1986년에 집단 정신분석 치료사 자격을 획득했으며, 대학교수로 근무하면서 지역의 국립의료서비스에서 정신치료사로 계속 일했다. 그는 또한 대학에서도 선임상담사의 역할을 맡아 자신의 상담능력과 헌신성을 입증했다. 그의 치료 실천은 정신분석과 사회사상 사이의 관계에 관한 사유에서 영감의 원천이기도 했다. 그는 전문 정신분석 문헌들에 그리고 두 학문영역

사이의 중요한 상호연결에 뚜렷하고 독창적인 공헌을 하기 시작했다. 처음 암 진단과 수술을 받으면서 쓴 『실망의 중요성The Importance of Disappointment』 (Craib, 1994)은 이언의 가장 심층적이면서 개인적인 진술로 남아 있다.

그러나 이언이 우리에게 기억되기를 가장 원하는 모습은 아마도 이러한 공적인 모습이, 물론 중요한 것이지만, 아닐 것이다. 그는 1970년대 중반 에 식스대학교에 부임했는데, 이보다 더 활기를 제공하고 마음에 맞는 환경은 찾지 못했을 것이다. 그는 말년에 사회학의 '주변부'와 다른 학문분과들 출신 을 교수진에 서슴없이 충원하는 학과의 정책에 고마움을 표시했다. 부임 무 렵 그는 시대의 정치적이고 이론적인 논쟁들에 열정적으로 참여했으며, 그 후 조직적 정치활동에서는 벗어났지만 정치 자체는 포기하지 않았다. 근래 그는 자신이 '진지한 마르크스주의자'가 되고자 하면서도 늘 '그다지 진지하 지 않은 마르크스주의자'였다고, 아마도 노동무정부주의자에 더 가깝다고 술 회했다(그는 이 용어가 의미하는 것에 대해서는 확실하게 말할 수 없다고 덧붙였는 데, 이것이 이언의 전형적인 모습이다!). 그는 초기에 인간주의에 충실했으며, 후 기에는 그의 정치를 교육과 치료 활동과 저술에 대한 헌신으로 표현했다. 그 는 '반대, 논쟁, 사유'가, 우리가 지금 누리고 있는 제한적인 자유를 우리에게 제공했다고 지적하면서, 그 자신과 다른 사람들이 가진 이러한 능력을 불러내 고 교육하는 것이 곧 자신의 정치적 가치를 계속 표현하는 것이라고 주장했다.

그는 정신치료에서는 물론 사회학자로 훈련하는 과정에서도 '근심, 모순, 역설 그리고 불확실성과 내적 갈등을 견뎌내고 그 모든 것에서 무엇인가를 만들어내는 것'을 배우는 것이 중요하다고 강조했다. 그의 교육은 우리가 가 진 가능성들에 도전하는, 때로는 당황스러운, 탐구의 과정이었다. 그는 교육 의 가치를 평생 소득 증대의 관점에서 정의하고 모든 수업의 목적과 목표와 결과를 미리 정해야 한다는 신노동당 정부 고등교육의 지배적 정서와는 불 화할 수밖에 없었다. 이언은 근래 합리적 행위에 대한 베버의 유형 분류를 논의하면서 이러한 도구주의적 접근과 그것의 인간주의적 대안을 대비했다.

어떤 사람들은 교육을 그 자체로 가치 있는 것, 우리가 교육을 더 많이 받을수록 우리는 더 개명하기 때문에 그 자체로 추구해야 할 것이라고 믿는다. 교육을 통해 우리는 더 훌륭한 사람, 더 민감한 사람, 진실과 아름다움을 헤아릴 수 있는 사람, 세계의 미묘한 즐거움들을 찾아낼 수 있는 사람이 된다. 우리는 더 나은 시민이 된다.

이언이 학과와 대학교에서, 그리고 급진적 사회사상이라는 더 넓은 세계에서 차지하고 있던 특별한 위치를 말로 표현하기는 불가능하다. 그의 아내 피오나가 사회학과는 그의 '반려the in-laws'였다고 말할 만큼, 학생들과 동료들에 대한 사랑과 헌신에서도 그는 결점 없는 품성을 보여주었다. '(일관된) 정체성identity'은 성취할 수 없는 것이라고 강조해온 사람으로서, 역설적이게도, 이언 자신은 늘, 그리고 흉내 낼 수 없게 흔들림 없이 진실한 동료였다. 단호하게 엄밀하고, 언제나 우상파괴적이며, 짓궂게 통찰력 있으면서도, 비할 데 없이 고결하고 관대하며 도량이 큰 사람이었다. 치명적인 질병으로 힘든 시기에도 그는 특유의 익살스럽고 파격적인 웃음을 결코 잃지 않았다. 그는 파티에 함께 가서 롤링스톤스의 「난 만족할 수 없어I can't get no satisfaction」의 장단에 맞춰 흔들던 친구로 내 기억 속에 남아 있다. 그것은 행복하던 시절, 그의 자유주의 정신이 널리 받아들여지고 그의 정치적 전망이 실현가능하게 보이던 시절의 이야기이다. 물론 그는 아들 벤(그는 아들을 매우 자랑스러워했다)과 아내 피오나의 사랑 속에서는 (인주하지는 않았을지라도) 만족했다.

이언 크레이브, 1945년 12월 12일 출생, 2002년 12월 22일 별세.

용어해설

가치자유(value freedom): 가치자유 사회학은 가능하지만 오직 일정한 한계 안에서만 그러하다고 베버는 주장했다. 사회과학자는 그녀 자신의 문화와 역사적 시기의 가치 그리고 사회과학의 가치에 대한 그녀 자신의 입장에 묶여 있다. 가치지향적 행위도 볼 것.

가치지향적 행위(value-oriented action): 베버의 합리적 행위의 하나. 가치선택 자체는 합리적인 것이 아니지만, 일단 가치를 선택하면 그 가치를 추구하는 행위는 합리적이다.

감성적 행위(affective action): 베버주의의 범주. 감정에 기초한 행위 — 의미 있는 그렇지만 충분히 합리적이지는 않은 형태의 사회적 행위. 전통적 행위, 가치지향 행위, 도구적 행위도 볼 것.

개념의존성(concept dependence): 바스카에 따르면, 사회구조들은 행위주체들이 그들 자신이 무엇을 하고 있는가에 대해 어떤 개념을 가진 것에 힘입어 존재하는 한 개념 의존적이다. 그는 이것을 자연주의의 존재론적 한계라고 주장한다.

개방체계(open system): 비판적 실재론 철학에서, 다수의 인과기제들이 서로 상호작용하는 통상적인 상태를 특징짓는 데 사용한다. 폐쇄체계도 볼 것.

개인주의(individualism): 사회현상을 개인들의 행위에 의해 설명하고자 하는 시도 — 통상적으로 전체론과 대립한다.

경험주의(empiricism): 지식의 획득과 시험에서 경험에 중심적인 위치를 부여하는 인식론의 접근들을 가리키는 매우 광범한 용어.

계몽주의(Enlightenment): 대략적으로 서구에서 근대 철학과 과학 — 사회과학을 포함한 — 이 등장한 18세기를 포괄하는 시기.

계열체/통합체(paradigm/syntagm): 소쉬르가 언어의 구조를 분석하는 데 사용한 축이다. 통합체는 어떤 기호 뒤에 어떤 기호가 이어질 수 있는가 — 통합체적 사슬(syntagmatic chain) — 를 규정하는 규칙을 가리킨다. 계열체 또는 계열체적 사슬은 통합체 사슬 속에서 동일한 위치에 있는 어떤 기호를 어떤 기호로 대체할 수 있는가를 지배하는 규칙을 가리킨다. 기호, 구조주의도 볼 것.

과학사회학의 스트롱 프로그램(strong programme in sociology of science): 믿음들에 대하여 그것들의 추정적인 진위와 완전히 무관한 사회학적 설명을 추구하는 접근.

과학혁명(scientific revolution): 쿤은 표준적인 과학적 믿음과 이론에서의 근본적 변혁을 가리켜 이 용어를 사용한다(패러다임을 볼 것). 이것은 탐구해야 할 쟁점들을 설정하면서 이후의 연구를 위한 틀이 된다. 쿤은 이런 연구를 '정상과학'이라고 부르고, 이를 일종의 수수께끼 풀이로 간주한다. 수수께끼 풀이의 실패들은 또 다른 과학혁명과 새로운 패러다임으로 이어질 수 있다.

관념론(idealism): 철학에서 그것은 통상적으로 존재론의 입장을 가리키는데, 이 입장에서는 실재의 (궁극적인) 본성은 '관념적인 것' 또는 '정신적인 것'이며 물질적 세계는 '외양'의 오도적인 묶음이라고 주장한다. 사회이론에서는 이를 확장하여 사회적 삶의 설명에서 의식, 문화 또는 '담론'에 일차적 역할을 부여하는 접근들을 가리키는 데 사용한다.

관점인식론(standpoint epistemology): 특정한 사회적 위치가 다른 계층보다 더 적절한 형태의 지식을 만들어낼 수 있다는 주장. 마르크스주의자들이 프롤레타리아트에 관해서 사용했으며 근래에는 여성주의자들이 사용하고 있다. 인식론도 볼 것.

구성주의(constructionism, constructivism): 우리가 일반적으로 독립적이고 실재한다고 생각하는 객체를 사회적 또는 문화적 '구성물'로 취급하는 일련의 접근. 일부 구성주의자들은 이 접근을 자연세계에까지 확대한다.

구조주의(structuralism): 1960년대에 사회과학과 철학에 걸쳐서 일어난 운동. 과학을 연구대상인 현상의 기저에 있는 구조를 찾아내는 것으로 본다.

규칙, 규칙준수(rules, rule-following): 피터 윈치는 비트겐슈타인의 언어철학을 자신의 논증의 기반으로 삼아, 언어와 마찬가지로 문화도 일련의 규칙으로 볼 수 있으며 사회과학자의 임무는 이러한 규칙들과 규칙들을 준수하는 방식을 상술하는 것이라고 주장한다. 암묵적 규칙이라는 개념은 민속지적 방법론 그리고 기든스의 사회학에서도 중심적인 것이다. 비트겐슈타인은 20세기 철학의 언어적 전환에서 중심인물이다.

귀납(induction): 과거의 규칙적 연쇄의 증거에서 그 연쇄가 미래에도 계속할 것이라고 상정하는 논증 형식. 우리는 이것을 필연적 논증이라고 생각하는 경향이 있지만, 이것은 논리적으로 필연적인 논증은 아니다.

기능적 합리성(functional rationality): 하버마스에게서 유래한 개념으로, 사회체계를 유지하고 생활세계, 즉 의사소통적 합리성을 통하여 결정에 도달하는 삶의 영역을 식민화하면서 작동하는 도구적 합리성의 한 형태를 가리킨다.

기능주의(functionalism): 사회를 부분들의 집합체이며, 부분들 각각의 존재는 다른 것들을 지원하는 활동으로 보는 관점. 극단적 형태의 기능주의적 설명은 사회제도의 존재를 그것이 다른 제도들을 위해 수행하는 기능으로 설명할 것이다. 기능주의는 일종의 전체론이다.

기호; 기표/기의(signs; signifier/signified): 소쉬르는 언어를 기호들의 구조로 분석했다. 기호는 기표(소리, 종이 위의 표시, 물리적 요소 등)와 기의(그 물리적 요소들에 부여되는 의미, 개념)로 구성된다. 기호는 객체를 가리키는 것이 아니라 관념을 가리키는 것이며, 다른 기호들과의 관계를 통해서 그 의미를 획득한다. 소쉬르는 20세기 철학의 언어적 전환에서 중심인물이다.

논리학(logic): 전제에서 타당한 추론을 이끌어내는 논증형식을 연구하고 분류하는 철학분과이다. 논리학은 진술의 진위에 직접 관련하는 것이 아니라 진술들 사이의 관계만을 다룬다. 이것을 요약하는 한 가지 방식은 논리학은 '그러므로'라는 단어를 정확하게 사용하는 규칙에 관한 것이라고 말하는 것이다. 연역, 귀납, 역행추론, 초월적 논증도 볼 것.

대상관계 심리학(object relations psychology): 성욕 등과 같은 충동보다는 초기의 사회관계의 내면화에 우선순위를 부여하는 정신분석의 접근.

도구적 합리성/행위(instrumental rationality/action): 베버의 '실천적 목표에 정향된 합리적 행위'를 서술하는 방식. 경제학의 발전에서 중요한 개념이다. 프랑크푸르트학파 이론가들은 자연과 인간에 대한 지배를 수반하는 계몽사상의 그 차원을 지적하면서 이 개념을 비판적으로 사용한다.

도구주의(instrumentalism): 이론을 볼 것.

메타서사(meta-narrative): 총체화하는 이론 또는 일반이론을 판별하기 위하여 리오타르가 채용한 용어. 현대의 정보기술이, 세계에 대한 모든 설명이 도전받고 있으며 상대적인 것임을 의미하는 탈근대 세계에서 그런 이론은 더 이상 가능하지 않다고 리오타르는 믿는다.

문제틀(problematic): 역사적 인식론에서, 과학적 접근이나 전통을 구성하는 개념들을 서로 연결하고, 제기할 수 있는 질문들과 볼 수 있는 대상들 그리고 질문할 수 없는 것이나 '볼 수 없는 것'으로 취급할 것을 정의한 방식을 규정하는 데 사용하는 용어. 인식론적 단절도 볼 것.

물질론(materialism): 철학에서 물질론은 존재론의 한 입장으로, 이것에 따르면 세계의 (궁극적) 본성은 물리적 또는 물질적인 것이다. 정신적 삶은 물질의 복합적 결합에서 생겨나는 발현적 속성으로 이해한다.

반증(주의)(falsification(ism)): 시험가능성을 볼 것.

발견의 맥락(context of discovery): 새로운 과학적 착상이나 가설의 창조나 고안과 관련된, 사유과정을 포함하는 과정. 이 과정이 합리적인가의 여부에 관한 논쟁이 있다.

발현, 발현적 힘, 발현적 속성(emergence, emergent power, emergent property): 요소들이 함께 결합하여 더 복합적인 실체가 되면, 후자는 흔히 원래의 요소들이 가진 것들과는 질적으로 구별되는 속성들을 갖는다. 이것은 '발현'이라고 알려졌다. 그리고 이런 식으로 '나타나는' 속성들을 '발현적 속성'이나 '힘' ― 새로운 수준의 조직 ― 이라고 부른다.

(과학적) 법칙(scientific laws): 경험주의에 따르면, 법칙은 사건들의 규칙적 연쇄 또는 '일정한 결합'이다. 이 견해가 가진 난점을 해결하기 위하여 바스카의 비판적 실재론은 과학적 법칙을 인과기제들의 '경향' ― 관찰가능한 규칙성의 형태로 표현될 수도 있고 표현되지 않을 수도 있는 ― 으로 설명한다.

변증법(dialectics, the dialectic): 통상적으로 헤겔 및 마르크스와 연결되는 사유양식. 헤겔의 변증법은 철학이 논변과 모순을 통하여 세계에 대한 총체화하는 지식을 향하여 발전한다고 제시한다. 마르크스에 따르면 이것은 사회가 공산주의를 향하여 발전하는 과정이 된다.

변형적 사회행위 모형(transformational model of social action): 바스카는 사회구조들과 개인 행위자들은 상호의존적이지만, 둘을 혼동하거나 혼합하지 않아야 한다는 견해를 주장한다. 사회적 행위는 오로지 사회구조들의 존재에 힘입어야 가능하지만, 마찬가지로 사회구조들은 오로지 개인들의 행위에 힘입어 지속한다. 일반적으로 개인 행위자들은 사회구조들을 재생산하거나 변형한다. 그러나 이것이 반드시 또는 통상적으로 그들의 행위의 목적인 것은 아니다.

비판적 실재론(critical realism): 자연과학철학 및 사회과학철학의 한 가지 접근. 이 접근은, 그것에 관한 우리의 믿음과 독립된 세계가 있으며, 자연과학과 사회과학은 기저의 구조에 대한 탐구를 추구한다고 주장한다.

상대주의(relativism): 가장 거친 형태에서는, 모든 관점이 맥락 의존적이며 동등한 가치를 갖는다는 믿음이다. 우리가 상이한 관점들 사이에서 판단하는 데 사용할 수 있는 맥락-독립적인 기준은 없다는 것이다.

상징적 상호작용론(symbolic interactionism): 사회학과 사회심리학의 경계에 위치한 접근으로 실용주의 철학에 기초한다. 실용주의도 볼 것.

상호텍스트성(intertextuality): 데리다에서 기원하는 개념으로, 텍스트들이 지속적으로 서로에 의존하고 서로를 끌어들이는 방식을 가리키며, 어떤 '원본적' 또는 '확정적' 텍스트의 부재를 뜻한다.

생태여성주의(eco-feminism): 여성의 생물학적 본성, 심리적 발달, 또는 분업에서의 위치 등 때문에 여성이 자연에 더 가까우며, 가부장적 착취에서 자연을 지키는 데 더 우월한 위치에 있다고 주장하는 여성주의 입장. 그것은 여성주의의 관점인식론(standpoint epistemology)과 밀접하게 연결된다.

생활세계(life-world): 현상학자들이 경험의 흐름 — 의식이 이것에서 판별가능한 대상들을 구성하는 — 을 서술하는 데 사용하는 용어. 하버마스는 이 용어를 받아들여 사회체계와 기능적 합리성이 지배하는 영역과 대비되는 것으로 의사소통적 합리성이 지배하는 삶의 영역을 서술하는 데 사용한다.

서사(narratives): 인간은 이야기하는 동물이며 서사형태로 자신의 삶을 이해한다는 생각은 해석적 전통에서는 오래전부터 존재해왔다. 이 책에서 우리는 철학자 매킨타이어와 심리학자 브루너의 저작에서 그것을 강조하고 있다고 지적한다.

설명적 비판(explanatory critique): 일부 비판적 실재론자들이 한편으로 몇 가지 형태의 사회적 설명과 다른 한편으로 설명되는 현상에 관한 비판적이고 규범적인 관점의 채택 사이의 밀접한 논리적 연관을 강조하기 위하여 사용하는 개념.

설명적 이해와 관찰적 이해(explanatory and observational understanding): 베버주의의 범주들로 관찰적 이해는 관찰대상인 사람이 수행하는 일에 대한 즉각적 파악을 가리키고, 설명적 이해는 그 행위에 포함되어 있는 이유나 의도에 대한 파악을 의미한다.

성찰성(reflexivity): 자신을 지식의 대상으로 또는 '성찰'의 대상으로 삼는 능력으로, 의식을 가진 모든 존재의 특징이라고 할 것이다.

수행적 발화행위(performative speech acts): 하버마스는 타인에게 무엇인가를 하도록 설득할 의도의 수행적 발화행위를, 이해를 성취하는 것을 목적으로 하는 의사소통적 발화행위와 대비한다.

시험가능성(testability): 인식론에 대한 다양한 경험주의적 접근과 대부분의 실재론적 접근은 지식주장이 정정에 개방되어 있어야 한다는 견해를 공유한다. 많은 사람은 이성적 논증을 이것의 일부로 간주하지만, 일부 논자는 경험적 시험가능성을 훨씬 더 강조한다. 일부 논자는 지지하는 증거를 강조하지만(확증주의자), 이런 방식으로 진술의 진위를 결정적으로 확인할 수는 없다(귀납을 볼 것). 이것에서 반증주의의 주장 — 우리는 어떤 것이 옳다는 것을 결론적으로 증명할 수는 없지만, 그것이 그르다는 것은 결정적으로 증명할 수 있다 — 이 등장했다. 여기서는 과학적 진술의 지위를 그것의 시험가능성에 의해 정의한다.

실용주의(pragmatism): 미국에서 발전한 철학으로 지식주장을 행위에 연관되어 있는 것으로 간주한다. 대략적으로 말하면 작동하는 것이 옳은 것이라는 입장이다.

실재론(realism): 이 용어는 상당히 복잡한 일련의 상식적이고 철학적인 용법을 가지고 있다. 우리는 이 책에서 (어떤) 사물 — 사람들이 그것에 관해 믿음을 가지고 있는 — 이 그러한 믿음에 대해 독립적이며, 원칙적으로, 사람들이 그 사물에 관해 알아낼 수 있다는 견해를 의미했다.

암묵지(tacit knowledge): 사회적 삶의 규칙에 대한 암묵적인 지식. 이 지식을 늘 명시적으로 만들 수는 없다.

언어게임(language game): 언어(그리고 확장하면 문화)를 일련의 규칙이 지배하는 게임으로 서술하는 비트겐슈타인의 견해에서 발전시킨 개념. 이 비유를 많은 사회학자들과 인류학자들이 사용한다.

언어/발화(langue/parole): 언어학자 소쉬르는 '언어', 즉 언어의 기저의 구조 — 이것은 언어학이라는 과학의 대상이다 — 와 '발화', 즉 개별적인 발화행위 — 이것은 과학이 연구하기에는 너무 가변적이다 — 를 구별했다. 구조주의도 볼 것.

역행추론(retroduction): 어떤 현상이나 유형에서 출발하여, 이것이 존재한다면 어떤 종류의 과정, 기제, 작인(作人) 등이 그 결과로서 이것을 일으켰을 것인가의 질문을 제기하는 추론적 논증 형식. 결론은 논리적으로 필연적인 것이 아니라 가능한 설명들을 고안하는 합리적 과정을 제시한다.

연결원리(bridge principle): 실증주의자에 따르면, 관찰가능하고 측정 가능한 현상으로 이론적 개념을 정의하는 진술.

연역(deduction): 연역 논증은 전제들로부터 결론이 필연적으로 도출되는 논증이다.

완전시장(perfect market): 경제학자들이 설정하는, 시장에 있는 사람 모두가 시장의 조건, 개인적 선호의 규모에 대해 완벽한 지식을 가지고 있으며 그러므로 그러한 선호를 실현하는 합리적 결정을 할 수 있다고 상정하는 모형.

윤리의 합의이론(consensus theory of ethics): 의사소통적 합리성을 통하여 윤리적 판단에 도달한다는 견해.

음성중심주의(phonocentrism): 데리다가 사용하는 용어로, 서구 철학에서 문자로 쓰는 것에 대비되는, 음성으로 말하는 것에 우선순위를 부여하는 것을 말한다.

의미 있는 행위/의미 있는 사회적 행위(meaningful action/meaningful social action): 베버에 따르면, 이것들은 사회학의 적절한 대상이다. 의미 있는 행위는 행위자가 그것에 의미를 부여하는 행위이다. 의미 있는 사회적 행위는 다른 개인들을 겨냥하는 의미 있는 행위이다.

의미적합성(meaning adequacy): 베버에 따르면, 어떤 설명을 납득할 수 있으면, 즉 그 설명 일어나는 문화의 기준에 비추어 합리적이라면, 그 설명이 믿을 만한 이야기라면, 그 설명은 적합한 것이다.

의사소통적 합리성(communicative rationality): 하버마스에 따르면, 사람들이 상대방을 (무엇을 수행하도록) 설득하기보다는 서로를 이해하고자 하는 개방적 논쟁에 포함된 종류의 합리성이다. 그것은 사회를 판단하고 비판할 수 있는 기준을 제공한다. 이것은 의사소통적 발화행위, 즉 이해되고 이해하는 것을 목표로 하는 진술이다. 기능적 합리성, 이상적 발화 상황, 도구적 합리성, 수행적 발화행위도 볼 것.

이념형(ideal type): 베버의 중심적인 방법론적 개념. 사회적 현상이나 과정에 대한 합리적 재구성으로 경험적 실재와 비교에 사용할 수 있다.

이데올로기(ideology): 현대의 용법에서, '이데올로기'는 실재에 관해 체계적으로 왜곡된 일련의 관념을 가리킨다. 관념은 특정한 사회계급이나 집단에 유리하도록 왜곡된다. 알튀세르는 이 용어를 '과학'의 대립물로 사용한다. 마르크스주의 전통에서 두드러지게 사용한다.

이론(theory): 우리의 상식이나 일상적 설명을 넘어서, 그리고 우리의 즉각적인 감각경험을 넘어서 현상을 설명하고자 하는 시도.

이상적 발화 상황(ideal speech situation): 합리적, 민주적 사회에 대한 하버마스의 이상으로, 여기서는 모든 사람이 민주적인 논쟁과 적절한 정보에 동등하게 접근할 수 있고 모든 사람이 그것을 경청한다. 기존 사회들을 평가할 수 있는 유토피아적 기준이다.

이성중심주의(logocentrism): 탈근대주의 철학자 데리다가 서구 철학의 이성(Logos) ― 논리적이고 이성적인 논증의 힘 ― 의존을 서술하기 위해 만든 용어. 음성중심주의도 볼 것.

이원론(dualism): 세계를 이성과 감성, 문화와 자연, 몸과 정신 등의 이원적 대립물로 구분하는 경향.

이해(verstehen): 이해의 독일어. 종종 공감으로 잘못 번역한다. 이것은 연구대상인 행위자의 언어와 문화에 대한 파악을 포함한다.

이해, 관찰적 이해와 설명적 이해(understanding, observational and explanatory understanding): 베버의 개념으로, 사회과학자는 인간 행위의 설명적 이해를 목표로 해야 한다고 베버는 주장했다. 관찰적 이해는 행위자가 수행하고 있는 것에 대한 즉각적 파악인 반면 설명적 이해는 행위자가 왜 그 행위를 수행하는가에 대한 파악이다.

인과적 적합성(causal adequacy): 베버주의의 범주. 제시한 원인이 존재하지 않고 그러므로 제안한 결과가 발생하지 않는 유사한 상황을 발견할 수 있다면, 그 설명은 원인의 수준에서 적합한 것이다. 의미적합성도 볼 것.

인식론(epistemology): 인간 지식의 본성과 범위에 대한 철학적 탐구로, 지식과 민음, 편견 등을 구별하는 데 관심을 갖는다. 특히 단순한 믿음, 편견 또는 신념과 진정한 지식을 구별하는 기준을 발전시키려 한다. 관점인식론도 볼 것.

인식론적 단절(epistemological break): 프랑스의 역사적 인식론 전통에서 학문분과나 지식영역의 개념틀의 급진적 변혁 과정 ― 그것을 통하여 그 분과나 영역이 과학으로 처음으로 등장하는 ― 을 가리키는 데 사용하는 용어. 과학혁명도 볼 것.

인식소(epistemes): 푸코의 개념. 인식소는 담론의 기저적 구조, 즉 특정 시대의 모든 사유가 그 안에서 결정되는 근본적 개념이다.

인지적 이해관심(cognitive interest): 하버마스는 사람들이 그들의 지식 추구에서 공유하는 세 가지 '인지적 이해관심', 즉 기술적 이해관심, 실천적 이해관심, 해방적 이해관심을 언급한다.

자동적 차원(intransitive dimension): 비판적 실재론 철학의 기술적 용어로, 과학적 지식의 실재하는 객체들 ― 그것들에 관한 우리의 믿음에서 독립하여 존재하고 활동하는 ― 을 가리키는 데 사용한다.

자연주의(naturalism): 철학에서는 이 용어를 (적어도) 세 가지 구별되는 의미로 사용한다. 첫째, 도덕철학에서 자연주의는 사실 진술에서 도덕적 판단을 연역할 수 있다는 주장을 의미한다(설명적 비판을 볼 것). 이 쟁점에 관해 가장 일반적인 철학적 견해는 반자연주의이다. 둘째, 자연주의는 사회과학에 대한 접근에서 자연과학을 모형으로 삼는 입장을 가리키는 데 사용할 수 있다. 셋째, 철학적 용법은 인간의 본성 및 사회와 관련하여 대체로 이것들을 '자연' 속에 위치시키는 견해를 특징짓는 것이다. 예컨대 다윈주의적 진화 견해는 인간을 여러 종들 가운데 진화한 포유 영장류의 하나로 제시한다.

전체론(holism): 개인들이 아닌 사회적 전체에 의한 사회현상의 설명.

전통적 행위(traditional action): 베버의 합리적 행위 범주들 가운데 하나로, 전통에 기초한 행위를 가리킨다. 사실상 그것은 그다지 합리적인 형태의 행위는 아니다.

정당화의 맥락(context of justification): 일단 제출된 착상, 이론, 또는 가설을 시험하고 평가하는 과정. 발견의 맥락을 볼 것.

정상과학(normal science): 과학혁명을 볼 것.

존재론(ontology): 세계에 어떤 종류의 사물들이나 실체들이 존재하는가에 관한 이론으로, 대체로 형이상학적 체계의 한 측면으로 제시된다. 이 용어를 더 온건하게 사용할 때에는 특정한 지식영역이나 과학 전문분야에서 인식한 일련의 실체들이나 관계들을 가리킨다.

존재론적 개인주의(ontological individualism): 베버의 입장으로, 세계에는 오직 개인들만 존재할 뿐 사회들이나 사회계급들이나 다른 집합적 실체들은 존재하지 않는다고 주장한다. 베버는 사람들이 사회가 존재한다고 믿고 그 믿음에 따라 행위한다면 우리는 사회가 존재한다고 취급할 수 있다고 주장하지만, 모든 존재론적 개인주의자들이 이렇게까지 주장하지는 않는다.

초실재(hyperreality): 탈근대 세계에 대한 보드리야르의 서술로, 여기서는 실재와 우리가 점점 더 급속한 복사본의 복사본의 복사본에 예속된다.

초월적 논증(transcendental argument): 몇몇 활동이나 사건들에 대한 진술이 전제이고, 그러한 활동이나 사건이 일어나려면 무엇이 있어야 하는가에 관한 진술이 결론인 연역적 형식의 논증. 비판적 실재론자들이 사용하는 논증 형식이다. 연역도 볼 것.

타동적 차원(transitive dimension): 타동적 차원은 세계에 존재하고 있는 것에 대한 인간의 견해들을 가리키며, 비판적 실재론의 철학에 따르면, 인간 행위주체들, 그들의 사회적 실천과 개념적 장치 ― 지식 생산에 관련되어 있는 ― 의 이러한 특징은 자동적 차원 또는 '객체' ― 인간이 그것에 관한 지식을 추구하는 ― 과 대비된다. 자동적 차원도 볼 것.

탈구조주의(post-structuralism): 파편화, 차이 등을 강조하는 측면에서 탈구조주의는 탈근대주의와 유사하다. 그러나 탈구조주의는 서구철학에 대한 비판에서 발전한다는 점에서 상당히 확고한 철학적 배경을 가지고 있으며, 그러므로 철학을 비판하는 입장에 서 있지만 철학의 관심을 공유한다. 탈구조주의는 서구철학의 이성중심주의와 음성중심주의 ― 지식의 확고한 기초의 추구 ― 를 비난한다.

탈근대주의(post-modernism): 예술에서 유래한 이름. 일부 논자는 그것이 현대사회의 형태라고 주장할 것이다. 그리고 탈근대주의자들은 메타서사의 가능성이나 유용성을 부인하기 때문에, 탈근대 철학이 있을 수 있는가는 논쟁거리이다. 탈근대주의는 차이, 파편화, 변화, 혼성모방, 비합리 등을 강조한다.

패러다임(paradigm): 토머스 쿤에 따르면, 공유한 과학이론의 틀이며 과학이 존재하는 데 필요한 과학적 실천에 관해 공유한 상식적 믿음의 틀이다. 과학혁명도 볼 것.

폐쇄체계(closed system): 비판적 실재론자에 따르면, 인과기제들이 고립되고 다른 기제들로부터 독립된 조건 아래서 작동할 수 있는 체계로, 외부의 영향력을 통제하고 인과기제의 작동을 연구할 수 있는 상황이다. 폐쇄체계는 자연 속에는 거의 없으며, 과학의 실험은 인위적으로 그것을 만들려는 시도이다. 개방체계도 볼 것.

합리적 선택이론(rational choice theory): 개인들의 합리적 선택들을 통하여 사회현상을 이해할 수 있다고 상정하는 사회이론. 존재론적 개인주의, 도구적 합리성, 완전시장도 볼 것.

합리주의(rationalism): 인간 이성의 사용을 통하여 지식을 확립할 수 있다고 주장하는 인식론적 입장.

해방적 이해관심(emancipatory interest): 하버마스의 세 번째 인지적 이해관심. 이것은 세계에 대한 우리의 지식 및 우리 서로의 관계에서 오해와 체계적 왜곡을 일소하고자 하는 인간의 이해관심이다.

해석주의(interpretivism): 인간의 행위와 문화적 생산물들에 대한 해석에 집중하는 접근들에 부여하는 이름.

해석학, 해석학적 순환(hermeneutics/hermeneutic circle): 해석학은 성서 해석에서 기원하는 해석과 이해의 과학이다. 변증법적 사유에서와 마찬가지로, 전체가 중요하며, 사유과정은 부분에서 전체로 그리고 다시 그것의 반대방향으로 운동하는 것으로 간주된다.

해체(deconstruction): 데리다와 밀접하게 연관된 탈구조주의적 개념. 이것은 텍스트가 어떻게 그것의 대상들을 '구성하고' 그것이 어떤 일정한 '현존(presence)' — 외부적 실재 또는 지식의 의심할 수 없는 기초 — 을 가리킨다는 인상을 어떻게 제공하는가를 보여주는 체계적인 텍스트분석을 가리킨다.

행위의존성(activity dependence): 비판적 실재론자에 따르면, 사회구조들은 그것들이 개인들의 활동에 힘입어 존재하는 한 행위 의존적이다.

행위자-연결망 이론(actor-network theory): 실험실의 관행에 대한 세밀한 관찰에 기초하여 과학적 실천을 이해하려는 접근으로, 과학적 지식의 구성에서 대상들,

도구들, 재료들 등의 적극적 참여를 강조한다.

현상학적 환원(phenomenological reduction): 후설에서 기원하는 용어로, 어떤 것에 대해 우리가 알고 있는 것을 '묶어두고', 우리가 그것을 알게 되는 방식에 의해 의식의 행위를 서술하는 행위.

협약주의(conventionalism): 현재 널리 수용하는 과학적 믿음들이 협상과 협약의 결과물이라고 보는 견해. 그것은 상대주의 및 과학사회학의 스트롱 프로그램과 연결된다.

형이상학(metaphysics): 철학에서 가장 야심찬 분야로 확고한 기초 위에 인간 지식의 총체성에 체계적인 재구성을 제공하고자 한다.

확증(주의)(confirmation(ism)): 시험가능성을 볼 것.

참고문헌

Abell, P(ed.). 1991. *Rational Choice Theory*. Aldershot: Edward Elgar.

Adorno, T. W. 1967. *Prisms*. London: Neville Spearman.

＿＿. 1973. *Negative Dialectics*. New York: Seabury Press.

＿＿. 1974. *Minima Moralia*. London: New Left Books.

Adorno, T. W., E. Frenkel Brunswik, D. J. Levinson and A. N. Sanford. 1950. *The Authoritarian Personality*. New York: Harper.

Adorno, T. W. and M. Horkheimer. 1969. *Dialectic of Enlightenment*. New York: Seabury Press.

Althusser, L. 1969. *For Marx*. London: Allen Lane.

Althusser, L. and E. Balibar. 1970. *Reading Capital*. London: New Left Books.

Andreski, S. 1974. *The Essential Comte*. London: Croom Helm.

Andrews, M., S. D. Sclater, C. Squire and A. Treacher. forthcoming. *Lines of Narrative*. London: Sage.

Atherton, M(ed.). 1999. *The Empiricists*. Maryland: Rowman & Littlefield.

Archer, M. 1995. *Realist Social Theory: The Morphogenic Approach*. Cambridge: Cambridge University.

＿＿. 2000. *Being Human: The Problem of Agency*. Cambridge: Cambridge University.

Archer, M., A. Collier and D. Porpora. 2004. *Transcendence: Critical Realism and God*. London: Routledge.

Archer, M. and J. Q. Tritter(eds.). 2000. *Rational Choice Theory: Resisting Colonization*. London and New York: Routledge.

Archer, M., R. Bhaskar, A. Collier, T. Lawson and A. Norrie(eds.). 1998. *Critical Realism: Essential Reading*. London and New York: Routledge.

Archer, M. and W. Outhwaite(eds.). 2004. *Defending Objectivity: Essays in Honour of Andrew Collier*. London and New York: Routledge.

Ayer, A. J. 1946. *Language, Truth and Logic*. London: Gollancz.

Bachelard, G. 1964. *The Psychoanalysis of Fire*. Boston, MA: Beacon Press

＿＿. 1968. *The Philosophy of No*. New York: Orion.

Barker, D. K. 2003. "Emancipatory for whom? A comment on critical realism." *Feminist*

Economics, 9(1): pp. 103~108.

Barthes, R. 1967. *Elements of Semiology.* London: Jonathan Cape.

Barnes, B. 1974. *Scientific Knowledge and Sociological Theory.* London: Routledge & Kegan Paul.

_____. 1982. *T. S. Kuhn and Social Science.* London: Macmillan.

Barnes, B. and D. Bloor. 1982. "Relativism, Rationalism and the Sociology of knowledge." in M. Hollis and S. Lukes(eds.). *Rationality and Relativism.* Oxford: Blackwell, pp. 21~47.

Barnes, B. and S. Shapin(eds.). 1979. *Natural Order: Historical Studies in Scientific Culture.* London: Sage.

Baudrillard, J. 1985. *The Mirror of production.* St Louis, MO: Telos Press.

Beck, U. 1992. *Risk Society: Towards a New Modernity.* London: Sage.

Beckett, S. 1965. "The Unnamable." in *Three Novels by Samuel Beckett.* New York: Grove Press.

Beer, G. 1983. *Darwin's Plots: Evolutionary Narrative in Darwin, George Elliot and Nineteenth Century Fiction.* London: Routledge & Kegan Paul.

Benton, T. 1977. *The Philosophical Foundations of the Three Sociologies.* London: Routledge & Kegan Paul.

_____. 1980. "Lecourt: The Case of Lysenko." *Radical Philosophy,* 24, pp. 30~42.

_____. 1981. "Realism and Social Science." *Radical Philosophy, 27,* pp. 13~21. [Reprinted in M. Archer et al.(eds.). 1998. *Critical Realism: Essential Readings.* London and New York: Routledge].

_____. 1984. *The Rise and Fall of Structural Marxism.* Basingstoke: Macmillan.

_____. 1989. "Marxism and natural Limits: an ecological critique and reconstruction." *New Left Review,* 178: pp. 51~86.

_____. 1991. "Biology and social science: why the return of the repressed Should be given a (cautious) welcome." *Sociology,* 25(1): pp. 1~29.

_____. 1993. *Natural Relations: Ecology, Animal Rights and Social Justice.* London and New York: Verso.

_____. 1995. "Science, Ideology and Culture: Malthus and The Origin of Species." in Amigoni, D. and J. Wallance(eds.). *Charles Darwin's Origin of Species: New Interdisciplinary Essays.* Manchester: Manchester University.

_____. 2001. "Why are sociologists naturephones?" In Lopez and Potter(eds.). *op. cit.:* pp. 133~145.

_____. 2002. "Wittgenstein, Winch and Marx" in Kitching and Pleasants(eds.). *op. cit.*: pp. 147~159.

_____. 2004. "Realism about the value of nature? Andrew Collier's environmental philosophy." in Archer and Outhwaite(eds.). *op. cit.*: pp. 239~250.

Berger, P. and T. Luckmann. 1967. *The Social Construction of Reality*. London: Allen Lane.

Bernal, J. D. 1939. *The Social Function of Science*. London: Routledge & Sons.

Bhaskar, R. 1975[1997]. *A Realist Theory of Science*. London: Verso.

_____. 1978. *The Possibility of Naturalism*. Hemel Hempstead: Harvester Wheatsheaf.

_____. 1979[1998]. *The Possibility of Naturalism*. Hemel Hempstead: Harvester Whearsheaf.

_____. 1986. *Scientific Realism and Human Emancipation*. London: Verso

_____. 1989. *Reclaiming Reality*. London and New York: Verso.

_____. 1993. *Dialectic: The Pulse of Freedom*. London: Verso.

_____. 2002. *Meta-Reality: The Philosophy of Meta Reality*. Delhi: New Sage.

Biehl, J. 1991. *Rethinking Ecofeminist Politics*. Boston, MA: South End.

Birke, L. 1986. *Women, Feminism and Biology*. Brighton: Harvester Wheatsheaf.

_____. 1994. *Feminism, Animals and Science: The Naming of the Shrew*. Buckingham: Open University Press.

Bloor, D. 1991. *Knowledge and Social Imagery*. University of Chicago Press.

Blumer, H. 1969. *Symbolic Interactionism: Perspectives and Methods*. Englewood Cliffs, NJ: Prentice-Hall.

Brown, J. R. 1994. *Smoke and Mirrors: How Science Reflects Reality*. London and New York: Routledge.

Brown, A., S. Fleetwood and M. Roberts, 2002. *Critical Theory and Marxism*. London: Routledge.

Bruner, J. 1987. "Life as Narrative.", *Social Research,* 34(1), pp. 11~34

Bryant, G. A. and D. Jarry(eds.). 1997. *Anthony Giddens: Critical Assessments*. London: Routledge.

Bynum, W. F., E. J. Browne, and R. Porter. 1981. *Dictionary of the History Science*. London and Basingstoke: Macmillan.

Callon, M. 1986. "Some Elements of a Sociology of Translation: Domestication of the Scallops and the Fishermen of St Brieuc Bay." in Law, J.(ed.). *Power, Action and Belief: A New Sociology of Knowledge?* London: Routledge & Kegan Paul, pp. 196~233.

Callon, M. and B. Latour. 1992. "Don't Throw the Baby out with the Bath School!" in A. Pickering(ed.). *Constructing Quarks: A Sociological History of Particle Physics*. University of Chicago Press, pp. 343~368.

Caplan, A(ed.). 1978. *The Sociobiology Debate*. New York: Harper Row.

Carling, A. 1986. "Rational Choice Marxism", *New Left Review,* 186: pp. 24~62.

Carnap, R. 1966. *Philosophical Foundations of Physics*. New York and London: Basic Books.

Carson, R. 1962. *Silent Spring*. Boston, MA: Houghton Mifflin.

Carter, B. and C. New. 2004. *Making Realism Work: Realist Social Theory and Empirical Research*. London: Routledge.

Castree, N. 2002. "False antitheses? Marxism, nature and actor-networks." *Antipode,* 34(1): pp. 111~146

Chalmers, A. F. 1999(3rd edn.). *What is this Thing Called Science?* Buckingham: Open University Press.

Chodorow, N. 1978. *The Reproduction of Mothering*. Berkeley: University of California Press.

Chodos, H., B. Curtis , A. Hunt and J. Manwaring. 2007. "Gadamer's minimal realism." in J. Frauley and F. Pearce(eds.). *op. cit.*: pp. 296~315.

Cioffi, F. and R. Borger. 1970. "Freud and the Idea of a Psuedo-Science." in Borger, R. and F. Cioffi. *Explanation in the Behavioural Sciences*. Cambridge University Press.

Collier, A. 1989. *Scientific Realism and Socialist Thought*. Hemel Hempstead: Harvester Wheatsheaf.

____. 1991. "The Inorganic Body and the Ambiguity of Freedom", in *Radical Philosophy,* 57, pp. 3~9.

____. 1994a. *Critical Realism*. London: Verso.

____. 1994b. "Value, rationality and the environment." *Radical Philosophy,* 66, PP. 3~9.

____. 1999. *Being and Worth*. London and New York: Routledge .

____. 2003. *In Defence of Objectivity*. London: Routledge.

Collin, F. 1997. *Social Reality*. London and New York: Routledge.

Collins, H. M. 1985. *Changing Order: Replication and Induction in Scientific Practice*. Beverly Hills: Sage.

____. 1996. "Theory Dopes: A Critique of Murphy" in *Sociology,* 30(2), pp. 367~373.

Collins, H. M. and S. Yearley. 1992a. "Epistemological Chicken." in A.Pickering(ed.). *Constructing Quarks: A Sociological History of Particle Physics*. University of Chicago Press, pp. 301~326.

____. 1992b. "Journey into Space." in A. Pickering(ed.). *Constructing Quarks: A Socio logical History of Particle Physics.* University of Chicago Press, pp. 369~389.

Collins, P. H. 1991. *Black Feminist Thought: Knowledge, Consciousness and the Politics of Empowerment.* London and New York: Routledge.

Couvalis, G. 1997. *The Philosophy of Science: Science and Objectivity.* London: Sage.

Craib, I. 1976. *Existentialism and Sociology.* Cambridge University Press.

_____. 1989. *Psychoanalysis and social Theory: the Limits of Sociology.* Hemel Hempstead: Harvester.

_____. 1992. *Modern: Social Theory.* Hemel Hempstead: Harvester Wheatsheaf.

_____. 1994. *The Importance of Disappointment.* London and New York: Routledge.

_____. 1997. *Classical Social Theory.* Oxford University Press.

_____. 1998. *Experiencing Identity.* London: Sage.

Cruickshank, J. 2003. *Realism and Sociology: Anti-foundationalism, Ontology and Social Research.* London and New York: Routledge.

_____(ed.). 2003. *Critical Realism: The Difference it Makes.* London and New York: Routledge.

Culler, J. 1975. *Structuralist Poetics: Linguistics and the Study of Literature.* London: Routledge & Kegan Paul.

Danermark, B., M. Ekstrom, L. Jakobsen and J. C. Karlsson. 2001. *Explaining Society: Critical Realism in the Social Sciences.* London: Routledge.

Darwin, C. 1987. *Charles Darwin's Notebooks 1836~1846.* Ed. P. H. Barrett, P. J. Gautrey, S. Herbert, D. Kohn and S. Smith. London and Cambridge: BM(NH) and Cambridge University.

Davidson, D. 2001. *Inquiries in Truth and Interpretation.* Oxford: Oxford University Press.

Davis, J. B. 2002. "A Marxist influence on Wittgenstein via Sraffa" in Kitching and Pleasants(eds.). *op. cit.*: 131~143.

Day, R. 2007. "More than straw figures in straw houses: towards a revaluation of critical realism's conception of post-structuralist theory." in Frauley and Pearce(eds.). *op. cit.*: 117~141.

Dean, K. 2006. "Agency and dialectics: what critical realism can learn from Althusser's Marxism." in Dean et al. *op. cit.*: 123~147.

Dean, K., J. Joseph, J. M. Roberts and C. Wight. 2006. *Realism, Philosophy and Social Science.* Basingstoke and New York: Palgrave Macmillan.

Delanty, G. 1997. *Social Science: Beyond Costructivism and Realism.* Buckingham: Open University Press.

Derrida, J. 1973. *Speech and Phenomena and Other Essays on Husserl's Theory of Signs.* Evanston, IL: Northwestern University Press.

____. 1976. *Of Grammatology.* Baltimore, MD: Johns Hopkins University Press.

____. 1978. *Writing and Difference.* London: Routledge & Kegan Paul

De Saussure, F. 1974. *Course in General Linguistics.* London: Fontana/Collins.

Descartes, R. 1641[1931]. "Meditations on First Philosophy", in *The Philosophical Works of Descartes,* vol. 1. London: Dover.

Desmond, A. and J. Moore. 1992. *Darwin.* Harmondsworth: Penguin.

Dewey, J. 1939. *Intelligence in the Modern World: John Dewey's Philosophy*(ed. J. Ruttner). New York :Modern Library.

Dews, P. 1987. *Logics of Disintegration: Post-Structuralist Thought and the Claims of Critical Theory.* London: Verso.

Dickens, P. 1992. *Society and Nature.* Hemel Hempstead: Harvester Wheatsheaf

____. 1996. *Reconstructing Nature: Alienation, Emancipation and the Division of Labour.* London and New York: Routledge.

____. 2004. *Society and Nature: Changing our Environment, Changing Ourselves.* Oxford: Polity.

Dickens, P. and J. Ormrod, 2007. *Cosmic Society: Towards a Sociology of the Universe.* London: Routledge.

Dilthey, W. 1961. Meaning history: W. Dilthey's thoughts on history and society. Edited and introduced by H. P. Pickman. London: Allen & Unwin.

Dunlap, R., F. Buttel, P. Dickens and A. Gijwijt(eds.). 2002. *Sociological Theory and the Environment.* New York: Rowman and Littlefield.

Durkheim, E. 1895[1982]. *The Rules of Sociological Method.* London: Macmillan.

____. 1896[1952]. *Suicide.* London: Routledge & Kegan Paul.

____. 1912[1982]. *The Elementary Forms of the Religious Life.* London: Allen & Unwin.

Easlea, B. 1980. *Witch-hunting Magic and the New Philosophy.* Brighton: Harvester.

____. 1983. *Fathering the Unthinkable: Masculinity, Scientists and the Nuclear Arms Race.* London: Pluto.

Elder-Vass, D. 2007a. "For emergence: refining Archer's account of social structure." *Journal for the Theory of Social Behaviour,* 37: pp. 25~44.

____. 2007b. "Social structure and social relations." *Journal for the Theory of Social Behaviour,* 37: pp. 463~477.

Elliott, G(ed.). 1994. *Louis Althusser: A Critical Reader.* Oxford and Cambridge, MA:

Blackwell.

Engels, F. 1949. *Dialectics of Nature.* London: Lawrence & Wishart.

Etsioni, A. 1995. *The Spirit of Community.* London: Fontana.

Evans Pritchard, E. 1937. *Witchcraft, Oracles and Magic among the Azande.* Oxford University Press.

Eyerman, R. and A. Jamison. 1991. *Social Movements: A Cognitive Approach.* Cambridge: Polity Press.

Feyerabend, P. K. 1975. *Against Method: Outline of an Anarchistic Theory of Knowledge.* London: New Left Books.

_____. 1978. *Science in a Free Society.* London: New Left Books.

_____. 1981. "Problems of Empiricism." *Philosophical Papers,* vol. 2. Cambridge University Press.

Flax, J. 1983. "Political Philosophy and the Patriarchal Unconscious." in S. Harding and M. Hintikka(eds.). *Discovering Reality.* Dordrecht: Reidel.

_____. 1990. *Thinking Fragments: Psychoanalysis, Feminism and Postmodernism in the Contemporary West.* Berkeley: University of California Press.

Foucault, M. 1970. *The Order of Things.* London: Tavistock.

_____. 1972. *The Archaeology of Knowledge.* London: Tavistock.

_____. 1973. *The Birth of the Clinic.* London: Tavistock.

_____. 1977. *Discipline and Punish.* London: Allen Lane.

_____. 1978a. *The History of Sexuality,* vol. 1. London: Allen Lane.

_____(ed.). 1978b. *I, Pierre Riviere having slaughtered my mother, my sister, and my brother: A Case of Parricide in the Nineteenth Century.* London: Sage.

Frauley, J. 2007. "The expulsion of Foucault from governmentality studies: toward an archaeological-realist retrieval." in Frauley and Pearce(eds.). *op. cit.*: 258~272

Frauley, J. and F. Pearce(eds.). 2007. *Critical Realism and the Social Sciences: Heterodox Elaborations.* Toronto: University of Toronto.

Freud, S. 1982. *The Interpretation of Dreams.* Harmondsworth: Penguin.

Freundlieb, D., W. Hudson and J. Rundell(eds.). 2004. *Critical Theory after Habermas: Encounters and Departures.* Leiden and Boston: Brill.

Fuller, S. 1993. *The Philosophy of Science and its Discontents,* 2nd edn. New York: Guilford.

Gadamer, H-G. 1989. *Truth and Method.* London: Sheed & Ward.

Garfinkel, H. 1967. *Studies in Ethnomethodology.* Englewood Cliffs, NJ: Prentice-Hall.

Gelsthorpe, L. 1992. "Response to Martyn Hammersley's Paper "On Feminist Methodolgy"", *Sociology,* 26(2), pp. 213~218.

Gergen, K. 1991. *The Saturated Self.* New York: Basic Books.

Giddens, A. 1976. *New Rules of Sociological Method.* London: Hutchinson.

____. 1984. *The Constitution of Society.* Cambridge: Polity Press.

Gilbert, N. and M. Mulkay(eds.). 1984. *Opening Pandora's Box: A Sociological Study of Scientists' Discourse.* Cambridge University Press.

Gilligan, C. 1982. *In a Different Voice: Psychological Theory and Women's Development.* Cambridge, MA: Harvard University Press.

Glynos, J. and D. Howarth. 2007. *Logics of Critical Explanation in Social and Political Theory.* London and New York: Routledge.

Goffman, E. 1968. *The Presentation of Self in Everyday Life.* Harmondsworth: Penguin.

Goldberg, S. 1974. *The Inevitability of Patriarchy.* New York: Morrow.

Gramsci, A. 1971. *Selections from the Prison Notebooks.* London: Lawrence & Wishart.

Greenfield, S. 1997. *The Human Brain: A Guided Tour.* London: Weidenfeld & Nicolson.

Griggs, S and D. Howarth. 2007. "Protest movements, environmental activism and environmentalism in the United Kingdom." in J. Pretty et al.(eds.). *The Sage Handbook of Environment and Society.* London: Sage.

Grint, K. and Woolgar, S. 1997. *The Machine at Work.* Cambridge: Polity Press.

Groff, R(ed.). 2008. *Revitalising Causality in Philosophy and Social Science.* London and New York: Routledge.

Gutting, G. 1989. *Michel Foucault's Archaeology and Scientific Reason.* Cambridge University Press.

Habermas, J. 1984. *Theory of Communicative Action,* vol. 1. London: Heinneman.

____. 1986. *Knowledge and Human Interests.* Cambridge: Polity Press.

____. 1987. *Theory of Communicative Action,* vol. 2. Cambridge: Polity Press.

____. 1990. *Philosophical Discourse of Modernity.* Cambridge: Polity Press.

Hacking, l. 1983. *Representing and Intervening.* Cambridge University Press.

Haeckel, E. 1982. *The Pedigree of Man and other Essays.* London: Freethought.

Halfpenny, P. 1982. *Positivism and Sociology.* London: Allen & Unwin.

Hall, S. and P. Du Gay. 1996. "Introduction: Who Needs Identity?" in Hall and Du Gay(eds.). *Question of Cultural Identity.* London: Sage.

Hammersey, M. 1992. "On Feminist Methodology", *Sociology,* 26, pp. 187~206.

____. 1994. "On Feminist Methodology: A Response", *Sociology,* 28, pp. 293~300.

Hanson, N. R. 1965. *Patterns of Discovery*. Cambridge University Press.

Haraway, D. 1991. *Simians, Cyborgs and Women: The Reinvention of nature*. London: Free Associations.

_____. 1992. *Primate Visions: Gender, Race and nature in the world of Modern Science*. London: Verso.

Harding, S. 1986. *The Science Question in Feminism*. Ithaca: Cornell University Press.

_____. 1991. *Whose Science? Whose Knowledge?* Buckingham: Open University Press.

_____. 1998. *Is Science Multi-Cultural?* Bloomington and Indianapolis: Indiana University Press.

_____. 1999. "The case for strategic realism: a response to Lawson." *Feminist Economics,* 5(3): pp. 127~133.

_____. 2003. "How standpoint methodology informs philosophy of social science." In S. Turner and P. A. Roth(eds.). *The Blackwell Guide to the Philosophy of the Social Sciences*. Malden, MA and Oxford: Blackwell.

_____(ed.). 2004. *The Feminist Standpoint Theory Reader: Intellectual and Political Controversies*. London and New York: Routledge.

Harding, S. and Hintikka, M(eds.). 1983. *Discovering Reality*. Dordrecht: Reidel.

Harré, R. 1970. *The Principles of Scientific Thinking*. London: Macmillan.

_____. 1972. *The Philosophies of Science*. Oxford University Press.

_____. 1986. *Varieties of Realism*. Oxford: Blackwell.

Harré, R. and E. H. Madden. 1975. *Causal Powers*. Oxford: Blackwell.

Harrison, B. 1978. *Separate Spheres*. London: Croom Helm.

Harrison, B. and E. S. Lyon. 1993. "A Note on Ethical Issues in the Use of Auto-biography in Sociological Research." in *Sociology,* 27(1), pp. 101~109.

Hartsock, N. 1983a. "The feminist standpoint: developing the ground for a specifically feminist historical materialism." in S. Harding and M. B. Hintikka(eds.). *Discovering Reality*. Dordrecht: Reidel. (reprinted in Hartsock. 1998. op. cit.)

_____. 1983b. *Money, Sex, and Power: Toward a Feminist Historical Materialism*. London: Longman.

_____. 1998. The feminist standpoint revisited. In Hartsock, N. C. M(ed.). *The Feminist Standpoint Revisited and other Essays*. Boulder, Colorado and Oxford: Westview.

Harvey, D. 1990. *The Condition of Postmodernity: An Inquiry into the Origins of Cultural Change*. Oxford: Blackwell.

Hayek, F. A. 1949. *Individualism and Economic Order*. London: Routledge & Kegan Paul.

Hegel, G. W. F. 1807[1977]. *The Phenomenology of Spirit.* Oxford University Press.

Held, D. 1980. *Introduction to Critical Theory.* London: Hutchinson.

Hempel, C. G. 1966. *Philosophy of Natural Science.* Englewood Cliffs, NJ: Prentice-Hall.

Hesse, M. 1966. *Models and Analogies in Science.* South Bend, IN: University of Notre Dame Press.

Hoffe, O. 1994. *Immanuel Kant.* New York: State University of New York.

Hollis, M. 1970. "Reason and ritual." in B. R. Wilson (ed.) *op. cit.*: pp. 221~239 (originally in *Philosophy* XLIII. 1967. 165: pp. 231~247).

Hollis, M. and Lukes, S. 1982. *Rationality and Relativism.* Oxford: Blackwell.

Holmwood, J. 1995. "Feminism and Epistemology: What Kind of Successor Science?." *Sociology*, 29: pp. 411~428.

Honderich, T(ed.). 1999. *The Philosophers.* Oxford University Press.

Honneth, A. 1996. *The Struggle For Recognition: the Moral Grammar of Social Conflicts.* Tr. J. Anderson. Cambridge, Mass.: MIT.

____. 2009. *Pathologies of Reason: on the Legacy of Critical Theory.* Tr. J. Ingram and others. New York: Columbia University.

hooks, b. 1981. *Ain't I a Woman? Black Women and Feminism.* Boston, MA: South End Press.

Horkheimer, M. 1972. *Critical Theory.* New York: Herder & Herder.

How, A. 1995. *The Habermas-Gadamer Debate and the Nature of the Social.* Aldershot: Avebury.

____. 1998. "That's Classic! A Gadamerian Defence of the Classic Text in Sociology." *Sociological Review*, 46(4), pp. 828~848.

Husserl, E. 1930~1939[1965]. *Phenomenology and the Crisis of Philosophy.* New York: Harper Torchbooks.

Hutchinson, P., R. Read and W. Sharrock. 2008. *There is No Such Thing as a Social Science.* Aldershot and Burlington, USA: Ashgate.

Hutchinson, W. F., M. Mellor and W. Olsen. 2002. *The Politics of Money: Towards Sustainability and Economic Democracy.* London: Pluto

Irwin, A. 1994.9.16. "Sociology Row Erupts at BA." *The Times Higher*, p. 44.

____. 1995. *Citizen Science.* London: Routledge.

Irwin, A. and B. Wynne(eds.). 1996. *Misunderstanding Science?* Cambridge University Press.

James, W. 1975. *The Meaning of Truth.* Cambridge, MA: Harvard University Press.

Jackson, C. 1995. "Radical Environmental Myths: A Gender Perspective." *New Left Review,* 210, pp. 124~140.

_____. 1996 "Still Stirred by the Promise of Nodernity." *New Left Review,* 217, pp. 148~154.

Jameson, F. 1972. *The Prison House of Language.* Princeton University Press.

_____. 1991. *Postmodernism or the Cultural Logic of Late Capitalism.* London: Verso

Jasanoff, S., G. E. Markle, J. C. Petersen and Y. Pinch(eds.). 1994. *Handbook of Science and Technology Studies.* Beverley Hills and London: Sage.

Jessop, B. 1982. *The Capitalist State.* Oxford: Martin Robertson.

_____. 1990. *State Theory.* Cambridge: Polity.

_____. 2002. *The Future of the Capitalist State.* Cambridge: Polity.

Joseph, J. 2001. *Marxism and Social Theory.* Basingstoke and New York: Palgrave Macmillan.

_____. 2002. *Hegemony: A Realist Analysis.* London and New York: Routledge.

_____. 2006. "Marxism: The dialectic of freedom and emancipation." in Dean et al. *op. cit.*: pp. 99~122.

Kant, I. 1953. *Prolegomena to any Future Metaphysics.* Manchester University Press.

Keat, R. 1971. "Positivism, Naturalism and Anti-Naturalism in the Social Sciences." *The Journal for the Theory of Social Behaviour,* 1, pp. 3~17.

Keat, R. and Urry, J. 1975. *Social Theory as Science.* London: Routledge and Kegan Paul.

King, A. 2007. "Why I am not an individualist." *Journal for the Theory of Social Behaviour,* 37: pp. 219~222.

Kitching, G. and N. Pleasants. 2002. *Marx and Wittgenstein: Knowledge, Morality and Politics.* London and New York: Routledge.

Keller, E. F. 1983. *A Feeling for the Organism: The Life and Work of Barbara Mclintock.* New York: Freeman.

_____. 1985. *Reflections on Gender and Science.* New Haven, CT and London: Yale University Press.

Körner, S. 1990. *Kant.* Harmondsworth: Penguin.

Kuhn, T. S. 1959. *The Copernican Revolutions.* New York: Random House.

_____. 1970. *The Structure of Scientific Revolutions.* University of Chicago Press.

Lacan, J. 1968. *Speech and Language in Psychoanalysis.* Baltimore, MD: Johns Hopkins University Press.

Laclau, E. and R. Bhaskar. 1998. "Discourse Theory versus critical realism." *Alethia,* 1(2): pp. 9~14

Laclau, E. and C. Mouffe. 1985. *Hegemony and Socialist Strategy.* London: Verso.

Lakatos, I. 1970. "Falsification and the Methodology of Scientific Research Programmes." in Lakatos, I. and Musgrave, A(eds.). *Criticism and the Growth of Knowledge.* Cambridge University Press.

Lakatos, I. and A. Musgrave(eds.). 1970. *Criticism and the Growth of Knowledge.* Cambridge University Press.

Lash, S., B. Szerszynski and B. Wynne. 1996. *Risk, Environment and Modernity.* London: Sage.

Latour, B. 1987. *Science in Action.* Cambridge, MA: Harvard University Press.

____. 1988. *The Pasteurization of France.* Cambridge, MA: Harvard University Press.

____. 1993. *We Have Never Been Modern.* Hemel Hempstead: Harvester Wheatsheaf.

Latour, B. and S. Woolgar. 1979. *Laboratory Life.* Princeton University Press.

Lassman, P. 1974. "Phenomenological Perspectives in Sociology." in Rex, J(ed.). *Approaches to Sociology.* London: Routledge & Kegan Paul.

Laudan, L. 1996. *Beyond Positivism and Relativism.* Boulder, CO: Westview.

Law, J(ed.). 1986. *Power, Action and Belief: A New Sociology of Knowledge?* London: Routledge & Kegan Paul.

____(ed.). 1992. *A Sociology of Monsters: Essays on Power, Technology and Domination.* London: Routledge.

____. 2004. *After Method: Mess in Social Science Research.* London: Routledge.

____. 2007. Making a mess With method. In W. Outhwaite and S. P. Turner(eds.). *Handbooks of Social Science Methodology.* London and Beverley Hill: Sage.

____. 2009. Actor network theory and material semiotics. In Turner, B. S(ed.). *The New Blackwell Companion to Social Theory.* Oxford and Malden: Blackwell and John Wiley & Sons.

Law, J. and Hassard(eds.). 1999. *Actor Network Theory and After.* Oxford and Keele: Blackwell and Sociological Review.

Lawson, T. 1997. *Economics and Reality.* London and New York: Routledge.

____. 1999. "Feminism, realism and universalism." *Feminist Economics,* 5(2): pp. 25~60.

____. 2003a. *Reorienting Economics.* London and New York: Routledge.

____. 2003b. "Ontology and feminist theorizing." *Feminist Economics,* 9(1): pp. 119~150.

Leat, D. 1972. "Misunderstanding Verstehen." *Sociological Review,* 20, pp. 29~38.

Lecourt, D. 1975. *Marxism and Epistemology: Bachelard, Canguilhem and Foucault.* London: New Left Books.

____. 1977. *Proletarian Science? The Case of Lysenko.* London: New Left Books.

Lefebvre, H. 1968. *Dialectical Materialism*. London: Jonathan Cape.

Lenin Academy of Agricultural Sciences of the USSR. 1949. *The Situatuon in Biological Science(Proceedings for 1948)*. Moscow: Foreign Languages Publishing House.

Lévi-Strauss, C. 1966. *The Savage Mind*. Chicago University Press.

_____. 1968. *Structural Anthropology*. Harmondsworth: Penguin.

Levitas, R. and Guy, W(eds.). 1996. *Interpreting Official Statistics*. London: Routledge.

Lewis, D. J. and R. L. Smith. 1980. *American Sociology and Pragmatism: Mead, Chicago Sociology and Symbolic Interaction*. University of Chicago Press.

Lewontin, R. and R. Levins. 1976. "The Problem of Lysenkoism" in Rose and Rose(eds.). 1976b, *op. cit.*, pp. 32~64.

Little, D. 1991. *Varieties of Social Explanation*. Boulder, CO: Westview.

Longino, H. E. 1990. *Science as Social Knowledge*. Princeton, N.J.: Princeton University.

Lopez, J. 1999. *The Discursive Exigencies of Enunciating the concept of Social Structure: Five Case Studies*. Unpublished PhD thesis, University of Essex.

Lopez, J. and G. Potter(eds.). 2001. *After Postmodernism: An Introduction to Critical Realism*. London and New York: Athlone.

Lopez, J. and J. Scott. 2001. *Social Structure*. Buckingham and Philadelphia: Open University.

Lovibond, S. 1989. "Feminism and Postmodernism." *New Left Review*, 178, pp. 5~50.

Lukacs, G. 1971. *History and Class Consciousness*. Cambridge, MA: MIT Press.

Lukes, S . 1973. *Durkheim*. Harmondsworth: Penguin

Lyas, C. 1999. *Peter Winch*. Teddington: Acumen .

Lyons, J. 1977. *Chomsky*. London: Fontana.

Lyotard, J. F. 1984. *The Postmodern Condition*. Manchester University Press.

MacAdams, D. P. 1993. *Stories We Live By: Personal Myths and the Making of the Self*. New York: Morrow.

MacIntyre, A. 1974. "The Idea of a Social Science" in B. R. Wilson(ed.). *Rationality*. Oxford: Blackwell, pp. 112~130.

_____. 1981. After Virtue: A Study in Moral Theory. London: Duckworth.

MacKenzie, D. 1990. Inventing Accuracy. Cambridge, MA: MIT Press.

Mannheim, K. 1936. Ideology and Utopia. London: Routledge & Kegan Paul.

Marcuse, H. 1960. Reason and Revolution. Boston: Beacon Press.

_____. 1964. One Dimensional Man. London: Routledge & Kegan Paul.

_____. 1968. Negation: Essays in Critical theory. Boston: Beacon Press.

_____. 1969. Eros and Civilization. London: Sphere Books.

_____. 1970. Five Lectures. New York: Beacon Press.

Maslow, A. H. 1970. Motivation and Personality. New York and London.

Marshall, G. 1997. Repositioning Class: Social Inequality in Industrial Societies. London: Sage.

Marx, K. 1970. Capital, Volume 1. London: Lawrence & Wishart.

Marx, K. and Engels, F. 1975. Collected Works, Vol. 3. Moscow: Progress.

May, T. and M. Williams(eds.). 1998. Knowing the Social World. Buckingham: Open University Press.

McCormack, C. and M. Strathern(eds.). 1980. Nature, culture and gender. Cambridge University Press.

McLellan, G. 1995. "Feminism Epistemology and Postmordenism", Sociology, 29, pp. 391~409.

McLennan, G. 2009. "FOR science in the social sciences": the end of the road for critical realism? In Moog and stones(eds.). op. cit.: pp. 47~64.

McMylor, P. 1994. Alisdair MacIntyre: Critic of Modernity. London: Routledge.

Mead, G. H. 1938. Mind, self and society. Chicago University Press.

Mellor, M. 1992. Breaking the Boundaries. London: Virago.

_____. 1996. "Myths and Realities: A Reply to Cecile Jackson", New Left Review, 217, pp. 132~137.

_____. 1997. Feminism and Ecology. Cambridge: Polity.

_____. 2010. The Future of Money: Financial Crisis to Public Resource. London: Pluto.

Merchant, C. 1980. The Death of Nature. London: Wildwood, Morgan & Stanley.

Merleau-Ponty, M. 1974. The Prose of the World. London: Heinnemann.

Merton, R. K. 1938[1970]. Science, Technology and Society in Seventeenth Century England. New York: H. Fertig.

_____. 1968. Social Theory and Social Structure. Glencoe, NJ: Free Press.

_____. 1973. The Sociology of Science. University of Chicago Press.

Mies, M. and Shiva, V. 1993. Ecofeminism. London and New Jersey: Zed.

Minsky, R. 1996. Psychoanalysis and Gender: An Introductory Reader. London: Routledge.

Monk, R. 1990. Ludwig Wittgenstein: The Duty of Genius. London: Jonathan Cape.

Moog, S. and R. Stones(eds.). 2009. Nature, Social Relations and Human Needs: Essays in Honour of Ted Benton. Basingstoke: Palgrave Macmillan.

Morgan, D. and L. Stanley. 1993. Debates in Sociology. Manchester and New York:

Manchester University.

Mulkay, M. 1979. *Science and the Sociology of Knowledge.* London: Allen & Unwin.

Murphy, R. 1994 "The Sociological Construction of Science Without Nature." *Sociology*, 28: 957~974.

_____. 1997. "On Methodological Relativism and Parochial Empiricism: A Reply to Collins." *Sociology*, 31, pp. 801~806.

_____. 2002a. "Ecological materialism and the sociology of Max Weber." in Dunlap et al.(eds.). *op. cit.*

_____. 2002b. "The internalization of autonomous nature into society." *Sociological Review*, 50: pp. 313~333.

_____. 2007. Thinking across the culture/nature divide. in Frauley and Pearce(eds.). *op. cit.*: pp. 141~162.

New, C. 1994. "Structure, Agency and Social Transformation" *Journal for the Theory of Social Behaviour*, 24: pp. 187~205.

_____. 1996. *Agency, Health and Social Survival.* London and Bristol: Taylor & Francis.

_____. 1998. "Realism, deconstruction and feminism." *Journal for the Theory of Social Behaviour*, 28(4): pp. 350~372.

_____. 2003. "Feminism, deconstruction and difference." in Cruickshank(ed.). *op. cit.*

Newton-Smith, W. 1981. *The Rationality of Science.* London: Routledge & Kegan Paul.

Nicholson, L. J(ed.). 1990. *Feminism/Postmodernism.* London: Routledge.

Oakley, A. 1998. "Gender, Methodology and People's Ways of Knowing." *Sociology*, 32, pp. 707~737.

O'Hear, A. 1998. *An Introduction to the Philosophy of Science.* Oxford: Clarendon.

Oldroyd, D. R. 1986. *The Arch of Knowledge.* Lendon: Methuen.

O'Neill, J. 1993. *Ecology, Policy and Politics.* London: Routledge.

_____. 1998. *The Market: Ethics, Knowledge and Politics.* London: Routledge.

_____. 2007. *Markets, Deliberation and Environmental.* London: Routledge.

O'Neill, J., A. Light and A. Holland. 2008. *Environmental Values.* London: Routledge.

Outhwaite, W. 1987. *New Philosophies of Social Science: Realism, Hermeneutics and Critical Theory.* London: Macmillan.

_____. 1994. *Habermas: A Critical Introduction.* Cambridge: Polity Press.

Pearce, F. 1989. *The Radical Durkheim.* London: Unwin Hyman.

_____. 2001. *The Radical Durkheim.* Toronto: Canadian Scholars.

_____. 2007. "Bhaskar's critical realism: an appreciative introduction and a friendly critique."

in Fauley and Pearce(eds.). *op. cit.*: pp. 30~63.

Pearce, F. and Woodiwiss, T. 2001. "Reading Foucault as a realist." in Lopez and Potter(eds.). *op. cit.*: pp. 51~62

Peter, F. 2003. "Critical realism, feminist epistemology, and the emancipatory potential of science: a comment on Lawson and Harding." *Feminist Economics,* 9(1): pp. 93~100.

Pharies, D. A. 1985. *Charles S. Peirce and the Linguistic Sign.* Philadelphia: J. Benjamins.

Pickering, A. 1984. *Constructing Quarks: A Sociological History of Particle Physics.* University of Chicago Press.

____(ed.). 1992. *Science as Practice and Culture.* University of Chicago.

Pinch, T. 1986. *Confronting Nature: The Sociology of Neutrino Detection.* Dordrecht: Reidel.

Pinker, S. 1997. *How the Mind Works.* Harmondsworth: Penguin.

Plumwood, V. 1993. *Feminism and the mastery of Nature.* London: Routledge.

Popper, K. 1957. *The Poverty of Historicism.* London: Routledge & Kegan Paul.

____. 1963. *Conjectures and Refutations.* London: Routledge & Kegan Paul.

____. 1968. *The Logic of Scientific Discovery.* London: Hutchinson.

Porpora, D. 2007. "On Elder-Vass: refining a refinement." *Journal for the Theory of Social Behaviour,* 37: 195-200.

Potter, G. 2000. *The Philosophy of Social Science: New Perspectives.* Harlow: Pearson.

____. 2002. "Politics, pedagogy and the 'reluctant student'(review of Benton and Craib. 2001. *Philosophy of Social Science*)." in *Alethia(Journal of Critical Realism*), 5(1): pp. 79~83.

____. 2007. "Critical realism and God." in Frauley and pearce (eds.) *op. cit.*: pp. 74~96.

Putnam, H. *Realism with a Human Face.* Cambridge, MA : Harvard University Press.

Quine, W. V. O. 1980. *From a Logical Point of View.* Cambridge, MA: Harvard University Press

Radder, H. 1998. "The Politics of S. T. S." *Social Studies of Science,* 28, pp. 338~344. Radical Science Journal(1974~1983) London.

Ramazanoglu, C. 1992. "On Feminist Methodology: Male Reason Versus Female Empowerment." *Sociology,* 26, pp. 207~212.

Ramsey, M. 1992. *Human Need and the Market.* Aldershot: Avebury.

Red-Green study Group. 1995. *What on Earth is to be Done?* Manchester: Red-Green Study Group.

Rees, R. 1960. "Wittgenstein's Builders." *Proceedings of the Aristotelian Society,* 20, pp.

171~186.

Rex. J. and Moore, R. 1967. *Race, community and Conflict*. Oxford: Institute of Race Relations and Oxford University Press.

Rickert, H. 1962. *Science History: A Critique of Positivist Epistemology*. New York: Van Nostrand.

Rock, P. 1979. *The Making of Symbolic Interactionism*. Totowa, NJ: Rowman & Littlefield.

Rorty, R. 1982. *Consequences of Pragmatism*. Minneapolis: University of Minnesota Press.

Rose, H. 1983. "Hand, Brain and Heart: A Feminist Epistemology for the Natural Sciences." *Signs,* 9(1), pp. 73~90.

____. 1994. *Love Power and knowledge*. Cambridge: Polity Press.

Rose, H. and S. Rose. 1969. *Science and Society*. Harmondsworth: Penguin.

____. 1976a. *The Political Economy of Science*. London: Macmillan.

____. 1976b. *The Radicalisation of Science*. London: Macmillan.

____(eds.). 2000. *Alas, Poor Darwin*. London and New York: Harmony, Jonathan Cape.

Rose, S. 1997. *Lifelines: Biology Freedom, Determinism*. Harmondsowrth: Penguin.

Rose, S., L. J. Kamin and R. C. Lewontin. 1984. *Not in our Genes: Biology, Ideology and Human Nature*. Harmondsworth: Penguin.

Runciman, W. G. 1972. *A Critique of Max Weber's Philosophy of Social Science*. Cambridge University Press.

Rundell, J., D. Petherbridge, J. Bryant, J. Hewitt and J. Smith(eds.). 2005. *Contemporary perspective in critical and Social Philosophy*. Leiden: Brill.

Rustin, M. 1994. "Incomplete Modernity: Ulrich Beck's Risk Society." *Radical Philosophy,* 67, pp. 3~12.

Ryle, G. 1963. *The Concept of Mind*. Harmondsworth: Penguin.

Ryle, M. 1988. *Ecology and Socialism*. London: Radius.

Sacks, O. 1986. *The Man Who Mistook his Wife for a Hat*. London: Pan. Ital. Title.

Salleh, A. 1994. "Nature Woman, Labour, Capital: Living the Deepest Contradiction." in M. O'Connor(ed.). *Is Capitalism Sustainable?* New York: Guilford.

____. 1996. "An Ecofeminist Bioethic and What Post-Humanism Really Means." *New Left Review,* 217, pp. 138~147.

Sarup, M. 1993. *An Introductory Guide to Post-Structuralism and Post-Modernism*. Hemel Hempstead: Harvester Wheatsheaf.

Sayer, A. 1992. *Method in Social Science*. London: Routledge.

____. 1995. *Radical Political Economy: A Critique*. Oxford: Blackwell.

____. 2000. *Realism and Social Science*. London: Sage.

____. 2009. "Understanding lay normativity." in Moog and stones(eds.). *op. cit.*: pp. 128~145.

Sayer, J. 1982. *Biological politics: feminist and Anti-feminist Perspectives*. London: Tavistock

Shapin, S. and S. Schaffer. 1985. *Leviathan and the Air pump*. Princeton University Press.

Schutz, A. 1962~1966. *Collected papers*(2 vols). The Hague: Martinus Nijhoff.

____. 1972. *The Phenomenology of the Social World*. London: Heinnemann.

Scott, J. 2001. "Where is social structure?" in Lopez and Potter(eds.) *op. cit.*: pp. 77~85. *Science as Culture*. 1987~. London.

Sen, A. 1977. "Rational Fools: a critique of the behavioural foundations of economic theory" *Philosophy and Public Affairs*, 6, pp. 317~344.

Shiva, V. 1989. *Staying Alive*. London and New Jersey: Zed.

Singer, P. 1975. *Animal Liberation*. London: Jonathan Cape.

Soper, K. 1981. *On Human Needs*. Brighton: Harvester.

____. 1989. "Feminism as Critique." *New Left Review*, 176, pp. 91~112

____. 1990a. *Troubled Pleasures*. London: Verso.

____. 1990b. "Feminism, Humanism and Postmodernism.' *Radical Philosophy*, 55, pp. 11~17.

____. 1995. *What is Nature?*Oxford: Blackwell.

____. 1998. "An Alternative Hedonism(interview with T. Benton)." *Radical Philosophy*, 92, pp. 28~38.

____. 2000. Future culture realism, humanism and the politics of nature. *Radical Philosophy*, 102: pp. 17~26.

____. 2004. "Objectivity, experience and the aesthetic of nature." in Archer and Outhwaite (eds.). *op. cit.*: pp. 251~260.

____. 2009. "Realism, naturalism and the red-green nexus." in Moog and Stones(eds.). *op. cit.*: pp. 170~184.

Soper, K., M. Ryle and L. Thomas. 2009. *The Politics and Pleasures of Consuming Differently*. Basingstoke and New York: Palgrave Macmillan

Stanley, L. and S. Wise. 1983. *Breaking Out: Feminist Consciousness and Feminist Research*. London: Routledge & Kegan Paul.

____. 1992. *Breaking Out Again: Feminist Epistemology and Ontology*. Manchester: Manchester University Press.

Stones, R. 1996. *Sociological Reasoning: Towards a Post-modern Sociology*. London:

Palgrave Macmillan.

_____. 2005. *Structuration Theory*. Basingstoke and New York: Palgrave Macmillan.

Strathern, M. 1988. *The Gender of the Gift*. Bekeley: University of California Press.

Strawson, P. F. 1966. *The Bounds of Sense: An Essay On Kant's Critique of Pure Reason*. London: Methuen.

Tanesini, A. 1998. *An Introduction to Feminist Epistemologies*. Oxford: Blackwell.

Taylor, C. 1985. "Rationality." in *Philosophy and the Human Sciences*. Cambridge University Press.

_____. 1991. *The Ethics of Authenticity*. Cambridge, MA: Harvard University Press.

Varela, C. 2007. Elder-Vass's move and Giddens's call. *Journal for the Theory of social Behaviour,* 37: pp. 201~210

Wainwright, H.1994. *Arguments for a New Left*. Oxford: Blackwell.

Weber, M. 1922[1947]. *The Theory of social and Economic Organization*. New York: Oxford University Press.

_____. 1915[1951]. *The Religion of China*. NewYork: Free Press.

_____. 1921[1952]. *Ancient Judaism*. New York: Free Press.

_____. 1921[1958]. *The Religion of India*. New York: Free Press.

_____. 1949. *The Methodology of the Social Sciences*. New York: Free Press.

Webster, A. 1994. "University-Corporate Ties and the Construction of Research Agendas." *Sociology,* 28, pp. 123~142.

Werskey, G. 1978. *The Visible College*. London: Allen Lane.

West, D. 1996. *Introduction to Continental Philosophy*. Cambridge: Polity Press.

White, S. K. 1988. *The Recent Work of Jurgen Habermas: Reason, Justice and Modernity*. Cambridge: Cambridge University.

_____(ed.). 1995. *The Cambridge Companion to Habermas*. Cambridge: Cambridge University.

Wilson, B(ed.). 1970. *Rationality*. Oxford: Blackwell.

_____(ed.). 1974. *Rationality*. Oxford: Blackwell

Winch, P. 1958. *The Idea of a Social Science*. London: Routledge & Kegan Paul.

_____. 1970. "Understanding a Primitive Society." in B. Wilson(ed.). *Rationality,* Oxford: Blackwell.

_____. 1974. "Understanding a primitive society." in B. R. Wilson(ed.). *Rationality*(first published in *American Philosophical Quarterly*, 1(4): pp. 307~324.)

_____. 1990. *The Idea of a Social Science,* 2nd edition. London: Routledge.

Wittgenstein, L. 1958[1997]. *Philosophical Investigations*. Oxford: Blackwell.

Wolff, K. H. 1978. "Phenomenology and Sociology." in T. B. Bottomore and R. Nisbet(eds.). *A History of Sociological Analysis*. London: Heinemann, pp. 499~556.

Wynne, B. 1996. "SSK's Identity Parade: Signing-up, Off-and-On." *Social Studies of Science*(special issue on the politics of SSK), 26, pp. 357~391.

Yearley, S. 1995. "The Environmental Challenge to Science Studies." in S. Jasanoff, G. E. Markle, J. C. Petersen and T. Pinch(eds.). 1994. *Handbook of Science and Technology Studies*. London: Sage.

옮긴이 후기

'허세'였다는 사실이 금방 드러났지만, 한때 한국 사회에 '사회과학의 시대'가 있었습니다. 사회현실을 '과학적으로' 해명하고 예측한다는 확신이 지배하고 '임박한 파국'과 '변혁'을 예기하던 시대였습니다. 이제 '이론의 혁신'을 주장하는 사람들은 그 시대의 사회과학을 '조잡하고 추상적인 것'(이렇게 된 원인에 대한 분석은 없지만)으로 평가하고, 다원성과 우연성과 차이와 해체 등을 강조하면서 사회과학에 대한 신뢰를 철회하였으며, 심지어 '과학적 인식'의 가능성을 조롱하기도 합니다. 저는 이런 '허세'와 '부인'의 밑바탕에는 '사회과학이 무엇인가'에 대한 단견 또는 오해가 자리하고 있다고 생각합니다. 사회과학에 대해 더 정확하게 이해한다면, 과학적 예측을 확신하지도 않을 것이고, 또한 그것의 가능성을 부인하지도 않을 것이기 때문입니다.

그렇지만 '사회과학'의 이런 파란과 혼란은 사실 그 시대부터 찻잔 속의 태풍일 뿐이었습니다. 그 시대 이전부터 그리고 그 시대 이후에도 줄곧 제도권의 사회과학자들은 아무런 동요와 의심 없이 여전히 '사회과학'에 매진하고 있습니다. 그들의 연구는 대부분 '가설-검증'의 논리에 따라 선진이론을 도입하고 한국사회의 경험적 자료로 시험하여 채택 또는 기각하는 절차를 특징으로 보여줍니다. 그들은 '사회과학이란 무엇인가', '사회과학을 어떻게 실행할 것인가' 등과 같은 문제에 대해서는 고민하는 일 없이, 곧장 연구에 돌입합니다. 물론 그렇다고 해서 그들이 '사회과학이 무엇인가'에 대해 아무런 생각도 갖지 않은 것은 아닙니다. 그들이 과학적 방법으로 사용하는 '가설-검증'의 논리와 절차의 뿌리에는 과학에 대한 실증주의의 견해가 자리하고 있습니다. 이 책은 자연과학에 대한 실증주의자들의 견해를 다음과 같이 정리하고 있습니다.

1. 세계에 대한 감각 경험이 과학지식의 확실한 기초이다.
2. 경험의 시험을 통과한 지식만이 진정한 '과학적' 지식이다.
3. 관찰할 수 없는 존재들이나 실체들에 관한 지식은 과학지식의 지위를 갖지 못한다.
4. 과학적 법칙은 경험의 일반적인 유형, 경험적 규칙성에 대한 진술이다.
5. 과학의 설명이란 개별 사례들에 보편법칙을 적용하는 것이다.
6. 예측은, 아직 사건이 발생하지 않았다는 차이가 있을 뿐, 논리적 구조에서 설명과 동일하다.
7. 과학지식은 주관적 가치를 배제함으로써 객관성을 확보한다.

경험적 증거의 수집과 분석을 지배하는 규칙, 오직 경험으로 시험가능한 진술만을 과학적 지식체에 입장시키는 규칙, 사실과 가치를 분리하는 규칙을 지킴으로써 과학적 지식주장은 특히 신뢰할 만한 것이 된다고 분석하는 것입니다. 사회과학과 관련해서는 여기에 다음과 같은 특징을 추가합니다.

8. 자연과학의 방법을 인간의 정신적 및 사회적 삶에 적용하는 연구가 가능하다.
9. 확립된 사회과학지식을 사회현실에 적용하여 사회문제를 해결하는 '사회공학'이 가능하다.

'가설-검증'에 몰두하는 사회과학자들은 사회과학이 바로 이런 특징을 갖는다고 또는 가져야 한다고, 명시적 또는 암묵적으로 믿고 추구하는 것입니다. 사회과학을 찬미하며 과학적 예측을 확신하던 시대를 지배한 과학관도 이것이었습니다.

그렇지만, 첫째로 경험은 언제나 이론적 해석을 내포하고 있다는 발견과, 둘째로 경험과의 정합이라는 기준만으로 과학이론의 진위를 판정할 수 없다는 발견은 과학에 대한 실증주의의 견해가 부정확하고 취약한 것이라는 사실을 간단하게 입증했습니다. 이제 과학에 대한 실증주의의 견해는 과학이란 무엇인가를 진지하게 고민하는 사람들에게는 더 이상 설득력을 갖지 못하고 있습니다. 사회'과학'에 대한 조롱과 불신은 실증주의 과학관의 이런 파탄에서 유래합니다. 경험이라는 객관적 근거 또는 보증물을 상실한 과학지식은 주관적 구성물일 뿐, 다른 형태의 지식보다 더 우월하거나 더 신뢰할 수 있는 것이라고 할 수 없다는 것입니다.

그렇지만 한국의 사회과학자들 대부분은 과학철학의 논의 지형의 변화에도 아랑곳하지 않고 여전히 실증주의의 교의에 따라, 더 정확하게는 관습과 습관에 따라 '가설-검증' 작업에 열중하고 있습니다. 그들은 기존 이론에서 도출한 가설을 대부분의 경우 기존의 경험자료로 시험하고 있으며, 다만 이런 작업으로는 '과학지식'의 권위를 획득할 수 없기 때문에 더 새로운 이론이나 절차나 기법의 사용을 통하여 차별성을 확보하고 있습니다. 해독불가능한 수학적 기호들의 조합이나 기묘한 개념들의 유희를 통하여 '전문성'을 과시하는, 그러나 소통불가능한 연구들이 득세하는 것은 이런 추세의 결과입니다. 그리고 오늘날 한국의 사회과학에 대해 아무도, 심지어 사회과학자 자신들조차도, 관심을 갖지 않는 것은 이러한 추세의 당연한 귀결이라고 할 것입니다.

한국의 사회과학의 이러한 상황에 대해서는 '위기'라고 규정할 수 있습니다. 이 책의 저자들은 그람시를 거듭 인용하여 "위기나 곤경의 순간에는 사람들은 자신의 삶을 지탱하고 있는 암묵적인 믿음들에 의문을 제기하며 그런 뜻에서 '누구나 철학자이다'"라고 강조하고 있습니다. 그렇지만 한국에서

'사회과학이란 무엇인가', '사회과학은 무엇을 해야 하는가' 등의 '철학적' 문제를 고민하는 사회과학자는 1970년대, 1980년대에나 존재했습니다. 이런 문제들을 고민하기에는 '과학적' 업적을 생산하라는 요구와 욕구가 너무도 급박합니다. 제도권 사회과학자들은 '사회과학은 무엇을 할 수 있는가' 그리고 '무엇을 해야 하는가'의 문제에 관심을 가질 여유도 없고 필요도 없습니다. 누가 사회과학의 청중인가 또는 청중이어야 하는가도 그들의 관심거리가 아닙니다. 그들의 유일의 관심은 '사회과학자'로서 지위와 권위를 확보하고 유지하는 것입니다. 과학에 대해 대중과 지배권력은 여전히 실증주의 과학관을 상식으로 받아들이고 있으며, 그러므로 사회과학자들은 그런 특징을 나타내는 사회과학 지식, 실증주의 교의를 따른 사회과학 지식을 생산하는 것으로 자연과학이 보유한 '문화적 권위'를 주장하고 '사회의 지원과 보상'을 획득할 수 있기 때문입니다.

'사람들은 자신이 어디로 가고 있는지 그리고 어떻게 가야 하는지를 알고 있다고 확신하면 지도를 보지 않는다'라고 저자들은 비유하고 있습니다. 말하자면, 21세기의 한국의 사회과학자들에게 사회과학의 연구는, 적어도 사회적 지위와 보상의 획득의 측면에서는, 별 문제 없이 순조롭게 진행되고 있으며 사회과학의 '위기'는 없는 셈입니다. 그러나 저자들이 지적하듯, 우리의 일상적 삶은 세계에 대한 철학적 지향을, 우리가 그것에 관해 자각하고 있는가의 여부와 관계없이, 드러내며 그런 뜻에서 일상의 삶에서도 우리는 암묵적으로 철학자입니다. 마찬가지로 사회과학도의 일상적인 연구는 사회과학에 대한 그의 철학적 지향을 드러내는 것입니다. 그러므로 사회과학도라면 위기의 순간이 아니더라도 자신의 연구의 바탕에 자리한 철학적 지향을 의식적으로 반성할 수 있습니다. 그리고 아무도 자신의 연구에 관심을 갖지 않는 상황에서 건강한 사회과학도라면 반성을 외면할 수 없을 것입니다.

이 책은 사회과학도들에게 사회과학이란 무엇인가에 대해 '반성'할 기회를 제공합니다. 이 책은 먼저 대부분의 사회과학자들이 타당하다고 믿고 따르는, 또한 과학의 합리성과 객관성을 낙관하는 경험주의 또는 실증주의 과학관을 정리한 다음 실증주의 비판으로 나아갑니다. 그러나 실증주의를 비판한다고 해도 그것이 곧 실증주의적 탐구가 쓸모없는 것이라거나 그 탐구가 생산하는 지식이 완전히 그릇된 것이라는 이야기는 아닙니다. 실증주의에 뿌리를 둔 연구들은 역사적으로 정치개혁과 사회문제의 개선에서 중요한 안내자였으며, 실증주의의 노선을 따라 조직된 사회연구가 수행할 역할은 여전히 존재하고 있습니다. 그 비판의 요체는 그러한 연구로 생산하는 정보가 실질적인 과학적 연구의 출발점이며, 그 정보를 설명하는 데서 창조적인 상상력을 주의 깊게 사용하는 '해석적 이론화'가 필요하다는 것입니다.

이 책이 차례로 보여주듯, 실증주의 비판에는 두 가지 방식이 있습니다. 사회과학에서 지배적인 비판은, 실증주의에서 이해하는 자연과학적 방법을 인간의 사회적 삶에 대한 연구에 사용하는 것으로는, 이 삶이 자연의 사실과는 근본적인 차이를 가진 것이기 때문에, 사회에 대한 적절한 이해를 산출할 수 없다는 주장입니다. '해석적' 전통의 사회연구들은 대체로 이런 '반자연주의'를 공유하고 있습니다. 이 전통에서는 자연과학에 대한 견해로서 실증주의가 타당한가의 여부는 쟁점이 아니며, 단지 자연과 구별되는 고유한 특성을 갖는 인간과 사회에 대한 연구는 자연과학과 다르다고 강조합니다. 이 견해는 자연세계와 사회세계의 차이를 무시하고 동일한 방법의 사용을 주장하는 '과잉 자연주의'를 정정하고, 사회연구의 초점을 인간의 (자)의식과 성찰 능력에 맞추도록 안내하고 있습니다. 하지만 사회적 삶을 인간의 의식과 성찰로 환원할 수는 없으며, 개인 너머에 문화나 전통 또는 공동체 이외에도 '사회적 사실'이나 '사회(구조)'로 부르는 영역이 존재한다는 점에서 해석적 접근도 한계를 갖는다고 할 것입니다.

또 다른 비판 노선은 실증주의 과학관이 해결되지 못한 심각한 난점들과 오류들을 가지고 있다고 지적하는 '반실증주의'로, 더 근본적인 비판이라고 할 수 있습니다. 이 책에서 그 비판들로 비판적 실재론과 여성주의와 탈근대주의를 소개하고 있습니다. 이 입장들에 따르면, 과학의 지적 성과는 세계의 구조가 상식적인 이해력으로 상상할 수 있는 것보다 훨씬 더 복잡하다는 점을 발견한 것이며, 과학적 탐구에는 실증주의가 포착하는 것보다 훨씬 더 다양하고 복잡하며 다층적인 탐구 양식과 추론 양식들이 작동한다는 것입니다. 그리고 이 입장들은 사회과학이 무엇인가 또는 무엇일 수 있는가에 관한 사유에 더 많은 가능성을 제공합니다. 물론 과학이 어떤 것인가에 대해 이런 대안적 견해를 취하면서도, 여전히 인간사회는 과학적으로 연구할 수 없다고 주장할 수도 있습니다. 그러나 과학에 대한 새로운 견해의 관점에서 자연과학과 사회과학이 갖는 공통점과 차이점을 탐색하고 이것에 기초하여 사회 연구를 새롭게 방향 지을 수 있다고 이 책은 제안합니다.

또한 이 책은 사회과학이란 무엇인가에 대한 대안적인 견해들의 소개이면서, 동시에 사회사상 또는 사회이론의 철학적 기초에 대한 분석이기도 합니다. 그러므로 사회과학철학 분야는 물론 사회이론 분야의 논의들에 적합성을 갖고 있습니다. 이 책은 실증주의, 탈실증주의, 해석학, 비판적 실재론의 철학적 입장들을 정리할 뿐 아니라, 마르크스, 뒤르켐, 베버, 현상학, 합리적 선택이론, 실용주의와 상징적 상호작용론, 윈치, 가다머, 비판이론, 하버마스, 여성주의, 탈구조주의와 탈근대주의, 푸코, 데리다 등의 사회이론들의 철학적 전제가정들을 추출하고 검토함으로써, 그 이론들의 기여와 한계에 대한 더 자세하고 입체적인 이해를 돕고 있습니다. 제 경험으로는 그런 까닭에 사회이론의 학습에서도 이 책은 다른 문헌들보다 훨씬 더 유익했습니다.

그리고 사회과학철학뿐 아니라 사회이론의 학습에도 도움이 된다는 판단에서 이 책을 번역하게 되었습니다. 인문사회과학을 홀대하는 세태 때문에 저는 근래 담당교수가 은퇴한 '사회학이론' 강의를 맡게 되었습니다. 하지만 여러 이론을 평면적으로 나열하는 문헌 이외의 교재는 구하지 못하던 터에 2001년에 출판된 이 책을 상기한 것입니다. 번역은 관련된 장들에 붙인 '후기'와 제 12장 '근래의 발전에 대한 논평' 등을 추가한 10주년 기념판(2011년 출판)을 저본으로 삼았습니다. 저자인 벤턴이 말하듯, '철학 같은 오래된 학문 분과에서는 변화의 속도가 빠르지 않기' 때문에, 출판시기에 따른 약점은 별로 없다고 생각합니다. 그렇지만 한국 사회과학의 현실에서 철학적 논의는 생경하고 지루하며 난해할 것입니다. 저자인 크레이브는 악기 연주에 빗대어 사회과학자들이 철학 영역에 입장하려면 기본적인 개념들을 학습해야 한다고 조언하고 있습니다. 말하자면 준비와 안내가 필요합니다. '근래의 발전에 대한 논평'은 주로 비트겐슈타인학파와 논쟁하는 글이어서 다소간의 선행지식이 필요할 것입니다만, 난해한 부분을 무시하며 읽는 방법도 있을 것입니다. '보론 1: 개인적 결론'은 사회과학도가 현실과 어떻게 조우하는가를 보여주는 흥미로운 사례입니다. 물론 더 중요한 것은, 저자들이 조언하듯, 사회과학도들은 이 책을 '결론을 담은 책이 아니라 주장을 담은 책'으로, '자신의 생각을 반성하고 자신의 주장을 구성하는 입문서로 읽어야 한다'는 점입니다. 연구를 수행하는 사회과학도들은 (적어도 암묵적으로) 철학자이기도 하며, 그러므로 자신의 주장을 정리하고 정교화할 필요가 있기 때문입니다. 이 책이 사회과학철학과 사회이론을 공부하는 사회과학도들에게 자신의 작업을 반성하고 생각을 가다듬는 계기를 제공하고, 이것을 통해 한국의 사회과학이 그것의 과제에 충실한 것으로 스스로 혁신하는 데 기여하기를 기대합니다.

아울러 저의 실용성 없는 공부를 늘 성원하고 격려하는 강원대학교 사회학과의 선배 동료 교수들과 학생들, 그리고 언제나 그렇듯 수익의 전망이 없는 이런 책의 출판을 기꺼이 맡아준 도서출판 한울에 고마움을 전합니다.

2014년 7월 이기홍

찾아보기

[ㄱ]

가다머(Gadamer, Hans-Georg) 163, 179~
　187, 200, 201, 296, 301, 347, 375, 435

가설연역모형 72, 76, 77

가치, 가치선택 134, 143, 386

가치자유 96, 142, 143, 160, 351, 386

가치지향 57, 96, 138, 386

가핀켈(Garfinkel, Harold) 147, 166

갈릴레오(Galileo Galilei) 241, 275

감성적 행위 386

개념의존성 230, 231

개방체계 221, 222, 232, 237, 355, 359,
　386, 396

개인주의 19, 76, 156, 267, 301, 330, 386

객관성 143

거부적 해석 320

게르겐(Gergen, Kenneth) 290, 303

경험법칙, 인과적 지식 315, 336

경험적 시험 85, 267, 391

경험주의 16, 31~54, 58~82, 209, 215, 266

계몽주의 208, 241, 244, 270, 271, 282,
　291, 348, 376, 386

계열체/통합체 277, 280, 386

고르즈(Gorz, Andre) 358

고프먼(Goffman, Erving) 153

공동체 300, 301, 304, 311, 335, 369

공리주의 45, 149

공약불가능성 64, 107, 320, 322

과학적 법칙, 자연법칙 33, 38, 43, 44, 62,
　72, 73, 213, 315, 389

과학적 설명 33, 43, 53, 56, 62, 66, 72,
　75, 77, 264, 329, 360

과학적 실험 102, 213, 215, 221

과학적 이론 66~70, 75, 77, 246, 266

과학혁명 104~107, 387, 394, 396

관념론 17, 18, 27, 95, 152, 174, 199,
　209, 226, 387

관점인식론 28, 70, 251~271, 359, 388

관찰적 이해 140, 391

교환이론 149

구성주의 18, 101, 124, 224, 295, 299,
　368, 372, 387

구조언어학 275~279, 282

구조화이론 147, 155, 342, 347

구획 짓는 관념 322, 323, 325

궁극적 가치 158

귀납 69, 388, 391

귀납의 문제 41, 42

규칙, 규칙준수 27, 57, 84, 165~169, 276,
　308, 313, 315

그람시(Gramsci, Antonio) 14, 314, 333,
　373

그린필드(Greenfield, Susan) 69

근본적 불확정성 332

글리노스(Glynos, Jason) 295, 305, 306,
　328~337, 348

급진과학 운동 94, 374

기능적 설명 66~68, 70, 71, 156, 157

기능적 합리성 201, 202, 388, 390, 392

기능주의 97, 157, 388

기든스 (Giddens, Anthony) 23, 147, 228,
　309, 342, 387

기술적 이해관심　199, 394
기호, 기표, 기의　275~231, 388

[ㄴ]
노이라트(Neurath, Otto)　32
논리학　20, 21, 80, 188, 280, 389
뉴(New, Caroline)　273, 341, 359
뉴턴(Newton, Isaac)　37~41, 106, 241, 299
뉴턴-스미스(Newton-Smith, William)　55, 89, 109
니체(Friedrich, Nietzsche)　192, 281, 282, 285

[ㄷ]
다른 문화와 자신의 문화 비판　316~321
다윈(Darwin, Charles)/다윈주의　64, 67, 76, 248, 324, 368, 370, 394
담론　281~284
대상관계 심리학　114, 251, 257~259, 388
대안적 쾌락주의　239, 344
데리다(Derrida, Jacques)　274, 281, 284~288, 295, 303
데카르트(Descartes, Reńe)　16, 17, 18
도구적 합리성　27, 83~84, 제5장 곳곳에서 인용됨, 300
도구주의　27, 65, 151, 153, 301, 385, 388
도덕적 상대주의　22, 46, 80, 237, 318, 354
도덕철학　21, 23, 177, 178, 180, 394
뒤르켐(Durkeim, Emile)　19, 49, 50, 51, 52, 54, 76, 156, 182, 220, 225, 298, 301, 347
딘(Dean, Kathryn)　338, 341, 342, 349, 357
딜타이(Dilthey, Wilhelm)　134, 180

[ㄹ]
라카토스(Lakatos, Imre)　109, 110
라캉(Lacan, Jacques)　279~281, 284, 285, 328, 336
라클라우(Laclau, Ernesto)　102, 295, 305, 328, 331, 333
라투르(Latour, Bruno)　66, 120~130
러크만(Luckman, Thomas)　148, 160
레비타스(Levitas, Ruth)　358
로슨(Tony Lawson)　161, 239, 273, 341, 359~362
로즈(Rose, Hilary)　248, 251, 255~258, 271, 272, 370
로페즈(Lopez, Jose)　338, 341, 348
롱기노(Longino, Helen)　89, 109
루카치(Lukács, George)　27, 193, 251~253, 262, 302
리오타르(Lyotard, Jean-Francoise)　274, 288, 289, 294, 295, 388

[ㅁ]
마르쿠제(Marcuse, Herbert)　92, 187, 189, 194
마르크스(Marx, Karl)　76, 91~95, 175, 187, 193, 233~236, 255, 262, 289, 347~350
매클레넌(McLennan, Greg)　272, 340
매킨타이어(MacIntyre, Alisdair)　163, 173, 177~184, 296, 307, 322, 390
머천트(Merchant, Carolyn)　112
머튼(Merton, Robert)　97, 98
머피(Raymond Murphy)　111, 343, 347
메타서사　289, 291, 293, 304
메타실재　339
멘델(Gregor Mendel)　38, 39, 65
멜러(Mellor, Mary)　239, 341, 343, 345, 348, 359
무의식　38, 276, 279, 280

무페(Mouffe, Chantal) 102, 295, 305, 328, 331, 333

문제틀 99, 100, 101, 334, 389

물질론 17, 18, 187, 204, 219, 251, 252, 259, 273, 331, 347, 389

미드(Mead, George) 27, 153, 158

민족지 121, 320

[ㅂ]

바슐라르(Bachelard, Gaston) 99

바스카(Bhaskar, Roy) 102, 207, 209, 212~216, 222~239, 295, 309, 328, 330~340

반(反)자연주의 86, 91, 230, 231, 318, 365, 366, 394

반증(주의) 44, 45, 62, 90, 109, 389, 391

발견의 맥락 33, 267, 304, 390, 394

발현적 힘 76, 219, 389

발화행위 276, 392

방법론적 개인주의 224, 226~228, 330

버거(Berger, Peter) 148, 160, 227

베버(Weber, Max) 27, 73, 76, 83, 86, 96~98, 133~162, 168, 180, 182, 187, 198, 201, 203, 225

벡(Beck, Ulrich) 120

벤턴(Benton, Ted) 30, 55, 124, 207, 225, 226, 230, 239, 381, 382

변증법/변증법적 합리성 186~190, 389

변형적 사회행위 모형 228, 389

보드리야르(Baudrillard, Jean) 274, 288~290, 294, 295, 395

보편법칙 38, 41~43, 53, 141, 154, 189

본질주의 271, 345, 348

볼테르(Voltaire) 242

부르디외(Bourdieu, Pierre) 309, 342

부정. 부정적인 것 189

불가지론 18

비교분석/방법 142

바유 (과학이론에서) 69, 70, 80, 206, 210, 211, 223, 266

비코(Vico, Giovanni Battista) 242, 262

비트겐슈타인(Wittgenstein, Ludwig) 27, 162~170, 180, 278, 289, 307, 311, 312, 314, 317~320, 325, 326, 330

비판 (설명적) 234, 390

비판이론 (프랑크푸르트학파) 83, 88, 92, 186~191, 197~205, 233, 291, 301, 302, 349

비판적 실재론 102, 206~240, 299, 302, 305, 337~363

비판적 자연주의 225, 229

비합리성 158, 191, 203, 242

[ㅅ]

사회구성주의 110, 129, 152, 345, 372

사회구조 134, 341, 342

사회생물학 59, 248, 345

사회적 사실 51, 54, 156, 208, 301

사회정책 23, 53, 86, 87, 341

삶의 사실 52, 53, 324

삶의 형식 168, 170~173, 308, 310, 349

상대주의 23, 27, 28, 64, 86, 103, 107~110, 119, 120, 127, 128, 143, 151, 163, 168, 176, 180, 183, 199, 201, 209, 243~246, 263, 271, 291, 316, 320~322, 348, 352, 390, 397

상징적 상호작용론 151, 158, 160, 390

상호텍스트성 287, 390

새시대 영성주의 338, 340

생산양식 157, 279, 282

생태여성주의 260, 392

생활세계 201, 202, 389, 390

서사 177, 179, 180, 184, 185, 289

선입견 181, 182

설명적 비판 236~238, 350~353, 390, 394

설명적 이해와 관찰적 이해　140, 390, 393
성배, 삶의 양식의　351
성차　22, 101, 111~115, 254, 260, 322, 323
성찰성　22, 110, 132, 209, 250, 391
세이어(Sayer, Andrew)　161, 238, 239, 338, 341, 346, 348, 352, 353, 356, 357
소쉬르(Saussure, Ferdinand)　220, 271, 276~280, 285, 286, 293, 295, 328, 333, 336, 387, 389, 392
소퍼(Soper, Kate)　239, 272, 343, 344, 346, 358, 359, 369
수행적 발화행위　200, 391, 392
슈츠(Schutz, Alfred)　145~148, 158~160
스라파(Sraffa, Piero)　314
스톤스(Stones, Rob)　341, 342, 347, 348
시험가능성　34, 36, 41, 44, 45, 61, 62, 266, 390, 391, 397
신다원주의　345
신자유주의　349
실용주의　27, 133, 151~153, 158, 160, 196, 198, 200, 300, 301, 392, 393
실재론　206~229
실증주의　27, 31, 46~58, 82~91, 132, 135, 143~145, 150, 154, 156, 159, 168, 197, 206, 224, 297~301, 306, 327, 329, 351, 366, 367, 375, 392
실천적 행위　137

[ㅇ]
아도르노(Adorno Theodor)　92, 187, 189, 192~196, 199~204, 288, 291, 296
아리스토텔레스(Aristoteles)　177, 357, 358
아처(Archer, Margaret)　161, 228, 239, 330, 340, 342
안녕(eudaimonia)　357
알튀세르(Althusser Louis)　100~103, 157,

275, 279, 281, 282, 366,
암묵지　84, 85, 394
어리(Urry, John)　55, 89, 154, 207, 347
언어/발화　276, 394
언어게임　165, 168, 172, 174, 178, 184, 289, 308, 325,
언어철학　199, 200, 287, 387
언어적 전환　28, 155, 199, 200, 272, 276
에반스-프리차드(Evans-Pritchard, Edward)　169, 170, 317, 319, 320, 321
에이어(Ayer, Alfred)　32, 54
엘스터(Elster, John)　330
엥겔스(Engels, Friedrich)　91, 92, 93, 188, 242, 349
여성주의와 과학　111~118, 241~272
여성주의 인식론　24, 27, 250, 265, 267, 269, 272, 371, 374
여성주의적 경험주의　250
역사적 인식론　99, 128, 390, 394
연결원리　74, 392
연구프로그램　100
연역　69, 72~78, 329, 389, 392, 394, 395
오닐(O'Neill, John)　161, 239, 343, 344, 358
오드웨이트(William Outhwaite)　204, 239
옴로드(Ormrod, James)　343
완전시장　149, 396
울가(Woolgar, Steve)　129, 130
웨스트(West, David)　288, 294, 303
웨인라이트(Wainwright, Hilary)　84
윈치(Winch, Peter)　27, 163~176, 305, 307~326
윤리　21, 22, 45, 83, 88, 138, 178, 201, 203, 236, 240, 243, 250, 304, 313, 350, 371, 392
음성중심주의　286, 392, 393, 395
의례형태의 계보　312

의미, 행위 그리고 설명 301~309
의미맥락 147, 152, 359
의미 있는 행위, 의미 있는 사회적 행위 135, 136, 138, 168, 392
의미적합성 141, 395, 393
의사소통적 합리성 201, 202, 389, 392, 395
이념형 98, 140, 141, 147, 149, 158, 160, 259, 393
이데올로기 192~203, 396
이론 130, 148, 307, 393
이상적 발화 상황 199, 354, 393, 395
이성중심 286, 393, 395
이원론 18, 117, 118, 122, 123, 260, 343, 393
이유와 원인 153~155
이해 169~174
이해의 기초로서 역사 174~176
인간의 이해관심 196, 199, 396
인과기제 71, 216, 230, 330, 353, 360, 386, 389, 396
인과적 적합성 142, 168, 300, 393
인식론 16~17, 27, 225, 241~272
인식론적 단절 100, 389, 394
인식론적 장애 99
인식소epistemes 281, 283, 394
인식형태epistemoids 225
일상생활의 방법론 147, 155, 166, 167

[ㅈ]
자기실현 205, 339, 340
자동적 차원 213, 215, 223, 229, 299, 302, 394, 395
자연적 사실 323, 324
자연주의 86, 225, 229, 230, 324~326, 394
적·녹 연구집단 239
전체론 156, 157, 394
전통 177, 180~182

전통적 행위 136, 386, 394
전형화 146
정당화의 맥락 33, 67, 143, 267, 304, 394
정상과학 104, 105, 109, 387, 394
정체성과 사이버공간 341
조수로서의 철학 개념 13
존재론 17~19, 27, 105, 174, 216, 222, 230, 287, 302, 304, 331, 394
존재론적 개인주의 134, 151, 395, 396
존재의 조건 157
지식사회학의 스트롱 프로그램 109, 119, 387
진정한 질문(bona fide questions) 309

[ㅊ]
차머스(Chalmers, Alan) 88
철학적 인간학 198, 199, 360, 361
초도로(Chodorow, Nancy) 114, 258
초실재 290, 399
초월적 논증 102, 212, 213, 388, 395
촘스키(Chomsky, Noam) 59

[ㅋ]
칸트(Kant Immanuel) 61, 105, 133, 145, 187, 241, 265
켈러(Keller, Evelyn) 273, 359
콜리어(Collier, Andrew) 113~117, 129, 370
콜린스(Collins, Harry) 110, 111, 124
콩트(Comte, Auguste) 46, 47, 54, 83~86, 189, 190, 301
쿤(Kuhn, Thomas) 104~109, 128, 172, 223, 224, 317, 387, 396
크레이브(Craib, Ian) 295
키트(Keat, Russell) 55, 88, 154, 207, 347

[ㅌ]
타동적 차원 213, 229, 299, 302, 395
탈구조주의 28, 274, 395
탈근대주의 28, 120, 250, 270, 274, 395
탈마르크스주의 담론이론 7
테일러(Taylor, Charles) 174, 175, 184, 201, 296, 301, 307

[ㅍ]
파이어아벤트(Feyerabend, Paul) 85, 108, 223, 224
패러다임 104~107, 172, 387, 396
폐쇄체계 40, 222, 223, 386, 396
포괄법칙모형 33, 53, 66
포르포라(Porpora, Douglas) 342
포섭 (사건들의) 329
포터(Potter, Gary) 6, 338, 339, 341, 348
포퍼(Popper, Karl) 33, 44, 45, 87, 108, 109, 190, 266
푸코(Foucault, Michel) 88, 100, 102, 271, 274, 281~284, 288, 295, 328, 333, 347, 348, 394
프로이트(Freud, Sigmund) 203, 259, 276, 279~281
프롤리(Frauley, Jon) 338, 347, 348
플랙스(Flax, Jane) 251, 258, 259

[ㅎ]
하딩(Harding Sandra) 250, 251, 267, 269, 272, 273, 360
하레(Harré, Rom) 55, 88, 206, 210, 224
하버마스(Habermas, Jürgen) 86, 88, 184, 187, 196~206, 233, 235, 268, 292, 301, 303, 304, 309, 327, 328, 354, 388, 388~396
하우(How, Alan) 182~184
하트소크(Hartsock, Nancy) 251~261, 270,

272, 273
하프페니(Halfpenny, Peter) 46, 58
한계주의 경제학 148, 203
합리적 선택이론 27, 133, 149, 150, 153, 158~161, 198, 284, 296, 301, 330, 396
합리주의 16, 396
합의이론 201, 392
해러웨이(Haraway, Donna) 118, 360
해방 24, 233~239, 243, 350~359
해방적 이해관심 197, 199, 394, 396
해석주의 27, 396
해석학 135, 188, 197, 201
해석학적 순환 181, 396
해체 285~287, 396
해킹(Hacking, Ian) 89, 109
핸슨(Hanson, Norwood) 60, 68, 69, 211
행위의존성 229~231
행위자-연결망이론 121, 131
행태주의 150
허친슨(Hutchinson, Phil) 305~309, 313~325
헤게모니 333
헤겔(Hegel, Georg) 27, 152, 187~189, 193, 204, 286, 376, 389
헤세(Hesse, Mary) 206, 210
헴펠(Hempel, Carl) 54
현상학 133, 144~148, 158, 276
협약주의 63, 297, 299, 397
형이상학 13, 46, 75, 83, 85, 105, 397
호르크하이머(Horkheimer, Max) 92, 187, 190, 192, 195, 196
하워스(Howarth, David) 328~337, 348
화이트(White, Stephen) 204, 205
확증 36, 44, 397
환원주의 75, 218
후설(Husserl, Edmund) 145, 286, 397
흄(Hume, David) 41

저자 소개

테드 벤턴 Ted Benton(1942~)

영국 에식스대학교 사회학과 명예 교수. 사회이론, 사회과학철학, 환경과 사회 등을 연구하고 가르친다.

Philosophical Foundations of the Three Sociologies(1978), *The Rise and Fall of Structural Marxism*(1984), *Natural Relations: Ecology, Animal Rights and Social Justice*(1993) 등의 저서와 *Social Theory and the Global Environment*(1994, 공저), *The Greening of Marxism*(1996, 공저) 등의 편저서가 있다.

이언 크레이브 Ian Craib(1945~2002)

1973년부터 별세할 때까지 에식스대학교 사회학과 교수로 있었다. 사회이론, 정신분석 등을 연구하고 가르쳤다.

Existentialism and Sociology(1976), *Anthony Giddens*(1992), *Modern Social Theory* (1992), *The Importance of Disappointment*(1994), *Classical Social Theory*(1997), *Experiencing Identity*(1998) 등의 저서가 있다.

옮긴이 소개

이기홍

강원대학교 사회학과 교수. 사회과학철학, 사회이론, 환경과 사회 등을 연구하고 가르친다.

「과학과 징치 또는 과학의 정치화」(2008), 「양적 방법의 사회학」(2010), 「양-질구분을 다시 생각한다」(2012), 「한국사회학에서 맑스와 과학적 방법」(2013) 등의 논문과 『맑스의 방법론』(1989, 까치), 『사회과학방법론』(1999, 한울), 『초월적 실재론과 과학』(2005, 한울), 『비판적 자연주의와 사회과학』(2005, 한울), 『비판적 실재론과 해방의 사회과학』(2007, 후마니타스) 등의 번역서를 냈다.

한울아카데미 1715

사회과학의 철학
사회사상의 철학적 기초

지은이 ┃ 테드 벤턴, 이언 크레이브
옮긴이 ┃ 이기홍
펴낸이 ┃ 김종수
펴낸곳 ┃ 한울엠플러스(주)

초판 1쇄 발행 ┃ 2014년 8월 26일
초판 2쇄 발행 ┃ 2021년 9월 10일

주소 ┃ 10881 경기도 파주시 광인사길 153 한울시소빌딩 3층
전화 ┃ 031-955-0655
팩스 ┃ 031-955-0656
홈페이지 ┃ www.hanulmplus.kr
등록 ┃ 제406-2015-000143호

Printed in Korea.
ISBN 978-89-460-8113-0 93330

* 책값은 겉표지에 표시되어 있습니다.